Die Etablierung der Verbundlösung bei der Rückabwicklung kreditfinanzierter Schrottimmobilen

Europäische Hochschulschriften
Publications Universitaires Européennes
European University Studies

Reihe II
Rechtswissenschaft

Série II Series II
Droit
Law

Bd./Vol. 4633

PETER LANG
Frankfurt am Main · Berlin · Bern · Bruxelles · New York · Oxford · Wien

Robert Mayr

Die Etablierung der Verbundlösung bei der Rückabwicklung kreditfinanzierter Schrottimmobilien

PETER LANG
Internationaler Verlag der Wissenschaften

Bibliografische Information der Deutschen Nationalbibliothek
Die Deutsche Nationalbibliothek verzeichnet diese Publikation in der Deutschen Nationalbibliografie; detaillierte bibliografische Daten sind im Internet über <http://www.d-nb.de> abrufbar.

Zugl.: Mainz, Univ., Diss., 2007

D 77
ISSN 0531-7312
ISBN 978-3-631-57412-6

www.peterlang.de

Meinen Eltern

Vorwort

Die Arbeit lag dem Fachbereich Rechts- und Wirtschaftswissenschaften der Johannes Gutenberg-Universität Mainz im Sommersemester 2007 als Dissertation vor.

Mein ausdrücklicher Dank gilt an dieser Stelle meinem Doktorvater Herrn Prof. Dr. Matthias Jacobs für die hervorragende Betreuung der Arbeit.

Daneben danke ich Herrn Prof. Dr. Mathias Habersack für die zügige und gewissenhafte Erstellung des Zweitgutachtens.

Herzlich bedanken möchte ich mich ferner bei meinen Kollegen Dr. Florian Herrmann, LL.M. und Dr. Kai-Udo Wiedenmann. Sie haben mich in vielfacher Hinsicht – bei der Auswahl des Themas, während der Erstellung der Arbeit und nicht zuletzt durch Korrekturlesen – mit Rat und Tat unterstützt und damit einen wesentlichen Beitrag zum Gelingen dieser Arbeit geleistet.

Der ganz persönliche Dank gilt zuletzt aber meinen Eltern, die mich in den Jahren des Studiums und der Promotionszeit nicht nur in finanzieller Hinsicht, sondern auch mit ihrer ganzen Liebe und Fürsorge unterstützt und zu dem gemacht haben, was ich heute bin. Ihnen sei diese Arbeit gewidmet.

München, im Oktober 2007 Robert Mayr

Inhaltsübersicht

Inhaltsverzeichnis

Abkürzungsverzeichnis

A

a.a.O.	am angegebenen Ort
ABl.	Amtsblatt der Europäischen Gemeinschaften
Abs.	Absatz
AcP	Archiv für die civilistische Praxis
a.F.	alte Fassung
AG	Aktiengesellschaft
AGB	Allgemeine Geschäftsbedingungen
Alt.	Alternative
AnSVG	Anlegerschutzverbesserungsgesetz i.d.F. der Bekanntmachung vom 29. Oktober 2004 (BGBl. I, 2630)
Art.	Artikel
Aufl.	Auflage

B

BB	Der Betriebs-Berater
Bearb.	Bearbeitung
BegrRegE	Begründung zum Regierungsentwurf
BeurkG	Beurkundungsgesetz i.d.F. der Bekanntmachung vom 28. August 1969 (BGBl. I, 1513)
BGB oder BGB a.F.	Bürgerliches Gesetzbuch alte Fassung (i.d.F. der Bekanntmachung vom 18. August 1896, RGBl., 195, BGBl. III 4 Nr. 400-2)
BGB n.F.	Bürgerliches Gesetzbuch neue Fassung (i.d.F. der Bekanntmachung vom 02.01.2002)
BGBl. I, II, III	Bundesgesetzblatt, mit I = Teil I; mit II = Teil 2; mit III = Teil 3
BGH	Bundesgerichtshof
BGHZ	Entscheidungen des Bundesgerichtshofs in Zivilsachen
BKR	Zeitschrift für Bank- und Kapitalmarktrecht
BörsG	Börsengesetz i.d.F. der Bekanntmachung vom 17. Juli 1996 (BGBl I, 1030)
BT-Drucks.	Bundestagsdrucksache
BTR	Der Bauträger
BVerfGG	Bundesverfassungsgerichtsgesetz i.d.F. der Bekanntmachung vom 11.08.1993 (BGBl. I, 1474)
bzw.	beziehungsweise

C

ca.	circa
c.i.c.	culpa in contrahendo

D

DB	Der Betrieb
Ders.	Derselbe
d.h.	das heißt
Dies.	Dieselbe(n)
Diss.	Dissertation
DNotZ	Deutsche Notar-Zeitschrift
DStR	Deutsches Steuerrecht
DStZ	Deutsche Steuer-Zeitung

E

EG	Vertrag zur Gründung der Europäischen Gemeinschaft vom 25. März 1957 (im Zusammenhang mit zitiertem Art.); auch: Europäische Gemeinschaft
EGBGB	Einführungsgesetz zum Bürgerlichen Gesetzbuch i.d.F. der Bekanntmachung vom 21. September 1994 (BGBl. I, 2494)
Einf.	Einführung
Einl.	Einleitung
EStG	Einkommenssteuergesetz i.d.F. der Bekanntmachung vom 19. Oktober 2002 (BGBl. I, 4210)
EU	Europäische Union
EuGH	Gerichtshof der Europäischen Gemeinschaften
evtl.	eventuell
EWG	Europäische Wirtschaftsgemeinschaft
EWiR	Entscheidungen zum Wirtschaftsrecht – Kurzkommentare

F

f.	folgende
ff.	fortfolgende
Fn.	Fußnote

G

GA	Generalanwalt
GBO	Grundbuchordnung i.d.F. der Bekanntmachung vom 26.05.1994 (BGBl. I, 1114)
GbR	Gesellschaft bürgerlichen Rechts

GewO	Gewerbeordnung i.d.F. der Bekanntmachung vom 22.02.1999 (BGBl. I, 425)
GG	Grundgesetz der Bundesrepublik Deutschland i.d.F. der Bekanntmachung vom 23. Mai 1949 (BGBl 1949, 1)
ggf.	gegebenenfalls
GmbH	Gesellschaft mit beschränkter Haftung
GoA	Geschäftsführung ohne Auftrag
GPR	Zeitschrift für Gemeinschaftsprivatrecht
GVG	Gerichtsverfassungsgesetz i.d.F. der Bekanntmachung vom 9. Mai 1975 (BGBl. I, 1077)
H	
HGB	Handelsgesetzbuch i.d.F. der Bekanntmachung vom 10. Mai 1897 (RGBl. 219; BGBl. III 4 Nr. 4100-1)
h.M.	herrschende(r/n) Meinung
Hrsg.	Herausgeber
Hs.	Halbsatz
HWiG	Haustürwiderrufsgesetz i.d.F. der Bekanntmachung vom 16. Januar 1986 (BGBl. I, 122)
HypBkG	Hypothekenbankgesetz i.d.F. der Bekanntmachung vom 9. September 1998 (BGBl. I, 2674)
I	
IBR	Immobilien- & Baurecht
i.d.F.	in der Fassung
i.d.R.	in der Regel
i.d.S.	in diesem Sinne
i.e.L.	in erster Linie
i.e.S.	im engeren Sinne
InVo	Insolvenz und Vollstreckung
i.R.d.	im Rahmen der/des
i.S.d.	im Sinne des
i.S.v.	im Sinne von
i.Ü.	im Übrigen
i.V.m.	in Verbindung mit
J	
JuS	Juristische Schulung
JZ	Juristen-Zeitung

K

KAGG	Gesetz über Kapitalanlagegesellschaften i.d.F. der Bekanntmachung vom 9. September 1998 (BGBl. I, 2726)
KG	Kommanditgesellschaft; auch: Kammergericht
KWG	Gesetz über das Kreditwesen i.d.F. der Bekanntmachung vom 9. September 1998 (BGBl. I, 2773)

L

LG	Landgericht
lat.	lateinisch(e)
lit.	litera

M

m.a.W.	mit anderen Worten
m.E.	meines Erachtens
m.w.N.	mit weiteren Nachweisen

N

n.F.	neue Fassung
NJOZ	Neue Juristische Online-Zeitschrift
NJW	Neue Juristische Wochenschrift
NJW-RR	NJW-Rechtsprechungs-Report Zivilrecht
Nr.	Nummer(n)
n.r.	nicht rechtskräftig
NZG	Neue Zeitschrift für Gesellschaftsrecht
NZM	Neue Zeitschrift für Mietrecht

O

o.a.	oben angesprochen(e)
o.ä.	oder ähnliches
o.g.	oben genannte(n/r/s)
oHG	offene Handelsgesellschaft
OLG	Oberlandesgericht
OLGR	OLG-Report
OLGVertrÄndG	Gesetz zur Änderung des Rechts der Vertretung durch Rechtsanwälte vor den Oberlandesgerichten i.d.F. der Bekanntmachung vom 23.07.2002 (BGBl. I, 2850)
o.Nr.	ohne Nummernangabe
o.S.	ohne Seitenangabe

P

PKW	Personenkraftwagen

R	
RBerG	Rechtsberatungsgesetz i.d.F. der Bekanntmachung vom 13.12.1935 (RGBl. I, 1478, BGBl. III 3 Nr. 303 – 12)
RGBl. I	Reichsgesetzblatt, mit I = Teil I
RIW	Recht der Internationalen Wirtschaft
RL	Richtlinie
Rn.	Randnummer(n)
S	
S.	Seite(n); auch: Satz
Slg.	Sammlung
SMG	Gesetz zur Modernisierung des Schuldrechts i.d.F. der Bekanntmachung vom 26.11.2001 (BGBl. I 2001, 3138)
sog.	so genannte(n/r/s)
StGB	Strafgesetzbuch i.d.F. der Bekanntmachung vom 13. November 1998 (BGBl I, 3322)
U	
u.a.	unter anderem
u.ä.	und ähnliches
Überbl.	Überblick
u.U.	unter Umständen
V	
v.	vor
v.a.	vor allem
VerbrKrG	Verbraucherkreditgesetz i.d.F. der Bekanntmachung vom 17. Dezember 1990 (BGBl I, 2840)
VerkProspG	Verkaufsprospektgesetz i.d.F. der Bekanntmachung vom 9. September 1998 (BGBl. I, 2701)
VersR	Zeitschrift für Versicherungsrecht
vgl.	vergleiche
Vorb.	Vorbemerkung
VuR	Verbraucher und Recht
VZBV	Bundesverband Verbraucherzentrale
W	
WM	Zeitschrift für Wirtschafts- und Bankrecht, Wertpapiermitteilungen Teil IV

Z

ZAP	Zeitschrift für die Anwaltspraxis
z.B.	zum Beispiel
ZBB	Zeitschrift für Bankrecht und Bankwirtschaft
ZfIR	Zeitschrift für Immobilienrecht
ZGR	Zeitschrift für Unternehmens- und Gesellschaftsrecht
ZGS	Zeitschrift für das gesamte Schuldrecht
ZHR	Zeitschrift für das gesamte Handelsrecht und Wirtschaftsrecht
ZInsO	Zeitschrift für das gesamte Insolvenzrecht
ZIP	Zeitschrift für Wirtschaftsrecht (bis 1982: Zeitschrift für Wirtschaftsrecht und Insolvenzpraxis)
zit.	zitiert
ZPO	Zivilprozeßordnung i.d.F. der Bekanntmachung vom 12. September 1950 (BGBl., 535, BGBl. III 3 Nr. 310-4)
z.T.	zum Teil

„Geld anzulegen, ist eine Kunst, Geld anzulegen, das man gar nicht hat, eine noch viel größere“[1].

1 Dieses Zitat stammt von einem Mitglied des II. Zivilsenats des BGH, Herrn Richter STROHN; vgl.: STROHN, WM 2005, 1441 (1441).

I. Einführung in die Thematik

A. Problemstellung

Der Auslöser für eine „*Kopernikanische Wende*" beim Thema „*Schrottimmobilien und Verbraucherschutz*"[2] waren sechs Urteile des Bundesgerichtshofs vom 14. Juni 2004 (Aktenzeichen II ZR 392/01, II ZR 395/01, II 374/02, II ZR 385/02, II ZR 393/02 und II ZR 407/02). Der II. Zivilsenat des Bundesgerichtshofs, der sog. „*Gesellschaftsrechtssenat*"[3], nahm dabei zur Haftung von Gründungsgesellschaftern und Prospektverantwortlichen, vor allem aber zur Haftung von Banken im Zusammenhang mit dem sich selbst tragenden bzw. sich selbst finanzierenden Kauf von Anteilen an geschlossenen Immobilienfonds im Strukturvertrieb[4] Stellung. In diesen Grundsatzentscheidungen versuchte der BGH ganz offensichtlich, die teilweise unsoliden Praktiken im Rahmen des Immobilienvertriebs der neunziger Jahre zu bewältigen[5].

Der Bundesgerichtshof entschied, daß in Fällen, in denen sich Kreditinstitute und Anlagevermittler ihrer gegenseitigen Hilfe bedienten, der Fondsbeitritt und der Abschluß des Kreditvertrags ein verbundenes Geschäft i.S.d. Verbraucherkreditgesetzes[6] (VerbrKrG) bildeten. Neu und in dieser Thematik überraschend war aber vor allem eine Durchgriffs- und Rückforderungshaftung der Banken gegenüber den Anlegern dahingehend, daß sich geprellte Anleger bei den Banken schadlos halten konnten. Durch diese Entscheidungsserie stärkte der BGH die Rechte von Anlegern gegen finanzierende Kreditinstitute beim Erwerb von Beteiligungen an geschlossenen Immobilienfonds erheblich[7].

---

2 STAUDINGER Ansgar, Kopernikanische Wende, ZGS 2004, 241 (241).

3 LANGE, EWiR 2004, 1057 (1057).

4 Beim sog. Strukturvertrieb bei der Vermittlung von Fondsbeteiligungen handelt es sich um die provisionsorientierte Tätigkeit von unabhängigen Handelsmaklern gemäß § 93 HGB, die bei ihrer Tätigkeit typischerweise mit Untermaklern zusammenarbeiten; vgl.: WAGNER Klaus-R., Freier Kapitalanlagemarkt, DStR 2005, 1449 (1449).

5 DERLEDER, Kurzkommentar zu § 9 VerbrKrG, EWiR 2004, 1109 (1110).

6 § 9 VerbrKrG in der bis zum 31.12.2001 geltenden Fassung. Ist der Verbraucherdarlehensvertrag vor dem 01.01.2002 abgeschlossen worden, so ist nach dem Stichtagsprinzip das bis dahin geltende Verbraucherkreditgesetz und das BGB a.F. anzuwenden; vgl.: PALANDT/PUTZO, 63. Aufl., Vorb. v. §§ 491 - 498. Seit dem 01.01.2002 gilt § 358 BGB n.F. Das VerbrKrG basiert auf der Richtlinie 87/102/EWG des Europäischen Rates vom 22.12.1986 zur Angleichung der Rechts- und Verwaltungsvorschriften der Mitgliedstaaten über den Verbraucherkredit, ABl. EG 1987 Nr. L 42, 48 (48 ff.) in der Fassung der Änderungsrichtlinie 90/88/EWG des Rates vom 22.02.1990, ABl. EG Nr. L 61, 14 (14 ff.).

7 VOGEL, ZGS 2004, 243 (243).

Für eine große Anzahl von Anlegern, die vor allem während des Immobilienbooms der 90er Jahre einen in der Regel nicht unbeträchtlichen Teil ihres Vermögens in den Kauf von Anteilen an geschlossenen Immobilienfonds investiert[8] und durch diese Geldanlage bzw. durch dieses Steuersparmodell erhebliche Verluste zu tragen hatten, stellten diese höchstrichterlichen Entscheidungen vom 14. Juni 2004 daher berechtigten Grund zur Hoffnung dar. Denn die oft überteuerten Immobilienfonds wurden nicht selten einige Zeit nach dem Kauf der Anteile insolvent, so daß ein Vorgehen der Anleger gegen die Verkäufer und Vermittler dieser Geldanlagen oft die einzige Möglichkeit darstellte, sich selbst vor dem drohenden Ruin zu retten. Deshalb wurden auch die im Direktvertrieb vermittelten fremdfinanzierten Fondsbeteiligungen in der Fachliteratur häufig als „*Schrottimmobilien*" bezeichnet[9].

Angesichts der wirtschaftlichen Probleme vieler Immobilienfonds eröffneten sich für die Beteiligten vor allem zwei Möglichkeiten: Entweder wurde der Versuch unternommen, der finanziellen Probleme durch ein geordnetes Krisenmanagement Herr zu werden. Oder die Anleger versuchten durch eine Vielzahl von Prozessen, ihren Ausstieg aus der Fondsgesellschaft durchzusetzen[10]. Vor den deutschen Gerichten waren Ende des Jahres 2004 Hunderte von Verfahren anhängig, in denen sich Banken und Anleger um die Rückabwicklung solcher kreditfinanzierter Immobilienkäufe stritten. Mitunter brachte auch die drohende Verjährung vieler Ansprüche zum 31. Dezember 2004 die Prozeßwelle gegen die Kreditinstitute Ende des Jahres 2004 zum rollen[11].

Der Einwendungs- und Rückforderungsdurchgriff beim kreditfinanzierten Erwerb von geschlossenen Immobilienfonds, insbesondere die aus den Verstößen gegen das Rechtsberatungsgesetz und das Verbraucherkreditgesetz resultierenden Problemkreise und der daraus folgenden Nichtigkeit der Treuhänderverträge und Treuhändervollmachten bilden deswegen zusammen mit der Haftung von Darlehensgebern und den mit dem Widerruf nach dem Haustürwiderrufsgesetz zusammenhängenden Probleme einen Schwerpunkt dieser Arbeit. Daneben wird an den jeweiligen Punkten auf die – in den meisten Fällen – gleich oder ähnlich gelagerten Probleme beim Erwerb von maroden Eigentumswohnungen eingegangen. Insgesamt soll diese Arbeit einen Überblick und eine Auseinandersetzung über die höchstrichterliche und europarechtliche Rechtsprechung im Zu-

---

8 MÜNCHENER HANDBUCH/INHESTER, § 9 Rn. 20.

9 LANGE, EWiR 2004, 1057 (1057). Unter Schrottimmobilien i.d.S. werden neben den Immobilienfonds auch unrentable bis nahezu wertlose Eigentumswohnungen verstanden, die als Kapitalanlage mittels einer äußerst aggressiven Vermarktungsstrategie vertrieben wurden; vgl.: HOFMANN, ZIP 2005, 688 (689).

10 WAGNER Klaus-R., Ausstieg, NZG 2000, 169 (170).

11 STEINBEIS, Handelsblatt, o.Nr. vom 29.09.2004, o.S.

sammenhang mit den sog. „*Schrottimmobilien*“ geben, und inwieweit das Vorgehen des Bundesgerichtshofs oder des Europäischen Gerichtshofs mit dem geltenden Recht in Einklang zu bringen und dogmatisch begründbar ist.

In diesem Zusammenhang ist auch die voranschreitende Europäisierung des Privatrechts zu beachten[12], die bei der Rückabwicklung von Immobilienkreditverträgen auf Vorlagen deutscher Gerichte zu mehreren Entscheidungen des EuGH geführt haben und ebenfalls Auswirkungen auf die Rückabwicklung bei kreditfinanzierten Immobilienfondsanteilskäufen hatten, haben und haben werden. Die Entscheidungen des EuGH aus den vergangenen Jahren in Sachen „*Heininger*“, „*Schulte*“ und „*Crailsheimer Volksbank*“ haben Auswirkungen auch auf die hier zu analysierende Rechtsprechung des II. und des XI. Zivilsenats des BGH und werden deshalb ebenfalls ausführlich dargestellt.

B. Zielsetzung der Untersuchung

Gegenstand dieser Abhandlung ist die umfassende Analyse, Bewertung und Beurteilung der bisher zu diesem Problemkreis ergangenen Rechtsprechung. Ebenso sollen relevante Stimmen und Meinungen aus der Literatur und der Lehre erörtert werden. Bei den verschiedenen Ansatzpunkten und Argumentationsmethoden des II. Zivilsenats des Bundesgerichtshofs, die Rechte der Verbraucher zu stärken und auszuweiten, werden die damit im Zusammenhang stehenden Probleme und die damit einhergehende Kritik erörtert und analysiert. Dies geschieht hauptsächlich vor dem Hintergrund, daß durch die Entscheidungen des II. Zivilsenats die Widersprüche zur Rechtsprechung vor allem des XI. Zivilsenats des Bundesgerichtshofs weiter verschärft wurden[13], auch wenn dieser Konflikt mit den Entscheidungen des XI. Zivilsenats vom 25. April 2006 weitgehend gelöst wurde. Anhand von Entscheidungsbeispielen wird daher die Rechtslage vor dem Zeitpunkt der BGH-Entscheidungen vom 14. Juni 2004 mit der jetzigen Rechtslage verglichen. Dabei werden die Entscheidungen des BGH einer kritischen Würdigung unterworfen. Dies ist insbesondere deshalb angebracht, weil die Urteile des II. Senats in den entscheidungserheblichen Punkten von der bisherigen obergerichtlichen Rechtsprechung deutlich abwichen. Ein besonderes Augenmerk wird dabei auf diejenigen Aspekte gelegt werden, die die Urteile des BGH als besonders verbraucherfreundlich erscheinen lassen. Ob dieser ausgeweitete Anleger- und Verbraucherschutz und die Risikoverlagerung zu Lasten der Kreditinstitute gerechtfertigt sind oder ob es der II. Zivilsenat des BGH mit dem Vorgehen gegen die Banken übertrieben hat, wird bei den jeweiligen Punkten analysiert werden.

---

[12] FISCHER, Warnschuß, NJW 2004, Heft 11, III.

[13] EMMERICH, JuS 2004, 917 (917).

Darüber hinaus wird versucht, bei anderen Problemkreisen, die durch diese Rechtsprechung zweifelsohne aufgeworfen wurden, aber bisher noch nicht entschieden sind, in konsequenter Fortführung dieser Argumentation einen Lösungsansatz zu finden. Insbesondere die Möglichkeiten einer Rückabwicklung für diejenigen Anleger, die das Kapital für die Zeichnung der Fondsanteile nicht fremdfinanziert haben – also Fälle, in denen der Beitritt nicht kreditfinanziert wurde – werden gesondert diskutiert. Denn für diese Anleger greift die Rechtsprechung vom 14. Juni 2004 gerade nicht – jedenfalls nicht in direkter Anwendung.

II. Geschäftsmodell, rechtliche Konstruktion und steuerrechtliche Vorteile geschlossener Immobilienfonds

Um die vom BGH herangezogenen Argumente verstehen und nachvollziehen zu können und im Hinblick auf die in dieser Studie zu klärende Frage, ob der Verbraucher- bzw. Anlegerschutz durch die zu untersuchende BGH-Rechtsprechung überspannt wurde, sind zunächst das Geschäftsmodell, die rechtliche Konstruktion und die steuerrechtlichen Vorteile von geschlossenen Immobilienfonds darzustellen.

A. Geschäftsmodell geschlossener Immobilienfonds

Während des Immobilienbooms der 1990er Jahre, kurz nach dem Fall der Mauer und der Öffnung der Grenzen zu den neuen Bundesländern haben sich viele Anleger in Deutschland aufgrund der Versprechen von hohen Renditen und Mietgarantien, vor allem aber aus Gründen der Steuerersparnis an geschlossenen Immobilienfonds beteiligt.

Bei Immobilienfonds handelt es sich um verschiedene Geldvermögen, die viele Anleger in bestimmte Immobilienobjekte investieren. Dadurch wird auch dem Kleinanleger ermöglicht, in eine Immobilienanlage zu investieren, die sonst seine finanzielle Leistungsfähigkeit überschreiten würde. Durch diese Stückelung eines Immobilienprojekts wird eine sog. *„kollektive Kapitalanlage"* geschaffen[14]. Im Rahmen solcher Fonds[15] standen häufig Immobilien in den neuen Bundesländern, oftmals aber auch im Ausland, wie den Vereinigten Staaten von Amerika, im Mittelpunkt. Die Beteiligungen an den Immobilienfonds wurden dabei in hoher Anzahl verkauft und *„teils wie Zeitschriften an Haustüren vertrieben"*[16].

---

14 KING, 2.

15 Der Ausdruck *„Fonds"* stammt aus dem Französischen und läßt sich mit *„Geldmenge"* oder *„Geldvorrat"* übersetzen; das im weiteren Sinne vergleichbare Pendant auf dem US-amerikanischen Markt ist der *„Real Estate Investment Trust"*, kurz *„REIT"* genannt. Dabei handelt es sich um eine börsennotierte Immobilien-Aktiengesellschaft, die sich mit dem Besitz und der Bewirtschaftung von Immobilien beschäftigt. REITs stehen kurz vor der Zulassung in vielen europäischen Märkten. In Deutschland ist eine Einführung im Jahre 2007 geplant (aufgrund einer Vereinbarung im Koalitionsvertrag). Eine umfassende Darstellung und eine Analyse der – auch steuerrechtlichen – Unterschiede zwischen den deutschen und amerikanischen Varianten enthält KING, 2, 4 ff.

16 VORDEMANN, Münchener Merkur 287, 21 (21).

Die geschlossenen Immobilienfonds unterliegen grundsätzlich den Regeln des sog. *„grauen Kapitalmarkts“*[17]. In diesem Zusammenhang ist zunächst festzuhalten, daß es für den einzelnen Anleger prinzipiell ein Risiko darstellt, daß er seine Anteile am geschlossenen Immobilienfonds im Gegensatz zu anderen Fondsbeteiligungen nur eingeschränkt veräußern kann. Es existiert hier nur ein sehr begrenzter Sekundärmarkt. Ebenso wenig kann der Anteilsinhaber auf die einzelnen Investitionsobjekte Einfluß ausüben. Denn die laufenden Entscheidungen werden von den Verwaltern des Immobilienpools getroffen. Für außerordentliche Entscheidungen ist hingegen die Mehrheit der Anleger erforderlich[18].

Das Geschäftsmodell der Immobilienfonds bestand und besteht im Wesentlichen in der Errichtung[19] bzw. in der Grundsanierung und dem Umbau[20] von Gebäuden und in deren nachfolgenden Verwaltung. Der Hauptzweck liegt dann vor allem in der dauerhaften Vermietung zu gewerblichen oder zu Wohnzwecken, wobei den Anlegern aus Gründen der Steuerersparnis (dazu siehe Punkt C unten) vor allem die Anfangsverluste der Immobilien zugewiesen werden sollten. Immobilienfonds bieten dabei einem relativ breiten Anlegerkreis die Möglichkeit der Beteiligung an Immobilieninvestitionen. Außerdem hat die verhältnismäßig hohe Wertbeständigkeit zur Attraktivität dieser Immobilienkapitalanlage beigetragen[21]. In der Regel wurden sowohl der Beitritt zum Immobilienfonds – also der Kauf der Fondsanteile – als auch die sonstigen Kosten des Fonds durch Bankkredite finanziert. Dabei bedienten sich die Banken der Anlagevermittler bzw. Gründungsgesellschafter der Fondsgesellschaften, z.B. für die Bereitstellung und Übermittlung der hierfür nötigen Darlehensformulare.

Die von den Anlegern erhofften Renditen sollten dadurch entstehen, daß die monatlichen Tilgungs- und Zinsraten für die in Anspruch genommenen Bankkredite durch die Mieteinnahmen, die in der Regel durch eine befristete Mietgarantie abgesichert wurden, zurückgeführt werden sollten. Da nach diesem regelmäßig praktizierten Modell – zumindest nach der den Anlegern vorgerechneten Planung der Vermittler – nur wenig oder überhaupt kein Eigenkapital erfor-

---

17 Als grauer Kapitalmarkt wird gemeinhin derjenige Teil der Finanzmärkte bezeichnet, der keiner staatlichen Aufsicht oder anderen Reglementierungen unterliegt. Die Produkte am grauen Kapitalmarkt werden i.d.R. nicht über die Börse oder Banken offeriert, sondern per Fernabsatz oder an der Haustüre. Eine hohe Zahl dieser Angebote ist unseriös.

18 HOFMANN, ZIP 2005, 688 (694).

19 BGH vom 14.06.2004 – II ZR 393/02 – BB 2004, 1587 (1587).

20 BGH vom 14.06.2004 – II ZR 407/02 – WM 2004, 1536 (1537).

21 MÜNCHENER HANDBUCH/INHESTER, § 9 Rn. 20.

derlich war, befanden sich nicht selten Anleger mit durchschnittlichem oder unterdurchschnittlichem Einkommen unter den Käufern der Fondsanteile[22].

Das Malheur der Anleger zeigte sich regelmäßig nach kurzer Zeit, als die von den Vermittlern prognostizierten Mieten – vor allem in den neuen Bundesländern – bei weitem nicht erreicht werden konnten. Aufgrund großer leer stehender Flächen in den jeweiligen Immobilien konnten die tatsächlich vereinnahmten Mieten die überfinanzierten Bankdarlehen nicht mehr bedienen. Die Gesellschaften, die für die Fondsgesellschaften eine Mietgarantie abgegeben hatten, fielen meist bald nach der Inanspruchnahme der Mietgarantie selbst in Insolvenz, da ein solides Finanzpolster in der Regel nicht vorhanden war. Meist handelte es sich bei diesem Gesellschaften um solche mit beschränkter Haftung. Die Immobilienfondsgesellschaften gerieten schließlich trotz der abgegebenen Mietgarantien in eine finanzielle Schieflage und wurden nicht selten zahlungsunfähig oder gar insolvent. Erschwerend kam in vielen Fällen hinzu, daß sich die Initiatoren und die Vermittler der Geldanlagen häufig selbst recht großzügig an den von den Anlegern eingezahlten Geldern bedient und diese Gelder für fremde Zwecke vereinnahmt hatten. Dies geschah häufig durch Innenprovisionen, die meist verdeckt ausbezahlt wurden, um die Käufer der Fondsanteile nicht von Anfang an mißtrauisch zu machen, sog. „*verdeckte Innenprovisionen*"[23].

Aufgrund der wirtschaftlich desolaten Lage der Immobilienfonds und in Kenntnis der verdeckten Innenprovisionen stellten die Anleger in der Regel die auf den Kreditvertrag zu leistenden Zahlungen für Tilgung und Zinsen ein und/oder verlangten von den Banken Rückabwicklung des Kreditvertrags. Die Banken hingegen bestanden trotz Anfechtung, Kündigung oder Widerruf des Gesellschaftsbeitritts auf Erfüllung der Kreditverträge. Bei solchen Klagen hat der II. Zivilsenat des Bundesgerichtshofs nunmehr am 14. Juni 2004 den Anlegern Recht gegeben mit der Begründung, der Kreditvertrag bilde zusammen mit dem Fondsbeitritt ein verbundenes Geschäft und die Bank müsse sich deswegen auch alle Einwendungen entgegenhalten lassen, die dem Kreditnehmer gegen den Fondsbeitritt zustehen. Außerdem käme ein Rückforderungsdurchgriff (siehe Punkt IV.B.2 unten) gegen die Banken in Betracht[24].

Daß die hier untersuchte Materie von hoher wirtschaftlicher Brisanz ist, belegen eindrucksvoll folgende Zahlen: Schätzungen in der Literatur benennen die Gesamtzahl der von dieser Rechtsprechung betroffenen Verbraucher auf 100.000[25]

---

22 VORDEMANN, Münchener Merkur 287, 21 (21).
23 STEINBEIS, Handelsblatt, o.Nr. vom 29.09.2004, o.S.
24 VOGEL, ZGS 2004, 243 (243 f.).
25 SCHULTE-NÖLKE, Warten auf den EuGH, ZGS 2004, 81 (81).

bis 300.000[26]. Nach einer Schätzung des Bundesverbands Verbraucherzentrale (VZBV) sind in Deutschland etwa 300.000 Anleger von sog. *„Schrottimmobilien“* betroffen[27]. Die Investitionen in Wohnungen und Gebäude betragen dabei rund zehn Milliarden Euro, wobei der Kaufpreis etwa doppelt so hoch war wie der eigentliche Wert der Immobilien[28]. Diese Zahlen veranschaulichen die immense wirtschaftliche Bedeutung der hier zu führenden rechtlichen Kontroverse[29].

B. Rechtliche Konstruktion geschlossener Immobilienfonds

1. Abgrenzung des Untersuchungsgegenstandes

a) Abgrenzung von den offenen Immobilienfonds

In den hier vorrangig zu untersuchenden Entscheidungen des II. Zivilsenats des BGH wurden von den Anlegern ausschließlich Beteiligungen an geschlossenen Immobilienfonds erworben. Diese sind grundsätzlich von den sog. offenen Immobilienfonds bzw. Immobilieninvestmentfonds zu unterscheiden. Schon von der gesetzlichen Grundlage her ist zwischen diesen beiden Anlageformen ein grundlegender Unterschied festzustellen, da offene Immobilienfonds grundsätzlich dem Kreditwesengesetz (KWG) und dem Gesetz über Kapitalanlagegesellschaften (KAGG) unterliegen und die offenen Fonds daher gemäß § 28 Abs. 1 KAGG in der bis zum 30. Juni 2002 geltenden Fassung gesetzlich dazu verpflichtet sind, die ihnen zufließenden Gelder unter dem vom Gesetzgeber vorgeschriebenen Aspekt der Risikostreuung in mindestens zehn verschiedene Immo-

---

26 FISCHER, Warnschuß, NJW 2004, Heft 11, III. STICKELBROCK gibt das diesbezügliche Kreditvolumen allein bei der Hypo-Bank mit rund 26 Milliarden Mark an; vgl.: STICKELBROCK, ZGS 2002, 225 (226).

27 Stellungnahme der Europäischen Kommission zur Vorlage des LG Bochum beim EuGH, ZGS 2004, 98 (99) mit Verweis auf Finanztest 1/2002, 46 (46).

28 REICHE, Geprellte Anleger hoffen noch, www.manager-magazin.de/Geld/Artikel, zuletzt abgerufen am 30.09.2004; danach zählt die HypoVereinsbank mit 650 laufenden Verfahren zu den am stärksten betroffenen Banken und vereinigt nach einer Schätzung rund ein Drittel der 300.000 "*Schrottimmobilien*"-Fälle auf sich vereinigt. Nach anderen Medienberichten zählen genauso die Commerzbank, zahlreiche Spar- und Bausparkassen sowie Volks- und Raiffeisenbanken zu den Kreditgebern.

29 FISCHER, Warnschuß, NJW 2004, Heft 11, III. Deutlich wird diese wirtschaftliche Dimension auch daran, daß die in diesem Bereich besonders engagierte HypoVereinsbank aus dem Geschäft mit deutschen Immobilienfinanzierungen in Höhe von 2,5 Milliarden Euro angemeldet hat. SCHÄFER bezieht den wesentlichen Teil dieses Wertberichtigungsbedarfs auf die in dieser Arbeit dargestellten Problemkreise; vgl.: SCHÄFER, Anlegerschutz, BKR 2005, 98 (98).

bilien[30] zu investieren, die einen dauernden Ertrag erwarten lassen[31]. Eine Kapitalanlagegesellschaft bildet also ein Sondervermögen und verwaltet dieses. Anleger sind dann in der Lage, gegen Ausgabe von Investmentzertifikaten in einen Immobilienbestand zu investieren. Da weder die Anzahl der Anleger, noch die Höhe des Fondsvolumens oder die Anzahl der von ihnen verwalteten Immobilien beschränkt, noch die Anzahl der Investmentzertifikate begrenzt ist, spricht man von offenen Fonds[32]. Solche Fondsgesellschaften sind Kreditinstitute und unterliegen der Bankenaufsichtsbehörde[33]. Kapitalanlagegesellschaften – auch in Form eines offenen Immobilienfonds – dürfen gemäß § 1 Abs. 3 KAGG nur in der Rechtsform der Aktiengesellschaft oder der Gesellschaft mit beschränkter Haftung betrieben werden[34]. Auf diese offenen Immobilienfonds soll jedoch im Rahmen dieser Arbeit nicht weiter eingegangen werden, da sich die gesellschaftsrechtlichen Probleme, die hier u.a. untersucht werden, lediglich bei geschlossenen Immobilienfonds eröffnen.

b) Definition der geschlossenen Immobilienfonds

Im Gegensatz zu den offenen dienen geschlossene Immobilienfonds der Finanzierung klar umrissener, in einem Prospekt beschriebener, nicht austauschbarer Immobilien. Spezielle Gesetze oder eine besonders vorgesehene Rechtsform gibt es für geschlossene Immobilienfonds nicht. Geschlossene Immobilienfonds werden grundsätzlich definiert als

> *„nicht dem KAGG unterliegende Personengesellschaften, deren Geschäftszweck auf den Erwerb von Grundstücken und diesen gleichgestellten Rechten, deren Bebauung und Verwaltung ausgerichtet ist, wobei das von vornherein feststehende Eigenkapital (Gesamtzeichnungsbetrag) öffentlich dem Publikum zur Zeichnung angeboten wird"*[35],

---

30 Vgl. § 28 Abs. 1 KAGG in seiner Fassung bis zum 30.06.2002. Nach der seit dem 01.07.2002 geltenden Fassung des § 28 Abs. 1 S. 1 KAGG darf das Grundstück zur Zeit des Erwerbs 15% des Wertes des Sondervermögens nicht übersteigen. Beachte auch die Regelung der seit dem 01.07.2002 geltenden Wertvorschriften des § 28 Abs. 1 S. 2 und 3 KAGG.

31 BÖLTER, 4 f.

32 GAST, 11. Die Rechtsform sowie die Vorteile des offenen Fonds sind dargestellt in KING, 83 ff. Eine Behandlung der offenen Fonds im Rahmen dieser Untersuchung würde den Rahmen sprengen und findet deswegen nicht statt.

33 OPITZ, 175.

34 MÜNCHENER HANDBUCH/INHESTER, § 9 Rn. 20.

35 BÖLTER, 5 f.

mit anderen Worten,

> *„deren Geschäftszweck auf die Errichtung, den Erwerb und die Verwaltung einer oder mehrerer Immobilienobjekte mit einem im voraus feststehenden Investitionsvolumen ausgerichtet ist, und die, sobald das Eigenkapital plaziert ist, mit einem festen Kreis von Anlegern geschlossen werden"*[36].

Der geschlossene Immobilienfonds kann damit zutreffend auch als *„Kapitalsammelstelle"*[37] bezeichnet werden, da er die Kapitalkraft mehrerer Einzelanleger bündelt. Eine Veränderung der Zusammensetzung des Immobilienvermögens ist bei diesen Immobilienfinanzierungsgesellschaften nicht vorgesehen. Die jeweiligen Anteile können in der Praxis nur solange gezeichnet werden, bis die für das Projekt erforderliche und im Voraus festgelegte Anlagesumme gedeckt ist. Nach Erreichen der Zeichnungssumme wird der Fonds geschlossen und die Ausgabe von Fondsbeteiligungen wird eingestellt, sog. *„closed end funds"*[38]. So bildet das am Anfang festgeschriebene Eigenkapital zusammen mit den aufgenommenen Fremdmitteln das gesamte Finanzierungsvolumen der Fondsgesellschaft. Durch die planmäßige Tilgung des aufgenommenen Fremdkapitals vergrößert sich im Laufe der Zeit der Eigenkapitalanteil des Fonds. Die Beteiligung eines Anlegers an einer solchen Gesellschaft stellt ihn wirtschaftlich und steuerlich einem Immobilieneigentümer gleich[39] (dazu siehe Punkt C unten).

2. Rechtliche Besonderheiten

a) Immobilienfonds als Gesellschaft bürgerlichen Rechts

Geschlossene Immobilienfonds verwenden generell personenrechtliche Konstruktionsformen, da bei diesen steuerrechtlich die Möglichkeit besteht, den Anlegern alle steuerrechtlichen Vorteile persönlich zukommen zu lassen[40]. Immobilienfonds mit kleineren Anlegerzahlen nutzen dabei in der Regel die Rechtsform der Gesellschaft bürgerlichen Rechts (GbR) gemäß den Vorschriften der §§ 705 ff. BGB, sog. *„private placement"*[41]. Die Gründung einer solchen GbR

---

36 BGH vom 21.01.2002 – II ZR 2/00 – BGHZ 150, 1 (4).

37 LAUER, ZAP 1999, 313 (313).

38 KING, 142. Sowie: MÜNCHENER HANDBUCH/INHESTER, § 9 Rn. 20.

39 GAST, 7.

40 BÖLTER, 22 f.

41 LAUER, ZAP 1999, 313 (316); sowie: MÜNCHENER HANDBUCH/BÄLZ, § 101 Rn. 116. Sowie: PALANDT/SPRAU, 64. Aufl., § 705 Rn. 40. Der als Kommanditgesellschaft gemäß den Vorschriften der §§ 161 ff. HGB gegründete Immobilienfonds unterliegt im Gegensatz zur GbR den gesetzlichen Vorschriften zur Rechnungslegung, ist damit buchführungs- und bilanzierungspflichtig gemäß den §§ 238 bis 261 HGB, womit wiederum

wird durch die Initiatoren, die als Gründungsgesellschafter fungieren, vorbereitet, insbesondere durch die Ausarbeitung der vertraglichen Regelungen zum Erwerb des Objekts bzw. durch das Aushandeln der baurechtlichen Rahmenbedingungen. Erst nach dieser Phase treten die jeweiligen Anleger durch eine Kapitalerhöhung der Fondsgesellschaft bei. Dies geschieht regelmäßig durch die eine umfassende Vollmacht enthaltene Beitrittserklärung der Kapitalanleger. Dadurch wird die Geschäftsführung der GbR ermächtigt, den Beitritt der Anleger zur Fondsgesellschaft in deren Namen zu erklären und für sie alle dem Gesellschaftszweck dienenden Willenserklärungen abzugeben[42]. Die betreffende Immobilie und sämtliches Vermögen stehen den Gesellschaftern dann als Gesamthandsvermögen im Sinne von § 718 BGB zu[43].

b) Finanzierung

Das Eigenkapital der Fondsgesellschaften besteht hauptsächlich aus den von den einzelnen Gesellschaftern zu erbringenden Einlagen. Die Anleger müssen außerdem die Emissionskosten (sog. Agio) aufbringen. Das Fremdkapital hingegen wird durch Darlehensverträge abgesichert[44].

Die Eigenmittel und die von der Fondsgesellschaft für Rechnung des Fonds aufgenommenen Fremdmittel werden zum Erwerb oder zur Errichtung von Bauobjekten eingesetzt, wobei das Vermögen der Fondsgesellschaft ein gemeinschaftliches Sondervermögen ist. Nur die Gesamtheit der Gesellschafter des Immobilienfonds ist über dieses Sondervermögen verfügungsberechtigt[45]. Zu differenzieren ist insbesondere vor dem Hintergrund der zu untersuchenden Entscheidungen zwischen der sog. „*Außenfinanzierung*" und der sog. „*Innenfinanzierung*".

(1) Außenfinanzierung

Die vom BGH am 14. Juni 2004 entschiedenen und auch die sonstigen in dieser Untersuchung aufgeführten Fälle beschäftigen sich im Wesentlichen mit der Wirksamkeit bzw. den Unwirksamkeitsgründen der Außenfinanzierungen. Damit sind diejenigen Darlehens- und Finanzierungsverträge gemeint, die von den Anlegern im eigenen Namen abgeschlossen wurden, um den Beitritt zur Fonds-

---

ein enormen Kostenaufwand verbunden ist; vgl.: OPITZ, 78. Auf die als KG gegründeten Fondsgesellschaften wird jedoch in dieser Arbeit nur vereinzelt und nur am Rande eingegangen werden, da die hier zu analysierenden Entscheidungen in der Regel BGB-Gesellschaften betreffen.

42 LAUER, ZAP 1999, 313 (316).

43 OPITZ, 65 f.

44 OPITZ, 51.

45 LAUER, ZAP 1999, 313 (313).

gesellschaft, also die Einlage zu finanzieren[46]. Das Eigenkapital, das für den Beitritt notwendig war, wurde in der Regel durch Privatdarlehen finanziert. Für dieses Darlehen haftete jeder Anleger persönlich[47].

(2) Innenfinanzierung

Hingegen handelt es sich bei der sog. Innenfinanzierung um diejenigen Darlehens- und Finanzierungsverträge, bei denen die Fondsgesellschaft selbst einen Kredit aufnahm. Vertragspartner wurde in diesen Fällen neben der jeweiligen Bank die durch den Treuhänder vertretene Fondsgesellschaft[48]. In der Regel werden bei geschlossenen Immobilienfonds diese beiden Finanzierungsarten nebeneinander eingesetzt. Dabei ist entscheidend, in welcher Höhe die Schuldzinsen aus den Erträgen der Immobilie getilgt werden können. Üblicherweise liegen die Quoten der Innenfinanzierung zwischen 30% und 50%. Im Rahmen dieser Darlehensverträge haften alle Anleger als Gesellschafter mit dem gesamthänderisch gebundenen Vermögen[49].

c) Treuhandverhältnisse

Neben den unmittelbaren Beteiligungen an Immobilienfonds werden vorliegend hauptsächlich die mittelbaren Beteiligungen behandelt. Damit aufgrund der Vielzahl der Anleger (Gesellschafter) faktisch keine Handlungsunfähigkeit eintritt, zur Reduzierung der Verwaltungskosten und zur Entbindung der Gesellschafter von der unternehmerischen Tätigkeit wird bei geschlossenen Immobilienfonds üblicherweise ein Treuhänder mit der Wahrnehmung der Gesellschaftsinteressen beauftragt. Die Verwaltung kann so auf Spezialisten delegiert werden[50].

Die mittelbare Beteiligungsform über einen Treuhänder wurde in der Vergangenheit auch deswegen gewählt, um die nach der früheren Ansicht der Rechtsprechung nicht grundbuchfähige GbR im Grundbuchverkehr überhaupt handlungsfähig zu machen, § 47 GBO[51]. Dafür werden in der Praxis Treuhandmodel-

---

[46] Diese Finanzierungen werden deswegen auch „*Beitrittsfinanzierungen*" genannt.

[47] LAUER, ZAP 1999, 313 (317).

[48] LAUER, ZAP 1999, 313 (317).

[49] LAUER, ZAP 1999, 313 (317).

[50] KING, 178 ff. Sowie: OPITZ, 69.

[51] Die Grundbuchfähigkeit einer GbR richtet sich zwar nach wie vor nicht nach dem materiellen Recht, sondern nach dem für Grundbucheintragungen maßgeblichen formellen Recht der Grundbuchordnung. Jedoch ist nach vorzugswürdiger Ansicht mittlerweile die Grundbuchfähigkeit der GbR anzuerkennen, um so einen Gleichklang von materiellem Recht und Verfahrensrecht zu erreichen, auch was die Eintragung im Grundbuch betrifft; vgl.: MÜNCHKOMM/ULMER, § 705 Rn. 312, 314. Kritisch demgegenüber:

le in Form von sog. Grundbuch- und Beteiligungstreuhänderschaften gewählt[52]. Die Hauptpflicht des Treuhänders ist dabei die ausschließliche Wahrnehmung der Interessen der Fondszeichner bei Publikumsgesellschaften. Beim Treuhandvertrag handelt es sich rechtlich in der Regel um einen Geschäftsbesorgungsvertrag gemäß § 675 BGB, wenn Entgeltlichkeit vorliegt[53].

Die sich aus den Regelungen der §§ 709 ff. BGB ergebende Geschäftsführungsbefugnis aller Gesellschafter der GbR wird regelmäßig per Vollmacht auf den Treuhänder übertragen[54]. Nach Gründung der GbR durch die Gründungsgesellschafter und den Beteiligungstreuhänder erwerben die Anlegergesellschafter lediglich Gesellschaftsrechte und keinen direkten Anteil an den Fondsimmobilien. Der Treuhänder *„hält die Beteiligung im eigenen Namen, aber für Rechnung der Anleger“*[55]. Im Übrigen stellt die Bestellung eines Treuhänders die einheitliche Vorgehensweise und die einheitliche Meinungsbildung innerhalb der Fondsgesellschaft sicher[56].

d) Personen- und vermögensrechtliche Beziehungen der Beteiligten

In jedem Fall müssen zunächst die personenrechtlichen und die vermögensrechtlichen Beziehungen der Beteiligten sauber getrennt und aufgeführt werden. Dies ist insbesondere dann bedeutsam, wenn die einzelnen Vertragsbeziehungen – wie auch in den Entscheidungen vom 14. Juni 2004 – mangelbehaftet sind[57].

(1) Vermögensrechtlicher Geschäftsbesorgungsvertrag

Vorab entsteht unter Zuhilfenahme des Treuhänders eine schuldvertragliche Vereinbarung über den Beitritt zur Gesellschaft und auf Verschaffung eines Gesellschaftsanteils in Form eines Geschäftsbesorgungsvertrags. Die als rechtsfähige Außengesellschaft organisierte Fondsgesellschaft schließt mit dem Beitretenden einen vermögensrechtlichen Schuldvertrag über den Erwerb einer Gesellschaftsbeteiligung. Dieser richtet sich auf die Verschaffung eines Gesellschaftsanteils durch die Ermöglichung der Aufnahme als Mitglied der Gesellschaft. Die Verwirklichung findet durch den personenrechtlichen Aufnahmevertrag statt.

STAUDINGER/HABERMEIER, Vorb. Zu §§ 705 – 740, Rn. 25 ff. oder OLG Celle vom 13.03.2006 – 4 W 47/06 (n.r.) – ZIP 2006, 620.

52 DOEHNER/HOFFMANN, ZIP 2004, 1884 (1885).

53 LAUER, ZAP 1999, 313 (320). Die Entgeltlichkeit des Vertragsverhältnisses ist der Regelfall – bei einem unentgeltlichen Treuhandvertrag handelt es sich rechtlich um einen Auftrag; vgl.: PALANDT/SPRAU, 64. Aufl., § 675 Rn. 21.

54 LAUER, ZAP 1999, 313 (316).

55 OPITZ, 69.

56 LAUER, ZAP 1999, 313 (319).

57 MÜNCHENER HANDBUCH/BÄLZ, § 101 Rn. 104.

Das hierfür vom Beitretenden zu leistende Entgelt für den Anteilserwerb besteht aus der Provision der Gesellschaft und der zur Ausführung der Geschäftsbesorgung, v.a. zur Deckung der mit der Aufnahme des Gesellschafters entstehenden Einlageschuld erforderlichen und regelmäßig vorschußpflichtigen Aufwendung[58].

Mängel in diesem Vertragsverhältnis sind nach allgemeinen Regeln zu beurteilen, ebenso wie die Haftung für ein vorvertragliches Aufklärungs- oder Beratungsverschulden innerhalb dieses Schuldvertrags. Sie führen zu einem vermögensrechtlichen Rückabwicklungsverhältnis. Die Grundsätze der fehlerhaften Gesellschaft sind hier nicht anzuwenden. Auch für die Widerruflichkeit eines Geschäfts nach den Grundsätzen des Haustürwiderrufsgesetzes ist alleine dieses Vertragsverhältnis maßgeblich. Jedoch lassen Mängel und Störungen dieses Vertragsverhältnisses die Aufnahme in die Gesellschaft unberührt. Ebenso wenig wirken sich eine Anfechtung wegen arglistiger Täuschung oder ein Widerruf nach Verbraucherschutzvorschriften unmittelbar auf die Wirksamkeit der Mitgliedschaft in der Gesellschaft aus[59].

(2) Personenrechtlicher Aufnahmevertrag

Hiervon zu unterscheiden ist der personenrechtliche Aufnahmevertrag. Im Folgenden ist zunächst der Aufnahmevorgang in die Gesellschaft, sodann ist das Verhältnis von Mitgliedschaft und Gesellschaftsanteil zu klären. Der neu zu einer Gesellschaft hinzutretende Gesellschafter erwirbt die Mitgliedschaft in der Personengesellschaft durch das personenrechtliche Organisationsgeschäft der Aufnahme. Nach Maßgabe des Gesellschaftsvertrags entsteht dabei ein personenrechtlicher Einlageanspruch der Gesellschaft gegen den Gesellschafter[60].

Hingegen entsteht der Gesellschaftsanteil als subjektives Vermögensrecht des neuen Personengesellschafters dadurch, daß die personenrechtlichen Gestaltungs- und Anspruchsbefugnisse des Gesellschafters aus der Mitgliedschaft den Gegenstand eines Vermögensrechts bilden. Der Gesellschaftsanteil ist dabei alleiniges Vermögen des Gesellschafters, wohingegen das Gesellschaftsvermögen alleiniges Vermögen der rechtsfähigen Personengesellschaft ist[61].

Die Behebung rechtsgeschäftlicher Mängel dieses personenrechtlichen Aufnahmevertrags mit der Fondsgesellschaft richtet sich selbständig nach den Grundsätzen der fehlerhaften Gesellschaft. Insbesondere steht dem Gesellschaf-

---

58 MÜNCHENER HANDBUCH/BÄLZ, § 101 Rn. 104, 106.

59 MÜNCHENER HANDBUCH/BÄLZ, § 101 Rn. 106 f.

60 MÜNCHENER HANDBUCH/BÄLZ, § 101 Rn. 104 ff.

61 MÜNCHENER HANDBUCH/BÄLZ, § 101 Rn. 105.

ter hierfür die für die Zukunft wirkende Austrittskündigung nach § 723 BGB zur Verfügung[62]. Es soll an dieser Stelle bereits vorweggenommen werden, daß der BGH v.a. in den Entscheidungen vom 14. Juni 2004 die genaue Trennung zwischen vermögensrechtlichem Geschäftsbesorgungsvertrag und personenrechtlichem Aufnahmevertrag nicht in der hierfür erforderlichen exakten Weise vorgenommen hat.

e) Haftung der Gesellschafter

(1) Quotale Haftung

Insbesondere in den Fällen, in denen Fremd- und Eigenkapital im Rahmen der Finanzierung gemischt werden, wenn also – was die Regel ist – sowohl eine Innen- als auch eine Außenfinanzierung vorliegt, kann der Fall eintreten, daß die Anleger über ihre Einlage hinaus für die Verbindlichkeiten der Gesellschaft eintreten müssen[63]. Denn im Außenverhältnis haftet ein Gesellschafter für die Verbindlichkeiten der Gesellschaft nach der gesetzlichen Regelung grundsätzlich persönlich und „*unbeschränkt mit seinem Vermögen*"[64]. Er haftet in diesem Rahmen unmittelbar und primär auf die gesamte Leistung, also nicht nur mit dem auf seinen im Innenverhältnis fallenden Anteil[65].

Dies hängt mit den haftungsrechtlichen Grundsätzen der GbR zusammen, auf die deshalb kurz eingegangen werden soll: Nach der „*Lehre von der Teilrechtsfähigkeit*", besteht die GbR aus einer besonderen Wirkungseinheit und stellt ein Zuordnungsobjekt dar, das als Personengruppe am Rechtsverkehr teilnehmen kann. Sobald die GbR als Außengesellschaft auftritt und am Rechtsverkehr teilnimmt, begründet sie eigene Rechte und Pflichten[66] und besitzt dadurch Rechtsfähigkeit. Die lange in der Rechtsprechung und Literatur, vor allem von ULMER befürwortete Doppelverpflichtungslehre[67] mußte sich der vor allem von K. SCHMIDT vertretenen Akzessorietätstheorie[68] stellen. Der Bundesgerichtshof hat

---

62 Dies ist aufgrund der hier erforderlichen Eindeutigkeit und Berechenbarkeit von Organisationsgeschäften geboten; vgl.: MÜNCHENER HANDBUCH/BÄLZ, § 101 Rn. 106.

63 BÖLTER, 22 f.

64 OPITZ, 66.

65 PALANDT/SPRAU, 64. Aufl., § 714 Rn. 12.

66 PALANDT/SPRAU, 64. Aufl., § 705 Rn. 24.

67 Nach dieser Lehre verpflichteten die für die GbR handelnden Geschäftsführer bei rechtsgeschäftlichen Verbindlichkeiten als Vertreter sowohl die GbR als auch die Mitgesellschafter. Eine Haftung für gesetzliche Verbindlichkeiten war hierdurch jedoch nur schwer begründbar; vgl.: MÜNCHKOMM/ULMER, § 714 Rn. 3. m.w.N.

68 Hiernach wurde eine grundsätzliche akzessorische Haftung der Gesellschafter sowohl für rechtsgeschäftliche als auch für gesetzliche Ansprüche analog § 128 HGB bejaht; vgl.: MÜNCHKOMM/ULMER, § 714 Rn. 3. m.w.N.

diesen Streit in den Jahren 1999 und 2001[69] nunmehr zugunsten der Akzessorietätstheorie entschieden[70]. Es kommt daher aus haftungsrechtlicher Sicht zu einer starken Annäherung der GbR an die oHG, so daß die GbR insoweit als rechtsfähig anerkannt ist[71].

Die einzelnen Gesellschafter haften für die von der Gesellschaft begründeten Darlehensschulden unmittelbar und persönlich, sog. *„akzessorische Haftung"* gemäß § 128 HGB analog[72]. Die Gesellschafter einer Fondsgesellschaft bürgerlichen Rechts haften also für die Verbindlichkeiten des Immobilienfonds mit dem eigenen Vermögen[73]. In der Grundsatzentscheidung II ZR 331/00 vom 29. Januar 2001 hat der II. Zivilsenat des BGH entschieden, daß diese Haftung der GbR-Gesellschafter der akzessorischen Gesellschafterhaftung gemäß § 128 HGB entspricht[74], auch wenn dies in der Entscheidung vom BGH so nicht direkt ausgeführt wird[75].

Jedoch besteht die Möglichkeit, mit den Banken eine Vereinbarung zu treffen, wonach diese Haftung auf das Gesellschaftsvermögen oder auf den Anteil des Anlegers an diesem beschränkt wird. Der Anleger haftet dann höchstens bis zu dem Anteil, der seiner Quote am Gesellschaftsvermögen entspricht, sog. quotale Haftung[76]. Der BGH hat dabei erst jüngst entschieden, daß bei geschlossenen Fondsgesellschaften die Haftung bei reinen Kapitalanlegern auch durch allgemeine Geschäftsbedingungen wirksam beschränkt werden kann. Eine individuelle Vereinbarung ist in solchen Fällen nicht erforderlich, da hier die Kapitalanleger ersichtlich daran interessiert sind, die Haftung auf das Gesellschaftsvermögen zu beschränken[77]. Der Zeichner eines Immobilienfonds haftet also i.d.R. nicht über seinen Zeichnungsbetrag hinaus[78].

---

69 Urteile des BGH vom 27.09.1999 - II ZR 371/98 - BGHZ 142, 315 (315 ff.) und vom 29.01.2001 - II ZR 331/00 - BB 2001, 374 (374 ff.).

70 MÜNCHKOMM/ULMER, § 714 Rn. 2 ff.

71 MÜNCHKOMM/ULMER, vor § 705 Rn. 10 ff. Die Anerkennung der Rechtsfähigkeit sowie der aktiven und passiven Parteifähigkeit der GbR erfolgte durch die grundlegenden Urteile des BGH vom 27.09.1999 - II ZR 371/98 - BGHZ 142, 315 (315 ff.) und vom 29.01.2001 - II ZR 331/00 - BB 2001, 374 (374 ff.). Vgl. auch: WAGNER Gerhard, ZIP 2005, 637 (637 f.) zum aktuellen Meinungsstand.

72 PALANDT/SPRAU, 64. Aufl., § 714 Rn. 11 f. Sowie: BAUMBACH/HOPT/HOPT, § 128 Rn. 8 ff.

73 BGH vom 02.07.2001 - II ZR 304/00 - BB 2001, 1652 (1653).

74 BGH vom 29.01.2001 - II ZR 331/00 - BB 2001, 374 (379). Sowie: BGH vom 18.02.2002 - II ZR 331/00 - NJW 2002, 1207 (1207 f.).

75 ARMBRÜSTER, Schranken der Gesellschafterhaftung, ZGR 2005, 34 (34).

76 OPITZ, 65 f.

77 BGH vom 21.01.2002 - II ZR 2/00 - BGHZ 150, 1 (5 f.). Sowie: ARMBRÜSTER, Schranken der Gesellschafterhaftung, ZGR 2005, 34 (45).

78 LAUER, ZAP 1999, 313 (317).

(2) Haftung in der Liquiditätskrise

Diese quotale Haftung wird insbesondere dann bedeutsam, wenn es bei der Fondsgesellschaft zu einem Liquiditätsengpaß bzw. einer Liquiditätskrise kommt. Wenn die Berechnung der voraussichtlichen Liquidität der Fondsgesellschaft nach Beendigung einer Bau- oder Sanierungsmaßnahme eine Unterdeckung ausweist, so muß diese durch eine ggf. jährliche, anteilige Zahlung der Gesellschafter ausgeglichen werden. Leerstehende, nicht vermietete Flächen reduzieren die Einnahmen der Fondsgesellschaft und führen dazu, daß die laufenden Kosten aus der Innenfinanzierung die Einnahmen übersteigen. Daraus resultiert zunächst das Entfallen der Ausschüttungen des Fonds an die Anleger. Wenn eine gebildete Liquiditätsreserve reduziert und schließlich aufgebraucht ist, kann es zu einer Nachschußpflicht der Gesellschafter kommen. Diese Kapitaleinlagen der Zeichner des Immobilienfonds sollen die Zahlungsunfähigkeit der Fondsgesellschaft vermeiden[79] und führen oft zu nicht unerheblichen finanziellen Belastungen der Gesellschafter.

C. Steuerrechtliche Vorteile geschlossener Immobilienfonds

Es soll nun kurz auf die steuerrechtliche Seite eingegangen werden; vor allem sollen die steuerrechtlichen Vorteile dieser Kapitalanlageform kurz umrissen werden. Denn die Gründe für den regen Erwerb von Anteilen an geschlossenen Immobilienfonds in den Neunziger Jahren waren und sind bis heute steuerrechtlicher Natur. Das steuerrechtliche Ziel einer gesellschaftsrechtlichen Beteiligung an einem geschlossenen Immobilienfonds ist in erster Linie die Minderung des zu versteuernden Einkommens durch steuerliche Verlustzuweisungen und Finanzierungskosten.

Im Mittelpunkt dieser Untersuchung stehen die sog. steuerorientierten Fonds. Bei diesen Immobilienfonds liegt die Zielsetzung in einer hohen Verlustzuweisung, um das einzusetzende Kapital größtenteils aus Steuerrückflüssen zu finanzieren: Die von dem Fonds erzielten Mieteinkünfte sollten zu Ausschüttungen an die Gesellschafter führen. Mit diesen Ausschüttungen und mit den aufgrund der Verlustzuweisungen erzielten Steuervorteilen sollten die Zins- und Tilgungsraten des Bankdarlehens bedient werden[80]. Üblicherweise weist diese Art von Fonds einen höheren Fremdfinanzierungsanteil auf, als die sog. ausschüttungs-

---

[79] LAUER, ZAP 1999, 313 (327).

[80] Probleme ergeben sich jedoch dann, wenn die Finanzbehörden hinsichtlich § 2b EStG den Verlustausgleich auf dieselbe Einkunftsart beschränken; vgl.: STROHN, WM 2005, 1441 (1441).

orientierten Fonds[81]. Getragen ist dieses Konzept in der Regel vom Gedanken der Selbstfinanzierung, d.h. die Immobilienkapitalanlage sollte sich eigentlich selbst tragen[82].

Zwar genießt eine Personengesellschaft eine beschränkte Steuersubjektsfähigkeit, jedoch ist sie selbst kein eigenes Steuersubjekt. Grundsätzlich werden deshalb die Ergebnisse des Einkünftetatbestands, der von den Gesellschaftern in ihrer gesamthänderischen Verbundenheit verwirklicht wurde, den Gesellschaftern im Verhältnis ihrer Beteiligungsquoten zueinander anteilig zugerechnet[83]. Geschlossene Immobilienfonds beanspruchen Steuervergünstigungen, die vor allem das Einkommenssteuergesetz sowie eine Reihe von Förderungsregelungen besonders oder auch für Immobilienanlagen gewähren. Es können ertragssteuerrechtlich begünstigte Investitionen durch den Anleger vorgenommen werden[84], wobei erhöhte Absetzungen, Sonderabschreibungen, Bewertungsabschläge oder steuerfreie Rücklagen das steuerpflichtige Einkommen[85] in den Anfangsjahren vermindern[86]. Während der Bauphase des Fondsobjekts erhalten die Anleger Verlustzuweisungen, die steuerlich geltend gemacht werden können[87]. Für einen Investor entstehen Steuerersparnisse also einerseits dadurch, daß er seine Barausschüttungen nicht oder nur teilweise versteuern muß, andererseits kann ein Teil des benötigten Eigenkapitals aus ersparten Steuern finanziert werden. Des Weiteren können zusätzliche Werbungskosten durch die Gebäudeabschreibungen geltend gemacht werden. In der Investitionsphase können zudem Verlustzuweisungen an die Anleger aufgrund einmaliger Werbungskosten im Jahr der Entstehung erfolgen. Solche Werbungskosten sind beispielsweise Steuerberatungskosten, Kosten der Baubetreuung, Zwischenfinanzierungskosten u.ä.[88].

---

81 Diese ausschüttungsorientierten Fonds mit tendenziell höheren Eigenkapitalanteilen beinhalten zwar angemessene Steuervorteile. Die Anleger partizipieren hier jedoch an guten Mietrenditen, hohen Ausschüttungen und Wertzuwachschancen; vgl.: LAUER, ZAP 1999, 313 (314). Eine umfassende Darstellung der steuerlichen Aspekte, die in diesem Zusammenhang zu beachten sind, sowie die einzelnen steuerrechtlichen Gestaltungsmöglichkeiten und –vorteile von geschlossenen Immobilienfonds findet sich in: KING, 232 ff.

82 BARNERT, Kreditgebende Bank, WM 2004, 2002 (2002)

83 MÜNCHENER HANDBUCH/INHESTER, § 9 Rn. 24.

84 OPITZ, 79.

85 Die Beteiligung an einer Fondsgesellschaft, die ihr Vermögen durch Vermietung uns Verpachtung nutzt, führt bei den Anlegern zu Einkünften aus § 21 EStG; vgl.: MÜNCHENER HANDBUCH/INHESTER, § 9 Rn. 21.

86 ESCHE, 13.

87 LAUER, ZAP 1999, 313 (313).

88 BÖLTER, 49 ff.

D. Fazit

Bei geschlossenen Immobilienfonds muß die potentielle Gefahr für die Anleger in Form einer erheblichen finanziellen Belastung aufgrund der quotalen Haftung im Innenverhältnis einer Immobilienfondsgesellschaft zunächst im Zusammenhang mit den immensen steuerlichen Vorteilen gesehen werden, die den Anlegern vorgerechnet, teilweise aber auch vorgegaukelt wurden. Denn in vielen Fällen waren die Einkommen der Anleger so gering, daß sich ein auf Finanzierung gegründetes Steuersparmodell alleine deswegen nicht gerechnet hätte. Jedoch schien dies vielleicht vielen Anlegern relativ unbedeutend im Gegensatz zu einer – wenn auch tatsächlich nicht gegebenen – Möglichkeit, Steuern zu sparen. Wenn man die Verkaufssituation der Fondsanteile vor diesem Hintergrund betrachtet, kann man mehr als leise Zweifel daran hegen, ob der Großteil der Fondszeichner eines geschlossenen Immobilienfonds zu dem Zeitpunkt, in dem die Treuhändervollmacht ausgestellt wurde, sich der aus einer quotalen Haftung ergebenden Risiken wirklich bewußt war. Im Folgenden wird zu zeigen sein, ob deswegen die bei Anlagegeschäften übliche Risikoverteilung im Falle einer Liquiditätskrise der Fondsgesellschaft verschoben wird, und ob eine Verschiebung hier überhaupt gerechtfertigt ist und juristisch sauber begründet werden kann.

III. Interessenkonflikt von Privatautonomie und Verbraucherschutz

Die nachfolgende Analyse und die Bewertung der zu diesen Problemkreisen ergangenen höchstrichterlichen Rechtsprechung des Bundesgerichtshofs sollen auch vor dem Hintergrund vollzogen werden, daß hier zwei entgegen gesetzte Interessenlagen miteinander kollidieren. Auf der einen Seite steht das im Interesse der Anleger zu beachtende rechtspolitische Ziel des Verbraucherschutzes. Demgegenüber steht auf der anderen Seite – hier auf Bankenseite – die als Grundlage eines jeden Rechtsstaates zu beachtende Privatautonomie, insbesondere in Form der Vertragsfreiheit beider Parteien. Beide Prinzipien, Privatautonomie und Verbraucherschutz, sollen deshalb im Folgenden kurz dargestellt werden.

A. Privatautonomie und Vertragsfreiheit

Unter Privatautonomie versteht man das Prinzip der eigenen bewußten und individuellen Gestaltung der Rechtsverhältnisse durch jeden Einzelnen nach seinem Willen, die von der Rechtsordnung anerkannt wird (Privatautonomie)[89]. Dieser Grundsatz erkennt insbesondere die *„Selbstherrlichkeit"* des Einzelnen bei der Gestaltung seiner Rechtsverhältnisse an[90]. Hier gilt der Grundsatz "*stat pro ratione voluntas*", d.h. alleine das gilt, was der Einzelne will, nicht hingegen das, was Außenstehende anhand vermeintlich objektiver Kriterien für gerecht halten[91].

Die Verfasser des Bürgerlichen Gesetzbuchs sind in der zentralen deutschen Zivilrechtskodifikation, dem am 1. Januar 1900 in Kraft getretenen Bürgerlichen Gesetzbuch, erkennbar von einem Menschenbild ausgegangen, welches die Vernunft, die Selbstverantwortlichkeit und die Urteilsfähigkeit jedes Einzelnen in den Vordergrund stellt und welches das aus der Würde des Menschen abgeleitete Selbstbestimmungsrecht in den Mittelpunkt stellt[92]. Aufgrund dessen ist das Bürgerliche Gesetzbuch von einer liberalistischen, individualistischen Grundhaltung geprägt. Der Einzelne sei demnach in der Lage, seine Lebensverhältnisse im Privatbereich selbstbestimmt und ohne Zuhilfenahme staatlicher Unterstützung oder Bevormundung zu ordnen und zu gestalten. Man ging davon aus, daß die Freiheit und die Gleichheit jedes Einzelnen das Zusammenleben der Men-

---

89 BROX, 17. Hierzu siehe auch: CANARIS, Schranken der Privatautonomie, ZIP 1980, 709 (709 ff.). Sowie: DERS., FS LERCHE, 873 (873 ff.). Sowie: FLUME, FS DJT, 135 (136 ff.). Sowie: MEDICUS, Abschied von der Privatautonomie, 7 ff. Sowie: DERS., Schutzbedürfnisse, Jus 1996, 761 (762).

90 FLUME, FS DJT, 135 (136 ff.). Sowie: HEINRICH, 5.

91 HEINRICH, 5. Zum Ganzen ausführlich auch MERZ, 1 ff.

92 WIEACKER, 468 ff.

schen optimal ordnen würden[93], daß am Markt solche Vertragspartner miteinander Verträge schließen würden, die strukturell gleichwertig sind und dadurch eine materielle Richtigkeit der geschlossenen Verträge eintreten würde[94]. Jedoch bereitet die Privatautonomie als formal verstandene Freiheit zugleich gewisse Probleme, da u.a. im Hinblick auf das freie Spiel der Kräfte im Wettbewerb oder das eigennützige Streben jedes Menschen faktisch eben nicht alle gleich sind.

Die Vertragsfreiheit stellt die wichtigste Ausprägung der Privatautonomie dar und setzt die Freiheit beider Vertragsteile voraus, d.h. es ist eine Abstimmung der gegenseitigen Interessen verschiedener Vertragsparteien notwendig. Die Vertragsfreiheit besteht aus der Abschlußfreiheit, d.h. der Einzelne hat die freie Wahl, ob überhaupt und mit wem er einen Vertrag schließt (im Gegensatz zum Kontrahierungszwang kraft gesetzlicher Anordnung), und aus der Gestaltungsfreiheit, d.h. die Freiheit der Vertragsparteien über die inhaltliche Ausgestaltung des Vertrags[95].

Bereits die Vertragsfreiheit selbst enthält das Erfordernis der Vertragsgerechtigkeit, d.h. die Gleichwertigkeit von Leistung und Gegenleistung, die Vertragsabschlußfreiheit und eine gerechte Vorteils- und Risikoverteilung innerhalb des Vertrags. Die Verwirklichung materieller Vertragsparität[96] setzt die soziale, intellektuelle und organisatorische Waffengleichheit der Parteien voraus. Jedoch haben der freie Wettbewerb und die Selbstregulierungskräfte des Marktes zu einer anderen Entwicklung geführt. Neben der rechtlichen Ausgestaltung ist hierbei auch die Kontrolle durch die Gerichte notwendig. Der Vorstellung des historischen Gesetzgebers, grobe Vertragsungerechtigkeiten zu vermeiden, mußte deshalb vielfach mit Hilfe der Judikative Geltung verschafft werden. Seit der Bürgenentscheidung des Bundesverfassungsgerichts ist eine umfassendere gerichtliche Kontrolle im Hinblick auf die Grundrechte möglich.

1. Formelle und materielle Vertragsfreiheit

Zunächst sind die Begriffe der formellen und der materiellen Vertragsfreiheit zu erörtern. Ausgehend vom sog. formalen Freiheitsverständnis versteht man unter der formellen Vertragsfreiheit die Befugnis des Einzelnen, entsprechend seinen Bedürfnissen die Rechtsverhältnisse selbstverantwortlich und ohne staatliche

---

93 WIEACKER, 468 ff. Sowie: BROX, 17.

94 HEINRICH, 6, 8. Zur Theorie der Richtigkeitsgewähr: SCHMIDT-RIMPLER, Grundfragen, AcP 147, 130 (149 ff.); Sowie: DERS.: FS RAISER, 3 ff. Zum Ganzen auch eingehend: WESTERMANN, AcP 178, 150 (158 ff.).

95 Zur Vertragsfreiheit als wichtigstem Bestandteil des Schuldrechts: LARENZ, 41 ff.

96 Begriff von SCHMIDT-RIMPLER, Grundfragen, AcP 147, 130 (158 ff.).

Intervention ordnen zu können (Privatautonomie)[97]. Deren zentrale und wesentliche Bestandteile sind die Selbstbestimmung des Einzelnen und die mit dieser einhergehende Selbstverantwortung[98].

Diese Autonomie kann die Freiheit des Einzelnen jedoch nicht alleine garantieren. Bei einer einseitigen Machtverteilung zugunsten einer Partei muß diese kompensiert werden, um neuerlich Vertragsgerechtigkeit herzustellen. Hierdurch kommt es zu einer Materialisierung der Vertragsfreiheit, d.h. diese typischen Störungslagen, die aus strukturellen Machtgefällen resultieren, müssen jeweils herausgearbeitet werden. Nur so kann schließlich beurteilt werden, ob dann ein Abweichen von der formalen Vertragsfreiheit zum Zweck des sozialen Ausgleichs gerechtfertigt erscheint[99].

2. Funktionen der Vertragsfreiheit

Aus dieser Materialisierung der Vertragsfreiheit ergeben sich diverse Bindungen, denen der Einzelne bei der Ausübung seiner Vertragsfreiheit unterliegt. Die Inanspruchnahme der Vertragsfreiheit ist nur dann gerechtfertigt, wenn deren Funktionsvoraussetzungen erfüllt sind. Ein Mißbrauch der Vertragsfreiheit liegt vor, wenn entweder die Selbstbestimmungsfunktion[100], die Vertragsgerechtigkeit oder die Ordnungsfunktion im Markt gestört ist. Dann muß in den Vertragsmechanismus korrigierend eingegriffen werden[101].

3. Notwendigkeit von Kompensationsinstrumenten

Nach der in unserem Rechtssystem tradierten Prämisse der Privatautonomie, insbesondere nach dem formellen Verständnis der Vertragsfreiheit, ist ein notwendiger sozialer Ausgleich alleine aufgrund von Paritätsstörungen nicht möglich. Die formelle Vertragsfreiheit bedarf nach der Lehre vom Institutsmißbrauch ihrerseits notwendiger Kompensationsinstrumente, um die Vertragsfreiheit auch auf der Verbraucherseite wiederherzustellen[102].

---

97 FLUME, FS DJT, 135 (136).

98 LARENZ, 42.

99 Zum Ganzen eingehend mit zahlreichen weiteren Nachweisen: WIEDENMANN, 78 ff. Des Weiteren: GRUNSKY, 1 ff., 13 ff.

100 Unter der Selbstbestimmungsfunktion versteht man das Prinzip, daß der Einzelne seine Rechtsverhältnisse nach seinem Willen selbst gestaltet, (siehe Punkt III.A.2); vgl.: WIEDENMANN, 92 f.

101 WIEDENMANN, 91 ff.

102 WIEDENMANN, 66. BROX umschreibt den Gedanken des sozialen Ausgleichs mit dem Hinweis auf die Formulierung OTTO VON GIERKES, daß das BGB mit einem „*Tropfen sozialen Öls gesalbt*“ sei, was vor allem auf der Kritik am ersten Gesetzesentwurf des BGBs beruhe. Vgl.: BROX, 17. SOWIE: WIEACKER, 470.

Die Privatautonomie wird dann eingeschränkt, wenn ein Rechtsgeschäft wegen Verstoßes gegen inhaltliche objektive Regeln nicht anerkannt wird. Hierfür sind zunächst Gesetze selbst heranzuziehen, so daß die Nichtigkeitsfolge wegen eines Gesetzesverstoßes nach § 134 BGB eintritt. Des Weiteren kannte auch schon das BGB in der Fassung vom 1. Januar 1900 die Nichtigkeit wegen Verstoßes gegen die guten Sitten oder nach § 138 Abs. 2 BGB, wonach Geschäfte, bei denen die eigene Leistung unter Ausnutzung der Zwangslage oder der Unerfahrenheit eines anderen im krassen Mißverhältnis zu den versprochenen Vermögensvorteilen steht, ebenfalls die Nichtigkeitsfolge nach sich ziehen. Die Nichtigkeit tritt auch dann ein, wenn das Geschäft frei zwischen den Parteien vereinbart wurde. Hierdurch wird v.a. die o.a. Gestaltungsfreiheit der Parteien begrenzt. Im Wege der im 20. Jahrhundert spürbaren Tendenz zur Einschränkung der Privatautonomie in Deutschland wurden sowohl innerhalb des Bürgerlichen Gesetzbuchs als auch vor allem in sog. zivilrechtlichen Nebengesetzen Schutzvorschriften geschaffen, die Vertragsparität bewirken sollen. Die Legitimation dieser Einschränkungen findet sich in der Privatautonomie selbst, wenn der Einzelne aufgrund seiner strukturell schwächeren Stellung beim Vertragsabschluß Gefahr läuft, daß seine Rechtsverhältnisse fremd gestaltet werden. Häufig ist dieser der Fall bei Rechtsgeschäften zwischen Unternehmern und Verbrauchern[103].

Dabei spielt insbesondere der Zusammenhang zwischen der Vertragsfreiheit und den Grundrechten eine entscheidende Rolle[104]. Bis zum Jahre 1993 war nach ständiger höchstrichterlicher Rechtsprechung und im Schrifttum anerkannt, daß die Grundrechte in ihrer freiheitsgewährenden und freiheitsbeschränkenden Funktion jedenfalls als Werteordnung mittelbar auf das Privatrecht einwirken, sei es über Generalklauseln oder über sonstige ausfüllungsbedürftige Rechtsbegriffe. Das Bundesverfassungsgericht hat schließlich im Jahre 1993 mit der sog. „*Bürgenentscheidung*" die Vertragsfreiheit durch die Wirkung der Grundrechte beschränkt. Insbesondere Art. 2 Abs. 1 GG wurde damit im Verhältnis der Vertragsparteien untereinander Geltung verschafft, da nach dem Bundesverfassungsgericht die Grundrechte bei der Auslegung und der Anwendung von Generalklauseln als „*Richtlinien*" zu beachten sind[105]. Seither beanspruchen Grundrechte in allen Rechtsbereichen Geltung, somit auch und vor allem im Vertragsrecht.

---

103 BROX, 17 f. Sowie: HEINRICH, 2.

104 CANARIS, FS LERCHE, 873 (878). Sowie: DERS., Verstöße gegen das Übermaßverbot, JZ 1987, 993 (994 ff.).

105 BVerfG vom 19.10.1993 – 1 BvR 567/89 – ZIP 1993, 1775 (1779). Zu dieser Entscheidung eingehend: CANARIS, FS LERCHE, 873 (873 ff.).

B. Verbraucherschutz

Die Materialisierung der Vertragsfreiheit erfordert es, strukturelle Unterlegenheitssituationen, wie die des Verbrauchers, zu erfassen. Damit ist das Generalproblem des Widerstreits zwischen der Privatautonomie auf der einen Seite und dem Schutz des (vermeintlich) schwächeren Vertragspartners auf der anderen Seite angesprochen[106].

1. Entwicklung

Der Schutz des Schwächeren gegenüber dem Stärkeren ist eines der zentralen Ziele einer jeden Rechtsordnung[107]. Der in die gesamte Rechtsordnung integrierte Verbraucher- oder Konsumentenschutz ist auf Europäischer Ebene in den siebziger Jahren entwickelt worden und hat seither sowohl in einer Vielzahl von EG-Richtlinien als auch in zahlreichen nationalen Umsetzungsgesetzen seinen Niederschlag gefunden und durch europäische und nationale Rechtsprechung, insbesondere durch die Hochphase der Verbraucherschutzgesetzgebung ab Mitte der achtziger Jahre, in der Einheitlichen Europäischen Akte, in den Verträgen von Maastricht und Amsterdam, sowie durch die gesellschaftliche Auseinandersetzung Ausweitung erfahren[108]. Inzwischen handelt es sich beim Verbraucherschutz um eine eigenständige Gemeinschaftspolitik, die in der Regelung des Art. 153 EG ihren Niederschlag gefunden hat.

Der Schutz des Schwächeren kann in zwei entgegengesetzte Richtungen abgestuft werden: Zum einen führt ein gemindertes Schutzbedürfnis, beispielsweise im Bereich des Handelsrechts, zu Einschränkungen. Zum anderen gibt es Personenkreise mit einem erhöhten Schutzbedürfnis, die folglich eines stärkeren Schutzes bedürfen. Zu diesem Personenkreis gehören vor allem im Arbeitsrecht die Arbeitnehmer sowie andere Gattungen von Verbrauchern, beispielsweise im Wohnungsmietrecht die Mieter, im Reisevertragsrecht die Reisenden oder im

---

106 Zum Verbraucherschutz im System des europäischen und deutschen Privatrechts: vgl. die gleichlautende Monographie von HOMMELHOFF, 4 ff.

107 MEDICUS, Schutzbedürfnisse, JuS 1996, 761 (761).

108 Seit 1979 wurden wichtige Verbraucherschutzrichtlinien aufgrund der Binnenmarktkompetenz in Art. 95 EG verabschiedet; vgl.: ARMBRÜSTER, Kapitalanleger als Verbraucher, ZIP 2006, 406 (410). Einen guten Überblick über die gesamte Entwicklung gibt hier WIEDENMANN. Als Beispiele für EG-Richtlinien können hier die Haustürgeschäfts- und die Verbraucherkreditrichtlinie genannt werden, auf die im Folgenden noch genauer einzugehen ist. Beispiele für die Umsetzung in das nationale Recht sind in Deutschland das Haustürwiderrufsgesetz, das Verbraucherkreditgesetz oder das Produkthaftungsgesetz, deren Vorschriften mittlerweile größtenteils unmittelbarer Bestandteil des Bürgerlichen Gesetzbuches geworden sind; vgl.: WIEDENMANN, 15 ff.

Recht der Allgemeinen Geschäftsbedingungen die „*AGB-Gegner*“[109]. Spätestens mit dem Gesetz zur Modernisierung des Schuldrechts (SMG)[110] wurden neben der Novellierung des Schuldrechts auch nahezu alle Verbraucherschutzgesetze, wie das Verbraucherkreditgesetz, das Haustürwiderrufsgesetz oder das AGB-Gesetz in das BGB integriert und damit dem Verbraucherschutz unmittelbare Geltung verschafft.

2. Verbraucherbegriff

Der Kernbegriff des Verbrauchers im deutschen Recht findet sich in der Legaldefinition des § 13 BGB[111]. In dieser Norm wird der in diversen europäischen Verbraucherrichtlinien[112] verwendete Begriff des Konsumenten aufgegriffen, wobei sich dieser europäische Verbraucherbegriff vor allem am Vertragszweck orientiert und nicht an der einzelfallbezogenen individuellen Schutzbedürftigkeit des Einzelnen[113]. Das zentrale Kriterium zur Bestimmung der Verbrauchereigenschaft ist die private Bedürfnisbefriedigung mittels Konsum, wobei nach überwiegender Ansicht im Schrifttum zur Begriffsbestimmung rollenspezifische und situative Kriterien zu kombinieren sind. Jedenfalls bleibt die Verbrauchereigenschaft und der persönliche Anwendungsbereich der verbraucherschützenden

---

109 MEDICUS, Schutzbedürfnisse, JuS 1996, 761 (761 ff.).

110 Gesetz zur Modernisierung des Schuldrechts i.d.F. der Bekanntmachung vom 26.11.2001, BGBl. I 2001, 3138.

111 § 13 BGB lautet: „*Verbraucher ist jede natürliche Person, die ein Rechtsgeschäft zu einem Zwecke abschließt, der weder ihrer gewerblichen noch ihrer selbständigen beruflichen Tätigkeit zugerechnet werden kann.*“. Die Vorschrift ist zusammen mit dem Unternehmerbegriff des § 14 BGB durch Art. 2 Nr. 1 des am 27.06.2000 verkündeten Gesetzes über Fernabsatzverträge und andere Fragen des Verbraucherschutzes sowie zur Umstellung von Vorschriften auf Euro, BGBl. I, 897, in das BGB aufgenommen worden und entspricht der früheren Definition in § 24a S. 1 AGBG a.F.

112 Die europäische Verbraucherschutzkonzeption kommt insbesondere in den Art. 2 Haustürgeschäfterichtlinie (Richtlinie 85/577/EWG des Rates vom 20.12.1985 betreffend den Verbraucherschutz im Falle von außerhalb von Geschäftsräumen geschlossenen Verträgen, ABl. EG 1985 Nr. L 372 vom 31.12.1985, 31), Art. 1 Abs. 2 lit. a Verbraucherkreditrichtlinie (Richtlinie 87/102/EWG des Europäischen Rates vom 22.12.1986 zu Angleichung der Rechts- und Verwaltungsvorschriften der Mitgliedstaaten über den Verbraucherkredit, ABl. EG 1987 Nr. L 42, 48 (48 ff.) in der Fassung der Änderungsrichtlinie 90/88/EWG des Rates vom 22.02.1990, ABl. EG Nr. L 61, 14), Art. 2 Nr. 2 Fernabsatzrichtlinie (Richtlinie 97/7/EG des Europäischen Parlaments und des Rates über den Verbraucherschutz bei Vertragsabschlüssen im Fernabsatz vom 20.05.1997, ABl. Nr. L 144, 19) zum Ausdruck. Der bereichsspezifische Verbraucherbegriff des BGB geht weiter als das Richtlinienrecht. Denn nach dem Sekundärrecht hebt jeder Bezug zu einer beruflichen Tätigkeit die Verbrauchereigenschaft auf. § 13 BGB hingegen entzieht nur Rechtsgeschäfte für selbständige berufliche Zwecke dem Verbraucherschutz. Vgl.: DAUNER-LIEB/HEIDEL/LEPA/RING/RING, 346 f.

113 DAUNER-LIEB/HEIDEL/LEPA/RING/RING, 347.

Gesetze nach dem Gesetzeswortlaut natürlichen Personen vorbehalten. Bei Personenmehrheiten ist die Verbrauchereigenschaft daher für jeden Einzelnen getrennt festzustellen. Deren Handeln darf darüber hinaus weder ihrer gewerblichen, noch ihrer selbständig beruflichen Tätigkeit dienen. Dieses Merkmal macht die fehlende rechtsgeschäftliche Erfahrenheit von Verbrauchern zum Leitmotiv des Verbraucherrechts[114].

Auf deutscher und auf europäischer Ebene existieren unterschiedliche Verbraucherleitbilder. Im europäischen Recht wird davon ausgegangen, daß es sich beim Verbraucher um einen selbständigen, umfassend informierten und mündigen Verbraucher handelt. Hingegen geht der BGH davon aus, daß es sich beim Verbraucher um einen flüchtigen und oberflächlichen Konsumenten handelt. Jedenfalls versuchte der deutsche Gesetzgeber, das strukturelle Ungleichgewicht durch verbraucherschützende Mitteln auszugleichen. Es kamen und kommen hierbei sowohl Verfahrensregeln als auch inhaltliche Vorgaben für Verbraucherverträge zum Einsatz. Unter diesen Verfahrensregeln versteht man vor allem die umfangreichen Informationspflichten, die den Unternehmern auferlegt wurden, darüber hinaus aber auch Formvorschriften[115], durch die der Verbraucher vor einem übereilten Vertragsabschluß geschützt werden soll. Dadurch hat der deutsche Gesetzgeber dem Verbraucher eine Vielzahl von Kompensationsinstrumenten wie z.B. den Widerrufsrechten zur Verfügung gestellt. Generell versucht der Gesetzgeber, eine strukturelle Ungleichgewichtslage durch den Erlaß von Verbraucherschutzgesetzen auszugleichen, um so Verbrauchern einen Mindeststandard an Verbraucherrechten einzuräumen[116].

3. Notwendigkeit und Grenzen

Die Notwendigkeit des zivilrechtlichen Verbraucherschutzes innerhalb einer sozialen Marktwirtschaft läßt sich nicht ernsthaft bestreiten. Durch den Verbraucherschutz soll eine typisierte Ungleichgewichtslage zwischen einem Unternehmer und einem Konsumenten kompensiert werden. Im Verhältnis zwischen Unternehmer und Verbraucher liegt oftmals eine strukturelle Ungleichgewichtslage vor, die mehrere Ursachen haben kann:

---

114 WIEDENMANN geht insbesondere auf die unterschiedlichen Verbraucherbegriffe in den verschiedenen Richtlinien, im BGB und auf bestimmte Begriffserweiterungen ein, die allerdings den Rahmen dieser Untersuchung sprengen würden. Vgl.: WIEDENMANN, 137, 140 ff., 197.

115 Siehe hierzu beispielsweise die Formvorschriften des § 4 Abs.1 VerbrKrG bzw. § 492 Abs. 1 BGB n.F.

116 HEINRICH, 3. Sowie: WIEDENMANN, 222 f.

Verbraucher sind gegenüber Unternehmern oftmals intellektuell unterlegen. Diese Unterlegenheit resultiert aus – zuweilen von der Unternehmerseite, insbesondere durch Werbung ausgenutzten – Informationsdefiziten, d.h. dem Fehlen einer ausreichenden Marktübersicht, aus Rationalitätsdefiziten, d.h. dem emotionalen und impulsiven – oftmals von den finanziellen Möglichkeiten abgekoppelten – Konsumverhalten oder aus der Unkenntnis der Verbraucher von den wirtschaftlichen Strukturen, den rechtlichen Möglichkeiten und deren Durchsetzung. Des Weiteren verfügen Verbraucher in der Regel nicht über die gleichen Produktkenntnisse oder über eine vergleichbar starke Lobby wie die Unternehmerseite. Oft sind Verbraucher auch nicht im selben Maße geschäftsgewandt wie Unternehmer. Hieraus resultiert schließlich eine strukturelle Ungleichgewichtslage zu Lasten der Verbraucher, welche anhand einer Typisierung nachgewiesen werden kann[117].

Diese Typisierung ist jedoch ihrerseits wieder am Verhältnismäßigkeitsgrundsatz zu messen, m.a.W., die Vertragsfreiheit stellt eine an der Mehrzahl der Fälle ausgerichtete Leitmaxime dar, die jedoch auf bestimmte Vertragstypen zu beschränken ist. Insbesondere muß sich der durch den Verbraucherschutz vorgenommene Ausgleich der Paritätsstörung am Verhältnismäßigkeitsgrundsatz orientieren[118]. Es soll also gerade keine Ausweitung zu einem allgemeinen Schutz des Schwächeren stattfinden.

C. Fazit

Es bleibt festzuhalten, daß eine Störung der Vertragsparität nur in typisierten Fallgestaltungen allgemein zu erfassen ist. Im Verhältnis zwischen Unternehmer und Verbraucher liegt eine solche strukturelle Ungleichgewichtslage vor. Es geht dann nicht darum, die Privatautonomie zugunsten einer „*Sozialautonomie*" zu überwinden. Vielmehr muß zur Vermeidung einer fremdbestimmten Entscheidung des Verbrauchers die ideelle Gleichheit der Rechtssubjekte an die realen Gegebenheiten angepaßt werden[119]. Jedoch ist mit der überwiegenden Ansicht im Schrifttum ein allgemeines „*Sonderprivatrecht*" für Verbraucher abzulehnen, auch unter Geltung des Verbraucherkreditgesetzes. Insbesondere im Hinblick auf die unterschiedlichen persönlichen, situations- und vertragstypen-

---

117 HEINRICH, 2. Sowie: WIEDENMANN, 113 ff.

118 Grundlegend hierzu: CANARIS, Verstöße gegen das Übermaßverbot, JZ 1987, 993 (996). Vgl. auch: DERS., FS LERCHE, 873 (878 ff.).

119 WIEDENMANN, 112.

bezogenen Anwendungsbereiche der Verbraucherschutzgesetze kann der geltenden Rechtsordnung ein solches Sonderprivatrecht nicht unterstellt werden[120].

Allerdings kann bereits an dieser Stelle festgehalten werden, daß die Privatautonomie als zentrales Fundament des Bürgerlichen Rechts durch den immer weiter ausgedehnten Verbraucherschutz zumindest stark in Mitleidenschaft gezogen wird[121]. Zumindest wird oft – so auch in der zu untersuchenden Rechtsprechung – ein sozialer Ausgleich vorgenommen, der jedoch nur bei den tatsächlich Schutzbedürftigen und in Fällen einer strukturellen Ungleichgewichtslage gerechtfertigt ist. Diese „*typisierte Störungslage*" ist aber nicht schon immer dann anzunehmen, wenn die Parteien nicht gleich stark erscheinen oder sind[122]. Die Gefahren dieser Typisierung bestehen also darin, daß diese nur die typischen Fälle betrifft und die untypischen vernachlässigt. Dies kommt immer dann zum Tragen, wenn die Rollenverteilung zwischen den Parteien nicht dem typischen und vom Gesetz zugrunde gelegten Schutzbedürfnis entspricht, wenn also beispielsweise der typischerweise Schwächere ausnahmsweise der Stärkere ist oder umgekehrt. Eine Korrektur dieses nicht sachgerechten Ergebnisses ist lediglich auf zwei Arten möglich: Entweder korrigieren konkurrierende Normen, die mit Generalklauseln arbeiten (z.B. § 138 BGB) und alle Besonderheiten des Falles berücksichtigen können, das Ergebnis. Oder man interpretiert den Gesetzeswortlaut teleologisch, also nach seinem Schutzzweck. Diese Auslegung läuft jedoch allzu oft auf eine Gesetzeskorrektur hinaus, zu der die Judikative jedoch nur ausnahmsweise berechtigt ist[123].

---

120 Die Lehre vom Sonderprivatrecht als Materialisierung der Vertragsfreiheit wird hingegen vertreten von REICH; vgl.: HABERSACK, Das neue VerbrKrG, WM 1991, 1449 (1451).

121 CANARIS stellt zutreffend fest, daß das Prinzip der Privatautonomie besonders empfindlich ist gegen die Gefahr einer schleichenden Aushöhlung; so stehe insbesondere das Rechtsinstitut des Einwendungsdurchgriffs (dazu siehe Punkt IV.B.1 unten) im Spannungsfeld von Privatautonomie und Kreditnehmerschutz; vgl.: CANARIS, Schranken der Privatautonomie, ZIP 1980, 709 (709, 720).

122 WIEDENMANN, 7.

123 MEDICUS, Schutzbedürfnisse, JuS 1996, 761 (767).

IV. Höchstrichterliche Rechtsprechung zur Rückabwicklung von Beteiligungen an Schrottimmobilien

Die folgende Darstellung untersucht die Möglichkeiten, die einem Anleger durch die aktuelle Rechtsprechung eröffnet werden, um eine gescheiterte Mitgliedschaft in einem geschlossenen Immobilienfonds rückabzuwickeln. Dabei sei bereits an dieser Stelle ausgeführt, daß sich die Gesetzeszitate zwar im Wesentlichen – soweit hierzu nichts Anderes aufgeführt ist – auf die vor der am 1. Januar 2002 in Kraft getretenen Schuldrechtsreform beziehen. Jedoch hat sich die Rechtslage auch nach diesem Zeitpunkt in Bezug auf die hier untersuchten Rechtsnormen nicht wesentlich geändert. Lediglich die größtenteils erfolgte Einbeziehung der Nebengesetze, wie des Haustürwiderrufsgesetzes oder des Verbraucherkreditgesetzes, in das Bürgerliche Gesetzbuch hat einige gesetzestechnische Änderungen mit sich gebracht.

A. Zugrunde liegender Sachverhalt

Zunächst stehen die Darstellung des Sachverhalts und anschließend die Analyse und Bewertung der Rechtsprechung des II. Zivilsenats des Bundesgerichtshofs vom 14. Juni 2004 im Mittelpunkt der Untersuchung. An den einzelnen Punkten werden gleichzeitig die bisherige Rechtsprechung anderer Senate oder sonstige Änderungen der Rechtsprechungspraxis, vor allem aber die jeweiligen Urteile des Europäischen Gerichtshofs zu diesem Themenkomplex und die zuletzt ergangene Rechtsprechung des Bundesgerichtshofs dargestellt. Des Weiteren werden die nachfolgenden Entscheidungen des Bundesgerichtshofs, sowohl des II. als auch des XI. Senats, dargestellt bis hin zu den zuletzt ergangenen Entscheidungen des XI. Senats vom 25. April 2006, welche für den Großteil der in dieser Untersuchung dargestellten Widersprüche eine einheitliche Lösung vorsieht.

1. Beitrittsgrund und Gesellschaftszweck

In allen sechs Entscheidungen des II. Zivilsenats des BGH vom 14. Juni 2004 stellte sich der zu beurteilende Sachverhalt im Wesentlichen gleich oder zumindest ähnlich dar: Private Anleger beteiligten sich, nachdem ihnen von den Gründungsgesellschaftern eines Immobilienfonds oder einer von diesen beauftragten (Immobilienfonds-) Vertriebsgesellschaft ein Prospekt über den jeweiligen Fonds übergeben wurde, mit dem Ziel einer steuersparenden Kapitalanlage an einem geschlossenen Immobilienfonds, indem sie Beitrittserklärungen unterzeichneten und Gesellschaftsanteile erwarben[124]. Dabei fanden zum Teil die Vertragsverhandlungen in den Wohnungen der Anleger statt[125].

Der Gesellschaftszweck des Immobilienfonds war stets der Erwerb, die Bebauung und die wirtschaftliche Nutzung von bestimmten Immobilien, in einigen Fällen z.B. die Errichtung und Vermietung eines Geschäftshauses[126].

Bei der hier schwerpunktmäßig zu besprechenden Entscheidungsreihe lassen sich insgesamt drei Obergruppen bilden, was das Scheitern der kreditfinanzierten Kapitalanlagen betrifft. Man kann die zu beurteilenden Sachverhalte danach unterscheiden, ob der mit dem Kreditinstitut zur Beitrittsfinanzierung abgeschlossene Kreditvertrag als wirksam, als nichtig oder als widerruflich nach § 1 HWiG zu qualifizieren ist[127].

2. Außenfinanzierung / Beitrittsfinanzierung

Im Rahmen der sog. Beitrittsfinanzierung (auch: Außenfinanzierung) wurden die zum Beitritt nötigen Einlagen von den Anlegern durch Kredite finanziert, wobei die Kreditinstitute alleine den Prospektverantwortlichen und Gründungsgesellschaftern oder deren Vertriebsunternehmen die Vertragsformulare zum Abschluß der Darlehensverträge überließen. Dabei wurde die Finanzierung des Darlehens in der Regel durch eine Lebensversicherung sichergestellt, die Zinsen dafür sollten aus den Erträgnissen des Fonds aufgebracht werden[128]. Die den Fondsanteilskauf finanzierenden Darlehen sollten sodann zur Ablösung des von der Fondsgesellschaft bei der Bank aufgenommenen Zwischenfinanzierungskredits verwendet werden, wie es in den Kreditverträgen auch vorgesehen war, und wurden hierfür zunächst von der Bank auf ein vom Treuhänder geführtes Konto überwiesen.

---

124 BGH vom 14.06.2004 – II ZR 392/01 – WM 2004, 1518 (1519). Sowie: BGH vom 14.06.2004 – II ZR 393/02 – BB 2004, 1587 (1587). Sowie: BGH vom 14.06.2004 – II ZR 407/02 – WM 2004, 1536 (1537).

125 BGH vom 14.06.2004 – II ZR 385/02 – WM 2004, 1527 (1527).

126 BGH vom 14.06.2004 – II ZR 392/01 – WM 2004, 1518 (1519). Sowie: BGH vom 14.06.2004 – II ZR 393/02 – BB 2004, 1587 (1587). Sowie: BGH vom 14.06.2004 – II ZR 407/02 – WM 2004, 1536 (1537).

127 DOEHNER/HOFFMANN, ZIP 2004, 1884 (1884 f.).

128 BGH vom 14.06.2004 – II ZR 392/01 – WM 2004, 1518 (1519). Sowie: BGH vom 14.06.2004 – II ZR 393/02 – BB 2004, 1587 (1587). Sowie: BGH vom 14.06.2004 – II ZR 407/02 – WM 2004, 1536 (1537).

3. Umfassende Treuhändervollmachten

Die Betreuung der Immobilienfonds wurde von Treuhändern – in der Regel Steuerberatungsgesellschaften – übernommen. Die dafür von den Anlegern abgeschlossenen Treuhandverträge enthielten für die Treuhänder umfassende notariell beglaubigte Vollmachten. Die Treuhänder wurden hierin bevollmächtigt, die erforderlichen Kredite aufzunehmen, Konten zu eröffnen, über Eigen- und Fremdmittel der Treugeber zu verfügen, das Immobilienvermögen der Gesellschaft zu belasten sowie für die Treugeber die persönliche quotale (ihrer Fondsbeteiligung entsprechende) Haftung zu erklären und die Treugeber diesbezüglich der sofortigen Zwangsvollstreckung in ihr gesamtes Vermögen zu unterwerfen[129]. Die Anleger konnten aufgrund des Treuhandvertrags auch einen Anteil an den Immobilienfonds durch die Treuhänder halten lassen. Die Darlehensvaluta wurde durch die Kreditinstitute nach Abschluß des Darlehensvertrags nicht an die Anleger, sondern direkt an den Treuhänder bzw. die Fondsgesellschaft ausgezahlt[130]. Die eingezahlten Gelder wurden anschließend durch einen Treuhandvertrag, für den die Anleger eine Vollmachtserklärung abgaben, verwendet und verwaltet[131].

4. Innenfinanzierung des Immobilienfonds

Für die Immobilienfonds wurden von den Gründungsgesellschaftern oder einer anderen Gesellschaft eine Mietgarantie über mehrere Jahre übernommen. Die durch die Anleger bevollmächtigten Treuhänder schlossen mit den finanzierenden Banken sog. Zwischenfinanzierungsdarlehen[132] für die Immobilienfonds ab, die entsprechend den eingehenden Zeichnungen von Fondsanteilen auf ein Mehrfaches erhöht und durch ein langfristiges Darlehen mit den Fondszeichnern abgelöst werden sollten[133]. Diese Darlehen waren in zwei Entscheidungen vom 14. Juni 2004 durch eine Globalgrundschuld an den von den Immobilienfondsgesellschaften erworbenen Grundstücken abgesichert. Zur Ablösung des Zwischenfinanzierungsdarlehens gaben die Treuhänder aufgrund der erteilten notariell beglaubigten Vollmacht gegenüber den Kreditinstituten ein notariell beurkundetes Schuldversprechen in Höhe der jeweiligen Einlage des einzelnen An-

---

129 BGH vom 14.06.2004 – II ZR 393/02 – BB 2004, 1587 (1587). Sowie: BGH vom 14.06.2004 – II ZR 407/02 – WM 2004, 1536 (1537).

130 BGH vom 14.06.2004 – II ZR 385/02 – WM 2004, 1527 (1528).

131 BGH vom 14.06.2004 – II ZR 393/02 – BB 2004, 1587 (1587). Sowie: BGH vom 14.06.2004 – II ZR 407/02 – WM 2004, 1536 (1537).

132 Bei diesem Zwischenfinanzierungsdarlehen handelt es sich im Allgemeinen um die Bereitstellung kurz- oder mittelfristiger Gelder, die durch Mittel der Endfinanzierung abgelöst werden sollen; vgl.: MÜNCHKOMM/ULMER, § 3 VerbrKrG Rn. 27.

133 BGH vom 14.06.2004 – II ZR 393/02 – BB 2004, 1587 (1587). Sowie: BGH vom 14.06.2004 – II ZR 407/02 – WM 2004, 1536 (1537).

legers ab und unterwarfen die Anleger insoweit der sofortigen Zwangsvollstreckung. Das dadurch ermöglichte neue Darlehen wurde zur Ablösung des Zwischenfinanzierungskredites verwendet und im Übrigen auf die von den Treuhändern geführten Konten überwiesen. Im Gegenzug wurden die Rechte der Anleger aus ihren Lebensversicherungen an die Banken abgetreten. Die für das Darlehen anfallenden Kreditzinsen und die Abschreibungen wurden von den Anlegern daraufhin steuerlich geltend gemacht[134].

5. Liquiditätskrise der Fondsgesellschaften

In einem Großteil der Fälle kam es jedoch nach nicht allzu langer Zeit zu Liquiditätsengpässen und Liquiditätskrisen der Fondsgesellschaften[135], so daß die aufgenommenen Kredite gerade nicht nur durch Mieteinnahmen und Steuerersparnisse gedeckt wurden. Ganz allgemein kann eine finanzielle Krise eines Immobilienfonds unterschiedlichste Ursachen haben, die jedoch nicht in jedem Fall von den Beteiligten verschuldet ist[136].

In einigen Fällen scheiterten diese Anlagemodelle häufig schon daran, daß die Wohnungen völlig überteuert waren, die Kalkulation unrealistisch war und sich Mietgarantien als wertlos erwiesen. Denn in der Regel wurden die Mieteinnahmen, die hinter den im Prospekt aufgeführten Zahlen oft weit zurückblieben[137], von der Fondsgesellschaft aufgrund der Mietgarantie – jedenfalls für einen gewissen Zeitraum – übernommen und ausgeglichen. Bald darauf wurden jedoch die Gesellschaften, die die Mietgarantie übernommen hatten, aufgrund dieser immensen Zahlungsverpflichtungen insolvent. Grund dafür war mitunter die Tatsache, daß diese Mietgarantien lediglich durch Gesellschaften mit beschränkter Haftung gestellt wurden, die ihrerseits wiederum nur mit dem gesetzlichen Mindestkapital ausgestattet waren. Daraufhin mußten die Anleger die anfallenden Fehlbeträge, die nicht mehr durch eingehende Mietzahlungen kompensiert werden konnten, persönlich den Banken gegenüber begleichen[138].

Oft kamen dadurch die wahren Umstände und Machenschaften ans Licht. Die Fondsgesellschaften besaßen überteuerte Immobilien, Bauleistungen wurden teilweise nur fehlerhaft erbracht. Erschwerend kam in einigen Fällen hinzu, daß

---

134 BGH vom 14.06.2004 - II ZR 393/02 - BB 2004, 1587 (1587). Sowie: BGH vom 14.06.2004 – II ZR 407/02 – WM 2004, 1536 (1537).

135 BGH vom 14.06.2004 – II ZR 395/01 – BB 2004, 1644 (1644).

136 In diese Richtung auch: WAGNER Klaus-R., Ausstieg, NZG 2000, 169 (169).

137 Teilweise lag die Leerstandsquote in derartigen Fällen bei 75%; vgl.: STROHN, WM 2005, 1441 (1441).

138 BGH vom 14.06.2004 - II ZR 374/02 - ZIP 2004, 1407 (1407). Sowie: BGH vom 14.06.2004 - II ZR 392/01 - WM 2004, 1518 (1519). Sowie BGH vom 14.06.2004 – II ZR 395/01 – BB 2004, 1644 (1644).

die Anleger bereits über die ordnungsgemäße Mittelverwendung getäuscht wurden. Nicht selten hatten die Initiatoren und Gründungsgesellschafter in die eigene Tasche gewirtschaftet, indem sie sich teilweise das für das jeweilige Bauvorhaben von den einzelnen Gesellschaftern aufgebrachte Geld von den Bauträgern zurückzahlen ließen[139]. Folglich floß weniger Geld in das jeweilige Bauvorhaben.

6. Rückabwicklung der Beteiligungen

Nach Bekanntwerden dieser Umstände erklärten die Anleger in der Regel gegenüber ihren Banken die Anfechtung der Darlehensverträge wegen arglistiger Täuschung über die Rentabilität des Fonds und kündigten ihre Mitgliedschaft in der Fondsgesellschaft[140]. In einem Teil der entschiedenen Fälle erklärten die Anleger den Widerruf ihrer Erklärungen bezüglich des Beitritts- und Darlehensvertrags nach dem Haustürwiderrufsgesetz.

Nichtsdestotrotz klagten die Kreditinstitute daraufhin gegen die Anleger auf Rückzahlung der Darlehensvaluta einschließlich des Disagios[141]. Da sich ein Vorgehen gegen Bauträger oder Treuhandgesellschaften aufgrund von Insolvenzen in der Regel als aussichtslos erwies, versuchten sich die Anleger bei den Banken schadlos zu halten. Denn in der Regel verlangten die Anleger daraufhin in einer Widerklage von den Kreditinstituten Zug um Zug gegen Übertragung der wirtschaftlichen Beteiligung an den Fonds die Rückzahlung der an diese gezahlten Zinsen[142], die Freistellung von allen im Zusammenhang mit dem Fondsbeitritt stehenden Verpflichtungen und die Rückabtretung der Rechte aus den übertragenen Lebensversicherungen[143].

In anderen Fällen klagten die Anleger direkt gegen die Banken auf die eben genannten Rechtspositionen, also hauptsächlich auf Rückzahlung der an die Kreditinstitute auf die Darlehensverträge gezahlten Zins- und Tilgungsraten sowie auf Rückübertragung der Rechte aus den Lebensversicherungen[144]. Bei den

---

139 BGH vom 14.06.2004 – II ZR 392/01 – WM 2004, 1518 (1519).

140 BGH vom 14.06.2004 – II ZR 392/01 – WM 2004, 1518 (1519).

141 BGH vom 14.06.2004 – II ZR 374/02 – ZIP 2004, 1407 (1407). Sowie: BGH vom 14.06.2004 – II ZR 392/01 – WM 2004, 1518 (1519). Sowie BGH vom 14.06.2004 – II ZR 395/01 – BB 2004, 1644 (1644).

142 BGH vom 14.06.2004 – II ZR 374/02 – ZIP 2004, 1407 (1407). Sowie: BGH vom 14.06.2004 – II ZR 392/01 – WM 2004, 1518 (1519).

143 BGH vom 14.06.2004 – II ZR 393/02 – BB 2004, 1587 (1587).

144 BGH vom 14.06.2004 – II ZR 385/02 – WM 2004, 1527 (1528 f.). Sowie: BGH vom 14.06.2004 – II ZR 393/02 – BB 2004, 1587 (1587). Sowie: BGH vom 14.06.2004 – II ZR 407/02 – WM 2004, 1536 (1537).

Banken handelte es sich aus Sicht der Anleger in der Regel um solvente Gegner, bei denen sich ein sog. „*deep pocket approach*“ lohnte[145].

Vor diesem Hinterrund soll bereits an dieser Stelle verdeutlicht werden, daß der Ausstieg aus geschlossenen Immobilienfonds zwei Rechtsbereiche betrifft: Zum einen ist das Kreditverhältnis betroffen, zum anderen das Gesellschaftsverhältnis bei unmittelbaren Beteiligungen bzw. das Treuhandverhältnis bei den mittelbaren Beteiligungen. Bei der Problematik des Ausstiegs aus einem geschlossenen Immobilienfonds kann eine Lösung auch nicht über das „*Windhunderennen-Prinzip*“ erfolgen. Der Schnellere darf also rechtlich nicht anders behandelt werden als der Langsamere[146]. Hierzu im Einzelnen:

B. Einwendungs- und Rückforderungsdurchgriff gegen das finanzierende Kreditinstitut

Der II. Zivilsenat des BGH gewährte in seinen Entscheidungen vom 14. Juni 2004 den Anlegern wegen eines „*unabweisbaren Verkehrsbedürfnisses*“ einen Einwendungs- und Rückforderungsdurchgriff gegen die finanzierenden Banken und verlagerte so in gewisser Weise das Anlegerrisiko auf die Kreditinstitute. Nachfolgend wird im Einzelnen dargelegt werden, daß bei dieser Vorgehensweise erhebliche Diskrepanzen zu der bis zu diesem Zeitpunkt ergangenen Rechtsprechung des XI. Zivilsenats bezüglich der Risikoverteilung beim finanzierten Immobilienerwerb bestanden[147].

So konnten Banken und Kreditinstitute in den Urteilen des Bundesgerichtshofs vom 14. Juni 2004[148] ihre Ansprüche gegen die Anleger – diese Ansprüche waren vor allem auf Rückzahlung der Darlehensvaluta gerichtet – deshalb nicht durchsetzen, weil nach Ansicht des II. Zivilsenats der Beitritt zum Immobilienfonds und der diesen finanzierende Darlehensvertrag ein verbundenes Geschäfts bildeten und daher den Forderungen der Banken Einwendungen der Anleger entgegengehalten werden konnten. Darüber hinaus wurden die Banken nach den Grundsätzen des Rückforderungsdurchgriffs gemäß § 9 Abs. 2 S. 4, Abs. 3 S. 1

---

145 LWOWSKI/WUNDERLICH, Rechtsfragen Teil I, ZInsO 2005, 5 (6). Die Banken haben insoweit die „*tiefsten Taschen*“ („*deepest pockets*“). Dieser aus der amerikanischen economic analysis of law stammende Begriff stellt keinesfalls einen Haftungsgrundsatz, sondern lediglich ein volkswirtschaftliches Kriterium dar. Eine Haftungsverpflichtung der Banken aufgrund ihrer Solvenz ist dem deutschen Recht als Rechtssatz jedenfalls nicht bekannt; vgl.: HORN/BALZER, WM 2000, 333 (334).

146 WAGNER Klaus-R., Ausstieg, NZG 2000, 169 (169).

147 KONZEN, FS SCHIRMER, 319 (320).

148 Beispielsweise im Urteil des BGH vom 14.06.2004 – II ZR 392/01 – WM 2004, 1518 (1519 ff.).

VerbrKrG[149] zum umfassenden Ersatz verpflichtet. Die zu diesem Ergebnis führende Rechtsauffassung hat der II. Zivilsenat erstmals in seinem Urteil II ZR 387/02 vom 21. Juli 2003[150] vertreten. Den dort eingeschlagenen Weg führte der II. Senat schließlich in seinen Entscheidungen vom 14. Juni 2004 fort und erweiterte dabei seine Thesen: Während der II. Zivilsenat noch im Jahre 2003 die Rechtsfolgen seiner Urteile mit den Regeln der fehlerhaften Gesellschaft abgestimmt hatte, wich er von dieser Linie im Jahr 2004 erheblich ab. An den einzelnen Punkten wird deshalb v.a. die Rechtsprechung vom 14. Juni 2004 im Vordergrund stehen.

In seinen Urteilen vertritt der II. Zivilsenat des Bundesgerichtshofs die Auffassung, die Bank müsse sich alle Einwendungen entgegenhalten lassen, die Anleger gegen den Fondsbeitritt vorbringen können. Darüber hinaus könnten die Anleger vom Kreditinstitut die Rückgewähr der aufgrund des Darlehensvertrags erbrachten Leistungen verlangen und ihrerseits Ansprüche aus culpa in contrahendo (c.i.c.) gegen die Banken geltend machen[151]. Wie das Gericht zu einem solchen Einwendungs- und Rückforderungsdurchgriff gelangt und sich damit erheblicher Kritik aussetzt, wird im Folgenden analysiert.

1. Einwendungsdurchgriff nach dem Verbraucherkreditgesetz

a) Dogmatische Begründung

Ein Einwendungsdurchgriff, wie ihn der II. Zivilsenat in den Entscheidungen vom 14. Juni 2004 bejaht hat, kommt grundsätzlich immer dann zur Anwendung, wenn ein wirtschaftlich einheitliches, innerlich zusammengehörendes Verbrauchergeschäft in zwei rechtlich selbständige Verträge aufgespalten wird und es Treu und Glauben (§ 242 BGB) bei auftretenden Störungen deswegen rechtfertigen, die Trennung nicht zu beachten und wenn dem Verbraucher das aus der Aufspaltung in zwei rechtlich selbständige Verträge resultierende Risiko abgenommen werden soll[152]. Der Verbraucher soll durch die rechtliche Selbständigkeit der einzelnen Verträge nicht schlechter stehen als bei einem Ratenzahlungsgeschäft mit nur einem Vertragspartner, bei dem er die Leistung grundsätzlich nicht oder nicht vollständig erbringen muß, wenn ihm eine Einwendung zusteht[153].

---

149 Alle sechs Entscheidungen vom 14.06.2004 unterfallen dem Verbraucherkreditgesetz.

150 BGH vom 21.07.2003 – II ZR 387/02 – BB 2003, 2089 (2089 ff.).

151 BGH vom 14.06.2004 – II ZR 393/02 – BB 2004, 1587 (1592 f.).

152 Dies ist ausweislich der Entstehungsgeschichte der Vorschrift des § 9 VerbrKrG der Grund von deren Existenz; vgl.: HABERSACK, Verbundene Geschäfte, DStR 1994, 1853 (1855). Sowie: PALANDT/HEINRICHS, 62. Aufl., Überbl. vor § 311 Rn. 18.

153 KONZEN, FS SCHIRMER, 319 (324).

Ein Verbraucher kann mit Hilfe dieser Rechtsfigur seine Einwendungen und Einreden aus dem verbundenen Kaufvertrag dem Kreditgeber einredeweise entgegenhalten[154]. Die Rückzahlung des Kredits kann so vom Verbraucher verweigert werden, indem eine Abhängigkeit des Rückzahlungsanspruchs des Kreditgebers von der ordnungsgemäßen Leistungserbringung geschaffen wird. Es kommt also bei verbundenen Geschäften im Ergebnis zu einer Kompensation des Aufspaltungsrisikos[155] und zu einer Durchbrechung des Relativitätsprinzips des Schuldrechts. Das Verwendungsrisiko des Darlehens wird dadurch teilweise auf den Kreditgeber abgewälzt. Auswirkungen hat dies vor allem bei einer Insolvenz. Der Kreditgeber trägt nämlich zumindest teilweise das Insolvenzrisiko des Verkäufers[156]. So wird beispielsweise das Abfindungsguthaben eines aus der Gesellschaft austretenden Gesellschafters auf den Zeitpunkt der Kündigung berechnet, da hier das Ausscheiden des Gesellschafters wirksam wird. Das allgemeine Insolvenzrisiko umfaßt daher vor allem den Zeitraum zwischen der Kündigung und der Beitreibung des Anspruchs, da die Gesellschaft in dieser Zeit zahlungsunfähig werden kann.

Dieses Risiko wird als Rechtfertigung dafür herangezogen, daß die Vorschriften über verbundene Geschäfte grundsätzlich auf einen drittfinanzierten Gesellschaftsbeitritt anwendbar sind. Denn dem Anleger solle die Gefahr abgenommen werden, den Kredit bei der Bank zurückzahlen zu müssen und aufgrund von zwischenzeitlich eintretenden Vermögensverschlechterungen seinen Auseinandersetzungsanspruch nicht beitreiben zu können[157].

b) Voraussetzungen

Der II. Zivilsenat des BGH hat am 14. Juni 2004 hinsichtlich des Beitritts zu einem geschlossenen Immobilienfonds entschieden, daß ein Anleger, wenn er beim Fondsbeitritt getäuscht worden ist, die daraus gegen die Gründungsgesellschafter und die sonst für die Täuschung Verantwortlichen folgenden Schadensersatzansprüche auch der Bank entgegenhalten könne. Der BGH hat zunächst nochmals seine eigene Rechtsprechung bestätigt, daß der Beitritt zu einem Immobilienfonds und das diesen Beitritt finanzierende Darlehen ein verbundenes Geschäft darstellten, wenn sich die Fondsgesellschaft und die Bank derselben

---

154 HABERSACK stellt klar, daß es trotz des mißverständlichen Wortlauts des § 9 Abs. 3 S. 1 VerbrKrG auf die rechtliche Qualifizierung der Einwendung indessen nicht ankommt, so daß hier sowohl Einreden als auch Einwendungen in Betracht kommen; vgl.: MÜNCHKOMM/HABERSACK, § 9 VerbrKrG Rn. 87.

155 KONZEN, FS SCHIRMER, 319 (324). Sowie: WOLF/GROßERICHTER, Ergebnis als Methode, WM 2004, 1993 (1994).

156 MÜNCHKOMM/HABERSACK, § 9 VerbrKrG Rn. 74.

157 SCHWAB, ZGR 2004, 861 (880 f.).

Vertriebsorganisation bedienen. Die Anleger konnten in den Urteilen vom 14. Juni 2004 im Rahmen des Einwendungsdurchgriffs den Banken damit alle Ansprüche entgegensetzen, die sie gegen die Gründungsgesellschafter der Immobilienfonds, gegen die Initiatoren, gegen die maßgeblichen Betreiber, Manager, Prospektherausgeber und gegen die sonst für den Anlageprospekt Verantwortlichen hatten[158]. Hierfür sah der II. Zivilsenat folgende Voraussetzungen als erfüllt an:

(1) Anwendbarkeit des Verbraucherkreditgesetzes

(a) Persönlicher Anwendungsbereich

Zunächst muß bei einem kreditfinanzierten Beitritt zu einem Immobilienfonds der Anwendungsbereich des Verbraucherkreditgesetzes eröffnet sein. Relativ unproblematisch ist hier der persönliche Anwendungsbereich des Verbraucherkreditgesetzes eröffnet, da es sich bei der Bank nach der Legaldefinition in § 1 Abs. 1 VerbrKrG zweifelsohne um einen Kreditgeber i.d.S. und bei den Anlegern bzw. bei den Kreditnehmern um Verbraucher i.S.d. § 1 Abs. 1 VerbrKrG handelt.

Ebenso wenig wird man eine Ausnahme vom Anwendungsbereich des Verbraucherkreditgesetzes wegen eines vermeintlichen Spekulationscharakters bei einem Beitritt zu einem geschlossenen Immobilienfonds vertretbar begründen können. Diesbezüglich findet sich eine abschließende Regelung in § 3 Abs. 2 Nr. 4 VerbrKrG[159] bzw. in dem seit dem 1. Januar 2002 geltenden § 491 Abs. 3 Nr. 2 BGB. Bei geschlossenen Immobilienfonds in Form einer Personengesellschaft sind die Voraussetzungen der Ausnahmevorschrift nicht erfüllt, eine analoge Anwendung kommt mangels planwidriger Regelungslücke nicht in Betracht[160].

Demgegenüber bereitet die Frage, ob die zwischen den Anlegern und den Banken geschlossenen Kreditverträge zur Finanzierung des Beitritts zur Fondsgesellschaft auch die Voraussetzungen des § 9 Abs. 4 VerbrKrG erfüllen, also ob es sich dabei um ein auf eine entgeltliche Leistung gerichtetes Geschäft handelt, erheblich mehr Argumentations- und Begründungsaufwand.

---

158 BGH vom 14.06.2004 – II ZR 374/02 – ZIP 2004, 1407 (1408).

159 Der Wortlaut des § 3 Abs. 2 Nr. 4 VerbrKrG lautet folgendermaßen: „*Keine Anwendung finden ferner § 9 auf Kreditverträge, die der Finanzierung des Erwerbs von Wertpapieren, Devisen oder Edelmetallen dienen.*".

160 SCHWAB, ZGR 2004, 861 (871).

(b) Beitritt zur Anlagegesellschaft als auf eine entgeltliche Leistung gerichtetes Geschäft

Der Beitritt zur Fondsgesellschaft muß sich als ein auf eine entgeltliche Leistung gerichtetes Geschäft, also als ein sog. „*Leistungsgeschäft*"[161] i.S.d. § 9 Abs. 4 VerbrKrG darstellen (bzw. § 358 Abs. 3 S. 1 BGB n.F.). Da vorliegend der von den Darlehensnehmern für den Beitritt zur Fondsgesellschaft benötigte Darlehensvertrag nicht zur Finanzierung des Entgelts für die Lieferung einer Sache geschlossen wurde, muß also ein Kreditvertrag über die Erbringung einer sonstigen Leistung vorliegen. Gegen ein solches Leistungsgeschäft könnte sprechen, daß sich beim kreditfinanzierten Erwerb von Anteilen an geschlossenen Immobilienfonds gerade nicht das von § 9 VerbrKrG üblicherweise erfaßte Aufspaltungsrisiko verwirklicht. Vielmehr realisiert sich hier der allgemeine Wagnis- und Risikocharakter, der jeder Immobilienbeteiligung anhaftet[162]. Zur Lösung dieses Problems ist die bisherige höchstrichterliche Rechtsprechung vergleichend heranzuziehen:

Der II. Zivilsenats des Bundesgerichtshof führt seine Rechtsprechung zur Anwendbarkeit des Verbraucherkreditgesetzes auf Kredite zur Finanzierung einer Beteiligung an einer Anlagegesellschaft in seinen Entscheidungen vom 14. Juni 2004 konsequent fort: Bereits im Urteil vom 21. Juli 2003[163] wurden die Vorschriften des § 9 Abs. 1 bis 3 VerbrKrG gemäß § 9 Abs. 4 VerbrKrG auf einen solchen Finanzierungskredit angewendet. Danach könne der Aspekt, daß ein Vertrag über den Beitritt zu einer Gesellschaft kein auf eine entgeltliche Leistung gerichtetes Geschäft ist, auch in den Entscheidungen vom 14. Juni 2004 deswegen vernachlässigt werden, weil der Beitritt eines Anlegers zu einer Anlagegesellschaft

> „*mit Rücksicht auf den mit der Beteiligung verfolgten wirtschaftlichen Zweck und die Schutzbedürftigkeit des Anlegers einem Vertrag über eine entgeltliche Leistung gleichzustellen*" sei[164].

---

161 EDELMANN, Kommentar XI ZR 174/99, BB 2000, 1855 (1856).

162 EDELMANN, Kommentar XI ZR 174/99, BB 2000, 1855 (1856). Sowie: MÜNCHKOMM/HABERSACK, § 9 VerbrKrG Rn. 16.

163 BGH vom 21.07.2003 – II ZR 387/02 – BB 2003, 2089 (2089 ff.). In dieser Entscheidung stellte der II. Zivilsenat den Beitritt zu einer Anlagegesellschaft einem Vertrag über eine andere Leistung i.S.v. § 9 Abs. 4 VerbrKrG gleich. Begründet wurde dies mit den der Beteiligung zugrunde liegenden wirtschaftlichen Zielsetzungen sowie mit der Schutzbedürftigkeit der Anleger; vgl.: DOEHNER/HOFFMANN, ZIP 2004, 1884 (1885).

164 BGH vom 14.06.2004 – II ZR 392/01 – WM 2004, 1518 (1519). Sowie: BGH vom 14.06.2004 – II ZR 395/01 – BB 2004, 1644 (1646).

Dies gilt nach der Rechtsprechung des Bundesgerichtshofs insbesondere dann, wenn zwischen dem Anleger und der Fondsgesellschaft keine unmittelbaren Rechtsbeziehungen zustande kommen, weil eine direkte Beteiligung an der Gesellschaft nur bei dem jeweiligen Treuhänder vorliegt, wenn dieser die Fondsanteile des Anlegers zwar im eigenen Namen, aber für dessen Rechnung hält[165]. Denn aus Gründen des Verbraucherschutzes sei der Anleger vor der Verpflichtung zur Darlehensrückzahlung zu bewahren, wenn Störungen im Rahmen des finanzierten Geschäfts auftreten. Es könne dann keinen Unterschied machen, ob ein klassischer entgeltlicher Vertrag vorliegt, oder ein Beitritt zu einer Anlagegesellschaft, bei der die mit der Mitgliedschaft verbundenen Steuervorteile und Gewinne, die als Gegenleistung zur Einlagezahlung erwartet werden, im Vordergrund stehen[166]. Die Mitgliedschaft im Verband sei hier also – anders als bei einem Beitritt zu einem Verein oder einer Genossenschaft[167] – einem entgeltlichen Vertrag gleichzustellen[168].

Noch umstrittener ist jedoch die im Folgenden ausführlich zu analysierende Frage, ob die Ausnahmevorschrift des § 3 Abs. 2 Nr. 2 VerbrKrG in den vorliegenden Fällen eingreift.

(c) Die Sperrwirkung der Ausnahmevorschrift

In denjenigen Entscheidungen vom 14. Juni 2004, in denen der BGH einen Einwendungs- und Rückforderungsdurchgriff bejahte, waren die Darlehensverträge, mit denen der Gesellschaftsbeitritt finanziert wurde, durch eine Grundschuld – und damit grundpfandrechtlich – abgesichert[169]. Damit wäre eigentlich der An-

---

165 BGH vom 17.09.1996 – XI ZR 164/94 – NJW 1996, 3414 (3415 f.). Sowie für das gleiche Merkmal nach § 1 Abs. 1 HWiG: BGH vom 02.07.2001 – II ZR 304/00 – BB 2001, 1652 (1653).

166 BGH vom 14.06.2004 – II ZR 392/01 – WM 2004, 1518 (1519).

167 BGH vom 20.01.1997 – II ZR 105/96 – NJW 1997, 1069 (1070).

168 BGH vom 14.06.2004 – II ZR 395/01 – BB 2004, 1644 (1647). Im Ergebnis ebenso STAUDINGER/KESSAL-WULF, § 9 VerbrKrG Rn. 45. Kritiker argumentieren dagegen, daß hier, wie auch beim Merkmal der Entgeltlichkeit i.R.d. § 1 Abs. 1 HWiG der Gesellschaftsbeitritt ohne ersichtlichen Grund anders behandelt wird, als der Beitritt zu einem Verein oder einer Genossenschaft. Jedoch entsprechen alle diese Konstruktionen strukturell nicht einem gewöhnlichen Austauschvertrag, da es in allen diesen Fällen darum geht, daß Mitgliedspflichten um der Teilhabe an den Erträgen gemeinsamer Zweckverfolgung Willen eingegangen werden. Deswegen reiche diese Zweckbeziehung entweder immer für die Annahme eines entgeltlichen Vertrags aus oder nie; vgl.: SCHWAB, ZGR 2004, 861 (874).

169 Dies war der Fall bei: BGH vom 14.06.2004 – II ZR 393/02 – BB 2004, 1587 (1587 ff.). Sowie: BGH vom 14.06.2004 – II ZR 407/02 – WM 2004, 1536 (1536 ff.).

wendungsbereich der Ausnahmevorschrift des § 3 Abs. 2 Nr. 2 VerbrKrG[170] eröffnet gewesen, der einen Ausnahmetatbestand für Realkreditverträge[171] im Verbraucherkreditgesetz bildet. Denn für grundpfandrechtlich gesicherte Kreditverträge sollen wesentliche Vorschriften des Verbraucherkreditgesetzes nicht zum Tragen kommen[172]. Dies hätte zur Folge gehabt, daß einige Vorschriften des Verbraucherkreditgesetzes, darunter auch der hier entscheidende § 9 VerbrKrG, nicht anwendbar gewesen wären.

Jedoch ist der II. Senat in seinen Entscheidungen vom 14. Juni 2004 einen anderen Weg gegangen. Zunächst stellte er hierzu fest, daß die betreffende Sicherung mit Grundpfandrechten bereits im Rahmen einer vorherigen Zwischenfinanzierung und nicht im Zusammenhang mit der eigentlichen Darlehensgewährung an den Anleger erfolgte. Die Grundschuld wurde also schon für die jeweiligen Zwischenfinanzierungsdarlehen bestellt, woran der jeweilige Verbraucher noch nicht beteiligt war[173]. Die Regelung des § 3 Abs. 2 Nr. 2 VerbrKrG greife in richtlinienkonformer Auslegung der dieser Vorschrift zugrunde liegenden Richtlinie 87/102/EWG[174] nur dann ein, wenn das Grundpfandrecht bei Abschluß des Darlehensvertrags bestellt wird und so das Darlehen gesichert wird. Diese Ausnahme von den Schutzvorkehrungen der Vorschriften des Verbraucherkreditgesetzes sei gerechtfertigt, weil die vorherige Bestellung der Grundpfandrechte im Rahmen der Zwischenfinanzierung ohne notarielle Beurkundung und der damit verbundenen Schutzvorkehrungen erfolgte. Denn die durch die grundpfandrechtliche Sicherung erforderliche und mit besonderen Schutzvorkehrungen und Be-

---

170 Der Wortlaut des § 3 Abs. 2 Nr. 2 VerbrKrG lautet folgendermaßen: „*Keine Anwendung finden ferner § 4 Abs. 1 Satz 4 Nr. 1 Buchstabe b und die §§ 7, 9 und 11 bis 13 auf Kreditverträge, nach denen der Kredit von der Sicherung durch ein Grundpfandrecht abhängig gemacht und zu für grundpfandrechtlich abgesicherte Kredite und deren Zwischenfinanzierung üblichen Bedingungen gewährt wird*“. Dieser Ausschluß des Widerrufsrechts bei Realkrediten, der bisher in § 3 Abs. 2 Nr. 2 VerbrKrG geregelt war, findet sich nun entsprechend in § 491 Abs. 3 Nr. 1 BGB n.F. wieder; vgl.: ARTZ, BKR 2002, 603 (604). Zu der seit dem 01.01.2002 geltenden Rechtslage: Vgl.: PALANDT/PUTZO, 64. Aufl., § 492 Rn. 15b.

171 Unter Realkredit ist ein Kredit zu verstehen, „*für den der Wert des belasteten Grundstücks, nicht aber derjenige des sonstigen Schuldnervermögens oder die persönliche Kreditwürdigkeit des Schuldners entscheidend ist*“; vgl.: WAGNER Klaus-R., Ausstieg, NZG 2000, 169 (173). Die Definition dieses Immobiliardarlehensvertrags findet sich seit dessen Einfügung durch das OLGVertrÄndG in der Vorschrift des § 492 Abs. 1a S. 2 BGB; vgl.: SCHMIDT-KESSEL, Ausweitung, ZGS 2002, 311 (314).

172 STAUDINGER/KESSAL-WULF, § 3 VerbrKrG Rn. 32.

173 BGH vom 14.06.2004 – II ZR 393/02 – BB 2004, 1587 (1590).

174 Richtlinie 87/102/EWG des Europäischen Rates vom 22.12.1986 zu Angleichung der Rechts- und Verwaltungsvorschriften der Mitgliedstaaten über den Verbraucherkredit, ABl. EG 1987 Nr. L 42, 48 (48 ff.) in der Fassung der Änderungsrichtlinie 90/88/EWG des Rates vom 22.02.1990, ABl. EG Nr. L 61, 14 (14 ff.).

lehrungen verbundene Beurkundung[175] biete nur dann einen Schutz, der die besonderen Schutzvorschriften des Verbraucherkreditgesetzes teilweise verdränge, wenn dieser Schutz auch tatsächlich stattfindet und gewährt wird. Bei Abschluß der Endfinanzierungskreditverträge hätten die Anleger die für eine Grundschuldbestellung erforderliche notarielle Belehrung nicht erfahren, da das Grundpfandrecht bereits vor ihrem Fondsbeitritt bestellt war. Aufgrund dessen sei ihre Schutzwürdigkeit genauso zu beurteilen wie bei Verbrauchern, die einen nicht grundpfandrechtlich gesicherten Kreditvertrag abschließen[176].

Diese Rechtsansicht hat massive Kritik erfahren, auf die sogleich näher eingegangen wird. Zunächst ist jedoch auf die übrigen Voraussetzungen des Einwendungsdurchgriffs einzugehen.

(2) Einwendungen der Anleger

Der Einwendungsdurchgriff gemäß § 9 Abs. 3 VerbrKrG setzt zunächst weiterhin voraus, daß den Anlegern überhaupt eine Einwendung gegen die Gesellschaft zusteht, die sie dem Kreditinstitut entgegensetzen können. Der BGH gestand in seinen Entscheidungen vom 14. Juni 2004 den Anlegern verschiedenste Einwendungen zu:

(a) Ansprüche gegen Gründungsgesellschafter und Fondsbetreiber

Zunächst hat sich der II. Zivilsenat mit den Ansprüchen gegen die Gründungsgesellschafter beschäftigt und daraus eine Einwendung der Anleger gegen die Kreditinstitute hergeleitet. Er hat dabei ausgeführt, daß ein Anleger die Gesellschaftsbeteiligung kündigen und die daraus folgenden Ansprüche auch der Bank entgegenhalten könne, wenn er beim Beitritt zum Immobilienfonds über die Hintergründe und Risiken getäuscht wurde. In dem BGH-Urteil II ZR 392/01 vom 14. Juni 2004[177] wurden die Anleger durch eine arglistige Täuschung über die Rentabilität des Fonds zum Gesellschaftsbeitritt veranlaßt. Nach Ansicht des BGH könnten grundsätzlich sämtliche Ansprüche des Anlegers gegen die Gründungsgesellschafter, Initiatoren, Manager und maßgeblichen Betreiber des Immobilienfonds sowie gegen die Prospektherausgeber und die sonst für den Anlageprospekt Verantwortlichen der Bank entgegengesetzt werden[178].

---

175 In Deutschland ist hierfür die Beurkundung durch einen Notar erforderlich gemäß § 17 BeurkG.

176 BGH vom 14.06.2004 – II ZR 393/02 – BB 2004, 1587 (1590 f.).

177 BGH vom 14.06.2004 – II ZR 392/01 – WM 2004, 1518 (1518 ff.).

178 BGH vom 14.06.2004 – II ZR 393/02 – BB 2004, 1587 (1592).

Dabei sei regelmäßig ein Anspruch aus Prospekthaftung gegen die für den Prospekt verantwortlichen Personen gegeben. Dieser Anspruch stünde den Anlegern aufgrund von falschen, unvollständigen oder irrelevanten Angaben im Emissionsprospekt zu. Denn nach den Grundsätzen der Prospekthaftung obliegt es den verantwortlichen Personen in einer solchen Situation, den jeweiligen Anlegern durch die Darstellung im Prospekt das wirtschaftliche Risiko der Kapitalanlage vor Augen zu führen und transparent zu machen[179].

Auf die Grundsätze der Prospekthaftung wird im Rahmen des Rückforderungsdurchgriffs (siehe Punkt 2.a)(1)(a)(ii) unten) noch ausführlicher eingegangen.

(b) Auseinandersetzungsanspruch des BGB-Gesellschafters

Eine weitere Einwendung in diesem Sinne ergibt sich nach Ansicht des II. Zivilsenats aus dem Anspruch der Anleger aus gesellschaftsrechtlicher Abwicklung, nämlich aus dem Anspruch auf das Auseinandersetzungsguthaben beim Ausscheiden eines Gesellschafters aus einer GbR gemäß § 738 BGB.

Grundsätzlich besteht der Abfindungsanspruch aus § 738 BGB in Höhe des wahren Anteilswertes. Dieser Wert, der mit dem Geldanspruch auf Abfindung korrespondiert, das sog. „*Auseinandersetzungs- oder Abfindungsguthaben*", ist durch die Erstellung einer Auseinandersetzungsbilanz zu ermitteln[180]. In diese Bilanz sind sowohl alle Ansprüche aus dem Gesellschaftsverhältnis zwischen Gesellschaft und Gesellschafter als auch die Ansprüche zwischen den Gesellschaftern untereinander einzustellen. Diese Ansprüche werden dann zu bloßen Rechnungsposten und können nicht mehr selbständig geltend gemacht werden. Durch dieses Auseinandersetzungsverfahren soll verhindert werden, daß im Stadium der Abwicklung oder beim Ausscheiden eines Gesellschafters hin- und hergezahlt wird, bevor für den betreffenden Gesellschafter das Auseinandersetzungsguthaben festgestellt ist[181].

(i) Recht zur fristlosen Beendigung der Mitgliedschaft

Nach den Ausführungen des II. Zivilsenats des Bundesgerichtshofs konnte die Beitrittserklärung der Anleger zur Fondsgesellschaft gemäß den Grundsätzen des fehlerhaften Gesellschaftsbeitritts – die sogleich dargestellt werden – zwar nicht mit Wirkung ex tunc angefochten und so von der Gesellschaft Zahlung von Schadensersatz wegen der Täuschung durch den Initiator oder Rückzahlung der geleisteten Einlage unabhängig von etwaigen zwischenzeitlich entstandenen

---

179 OPITZ, 49 f.

180 PALANDT/SPRAU, 64. Aufl., § 738 Rn. 4.

181 GEIBEL BB 2005, 1009 (1011, 1014).

Verlusten verlangt werden. Jedoch stünde den Anlegern nach einer, auf der Täuschung beruhenden, außerordentlichen Kündigung der Mitgliedschaft der Fondsgesellschaft gemäß § 723 Abs. 1 BGB ein Anspruch auf Zahlung des Abfindungsguthabens gemäß § 738 BGB nach dem Stand zum Zeitpunkt der Kündigungserklärung zu. Dieser Anspruch gelte als Einwendung in diesem Sinne[182].

Bereits in der Entscheidung II ZR 387/02 vom 21. Juli 2003 gestattete der II. Zivilsenat solchen Anlegern, die aufgrund der Verletzung von Aufklärungspflichten zum Beitritt zu einem Immobilienfonds veranlaßt wurden, ihr Recht zur jederzeitigen fristlosen Beendigung ihrer Beteiligung und der Auszahlung des Abfindungsguthabens gemäß § 738 BGB auch gegenüber den finanzierenden Banken geltend zu machen, wenn ein Verbundgeschäft vorlag[183].

(ii) Grundsätze des fehlerhaften Gesellschaftsbeitritts

In der eben angesprochenen Entscheidung (II ZR 387/02 vom 21. Juli 2003) stellte der II. Zivilsenat weiterhin fest, daß Anlegern in einer derartigen Situation kein Anspruch auf vollständige Rückerstattung der Einlage zustehe. Vielmehr richte sich die Rückabwicklung zur Vermeidung eines Wettlaufs der anfechtungsberechtigten Mitgesellschafter nach den Grundsätzen der fehlerhaften Gesellschaft. Diese Grundsätze, die zur fehlerhaften Gesellschaftsgründung entwickelt wurden, gelten nach ständiger BGH-Rechtsprechung auch für den fehlerhaften Beitritt zu einer GbR[184] und sollen daher im Folgenden kurz dargestellt werden.

Die Kernaussagen dieser Grundsätze betreffen die Konsequenzen eines fehlerhaft vollzogenen Beitritts zur Gesellschaft und einer fehlerhaften Gründung der Gesellschaft. In diesen Fällen tritt die Unwirksamkeit nicht ex tunc, also von Anfang an ein, sondern nur ex nunc. Das heißt, daß der Nichtigkeits- bzw. Anfechtungsgrund lediglich für die Zukunft wirkt und auch der Beitritt nur für die Zukunft verzichtbar ist[185]. Die Wirksamkeit der bereits in Vollzug gesetzten Ge-

---

182 BGH vom 14.06.2004 – II ZR 392/01 – WM 2004, 1518 (1520). Sowie: BGH vom 14.06.2004 – II ZR 393/02 – BB 2004, 1587 (1592).

183 BGH vom 21.07.2003 – II ZR 387/02 – BB 2003, 2089 (2089 f.).

184 BGH vom 27.06.2000 – XI ZR 174/99 – BB 2000, 1853 (1854).

185 BGH vom 14.10.1991 – II ZR 212/90 – WM 1992, 490 (491) m.w.N. Dies führt einfach zu der Konsequenz, daß Rechtsbehelfe, die ausdrücklich der Sache nach darauf abzielen, den Bestand der Gesellschaft als Ganzes oder der einzelnen Mitgliedschaft rückwirkend, also ex tunc, zu beseitigen, in diesen Fällen nicht anwendbar sind. Dies gilt bei der Anfechtung wegen arglistiger Täuschung nach § 123 Abs. 1 BGB mit der in § 142 Abs. 1 BGB angeordneten Rückwirkung genauso wie für einen auf §§ 311 Abs. 2 Nr. 1, 280 Abs. 1 BGB gestützten Anspruch des Anlegers, ihn so zu stellen, als wäre er der Gesellschaft nie beigetreten; vgl.: SCHWAB, ZGR 2004, 861 (864).

sellschaft bzw. des vollzogenen Beitritts bleibt dann bis zur Geltendmachung des Fehlers bestehen. Unter Invollzugsetzung eines Beitritts i.d.S. versteht man die Schaffung von Rechtstatsachen, die von der Rechtsordnung nicht unbeachtet gelassen werden können. Solche Rechtstatsachen sind beispielsweise die Leistung von Beiträgen oder die Ausübung gesellschaftsvertraglicher Rechte durch den Beitretenden[186]. Auf diese Grundsätze des fehlerhaften Gesellschaftsbeitritts ist sogleich zurückzukommen.

Weiterhin stellte der II. Senat in seiner Entscheidung II ZR 387/02 vom 21. Juli 2003 ausdrücklich klar, daß dem Anleger bei einem Mangel des Beitritts zur Gesellschaft die Möglichkeit einer außerordentlichen Kündigung zustehe, um sich so von seiner Beteiligung für die Zukunft zu lösen. Der Anleger nähme nach den Regeln des Gesellschaftsrechts an den bis zum Kündigungszeitpunkt eingetretenen Gewinnen und Verlusten der Gesellschaft teil, weshalb sich der Anspruch auf das Abfindungsguthaben nach dem Wert im Kündigungszeitpunkt richte[187]. Die Vorschrift des § 738 BGB stellt die einzige Einwendung aus Anlaß der Täuschung dar, die der Anleger dem Anspruch der Bank gemäß § 9 Abs. 3 VerbrKrG entgegenhalten kann. Mit diesem Abfindungsguthaben konnte der Anleger – jedenfalls in der BGH-Entscheidung vom 21. Juli 2003 – gegen den Anspruch der Bank nur in der Höhe aufrechnen, in der ein Abfindungsguthaben auch besteht[188]. Diese Argumente legt der II. Zivilsenat im Wesentlichen auch in seinen Entscheidungen vom 14. Juni 2004 zugrunde[189].

(iii) Geltendmachung durch Mitteilung gegenüber der Bank

Eine ausdrückliche Kündigungserklärung gegenüber der Gesellschaft sei für den Abfindungsanspruch nach § 738 BGB nach Ansicht des II. Senats in den Entscheidungen vom 14. Juni 2004 jedoch nicht erforderlich. Das Kündigungsrecht könne in solchen Fällen vielmehr auch dadurch ausgeübt werden, daß

> *„der Anleger der Bank mitteilt, er sei durch Täuschung zu dem Fondsbeitritt veranlaßt worden und ihr die Übernahme seines Geschäftsanteils anbietet“*[190].

---

[186] BGH vom 14.10.1991 – II ZR 212/90 – WM 1992, 490 (492). Sowie: STAUDINGER/HABERMEIER, § 705 Rn. 63 ff. zum Streitstand.

[187] BGH vom 21.07.2003 – II ZR 387/02 – BB 2003, 2089 (2090).

[188] SCHWAB, ZGR 2004, 861 (880).

[189] BGH vom 14.06.2004 – II ZR 395/01 – BB 2004, 1644 (1647).

[190] BGH vom 21.07.2003 – II ZR 387/02 – BB 2003, 2089 (2090 f.). Sowie: BGH vom 14.06.2004 – II ZR 393/02 – BB 2004, 1587 (1592). Anders noch: BGH vom 27.06.2000 – XI ZR 174/99 – BB 2000, 1853 (1855). Vgl. auch: PALANDT/SPRAU, 64. Aufl., § 705 Rn. 19 b.

Auch diese Möglichkeit gestand der II. Senat den Anlegern erstmals bereits in der Entscheidung II ZR 387/02 vom 21. Juli 2003 zu[191].

(c) Kritik an der Einwendung des § 738 BGB

Diese Rechtsprechung des II. Zivilsenats stellt jedoch gerade bezüglich der von den Verbrauchern geltend zu machenden bzw. der den Verbrauchern zugesprochenen Einwendungen eine Wende in der Rechtsprechung des Bundesgerichtshofs dar. Noch in einer jüngst veröffentlichten Entscheidung des XI. Zivilsenats reichte es nach Ansicht des BGH gerade nicht aus, daß sich der Verbraucher gegenüber der Bank auf einen durch Täuschung veranlaßten Gesellschaftsbeitritt berief[192].

Nunmehr sollte es nach Ansicht des II. Zivilsenats für die Fälligkeit des Auseinandersetzungsguthabens gegenüber der Gesellschaft ausreichend sein, wenn ein Anleger der Bank mitteilt, daß er durch eine arglistige Täuschung zum Gesellschaftsbeitritt veranlaßt wurde. Es genüge dann nach dieser Ansicht, wenn er der Bank die Übernahme seines Geschäftsanteils anbietet[193]. Indes leidet diese rechtliche Konstruktion an einigen schwerwiegenden Mängeln. Die Vorschrift des § 9 Abs. 3 VerbrKrG ist auf eine finanzierte Beteiligung an einem geschlossenen Immobilienfonds weder direkt noch entsprechend über § 9 Abs. 4 VerbrKrG anwendbar:

(i) Akzessorietät von Einwendungen beim verbundenen Geschäft

Es muß zunächst an dieser Stelle berücksichtigt werden, daß eine Einwendung nach § 738 BGB der Bank in einigen Fällen überhaupt nicht entgegengehalten werden könnte, wenn die notwendige Kündigung der Anleger gegenüber der Fondsgesellschaft fehlt. Denn wenn ein Schadensersatzanspruch gegen die Gesellschaft nicht durchgesetzt werden kann, weil der Gesellschaftsbeitritt gegenüber der Fondsgesellschaft noch nicht gekündigt wurde, kann er – a maiore ad minus – nach den Grundsätzen für verbundene Geschäfte gemäß § 9 Abs. 3 und 4 VerbrKrG auch gegenüber dem Darlehensvertrag keine Wirkungen zeitigen. Dies resultiert aus der Akzessorietät von Einwendungen im Rahmen eines Einwendungsdurchgriffs, da alleine das zwischen dem Verbraucher und dem

---

191 BGH vom 21.07.2003 – II ZR 387/02 – BB 2003, 2089 (2091).

192 BGH vom 27.06.2000 – XI ZR 174/99 – BB 2000, 1853 (1855).

193 EDELMANN umschreibt diesen Meinungswechsel des BGH mit dem Motto „*was interessiert mich mein Geschwätz von gestern*"; vgl.: EDELMANN, Kommentar II ZR 395/01, BB 2004, 1648 (1649). Dies muß man jedoch entkräften. Denn bei der zitierten Entscheidung handelt es sich um ein Urteil des XI. Senats, während die Entscheidungen vom 14.06.2004 vom II. Senat stammen.

Vertragspartner des finanzierten Geschäfts bestehende Verhältnis für das Entstehen der Einwendung entscheidend ist[194]. Da für das Entstehen der Einwendung nach § 738 BGB eine rechtsgeschäftliche Erklärung des Verbrauchers notwendig ist, kann auch der Einwendungsdurchgriff erst nach dieser Erklärung, also der Kündigung, geltend gemacht werden[195]. § 9 Abs. 3 VerbrKrG setzt das Bestehen einer Einrede oder einer Einwendung des Verbrauchers gegenüber dem Partner des finanzierten Geschäfts voraus[196], woran es vorliegend mangels Kündigungserklärung fehlt. Dies zeigt sich vor allem, wenn man die Verpflichtungen des Anlegers gegenüber der Fondsgesellschaft für den Fall genauer betrachtet, daß die Einlage gestundet wurde. In diesen Fällen bestünde die Pflicht zur Erbringung der gestundeten Einlage auch in der Insolvenz der Gesellschaft oder dann, wenn steuerliche Vorteile ausbleiben. Deshalb kann auch im vorliegenden Fall die Darlehensrückzahlung nicht verweigert werden. Dies liegt alleine daran, daß die typischen Risiken eines finanzierten Beteiligungserwerbs auf dem Gegenstand des Geschäfts selbst beruhen und weniger auf der Aufspaltung des wirtschaftlich einheitlichen Erwerbsvorgangs in zwei selbständige Verträge[197]. Dem Anleger soll bei einer Beteiligung an einer Abschreibungsgesellschaft das Geschäftsrisiko als solches nicht abgenommen werden. Aufgrund des diesen Geschäften immanenten Wagnis- und Risikocharakters kann der Anleger dem Kreditinstitut als Gläubiger des Finanzierungsdarlehens nur solche Einwendungen entgegenhalten, die er auch dem Verkäufer bzw. dem Leistungserbringer entgegenhalten könnte. Die Frage einer in diesem Zusammenhang berücksichtigungsfähigen Leistung hängt also davon ab, ob

> *„die vom Verbraucher gegenüber dem Rückzahlungsanspruch des Darlehensgebers geltend gemachten Einwendungen auch unter Berücksichtigung des besonderen Charakters des finanzierten Geschäfts begründet sind“*[198].

Wenn der Anleger die Zahlung des Entgelts an den Verkäufer oder den Erbringer der Leistung auch im Falle der Stundung durch diesen nicht verweigern könnte, so kann er sich auch gegenüber der Bank nicht auf § 9 Abs. 3 VerbrKrG berufen. Wenn sich also ein Anleger der Bank gegenüber auf den wirtschaftlichen Zusammenbruch der Gesellschaft beruft, so hat sich hierbei ein Risiko

---

194 OLG Karlsruhe vom 24.04.2002 – 6 U 192/01 – OLGR Karlsruhe 2002, 295 (295 ff.). Sowie: OLG Stuttgart vom 09.03.2004 – 6 U 166/03 (n.r.) – ZIP 2004, 891 (893). Sowie: MÜNCHKOMM/HABERSACK, § 9 VerbrKrG Rn. 89.

195 MÜNCHKOMM/HABERSACK, § 9 VerbrKrG Rn. 89.

196 HADDING/NOBBE/HABERSACK, 243.

197 HADDING/NOBBE/HABERSACK, 244.

198 HABERSACK, Drittfinanzierter Immobilien- und Beteiligungserwerb, ZHR 156, 45 (57 f.).

verwirklicht, das dem Beteiligungserwerb immanent ist. Dieses Risiko begründet auch dann kein Leistungsverweigerungsrecht des Gesellschafters gegenüber der Gesellschaft, wenn die Leistung der Einlage von der Gesellschaft gestundet ist. Diese Vergemeinschaftung der Risiken des Gesellschaftsverhältnisses stellt nichts anderes dar als die notwendige Kehrseite der Verfolgung eines gemeinsamen Zwecks aller Gesellschafter in einer Gesellschaft. Der einzelne Gesellschafter wird durch das Scheitern seines Beteiligungszwecks also nicht von der Verpflichtung zur Beitragszahlung befreit. Ein solches Risiko kann deswegen im Rahmen eines Einwendungsdurchgriffs keine Berücksichtigung finden[199] (siehe hierzu auch Punkt 4.e) unten).

Aus den zur fehlerhaften Gesellschaft entwickelten Grundsätzen folgt, daß auch Ansprüche aus c.i.c. gegen die Gesellschaft nur die Zeiträume erfassen können, die nach der Kündigung des Gesellschaftsanteils liegen[200]. Denn die Einwendung des Verbrauchers kann in einem Dreiecksverhältnis zwischen dem Verbraucher, dem Vertragspartner des finanzierten Geschäfts und der Bank auch keine stärkeren Wirkungen entfalten als in dem Rechtsverhältnis, aus dem sie entstanden ist[201]. Dies führt auch nicht zu einer unangemessenen Benachteiligung des Verbrauchers, der grundsätzlich das Aufspaltungsrisiko zu tragen hat. Denn es liegt in seiner Hand, die Gestaltungserklärung gegenüber seinem Vertragspartner, und nicht gegenüber der Bank, abzugeben und die Einwendung so entstehen zu lassen[202]. Damit begründet die bloße Existenz dieses Gestaltungsrechts für sich gesehen noch lange keine Einwendung, weshalb auch ein Einwendungsdurchgriff ausscheiden muß[203]. Diese Grundsätze finden auch bei einer Arglistanfechtung des Beitritts zur Gesellschaft Anwendung. Denn auch die Anfechtung führt nach ständiger BGH-Rechtsprechung nicht zu einer ex-tunc-Beendigung der Gesellschafterstellung. Auch hier wirkt die Anfechtung – wie bereits ausgeführt – nur ex nunc für die Zukunft. Eine rückwirkende Anfechtung – die z.B. bei überwiegenden Interessen der Allgemeinheit oder von Dritten in Betracht kommt – liegt hier nicht vor[204].

---

199 HABERSACK, Drittfinanzierter Immobilien- und Beteiligungserwerb, ZHR 156, 45 (57 f.).

200 OLG Koblenz vom 05.09.2002 – 5 U 1886/01 – BB 2002, 1981 (1983).

201 SCHÄFER bezeichnet es schon im Hinblick auf das Urteil vom 21. Juli 2003 als eine „*verblüffende Volte*", daß eine Einwendung im Drittverhältnis eine stärkere Wirkung entfalten soll als in dem Rechtsverhältnis, aus dem sie eigentlich stammt; vgl.: SCHÄFER, Revolutionäres aus Karlsruhe, DStR 2004, 1611 (1613).

202 BGH vom 27.06.2000 – XI ZR 174/99 – BB 2000, 1853 (1855). Sowie: OLG Koblenz vom 05.09.2002 – 5 U 1886/01 – BB 2002, 1981 (1983).

203 Dies gilt jedenfalls so lange, als noch keine rechtsgestaltende Erklärung abgegeben wurde; vgl.: SCHWAB, ZGR 2004, 861 (868).

204 OLG Koblenz vom 05.09.2002 – 5 U 1886/01 – BB 2002, 1981 (1983). Sowie: BGH vom 29.06.1970 – II ZR 158/69 – BGHZ 55, 5 (8 ff.).

Insbesondere nach Ansicht des XI. Zivilsenats ist es erforderlich, daß der Anleger gerade der Fondsgesellschaft gegenüber entweder ausdrücklich oder konkludent kündigt. Der XI. Senat führt in seiner Entscheidung XI ZR 174/99 vom 27. Juni 2000 aus, daß in einer Anfechtung wegen arglistiger Täuschung, die nur hinsichtlich des Darlehensvertrags und nur gegenüber der Bank erklärt wurde, keine Kündigung des Gesellschaftsbeitritts gesehen werden kann, wenn nicht dargelegt und notfalls auch bewiesen wird, daß die Bank für die Fondsgesellschaft empfangsvertretungsberechtigt bzw. Empfangsbotin war[205]. Solange nämlich ein Schadensersatzanspruch aus c.i.c. mangels Kündigung des Fondsbeitritts nicht durchgesetzt werden kann, kann er nach den Regeln über verbundene Geschäfte auch für den Darlehensvertrag zur Beitrittsfinanzierung keine Wirkungen entfalten[206]. Aus Gründen der Rechtssicherheit ist diese klare Linie des XI. Senats sehr gut nachvollziehbar. Denn sowohl bei einer Kündigungserklärung als auch bei einer Anfechtungserklärung handelt es sich um empfangsbedürftige Willenserklärungen[207].

Auch nach Ansicht der Literatur „*bleibt die Ausübung von Gestaltungsrechten auf das Verhältnis zwischen Verbraucher und Verkäufer beschränkt*“[208]. Die Austrittskündigung, die sich auf die Fehlerhaftigkeit des Aufnahmevertrags stützt, muß grundsätzlich gegenüber der Gesellschaft erfolgen. Eine Mitteilung gegenüber der Bank reicht hierzu gerade nicht aus. Vor allem kann auch nach Ansicht der Literatur der Einwendungsdurchgriff des Anlegers gegenüber der Bank nicht auch die Austrittskündigung gegenüber der Gesellschaft ersetzen[209].

Auch sind mögliche Anhaltspunkte, die eine Anwendung der Grundsätze über die fehlerhafte Gesellschaft einschränken und hier deswegen zu einem anderen Ergebnis führen würden, in den Entscheidungen des II. Zivilsenats vom 14. Juni 2004 nicht dargelegt. Vielmehr werden gerade durch eine derartige – den bisherigen zum fehlerhaften Gesellschaftsbeitritt entwickelten Grundsätzen widersprechende – Rechtsanwendung schützenswerte Interessen und Rechte außenstehender Dritter vereitelt. Denn im Verhältnis der Anleger zur Fondsgesellschaft und zu deren Initiatoren und Gründungsgesellschaftern – und nur hier liegt ein Kündigungs- bzw. Anfechtungsgrund vor – ist die Bank als Dritte mit schutzwürdigen Interessen zu behandeln. Auch hier muß nämlich berücksichtigt werden, daß die jeweiligen Anleger die Vorteile des Fonds oft jahrelang in Anspruch genommen haben. Zudem weiß die Bank in aller Regel über die wirtschaftlichen Verhältnisse des Fonds nicht Bescheid.

---

205 BGH vom 27.06.2000 – XI ZR 174/99 – BB 2000, 1853 (1855).
206 BGH vom 27.06.2000 – XI ZR 210/99 – NJW-RR 2000, 1576 (1576 f.).
207 PALANDT/SPRAU, 64. Aufl., § 723 Rn. 1, Einf. v. § 346 Rn. 12, § 143 Rn. 2.
208 STAUDINGER/KESSAL-WULF, § 9 VerbrKrG Rn. 80.
209 MÜNCHENER HANDBUCH/BÄLZ, § 101 Rn. 113.

(ii) Fehlende Empfangszuständigkeit der Bank für rechtsgestaltende Erklärungen gegenüber der Fondsgesellschaft

Wenn erst die rechtsgestaltende Erklärung die Einwendung des Verbrauchers begründet, so muß diese Erklärung dem Verkäufer gegenüber erfolgen, außer dem Kreditgeber wurde eine Empfangsvollmacht oder eine Empfangsbotenmacht erteilt[210]. Da der Gegner einer derartigen Kündigungserklärung immer der Partner des Hauptgeschäfts sein muß, ist eine Erklärung gegenüber der darlehensgebenden Bank nur dann ausreichend, wenn die Bank als Empfangsbotin bzw. Empfangsvertreterin fungiert. Es ist erforderlich, daß die Bank für die Entgegennahme einer solchen Erklärung überhaupt empfangszuständig ist. Die Empfangszuständigkeit der Kreditinstitute für rechtsgestaltende Erklärungen gegenüber dem Partner des Hauptgeschäfts folgt jedoch weder aus der Vorschrift des § 9 VerbrKrG bzw. § 359 BGB n.F., noch aus der ratio legis dieser Normen[211]. Denn ursprünglich sollte die Konzeption dieser Vorschriften den Verbraucher hauptsächlich vor den Aufspaltungsrisiken und damit vor den rechtlichen Risiken zweier miteinander verbundener Geschäfte schützen, d.h. nach dem objektiven Erscheinungsbild beim Vertragsschluß durfte der Verbraucher davon ausgehen, er kontrahiere wirtschaftlich mit nur einer Vertragspartei, die ihm dafür einen Zahlungsaufschub gewährt[212]. Geht man von dieser Ausgangslage aus, so müßten alle rechtsgestaltenden Erklärungen ohnehin der Hauptpartei gegenüber erfolgen, nicht jedoch gegenüber dem Kreditinstitut.

Allenfalls könnte hier eine Empfangszuständigkeit des Vertragspartners des Hauptgeschäfts für solche Erklärungen des Verbrauchers konstruiert werden, die eigentlich gegenüber dem Kreditinstitut abgegeben werden müßten, da es der Verbraucher zumindest wirtschaftlich nur mit der Vertragspartei des Hauptgeschäfts zu tun hat. Gestattet man jedoch dem Verbraucher, sich gegenüber dem Kreditgeber auf Einwendungen zu berufen, die ihm gegenüber der Hauptpartei zustehen, so würde man eine Empfangszuständigkeit in genau umgekehrter Richtung konstruieren[213]. Dies kann nicht Idee des Einwendungsdurchgriffs gewesen sein. Eine Drittfinanzierung kann damit die Empfangszuständigkeit der

---

210 MÜNCHKOMM/HABERSACK, § 9 VerbrKrG Rn. 89.

211 Die Argumentation mit der Tatsache, daß auch die Empfangszuständigkeit vom Zweck der Vorschrift umfaßt sein soll, bedürfte einer Begründung, die der II. Zivilsenat des BGH bisher schuldig blieb; vgl.: SCHWAB, ZGR 2004, 861 (868 f.).

212 REUTER, FS KONZEN, *.

213 SCHWAB, ZGR 2004, 861 (869) m.w.N. Dies vermag jedoch nichts daran zu ändern, daß § 9 VerbrKrG (bzw. §§ 358, 359 BGB in der seit dem 01.01.2002 geltenden Fassung) ausschließlich an rein objektive Umstände anknüpft und nicht an den Kenntnisstand des Verbrauchers. Das Wissen des Anlegers um die Aufspaltung des verbundenen Geschäfts ist damit grundsätzlich nicht geeignet, eine Nichtanwendbarkeit der Grundsätze über verbundene Geschäfte zu begründen; vgl.: SCHWAB, ZGR 2004, 861 (875).

Banken für Erklärungen, die der Verbraucher nach wie vor gegenüber seinem Vertragspartner des Hauptgeschäfts abgeben muß, nicht begründen.

SCHWAB tritt auch der These entgegen, ein gegenteiliges Ergebnis ließe sich über die seit dem 1. Januar 2002 geltenden Neufassung des § 358 BGB erreichen. Die hier relevante Regelung des § 358 Abs. 2 S. 3 BGB, wonach ein Widerruf gegenüber dem Darlehensgeber gleichzeitig auch als Widerruf des Hauptgeschäfts gilt, ist aber nicht Ausdruck eines allgemeinen Rechtsgedankens, daß *„Erklärungen an den Partner des Hauptgeschäfts generell immer auch an den Darlehensgeber adressiert werden können"*[214]. Sie stellt vielmehr die Ausnahme von dieser Regel dar und besteht nur deswegen, weil der Darlehensgeber ohnehin Widerrufsadressat für einen Widerruf gemäß § 495 BGB n.F. wäre, wenn nicht bereits das Hauptgeschäft aus sich heraus widerruflich wäre[215]. Daher trifft die Auffassung von SCHWAB nicht zu, so daß es auch nach der Schuldrechtsreform beim eben dargestellten Ergebnis bleibt.

(iii) Fehlende Zurechenbarkeit des Vermittlerverhaltens an die Fondsgesellschaft

Ein weiterer Ansatzpunkt für eine kritische Begutachtung der Rechtsprechung des II. Zivilsenats vom 14. Juni 2004 ist das Fehlen eines für einen Einwendungsdurchgriff – neben der Kündigungsmöglichkeit – erforderlichen Schadensersatzanspruchs gegenüber der Gesellschaft. Dieser scheitert an der fehlenden Zurechenbarkeit des pflichtwidrigen Verhaltens der Vermittler an die Immobilienfondsgesellschaft[216]. Denn nach gefestigter Rechtsprechung des BGH kann bei Publikumsgesellschaften die Täuschung eines Gesellschafters beim Gesellschaftsbeitritt durch einen Gründungsgesellschafter oder Initiator den übrigen Gesellschaftern nicht zugerechnet werden[217]. Dies wird begründet mit der

---

214 SCHWAB, ZGR 2004, 861 (870).

215 SCHWAB, ZGR 2004, 861 (870).

216 OLG Koblenz vom 05.09.2002 – 5 U 1886/01 – BB 2002, 1981 (1983).

217 OLG Karlsruhe vom 28.08.2002 – 6 U 14/02 – WM 2003, 1218 (1219). Sowie: BGH vom 06.02.1958 – II ZR 210/56 – BGHZ 26, 330 (331 ff.) sowie BGH vom 14.12.1972 – II ZR 82/70 – NJW 1973, 1604 (1605) für den diesbezüglich vergleichbaren Fall einer KG. Sowie: BGH vom 19.12.1974 – II ZR 27/73 – BGHZ 63, 338 (345 f.). Sowie: OLG Celle vom 20.01.1999 – 9 U 155/98 – ZIP 1999, 1128 (1131). Sowie: OLG Hamm vom 07.03.1977 – 8 U 194/76 – NJW 1978, 225 (226) ebenfalls für den vergleichbaren Fall einer KG, bei der den übrigen Gesellschaftern die Täuschung der Komplementäre ebenfalls nicht zugerechnet werden kann. Auch SOERGEL/WIEDEMANN nimmt hier keine Vertretung an, da den Mitkommanditisten als anonymen Publikumsgesellschaftern ohne Mitwirkungsmöglichkeiten am Vertragsschluß das Fehlverhalten des Komplementärs nicht zugerechnet werden soll. Den Kommanditisten werde schon gar kein Verhandlungsvertrauen entgegengebracht; vgl.: SOERGEL/WIEDEMANN, vor § 275 Rn. 334.

Tatsache, daß bei den Beitrittsverträgen neuer Gesellschafter im Rahmen von rein kapitalistisch organisierten Gesellschaftsbeteiligungen lediglich die Vermittler bzw. die Gründungsgesellschafter dem Beitrittsinteressenten gegenüber in Erscheinung treten und nur diesen Vertrauen entgegengebracht werden kann. Deswegen dürfen auch nur die Vermittler persönlich in Anspruch genommen werden, nicht jedoch auch die übrigen Gesellschafter oder die Gesellschaft[218].

Mangels Einwirkungsmöglichkeiten auf den Beitritt neuer Gesellschafter haften damit nur diese Vertreter der übrigen Gesellschafter. Genauso scheidet eine Haftung der Gesellschaft selbst aus. Da üblicherweise alle oder ein Großteil der Gesellschafter mit denselben falschen Versprechungen zum Anteilserwerb geworben wurden, bestünde hier die Gefahr, daß diejenigen Gesellschafter Anspruch auf das Vermögen der Fondsgesellschaft hätten, die zuerst gegen die Gesellschaft vorgingen. Insbesondere würden diejenigen Gesellschafter auf dem Schaden sitzen bleiben, die weiterhin in der Gesellschaft verbleiben[219].

(iv) Kein Durchgriff von Einwendungen gegen die Initiatoren

Die Formulierung in den Urteilsgründen vom 14. Juni 2004, wonach ein Anleger der Bank alle Einwendungen entgegensetzen könne, die ihm gegen die für den Anlageprospekt verantwortlichen Personen zustehen[220], stellt eine deutliche Ausweitung des Einwendungsdurchgriffs dar. Ein Anspruch auf Schadensersatz wegen Informationspflichtverletzung gegen den Initiator der Fondsgesellschaft ist zunächst einmal etwas grundsätzlich anderes als ein Abfindungsanspruch gegen die Gesellschaft. Der Initiator wird i.R.d. § 9 VerbrKrG als Geschäftspartner, also wie ein Verkäufer behandelt.

Diese vollumfängliche Befreiung des Anlegers von jeglicher Verpflichtung aus dem Darlehensvertrag verdient jedoch bereits in ihrer rechtlichen Herleitung keine Zustimmung[221]. Denn der Einwendungsdurchgriff nach § 9 Abs. 3 VerbrKrG stellt eine Ausnahme zum Verbot bzw. der Unbeachtlichkeit einer

---

218 OLG Karlsruhe vom 24.04.2002 – 6 U 192/01 – OLGR Karlsruhe 2002, 295 (295 ff.). Sowie: OLG Karlsruhe vom 28.08.2002 – 6 U 14/02 – WM 2003, 1218 (1220).

219 Hierdurch würde ein Windhunderennen ausgelöst, bei dem diejenigen Gesellschafter ihre Anlage retten könnten, die zufällig als erste prozessual erfolgreich wären. Dies würde die Grundsätze der gesellschaftsrechtlichen Gleichbehandlung verletzen; vgl.: OLG Celle vom 20.01.1999 – 9 U 155/98 – ZIP 1999, 1128 (1129 f.). Sowie: OLG Koblenz vom 05.09.2002 – 5 U 1886/01 – BB 2002, 1981 (1983).

220 BGH vom 14.06.2004 – II ZR 392/01 – WM 2004, 1518 (1520). Sowie: BGH vom 14.06.2004 – II ZR 393/02 – BB 2004, 1587 (1591 f.).

221 SCHWAB, ZGR 2004, 861 (883).

exceptio ex iure tertii dar[222], die jedoch beschränkt ist auf Einwendungen gegen den Partner des Hauptgeschäfts. Der Vertragspartner des Hauptgeschäfts – des Beitritts zur Fondsgesellschaft – ist alleine die Fondsgesellschaft, jedoch weder der Initiator noch beide zusammen[223]. Damit kann der II. Zivilsenat nicht behaupten, der Anleger könne der Bank sowohl die Einwendungen gegen die Gesellschaft als auch die Einwendungen gegen die Initiatoren entgegensetzen.

Verstünde man hingegen alleine den Initiator aufgrund seiner Verkaufstätigkeit als Vertragspartner des Anlegers, so würde ein Einwendungsdurchgriff ebenfalls ausscheiden, weil dem Initiator zu keinem Zeitpunkt ein eigener Anspruch gegen den Anleger zugestanden hat, sondern immer nur der Fondsgesellschaft. Auf nicht bestehende Einwendungen kann selbstverständlich auch kein Einwendungsdurchgriff gestützt werden[224]. Der II. Senat dehnt also den Einwendungsdurchgriff aus auf Situationen, in denen den Anlegern vielleicht Ansprüche gegen die Mittelsmänner zustehen, jedoch keinesfalls gegen die Fondsgesellschaft selbst. Im Rahmen der Kritik am Einwendungsdurchgriff selbst soll deswegen untersucht werden, ob ein solches Vorgehen vom (siehe Punkt a) oben beschriebenen) Zweck des Einwendungsdurchgriffs gedeckt ist.

(v) Anfechtungsrecht wegen arglistiger Täuschung

Es ist hier nach SCHWAB[225] außerdem zu berücksichtigen, daß das auf einer arglistigen Täuschung basierende außerordentliche Kündigungsrecht von GbR-Gesellschaftern nach § 723 BGB dogmatisch nicht aus einer den Gesellschaftern an sich zustehenden Möglichkeit hergeleitet werden kann, den Gesellschaftsbeitritt wegen einer arglistigen Täuschung anzufechten. Zwar wirkt sich diese dogmatische Unsauberheit im Ergebnis – was im Folgenden noch zu zeigen sein wird – nicht aus. Jedoch erscheint die Argumentation des BGH auch an diesem Punkt wiederum mehr ergebnisorientiert als dogmatisch sauber durchdacht.

Der II. Zivilsenat hat sowohl in der Entscheidung II 387/02 vom 21. Juli 2003[226] als auch in seinen Urteilen vom 14. Juni 2004 entschieden, daß das Recht des Gesellschafters zur fristlosen Kündigung nach § 723 BGB an die Stelle der ansonsten gegebenen Befugnis tritt, den Beitritt zur Gesellschaft nach § 123 Abs. 1

---

222 HABERSACK, Verbundene Geschäfte, DStR 1994, 1853 (1853). Hinter diesem lateinischen Ausdruck steckt der Grundsatz, daß jede Partei vor Einwendungen geschützt werden soll, die ihr Vertragspartner aus seinem Rechtsverhältnis zu einem Dritten herleitet.

223 SCHWAB, ZGR 2004, 861 (883).

224 SCHWAB, ZGR 2004, 861 (884).

225 SCHWAB, ZGR 2004, 861 (861 ff.).

226 BGH vom 21.07.2003 – II ZR 387/02 – BB 2003, 2089 (2090).

BGB anzufechten[227]. Ein solches Anfechtungsrecht besteht jedoch nicht. Das Anfechtungsrecht nach § 123 Abs. 1 BGB ist nämlich dann nicht anwendbar, wenn ein Dritter getäuscht hat. Dieser Ausschluß greift nur dann nicht, wenn die Gesellschaft die Täuschung kannte oder kennen mußte gemäß § 123 Abs. 2 S. 1 BGB. Dritte i.S.d. § 123 Abs. 2 BGB sind dabei nicht solche Personen, die als Vertreter oder Handlungsgehilfen einer Partei agiert haben, sondern nur am Geschäft Unbeteiligte. Täuschungshandlungen von Hilfspersonen werden also vollumfänglich zugerechnet[228]. Nur bei neutralen Dritten ist das Anfechtungsrecht ausgeschlossen.

Argumentiert man nun wie der BGH damit, daß der Anleger bei seinem Beitritt alleine dem Initiator des Fondsprojekts vertraut habe und es sich beim Initiator also um einen im Verhältnis zur Fondsgesellschaft neutralen Dritten handelt, so schließt dies zugleich aus, die von ihm begangene Täuschung der Gesellschaft zuzurechnen. Damit ist jedoch gleichfalls das Anfechtungsrecht nach § 123 Abs. 2 S. 1 BGB ausgeschlossen. Der Ausschluß des Anfechtungsrechts führt dann jedoch auch gleichzeitig zum Ausschluß eines außerordentlichen Kündigungsrechts der Mitgliedschaft in der GbR. Denn das Rechtsinstitut der außerordentlichen Kündigung ist eng mit dem Rechtsinstitut des Wegfalls der Geschäftsgrundlage verwandt. So ist beiden Rechtsinstituten der zugrunde liegende Grundgedanke gemein, daß einer Partei die Fortsetzung des Vertrags aufgrund nicht vorhergesehener Umstände unzumutbar ist[229]. Dies wird nun auch aus der Gesetzessystematik deutlich. Denn der Gesetzgeber hat im Zuge der Schuldrechtsreform beide Rechtsinstitute in unmittelbarer Reihenfolge nacheinander kodifiziert[230].

Ebenso ist diesen beiden Rechtsinstituten gemeinsam, daß sie nicht auf solche Umstände gestützt werden können, die nach der Risikostruktur des konkreten

---

227 BGH vom 14.06.2004 – II ZR 392/01 – WM 2004, 1518 (1520). Sowie: BGH vom 14.06.2004 – II ZR 393/02 – BB 2004, 1587 (1592). Sowie: SCHWAB, ZGR 2004, 861 (864 f.).

228 Jedoch soll nach STAUDINGER/SINGER/FINCKENSTEIN der Anlagevermittler bei einem finanziertem Beitritt zu einer Abschreibungsgesellschaft, bei der Finanzierung von Publikumsgesellschaften und Bauherrenmodellen als Dritter i.S.d. § 123 Abs. 2 S. 1 BGB gelten, da dort der Anlageinteressent in der Regel über mehr Kenntnisse verfüge als der Abzahlungskäufer und deswegen weniger schutzwürdig sei. Hingegen gilt beim finanzierten Abzahlungskauf der Vermittler als Nichtdritter i.d.S. Aus diesem Grunde habe die Rechtsprechung einen Einwendungs- und Widerrufsdurchgriff bei Immobilienfinanzierungen schon immer abgelehnt; vgl.: STAUDINGER/SINGER/FINCKENSTEIN, § 123 Rn. 46 ff. Sowie: SCHWAB, ZGR 2004, 861 (865).

229 SCHWAB, ZGR 2004, 861 (865).

230 Seit dem 01.01.2002 sind die Störung der Geschäftsgrundlage in § 313 BGB und die Kündigung von Dauerschuldverhältnissen aus wichtigem Grund in § 314 BGB geregelt.

Rechtsgeschäfts in den Risiko- und Verantwortungsbereich derjenigen Partei fallen, die sich vom Vertrag lösen will[231]. Da sich hier aber nichts anderes verwirklicht, als das einer jeden Kapitalanlage immanente Risiko, das angelegte Kapital deswegen zu verlieren, weil man sich vorher in unzureichender Weise über die jeweilige Kapitalanlage informiert hat, kann dieses Risiko ausschließlich den Anleger treffen. Das Risiko von Fehleinschätzungen bezüglich des Anlageerfolgs trifft den Anleger. Aus demselben Grund muß auch eine Anfechtung nach § 119 Abs. 2 BGB wegen eines Irrtums über eine verkehrswesentliche Eigenschaft ausgeschlossen werden. Ein Recht des Anlegers, sich über diesen Weg vom Vertrag zu lösen, muß deshalb ausscheiden[232].

Gleichwohl muß dieser Streit seit den Entscheidungen des XI. Senats vom 25. April 2006 als obsolet bezeichnet werden, da der BGH den Anlegern im Fall der arglistigen Täuschung durch den Vermittler über die steuerliche Förderung des Fonds, dessen Rentabilität sowie die Wiederverkaufsmöglichkeit des Fondsanteils (§§ 123 Abs. 1, 142 Abs. 1 BGB) nunmehr ein außerordentliches Kündigungsrecht und damit den Anspruch auf das Abfindungsguthaben einräumt. Der Anlagevermittler ist demnach nicht Dritter i.S.d. § 123 Abs. 2 BGB. Dieser Anspruch kann den Kreditinstituten von den Anlegern bei Vorliegen eines verbundenen Geschäfts entgegengesetzt und die Darlehensrückzahlung verweigert werden. Außerdem steht den Anlegern unter diesen Voraussetzungen ein Anfechtungsrecht hinsichtlich des mit dem Anlagevertrag verbundenen Darlehensvertrags zu, da in der Regel die Täuschung aufgrund der wirtschaftlichen Einheit der beiden Verträge sowohl für den Fondsbeitritt als auch für den Darlehensvertrag kausal war[233].

(vi) Scheitern einer ex-tunc-Rückabwicklung

Außerdem stünde nach Ansicht des II. Senats in den Entscheidungen vom 14. Juni 2004 den Anlegern bei einer Täuschung auch nach den Grundsätzen der c.i.c. (bzw. nach den §§ 311 Abs. 2, 280 Abs. 1 BGB in der ab dem 1. Januar 2002 geltenden Fassung) das Recht zu, sich mit Wirkung ex tunc von der Beteiligung zu lösen. Dies gilt jedenfalls dann, wenn die Anleger in einer der Gesellschaft zurechenbarer Weise getäuscht wurden – wenn man also im Gegensatz zum BGH nicht damit argumentiert, die Anleger hätten alleine den Initiatoren Vertrauen entgegengebracht. Nur dann können die Fehlinformationen von der emittierenden Gesellschaft zurechenbar veranlaßt worden sein. In diesen Fällen ist das auch gut nachvollziehbar, da die Initiatoren gerade nicht außerhalb ihrer

---

231 SCHWAB, ZGR 2004, 861 (865 f.).

232 SCHWAB, ZGR 2004, 861 (865 f.).

233 BGH vom 25.04.2006 - XI ZR 106/05 - ZIP 2006, 1084 (1087 f.). Sowie: FISCHER, Ende der Rechtsprechungsdivergenz, DB 2006, 1415 (1418 f.).

Amtsstellung handelten, als sie das von der GbR benötigte Eigenkapital akquirierten[234].

Jedoch muß ein solcher Rückabwicklungsanspruch schließlich an den Grundsätzen des fehlerhaften Gesellschaftsbeitritts scheitern. Anzumerken ist insoweit, daß die Argumentation des II. Zivilsenats an diesem Punkt nicht folgerichtig ist. Leitet man ein außerordentliches Kündigungsrecht daraus ab, daß die Anleger alleine den Initiatoren der Immobilienfonds, jedoch nicht der Gesellschaft selbst Vertrauen entgegengebracht hätten, so kann man daraus kein außerordentliches Kündigungsrecht konstruieren. Vielmehr muß die ex-tunc-Rückabwicklung nach den Grundsätzen der c.i.c. hier alleine an der Lehre des fehlerhaften Gesellschaftsbeitritts scheitern[235].

Auch der XI. Senat hat in seinen Urteilen vom 25. April 2006 einer solchen Vorgehensweise den Riegel vorgeschoben und einen ungeschmälerten Anspruch des Anlegers gegen die Fondsgesellschaft auf Einlagenrückgewähr im Hinblick auf die Vorrangigkeit der Grundsätze des fehlerhaften Gesellschaftsbeitritts verneint. Daran hält auch der II. Senat nunmehr nicht mehr länger fest, wie er auf Nachfrage mitgeteilt hat[236].

(vii) Verzicht und Verwirkung

Des Weiteren sind im Hinblick auf eine mögliche Kündigung nach § 723 BGB die Rechtsinstitute des Verzichts und der Verwirkung zu beachten. Das Kündigungsrecht ist als Gestaltungsrecht zwar nicht an bestimmte Fristen gebunden. Auch eine Abbedingung oder Beschränkung des grundsätzlich zwingenden Rechts zur außerordentlichen Kündigung durch eine gesellschaftsvertragliche Vereinbarung ist gemäß § 723 Abs. 3 BGB nicht möglich. An dieser Stelle soll jedoch nicht außer Acht gelassen werden, daß auch das Recht der außerordentlichen Kündigung bzw. der Anfechtung gegenüber der Gesellschaft dem Rechtsinstitut der Verwirkung unterliegt und diesbezüglich gegebenenfalls auch ein Verzicht in Betracht gezogen werden muß[237].

Der nachträgliche Verzicht, die zur Kündigung berechtigenden Umstände geltend zu machen, kann grundsätzlich sowohl ausdrücklich, als auch stillschweigend zum Ausdruck gebracht werden. Das längere widerspruchslose Festhalten am Vertrag, wie auch das Fortführen der Geschäfte trotz der Kenntnis des Kün-

---

234 SCHWAB, ZGR 2004, 861 (866 f.).
235 SCHWAB, ZGR 2004, 861 (866 f.).
236 BGH vom 25.04.2006 – XI ZR 106/05 – ZIP 2006, 1084 (1087 f.).
237 OLG Stuttgart vom 09.03.2004 – 6 U 166/03 (n.r.) – ZIP 2004, 891 (894) m.w.N.

digungsgrundes wird dabei von der Rechtsprechung in der Regel als stillschweigender Verzicht auf das außerordentliche Kündigungsrecht angesehen[238].

Ein mit der Verwirkung einhergehender Verlust des Kündigungsrechts kommt auch ohne oder sogar gegen den mutmaßlichen Willen des Beteiligten in Betracht, wenn der Kündigungsberechtigte sich über einen längeren Zeitraum so verhält, daß der andere Teil sich darauf eingerichtet hat und auch darauf vertrauen durfte, daß er mit der Ausübung des außerordentlichen Kündigungsrecht nicht mehr rechnen muß. Der BGH hat dies entschieden für den Fall des Rechts eines OHG-Gesellschafters, seine Mitgliedschaft in der Gesellschaft aus wichtigem Grund zu kündigen. Danach spricht eine tatsächliche Vermutung für den nachträglichen, durch die spätere Entwicklung der gesellschaftlichen Beziehungen bedingten Wegfall des Kündigungsgrundes, wenn der OHG-Gesellschafter von seinem außerordentlichen Kündigungsrecht ein Jahr und drei Monate nachdem er Kenntnis von dem Kündigungsgrund erlangt hat, nicht Gebrauch macht. Dies stelle dann eine illoyale verspätete Geltendmachung des Kündigungsrechts dar[239].

Die Verwirkung kann zwar wiederum ausgeschlossen sein, wenn sich der Berechtigte das Kündigungsrecht vorbehält, indem er dies durch wiederholte Erklärungen nach außen zu erkennen gibt. Eine gesellschaftliche Vertrauensgrundlage und ein Vertrauenstatbestand können dann nicht entstehen[240]. Diese Argumente müssen für die GbR entsprechend gelten, da die Interessenlage bei den übrigen Gesellschaftern oder den Gesellschaftsgläubiger gleich ist.

Die Rechtsprechung hat darüber hinaus das Recht zur außerordentlichen Kündigung dem ursprünglich dazu Berechtigten auch mit der Rechtsfigur der tatsächlichen Vermutung bei zeitlich hinausgezögerten Kündigungen abgeschnitten bzw. wesentlich erschwert. Regelmäßig ist hierbei auf die dem Anleger zumutbare Beschleunigung abzustellen[241]. Nach Ansicht der Rechtsprechung spricht der Zeitablauf dafür, daß der Kündigungsgrund nicht so schwer wiegt, daß für den Kündigungsberechtigten die Fortsetzung unzumutbar wäre, oder daß der Kündigungsgrund in der Zwischenzeit – infolge der zwischenzeitlichen Entwicklung der persönlichen und gesellschaftlichen Verhältnisse – das Gewicht

---

238 MÜNCHKOMM/ULMER, § 723 Rn. 47. Sowie: STAUDINGER/HABERMEIER, § 723 Rn. 38.

239 BGH vom 11.07.1966 – II ZR 215/64 – NJW 1966, 2160 (2160 f.). Sowie: BGH vom 14.06.1999 – II ZR 193/98 – NJW 1999, 2820 (2821).

240 BGH vom 11.07.1966 – II ZR 215/64 – NJW 1966, 2160 (2161). Sowie: MÜNCHKOMM/ULMER, § 723 Rn. 47. Sowie: STAUDINGER/HABERMEIER, § 723 Rn. 38.

241 MÜNCHENER HANDBUCH/BÄLZ, § 101 Rn. 109.

wieder verloren hat[242]. In einem solchen Fall trägt dann der Kündigende die Beweislast dafür, diese Vermutung zu widerlegen. Zwar ist dem Kündigenden grundsätzlich eine angemessene Bedenkzeit von einigen Monaten zuzubilligen; ein unverzügliches Gebrauchmachen von der Kündigungsmöglichkeit ist also nicht erforderlich. Jedoch sind hierfür 15 Monate beispielsweise zu lang. Der Erfahrungssatz des BGH greift also dann, wenn die Frist von einigen Monaten deutlich überschritten ist und sich für den Kündigenden die Fortsetzung der Gesellschaft trotz Bestehen des Kündigungsgrundes als möglich erwiesen hat[243]. Hierfür spricht auch der Gesetzestext des § 314 Abs. 3 BGB n.F., wonach der zur Kündigung Berechtigte nur innerhalb einer angemessene Frist kündigen kann, nachdem er vom Kündigungsgrund Kenntnis erlangt hat[244].

Im Urteil II ZR 387/02 vom 21. Juli 2003 blieben die Ausschüttungen der Fondsgesellschaft an die Anleger ab dem Sommer des Jahres 2000 aus. Der Anleger erklärte die Anfechtung des Beitritts zur Fondsgesellschaft jedoch erst am 10.04.2001[245], also ein halbes bis dreiviertel Jahr später. In der Entscheidung II ZR 392/01 vom 14. Juni 2004 wurde die Anfechtung des Darlehensvertrags wegen arglistiger Täuschung bereits am 30. Oktober 1996 gegenüber der Bank erklärt. Die Fondsmitgliedschaft wurde hingegen erst am 1. Juli 2000, also fast vier Jahre später gekündigt[246]. Im Urteil II ZR 395/01 vom 14. Juni 2004 erfolgte die Anfechtung am 12.11.1996. Die Kündigung der Fondsmitgliedschaft erfolgte hingegen erst am 02.07.2000, also ebenfalls über drei Jahre später[247]. In den anderen Urteilen vom 14. Juni 2004 waren die jeweiligen Kündigungsdaten nicht ersichtlich.

Man kann damit zumindest bei einem Teil der Entscheidungen vom 14. Juni 2004 und in der Regel auch in sonstigen vergleichbaren Fällen mit guten Argumenten begründen, daß ein Recht, die Mitgliedschaft in einem Immobilienfonds außerordentlich nach § 723 BGB zu kündigen, durch eine lang dauernde weitere

---

242 Das OLG München hat im Falle eines GbR-Fonds entschieden, daß ein Gesellschafter von seinem außerordentlichen Kündigungsrecht zwar nicht unverzüglich Gebrauch machen muß, da dieser Bedenkzeit haben muß, um sich darüber klar zu werden, ob und wann er die Folgen der Kündigung eintreten lassen will. Eine lang andauernde Aufrechterhaltung der Gesellschafterstellung trotz Kenntnis des Gesellschafters vom außerordentlichen Kündigungsgrund spreche dafür, daß der Kündigungsgrund im Laufe der Zeit an Gewicht verloren hat und damit eine Fortsetzung der Gesellschaft nicht mehr unzumutbar sei; vgl.: OLG München vom 26.10.2000 – 24 U 368/99 (n.r.) – ZIP 2000, 2295 (2301).

243 MÜNCHKOMM/ULMER, § 723 Rn. 48. Sowie: STAUDINGER/HABERMEIER, § 723 Rn. 39.

244 MÜNCHKOMM/ULMER, § 723 Rn. 48.

245 BGH vom 21.07.2003 – II ZR 387/02 – BB 2003, 2089 (2089).

246 BGH vom 14.06.2004 – II ZR 392/01 – WM 2004, 1518 (1519).

247 BGH vom 14.06.2004 – II ZR 395/01 – BB 2004, 1644 (1644).

Aufrechterhaltung der Mitgliedschaft verwirkt ist. Die Nichtausübung des Kündigungsrechts trotz Kenntnis beispielsweise der zu einem Schadensersatzanspruch führenden Prospektmängel spricht dann wohl eher dafür, daß der Kündigungsgrund im Laufe der Zeit für den Gesellschafter an Gewicht verloren hat und daher für ihn die Fortsetzung der Gesellschaft infolge der späteren Entwicklung der persönlichen und gesellschaftlichen Verhältnisse nicht mehr unzumutbar ist[248]. Es kann damit nicht pauschal ein außerordentliches Kündigungsrecht bejaht werden, das völlig unabhängig vom Zeitablauf besteht. Vielmehr muß auch hier eine Beurteilung des Einzelfalls erfolgen, ob die Intensität des Grundes zum einen für eine außerordentliche Kündigung ausreicht und zum anderen, ob dieser Grund nicht schon durch Zeitablauf während der oft Jahrzehnte dauernden Mitgliedschaft in einer Fondsgesellschaft verwirkt ist.

Der Vollständigkeit halber sei darauf hingewiesen, daß auch noch Kündigungsschranken aufgrund der gesellschaftsrechtlichen Treuepflicht, die Interessen der Mitgesellschafter mit zu bedenken und sich über deren Belange nicht rücksichtslos oder willkürlich hinwegzusetzen, bestehen. Diese Missbrauchseinwände liegen in der Regel vor, wenn der Kündigende in Schädigungsabsicht oder in rücksichtsloser Verfolgung eigener Interessen handelt oder sich die Kündigung aufgrund ihrer Begleitumstände dem Mißbrauchsvorwurf aussetzt[249]. Hierfür gab es jedoch in den Entscheidungen vom 14. Juni 2004 keine Hinweise. Eine Erörterung dieser Kündigungsschranken soll deshalb unterbleiben.

(3) Vorliegen eines Verbundgeschäfts

Die wichtigste Voraussetzung für einen Einwendungsdurchgriff ist das Vorliegen eines verbundenen Geschäfts. Deshalb war in den vom Bundesgerichtshof am 14. Juni 2004 entschiedenen Fällen entscheidungserheblich, ob der Darlehensvertrag mit dem Fondsbeitritt ein verbundenes Geschäft i.S.d. § 9 VerbrKrG bildet. Dieses Merkmal hat in den sechs BGH-Entscheidungen an verschiedenen Stellen immer wieder die entscheidende Rolle gespielt. So wurde – was an den jeweiligen Stellen zu zeigen ist – bei vielen Problemkreisen im Rahmen der Rückabwicklung das Merkmal der Verbundenheit des Geschäfts dazu genutzt, die wirtschaftlichen Folgen einer Rückabwicklung für die Anleger abzufedern. Auch außerhalb des unmittelbaren Anwendungsbereichs des § 9 VerbrKrG stellte der II. Zivilsenat auf die gegenseitige Abhängigkeit von Beitrittsfinanzierungsvertrag und Anteilserwerb am Immobilienfonds ab und gelangte so – auf verschiedenen Wegen – zu einem für den Anleger günstigen Ergebnis.

---

248 In diese Richtung auch schon: BGH vom 11.07.1966 – II ZR 215/64 – NJW 1966, 2160 (2161).

249 MÜNCHKOMM/ULMER, § 723 Rn. 50 ff.

(a) Verbundgeschäft beim Immobilienerwerb

Der XI. Zivilsenat des Bundesgerichtshofs, der so genannte "*Bankrechtssenat*", verfolgte bei der Frage, ob zwischen dem Beitritt zu einem geschlossenen Immobilienfonds oder dem Erwerb einer Eigentumswohnung und dem zu dessen Finanzierung geschlossenen Darlehensvertrag ein verbundenes Geschäft vorliegt, bisher eine eher restriktive Linie[250]. So sind nach langjähriger BGH-Rechtsprechung ein Realkreditvertrag und der damit finanzierte Immobilienkaufvertrag nicht als zu einer wirtschaftlichen Einheit verbundene Geschäfte anzusehen. Hiernach ließ der Widerruf des Darlehensvertrags, mit dem der Kauf einer Immobilie finanziert wurde, die Wirksamkeit des Kaufvertrags selbst unberührt. Dieser Rechtsprechung wurde vor allem vom II. Zivilsenat und Vertretern im Schrifttum vorgehalten, daß dadurch der „*mit dem VerbrKrG und den entsprechenden Vorschriften des BGB bezweckte Verbraucherschutz*" zum Vorteil der Banken praktisch leer liefe[251].

Für eine Verbundenheit i.S.d. bisherigen Rechtsprechung des XI. Zivilsenats mußten nämlich der Kreditvertrag und der Kaufvertrag sehr eng miteinander verbunden sein. Diese enge Verbundenheit mußte dann dazu führen, daß zwischen diesen beiden Teilen eine rechtliche oder wenigstens eine wirtschaftlich-tatsächliche Einheit besteht und sich diese beiden Verträge innerhalb dieser Einheit ergänzen[252]. Eine solche Verbundenheit wurde jedoch zu diesem Zeitpunkt zwischen Finanzierungsvertrag und Immobilienkaufvertrag noch verneint. Der XI. Zivilsenat kam mit folgenden Argumenten zu diesem Ergebnis:

(i) Kenntnis von der Personenverschiedenheit von Kreditgeber und Verkäufer

Die für das verbundene Geschäft notwendige wirtschaftliche Einheit der Geschäfte liege zunächst deswegen nicht vor, da Kreditgeber und Immobilienverkäufer in der Regel personenverschieden sind. Denn bei dem Kauf einer Immobilie wisse auch ein geschäftsunerfahrener und rechtsunkundiger Laie, daß es sich beim Veräußerer der Immobilie und beim Kreditgeber in der Regel um zwei verschiedene Personen handle, d.h., daß der Kaufvertrag über eine Immobilie und der hierfür abgeschlossene Kreditvertrag nicht voneinander abhängig seien, sondern zwei rechtlich selbständige Verträge darstellten[253].

---

250 EMMERICH, JuS 2004, 917 (919).
251 EMMERICH, JuS 2004, 917 (919) m.w.N.
252 BGH vom 23.09.2003 – XI ZR 135/02 – WM 2003, 2232 (2234).
253 LWOWSKI/WUNDERLICH, Rechtsfragen Teil I, ZInsO 2005, 5 (11).

(ii) Gesetzesfassung der Ausnahmevorschrift

Des Weiteren habe der Gesetzgeber der Ansicht, daß es sich beim Immobilienkaufvertrag und dem dafür abgeschlossenen Darlehensvertrag nicht um ein verbundenes Geschäft handelt, dadurch Rechnung getragen, daß er mit der Gesetzesfassung der Ausnahmevorschrift bei grundpfandrechtlicher Absicherung in § 3 Abs. 2 Nr. 2 VerbrKrG bestimmt habe, daß § 9 VerbrKrG auf Realkreditverträge nicht anwendbar ist. Damit unterfielen Realkredite ausnahmslos nie den Regeln über verbundene Geschäfte i.S.d. § 9 VerbrKrG, dessen Wortlaut insoweit eindeutig sei[254].

(iii) Neue Gesetzesfassung zum Verbundgeschäft

Darüber hinaus werde dieses Ergebnis bestätigt durch die – im Wege des OLGVertrÄndG[255] – neu gefaßte Vorschrift des § 358 Abs. 3 S. 3 BGB[256]. Seit Inkrafttreten des Schuldrechtsmodernisierungsgesetzes übernimmt § 358 Abs. 1 BGB n.F. die Funktion des § 9 VerbrKrG. Der Gesetzgeber habe durch Einfügung der Vorschrift des § 358 Abs. 3 S. 3 in das Bürgerliche Gesetzbuch auch für zukünftige Fallgestaltungen klargestellt, daß eine wirtschaftliche Einheit zwischen Darlehensverträgen und den durch diese finanzierten Grundstückserwerbsverträgen nur unter bestimmten Umständen und auch nur ausnahmsweise anzunehmen sei[257]. Für die Annahme eines verbundenen Geschäfts beim finanzierten Immobilienerwerb bedarf es nach Ansicht des XI. Senats also der Überwindung einer gewissen Hürde[258].

---

254 BGH vom 15.07.2003 – XI ZR 162/00 – ZIP 2003, 1741 (1743).

255 Gesetz zur Änderung des Rechts der Vertretung durch Rechtsanwälte vor den Oberlandesgerichten vom 23.07.2002, BGBl I 2850. SCHMIDT-KESSEL bezeichnet dieses Gesetz angesichts des Umfangs und der Reichweite von dessen Art. 25 als *„Schuldrechtsmodernisierungsnachbesserungsgesetz“*; vgl.: SCHMIDT-KESSEL, Ausweitung, ZGS 2002, 311 (311).

256 § 358 Abs. 3 S. 3 BGB ist im Anschluß an die Heininger-Entscheidung des EuGH vom 13.12.2001 – C-481/99 [Heininger] – BB 2002, 9 (9 ff.) in das Regelungswerk des § 358 BGB mitaufgenommen worden, um eine Übereinstimmung mit der Haustürgeschäfterichtlinie (Richtlinie 85/577/EWG des Rates vom 20.12.1985 betreffend den Verbraucherschutz im Falle von außerhalb von Geschäftsräumen geschlossenen Verträgen, ABl. EG 1985 Nr. L 372 vom 31.12.1985, 31 [31 ff.], herzustellen; vgl.: PALANDT/HEINRICHS, 64. Aufl., § 358 Rn. 13 und Vorb. v. §§ 491 – 498 Rn. 4. Sowie: BGH vom 12.11.2002 – XI ZR 47/01 – NJW 2003, (423). Zum Gesetzgebungsverfahren: KOCH, NZM 2002, 801 (804).

257 BGH vom 12.11.2002 – XI ZR 3/01 – ZIP 2003, 22 (26). Sowie: FRISCH, Zur aktuellen Rechtsprechung, ZGS 2003, 333 (335).

258 PFEIFFER, EWiR 2005, 159 (160). Das Vorliegen eines verbundenen Geschäfts zwischen Realkreditvertrag und einem finanzierten Grundstücksgeschäft hat der XI. Senat jedoch in den Entscheidungen XI ZR 91/99 und XI ZR 47/01 verneint. Diese Entscheidungen

Der neue § 358 Abs. 3 S. 3 BGB orientiert sich zwar an den bisherigen durch die Rechtsprechung in Bezug auf verbundene Geschäfte festgelegten Kriterien. Jedoch ist die Vorschrift bankenfreundlicher gefaßt als der vorhergehende § 9 VerbrKrG[259]. Folgende gesetzlich normierten Voraussetzungen führen nun zu einer Privilegierung der Banken: Eine wirtschaftliche Einheit zwischen einem finanzierten Erwerb eines Grundstücks oder eines grundstücksgleichen Rechts ist gemäß § 358 Abs. 3 S. 3 BGB nur dann anzunehmen, wenn eine Bank deutlich aus ihrer Rolle als Finanzierungsgeberin heraustritt. Dies geschieht, wenn der Kreditgeber

> *„über die Zurverfügungstellung von Darlehen hinaus den Erwerb des Grundstücks oder grundstücksgleichen Rechts durch Zusammenwirken mit dem Unternehmer fördert, indem er sich dessen Veräußerungsinteressen ganz oder teilweise zu Eigen macht, bei der Planung, Werbung oder Durchführung des Projekts Funktionen des Veräußerers übernimmt oder den Veräußerer einseitig begünstigt“*
>
> (Gesetzeswortlaut des § 358 Abs. 3 S. 3 BGB n.F.).

Es ist also erforderlich, daß die Bank für den Verkäufer wirbt oder diesen aktiv unterstützt[260]. Die Formulierung und die gesetzessystematische Stellung dieser Vorschrift belegen jedoch, daß es sich hierbei um eine eng begrenzte Ausnahmeregelung handelt, die keine verallgemeinerungsfähige Aussage über die Anwendbarkeit von verbundenen Geschäften beim finanzierten Immobilienerwerb enthält[261].

---

lieferten einen ersten Hinweis, wie der BGH § 358 Abs. 3 S. 3 BGB künftig auszulegen gedenkt; vgl.: SAUER, BB 2003, 213 (213).

259 WESTPHALEN bezeichnet § 358 Satz 3 BGB als *„brutale“* Vorschrift und als einen *„Schlag ins Gesicht des Verbraucherschutzes“*, ferner als *„eine Bestimmung, die den Verbraucherschutz mit Füßen tritt“*; vgl.: WESTPHALEN, Im Klammergriff, ZGS 2003, 121 (121).

260 FRISCH, Zur aktuellen Rechtsprechung, ZGS 2003, 333 (335).

261 SCHMIDT-KESSEL beschreibt zwei typische Anwendungsfälle des neuen, enger gezogenen § 358 Abs. 3 S. 3 BGB n.F. Dessen Fälle 1 und 2 seien beispielsweise einschlägig, wenn der Finanzierer den Immobilienvertrieb (mit-)übernimmt oder allgemein als *„Projektbank“* auftritt. Auch die den Bauträger finanzierende Bank falle unter Fall 1; vgl.: SCHMIDT-KESSEL, Ausweitung, ZGS 2002, 311 (315 f.). Kritiker werfen der neu gefaßten Vorschrift des § 358 Abs. 3 S. 3 BGB n.F. vor, daß sich der Gesetzgeber bei der Konkretisierung des Verbundgeschäfts alleine an der Rechtsprechung des BGH zu § 242 BGB hätte orientieren sollen, anstatt Formulierungen zu normieren, die wenig maßstabbildend seien. Hierdurch sei die von der Rechtsprechung klar abgegrenzte Definition des Verbundgeschäfts wieder nicht gesetzlich verankert worden; vgl.: KOCH, NZM 2002, 801 (807).

An dieser Linie und an dieser am Gesetzeswortlaut orientierten Argumentation hielt der XI. Senat auch fest, nachdem die Entscheidungen des II. Senats vom 14. Juni 2004 ergangen sind. Hierfür sei beispielhaft die Entscheidung XI ZR 255/03 vom 26.10.2004 genannt, auf die im Folgenden noch eingegangen wird[262].

(b) Verbundgeschäft beim Fondsbeitritt

Aufgrund der Divergenz zur eben dargestellten bisherigen Rechtsprechung des XI. Zivilsenats des Bundesgerichtshofs beim Immobilienerwerb stellen die Entscheidungen des II. Zivilsenats eine besondere Stärkung der Verbraucherrechte dar[263]. Eine der Kernaussagen der BGH-Urteile vom 14. Juni 2004 ist die, daß der Gesellschaftsbeitritt der Anleger und der damit im Zusammenhang stehende Darlehensvertrag ein verbundenes Geschäft i.S.d. (bis zum 31. Dezember 2001 geltenden) § 9 Abs. 1 VerbrKrG (entspricht dem durch das Schuldrechtsmodernisierungsgesetz vom 26. November 2001 eingefügten, ab dem 1. Januar 2002 geltenden § 358 Abs. 3 BGB bzw. § 491 BGB i.V.m. § 358 BGB n.F.) bilden. Damit führt der II. Senat seine im Urteil II ZR 387/02 vom 21. Juli 2003[264] angewandte Argumentation konsequent fort. In dieser Entscheidung wurde der kreditfinanzierte Fondsbeitritt erstmals als verbundenes Geschäft gesehen. Daher soll im Folgenden auf die Voraussetzungen eines verbundenen Geschäfts – insbesondere im Hinblick auf die Situation anläßlich eines Beitritts zu einem geschlossenen Immobilienfonds – näher eingegangen werden.

(i) Verknüpfung beider Verträge: Kreditzweck

Für das Vorliegen eines verbundenen Geschäfts ist grundsätzlich zunächst Voraussetzung, daß sowohl der Kreditvertrag als auch der Beitritt zum Immobilienfonds trotz rechtlicher Trennung miteinander verknüpft sind.

Der Kredit muß also zu dem Zweck gewährt werden, daß das vom Verbraucher für die Ware oder sonstige Leistung geschuldete Entgelt beglichen wird, wobei es genügt, daß sich diese Verknüpfung aus den Umständen ergibt[265].

---

[262] BGH vom 26.10.2004 – XI ZR 255/03 – ZIP 2005, 69 (73) m.w.N.

[263] LANGE, EWiR 2004, 1057 (1058).

[264] BGH vom 21.07.2003 – II ZR 387/02 – BB 2003, 2089 (2089 ff.).

[265] PALANDT/PUTZO, 57. Aufl., § 9 VerbrKrG Rn. 5. Sowie: PALANDT/HEINRICHS, 64. Aufl., § 358 Rn. 11 für die seit dem 01.01.2002 geltende Fassung.

(ii) Wirtschaftliche Einheit der Verträge

Darüber hinaus muß jedoch auch eine wirtschaftliche Einheit der beiden Geschäfte vorliegen. Die Vorschrift des § 9 Abs. 1 VerbrKrG (entspricht dem teilweise geänderten § 358 Abs. 3 S. 2 BGB) setzt für ein verbundenes Geschäft voraus, daß eine wirtschaftliche Einheit zwischen den Darlehensverträgen und dem Beitritt zur Gesellschaft vorliegt. Diese besteht aus einem objektiven und einem subjektiven Element.

Das objektive Element der wirtschaftlichen Einheit liegt immer dann vor, wenn die beiden „*Geschäfte über ein Zweck-Mittel-Verhältnis hinaus innerlich derart verbunden sind, daß keines ohne das andere geschlossen worden wäre*“[266], so daß „*jeder der Verträge seinen Sinn erst durch den anderen erhält*“ und dadurch ein innerer Zusammenhang entsteht[267]. Für die innere Verbundenheit zwischen dem Erwerbsgeschäft und der Darlehensgewährung ist es jedoch nicht ausreichend, daß die Bank dem Käufer einen zweckgebundenen Kredit gewährt. Eine hinreichende wirtschaftliche Verflechtung zwischen diesen beiden Rechtsgeschäften liegt jedoch dann vor, wenn der Darlehensgeber im Zusammenwirken mit dem Verkäufer dessen Aufgaben in einer Art und Weise und in einem Umfang wahrnimmt, daß es gegen Treu und Glauben verstieße, wenn man sich hier auf die rechtliche Selbständigkeit des Darlehensvertrags berufen würde[268]. Entsprechendes gilt nicht nur bei kreditfinanzierten Immobilienkäufen, sondern – gleichartige Interessenlage vorausgesetzt – auch bei kreditfinanzierten Kapitalanlagen[269], wie beispielsweise einem geschlossenen Immobilienfonds.

In der Literatur wird der wirtschaftliche und funktionale Zusammenhang eines Kreditvertrags mit einem rechtlich grundsätzlich selbständigen Kaufvertrag überwiegend mit der sog. „*Lehre von der Geschäftsgrundlage*“ begründet, die dazu führt, daß der „*Kaufvertrag als Geschäftsgrundlage des Kreditvertrags anzusehen ist*“. Auf diese Weise würde eine flexible Risikoverteilung und die Differenzierung zwischen einem gänzlichen Wegfall und einer bloßen Änderung der Geschäftsgrundlage ermöglicht[270].

Zu diesem objektiven Element muß zusätzlich ein subjektives Element hinzukommen. Grundsätzlich ist hierbei aus Sicht und Stellung des Verbrauchers zu beurteilen, ob ihm der Unternehmer und der Kreditgeber gemeinsam wie eine

---

266 BGH vom 19.05.2000 – V ZR 322/98 – NJW 2000, 3065 (3066). Sowie: EDELMANN, Kommentar XI ZR 137/98, BB 2004, 1455 (1456).

267 MÜNCHKOMM/HABERSACK, § 9 VerbrKrG Rn. 25.

268 BGH vom 19.05.2000 – V ZR 322/98 – NJW 2000, 3065 (3066).

269 BGH vom 05.05.1992 – XI ZR 242/91 – NJW 1992, 2560 (2562).

270 MÜNCHKOMM/HABERSACK, § 9 VerbrKrG Rn. 77.

Vertragspartei gegenüberstehen. Eine derartige Einheit liegt zumindest schon einmal nahe, wenn der Verbraucher über die Darlehensvaluta nicht mehr frei verfügen kann[271]. Es muß beim Darlehensnehmer also der Eindruck erweckt werden, der Verkäufer und der Darlehensgeber stünden ihm gemeinsam als Vertragspartner gegenüber. Und dies muß auch für den Darlehensgeber erkennbar sein. Nur dann entsteht beim Darlehensnehmer der erforderliche Vertrauenstatbestand[272].

In diesem Zusammenhang ist auch darauf hinzuweisen, daß trotz ausreichender objektiver Verbindungselemente die wirtschaftliche Einheit zwischen Kauf- und Darlehensvertrag dann zu verneinen ist, wenn die kreditgebende Bank das subjektive Element ausräumt, indem sie dem Darlehensnehmer klarmacht, daß der Kredit unabhängig vom Kaufvertrag von ihr gewährt wird und daher zurückzuzahlen ist, und zwar ohne Rücksicht auf das Bestehen möglicher Einwendungen aus dem Kaufvertrag. Dies hat der BGH in seiner Entscheidung XI ZR 242/91 vom 5. Mai 2001 klargestellt. In diesem Fall fehlte es dann nicht nur an der wirtschaftlichen Einheit der Verträge, sondern auch an der Schutzbedürftigkeit des Darlehensnehmers[273].

(iii) Unwiderlegliche Vermutung bei arbeitsteiligem Zusammenwirken

In den vom BGH am 14. Juni 2004 entschiedenen Fällen griff nach Ansicht des II. Zivilsenats die unwiderlegliche Vermutung des § 9 Abs. 1 S. 2 VerbrKrG (entspricht dem teilweise geänderten § 358 Abs. 3 S. 2 BGB) ein. Danach wird eine wirtschaftliche Einheit unwiderlegbar vermutet, wenn der Kreditgeber und der Unternehmer bei Vorbereitung oder Abschluß des Kreditvertrags faktisch arbeitsteilig zusammenwirken. Ausreichend dafür sei nach Ansicht des II. Senats bereits, wenn der Verkäufer dem Verbraucher den Darlehensvertrag in der Weise andient, daß sich der Verbraucher an den Darlehensgeber zum Abschluß des Darlehensvertrags wendet[274]. Das heißt, daß es danach ausreichend sei, wenn ein Verkäufer die Darlehensvertragsformulare bereits vorrätig hat und als Quasi-Vertreter des Darlehensgebers agiert. Auch nach Ansicht der Literatur

---

271 PALANDT/HEINRICHS, 64. Aufl., § 358 Rn. 12.

272 EDELMANN, Kommentar XI ZR 137/98, BB 2004, 1455 (1456).

273 Dort hatte die Bank dem Darlehensnehmer durch mündliche, individuelle Hinweise vor Abschluß des Darlehensvertrags klargemacht, daß der Kredit völlig unabhängig von dem Vertrag mit der Anlagen-GbR gewährt würde und deshalb völlig unabhängig vom Erfolg der GbR zurückzuzahlen sei. Jedoch sind um so strengere Anforderungen an diese zu erteilenden Hinweise zu stellen, je mehr die objektiven Verbindungselemente in besonderem Maße für eine wirtschaftliche Einheit der Verträge sprechen; vgl.: BGH vom 05.05.1992 – XI ZR 242/91 – NJW 1992, 2560 (2560 ff.).

274 PALANDT/PUTZO, 57. Aufl., § 9 VerbrKrG Rn. 6. Sowie: PALANDT/HEINRICHS, 64. Aufl., § 358 Rn. 12 für die seit dem 01.01.2002 geltende Fassung.

führt es zur Anwendung des § 9 Abs. 1 S. 2 VerbrKrG (entspricht dem teilweise geänderten § 358 Abs. 3 S. 2 BGB), wenn der Verbraucher nur mit einer Person sowohl über den Kauf- als auch über den Kreditvertrag verhandelt und der Kreditgeber dabei auf jeglichen Kontakt mit dem Verbraucher verzichtet[275].

In den vom BGH am 14. Juni 2004 entschiedenen Fällen haben sich die kreditgewährenden Banken bei der Vorbereitung und beim Abschluß der Kreditverträge der Mithilfe der Initiatoren des Immobilienfonds bedient. In diesen Fällen nutzten sowohl die Kreditinstitute als auch die Fondsgesellschaften dieselbe Vertriebsorganisation[276]. Im Verhältnis zu der den Gesellschaftsbeitritt finanzierenden Bank traten die Gründungsgesellschafter des Immobilienfonds und die Initiatoren, sowie die maßgeblichen Betreiber, Manager, Prospektherausgeber und die sonst für den Anlageprospekt Verantwortlichen als Geschäftspartner auf. Die kreditgewährenden Banken verhandelten nur mit diesen Personen bzw. mit den von diesen beauftragten Vertriebsunternehmen[277]. Zur Gesellschaft oder den übrigen Anlegern bestanden keine Geschäftsbeziehungen. Die Tatsache, daß die Kreditinstitute alleine den Prospektverantwortlichen und Gründungsgesellschaftern oder deren Vertriebsunternehmen die Vertragsformulare zum Abschluß der Darlehensverträge überließen, ließe die Prospektverantwortlichen und Gründungsgesellschafter auch im Rahmen des § 9 Abs. 3 VerbrKrG als Geschäftspartner erscheinen[278].

Bereits in der Entscheidung II ZR 387/02 vom 21. Juli 2003 sah der II. Zivilsenat diese unwiderlegliche Vermutung als erfüllt an,

> *„wenn der Kreditvertrag nicht auf Grund eigener Initiative des Kreditnehmers zustande kommt, der von sich aus eine Bank um die Finanzierung seines Gesellschaftsbeitritts ersucht, sondern deshalb, weil der Vertriebsbeauftragte des Fondsbetreibers dem Interessenten zugleich mit den Beitrittsunterlagen einen Kreditantrag des Finanzierungsinstituts vorgelegt hat, das sich zuvor dem Fondsbetreiber gegenüber zur Finanzierung bereit erklärt hatte“*[279].

Nach alledem wurde die wirtschaftliche Einheit zwischen den Darlehensverträgen und dem Gesellschaftsbeitritt vom BGH in den Entscheidungen vom 14.

---

275 MÜNCHKOMM/HABERSACK, § 9 VerbrKrG Rn. 31.

276 BGH vom 14.06.2004 – II ZR 374/02 – ZIP 2004, 1407 (1407 f.). Sowie: BGH vom 14.06.2004 – II ZR 395/01 – BB 2004, 1644 (1647).

277 BGH vom 14.06.2004 – II ZR 393/02 – BB 2004, 1587 (1592).

278 BGH vom 14.06.2004 – II ZR 392/01 – WM 2004, 1518 (1520). Sowie: BGH vom 14.06.2004 – II ZR 395/01 – BB 2004, 1644 (1647).

279 BGH vom 21.07.2003 – II ZR 387/02 – BB 2003, 2089 (2090).

Juni 2004 bejaht. Die Prospektverantwortlichen und Gründungsgesellschafter konnten damit wie Verkäufer behandelt werden[280]. Die daraus resultierende Möglichkeit, seine Ansprüche gegen die Bank geltend zu machen, dürfe dem Anleger nach Ansicht des II. Zivilsenats auch nicht dadurch abgeschnitten werden, daß der Treuhandvertrag wegen Verstoßes gegen das Rechtsberatungsgesetz unwirksam oder nach § 6 Abs. 1 VerbrKrG nichtig ist. Ansonsten würden diese Normen, die eigentlich den Verbraucherschutz bezwecken, eine für den Verbraucher ungünstigere Rechtslage herbeiführen[281]. Auch der XI. Zivilsenat geht in seinen Entscheidungen vom 25. April 2006 aufgrund der unwiderleglichen Vermutung des § 9 Abs. 1 S. 2 VerbrKrG vom Vorliegen eines Verbundgeschäfts aus[282], so daß auch insoweit eine Einigung zwischen dem II. und dem XI. Zivilsenat erzielt wurde.

c) Kritik am Einwendungsdurchgriff

Kritiker halten dem entgegen, daß schon das verbundene Geschäft in einer derartigen Fallgestaltung nicht vorliege. Der II. Zivilsenat konstruiere mit seiner Entscheidungsserie vom 14. Juni 2004 einen Einwendungsdurchgriff contra legem mit solchen Einwendungen, die nicht einmal aus dem verbundenen Geschäft stammen. Denn eine wirtschaftliche Einheit im oben beschriebenen Sinn könne bei Immobilienfinanzierungen trotz der Vorschrift des § 9 Abs. 1 S. 2 VerbrKrG (entspricht dem teilweise geänderten § 358 Abs. 3 S. 2 BGB) nur dann angenommen werden, wenn die finanzierende Bank über ihre Rolle als Kreditgeberin hinausgeht und in nicht unerheblichem Maße zusammen mit dem Verkäufer dessen Funktionen wahrnimmt. Erst dann verstieße die Berufung auf die rechtliche Selbständigkeit des Finanzierungsvertrages gegen Treu und Glauben. Allein die Zweckbestimmung des Darlehensvertrages reiche hierzu nicht aus[283]. Jedoch sind die Banken in den Fällen vom 14. Juni 2004 – wie noch zu zeigen sein wird – nicht über ihre Rolle als Kreditgeberin hinausgegangen.

Der XI. Zivilsenat hat diesbezüglich in den Entscheidungen XI ZR 255/03 vom 26. Oktober 2004[284] und XI ZR 315/03 vom 9. November 2004[285] Kritik am II. Senat geübt. Obwohl Kern dieser Entscheidungen nicht der Erwerb von Anteilen an geschlossenen Immobilienfonds, sondern der Erwerb von Eigentumswohnungen war, sind die wesentlichen Argumente des XI. Zivilsenats größtenteils auch auf die hier zu untersuchenden Fälle übertragbar. Insbesondere über-

---

280 BGH vom 14.06.2004 – II ZR 393/02 – BB 2004, 1587 (1592).
281 BGH vom 14.06.2004 – II ZR 393/02 – BB 2004, 1587 (1592).
282 BGH vom 25.04.2006 – XI ZR 193/04 – NJW 2006, 1788 (1789).
283 EDELMANN, Rückzahlungspflicht, BKR 2002, 801 (803).
284 BGH vom 26.10.2004 – XI ZR 255/03 – ZIP 2005, 69 (69 ff.).
285 BGH vom 09.11.2004 – XI ZR 315/03 – NJW 2005, 668 (668 ff.).

zeugen die Argumente des XI. Senats bezüglich der vom II. Senat vorgenommenen Auslegung des § 3 Abs. 2 Nr. 2 VerbrKrG. Denn § 3 Abs. 2 Nr. 2 VerbrKrG stellt insofern nur auf das Vorliegen eines Kreditvertrags ab, unabhängig davon, ob damit ein Immobilienerwerb oder der Beitritt zu einem geschlossenen Immobilienfonds finanziert wird.

(1) Einwendungsdurchgriff contra legem

Dem II. Senat wurde zunächst entgegen gehalten, daß schon kein verbundenes Geschäft zwischen Gesellschaftsbeitritt und Kreditvertrag vorliege[286]. Der Einwendungsdurchgriff bei einem finanzierten Beitritt zu einer Fondsgesellschaft sei mit dem Gesetzeswortlaut nicht in Einklang zu bringen:

(a) Nichtanwendbarkeit des § 9 Abs. 3 VerbrKrG

Zunächst stünde bereits der Wortlaut der Vorschrift des § 9 Abs. 3 VerbrKrG einer Auslegung entgegen, die es dem Darlehensnehmer erlaubt, dem Kreditgeber sogar solche Einwendungen entgegenzuhalten, die aus sonstigen Rechtsgeschäften stammen. Nach der herrschenden Meinung in Rechtsprechung und Literatur könne der Darlehensnehmer der Bank nämlich Einwendungen außerhalb des finanzierten Kaufvertrags, also aus sonstigen Geschäften, nicht entgegenhalten[287]. Besonders deutlich würde dieser Widerspruch anhand der Ansprüche der Anleger „*gegen die Gründungsgesellschafter des Fonds und die Initiatoren, die maßgeblichen Betreiber, Manager, Prospektherausgeber und sonst für den Anlageprospekt Verantwortlichen*“, insbesondere nach den deliktischen Vorschriften der §§ 823 Abs. 2 BGB i.V.m. § 263 StGB[288]. Denn der Wortlaut des § 9 VerbrKrG nehme lediglich Bezug auf das verbundene Geschäft[289]. Deliktische

---

286 So bereits: OLG Karlsruhe vom 24.04.2002 – 6 U 192/01 – OLGR Karlsruhe 2002, 295 (295 ff.).

287 OLG Schleswig vom 02.06.2005 – 5 U 162/01 (n.r.) – ZIP 2005, 1127 (1129) m.w.N. Der BGH hatte auch schon vor dem Inkrafttreten des Verbraucherkreditgesetzes einem Käufer, der mit dem Verkäufer neben dem Kaufvertrag auch einen Arbeitsvertrag geschlossen hatte einen Durchgriff von Einwendungen, die aus dem Arbeitsvertrag stammen gegenüber der Bank versagt; vgl.: WOLF/GROßERICHTER, Ergebnis als Methode, WM 2004, 1993 (1997). Für dieses Ergebnis spricht auch eine jüngst ergangene Entscheidung des EugH; aus dieser kann man Hinweise entnehmen, daß das Gemeinschaftsrecht gerade nicht in jeder Fallkonstellation sämtliche finanzielle Nachteile auf die Bank überzuwälzen sind; der Widerruf des Darlehensvertrags schlage ja gerade nicht automatisch auf den Kaufvertrag durch; vgl.: EuGH vom 25.10.2005 – C-350/03 [Schulte] – NJW 3551 (3554).

288 So z.B. in BGH vom 14.06.2004 – II ZR 392/01 – WM 2004, 1518 (1520).

289 WOLF/GROßERICHTER, Ergebnis als Methode, WM 2004, 1993 (1999).

Anspruchsgrundlagen hätten mit dem Verbundgeschäft jedoch von vornherein nichts zu tun.

Auch der Normzweck der Vorschrift führe zu keinem anderen Ergebnis. Die Vermeidung einer Schlechterstellung desjenigen Käufers, der zwei rechtlich selbständige Verträge abschließt gegenüber dem Käufer, der einen Abzahlungskaufvertrag mit nur einem Vertragspartner abschließt, rechtfertige nicht einen Durchgriff des Käufers auf die Bank mit Einwendungen, die ihren Ursprung außerhalb des verbundenen Geschäfts haben[290]. Ein solches Vorgehen wäre mit der Vermeidung des Aufspaltungsrisikos nicht mehr erklärbar. Der Normzweck des § 9 VerbrKrG, also die Vermeidung des Aufspaltungsrisikos, rechtfertige es nicht, die Bank für solche Rechtsverhältnisse einstehen zu lassen, die weder ein einheitliches Geschäft gebildet haben und erst recht nicht solche, die ein Verbundgeschäft gar nicht bilden können, wie es bei deliktischen Anspruchsgrundlagen der Fall sei[291].

(b) Gesellschaftsbeitritt kein Leistungsgeschäft

Des Weiteren wurden im Schrifttum wie auch in der Rechtsprechung erhebliche Einwände erhoben gegen die Anwendbarkeit der Vorschriften über verbundene Geschäfte, insbesondere des § 9 VerbrKrG, auf den Beitritt zu einem geschlossenen Immobilienfonds. Der Fondsbeitritt stelle kein Leistungsgeschäft bzw. ein auf eine entgeltliche Leistung gerichtetes Geschäft dar.

Zunächst sei der Wortlaut der gesetzlichen Bestimmungen des § 9 Abs. 4 VerbrKrG bzw. des § 358 Abs. 3 S. 1 Alt. 2 BGB n.F. zu beachten. Ein Darlehen für den Beitritt zu einem geschlossenen Immobilienfonds dient nach einer Meinung in der Literatur schon weder der Finanzierung eines Kaufpreises gemäß § 9 Abs. 1 S. 1 VerbrKrG noch der Lieferung einer Ware gemäß § 358 Abs. 3 S. 1 Alt. 1 BGB. Damit stelle sich der Fondserwerb nicht als ein Kaufgeschäft dar, es würde dadurch auch keine Sache geliefert. Von solchen Verträgen mit Austauschcharakter unterscheide sich ein finanzierter Beitritt zu einer Personengesellschaft grundlegend. Es liege nach dieser Auffassung weder in dem Beitritt zur Gesellschaft noch in der Gesellschafterstellung eine Leistung i.d.S., das Merkmal des Entgelts sei hier nicht gegeben[292]. Auch die Verpflichtung zur Leistung der Einlage (§§ 705, 706 BGB) sei nicht das Entgelt für die Mitgliedschaft[293], sondern setze die Stellung als Gesellschafter voraus und diene dem im

290 OLG Schleswig vom 02.06.2005 – 5 U 162/01 (n.r.) – ZIP 2005, 1127 (1129).

291 WOLF/GROßERICHTER, Ergebnis als Methode, WM 2004, 1993 (1999)

292 WALLNER, BKR 2003, 92 (94). In diesem Sinne auch: OLG Karlsruhe vom 28.08.2002 – 6 U 14/02 – WM 2003, 1218 (1220).

293 OLG Karlsruhe vom 28.08.2002 – 6 U 14/02 – WM 2003, 1218 (1220).

Gesellschaftsvertrag genannten Zweck. Die Gesellschafterstellung würde schon durch den Abschluß des Gesellschaftsvertrags begründet. Die Gewinnbeteiligung sei ebenfalls kein Entgelt, da sie Folge, aber nicht Voraussetzung des Beitritts sei. Dies verdeutliche auch die Neufassung des § 358 Abs. 1 BGB n.F., der finanzierte Immobilien vom Anwendungsbereich ausschließe. Es läge dann schon nicht einmal diese Voraussetzung für die Anwendbarkeit eines verbundenen Geschäfts vor[294]. Damit stünden alleine die gegenseitigen Beitragsverpflichtungen im Austauschverhältnis, nicht jedoch die Einlage und das Mitgliedschaftsrecht. Ein von § 9 Abs. 4 VerbrKrG gefordertes Synallagma liege somit nicht vor bei einem finanzierten Erwerb einer Beteiligung an einer Fonds-GbR.

Man müsse auch die wirtschaftliche Zielsetzung eines Fondsbeitritts im Auge behalten: Anleger, die geschlossenen Immobilienfonds beitraten, wollten hauptsächlich langfristig ihr Vermögen vermehren. Der Erwerb eines bestimmten Leistungsobjekts stand hierbei im Hintergrund, so daß die Teilhabe an den Gesellschaftserträgen und nicht die Mitgliedschaft im Gegenseitigkeitsverhältnis zur Einlage der Anleger zu sehen sei[295].

Auch teleologische Erwägungen könnten zu keinem anderen Ergebnis führen: Da dem Anleger durchaus bewußt ist, daß er es mit zwei verschiedenen Vertragsparteien zu tun und er die Aufspaltung sogar gewollt hat – beispielsweise zur Erzielung steuerlicher Vorteile – müsse es dem Anleger im Gegenzug auch verwehrt sein, sich auf einen Einwendungsdurchgriff zu berufen. Ansonsten würde man das Anlage- und Spekulationsrisiko vom Anleger unzulässigerweise auf die Bank verlagern[296].

Außerdem wird gegen die Anwendung des § 9 VerbrKrG mit einem sog. normtext-autonomen Gerechtigkeitspotential argumentiert. Dies bedeutet nichts anderes, als daß die Gesellschafter eines geschlossenen Immobilienfonds im Zweifel alle gemeinsam dem Irrtum oder einer Täuschung über die Ertragskraft oder die Rentabilität des Fonds erlegen sind. Ließe man hier den Widerruf des einzelnen Anlegers zu, so könne sich der Einzelne auf Kosten der anderen Anleger, die mit ihm zusammen in einem Boot sitzen, sanieren. Hier bestünde dann – ähnlich wie bei einem Wettlauf der Sicherungsgeber – die Gefahr eines „*Windhunderennens*“, da ein früher Widerruf zu den besten Chancen führt, sich auf Kosten der anderen mehr oder weniger schadlos zu halten[297].

---

294 Weder der deutsche Gesetzgeber, noch der Richtliniengeber hätten jeden Verbrauchervertrag in diesen Schutzbereich mit einbeziehen wollen; vgl.: WALLNER, BKR 2003, 92 (94 f.).

295 SCHWAB, ZGR 2004, 861 (872).

296 SCHWAB, ZGR 2004, 861 (872 f.).

297 SCHWAB, ZGR 2004, 861 (873).

Allerdings lassen sich diesem Argument, die Vergemeinschaftung des Anlagerisikos schließe die Vorschriften über verbundene Geschäfte aus, wiederum gewichtige Argumente entgegenhalten, wie SCHWAB zutreffend ausführt. Dieser Einwand führt nämlich nicht alleine dazu, daß die Anwendung des Verbraucherprivatrechts auf den Gesellschaftsbeitritt verworfen wird. Es würde denknotwendig immer dann eine außerordentliche Kündigung des einzelnen Anlegers ausscheiden, wenn er damit rechnen muß, daß die anderen Gesellschafter aus denselben u.U. fehlgeleiteten Beweggründen der GbR beigetreten sind wie er selbst[298]. Die Gesellschaft als Gegnerin der Kündigung könnte sich gegen eine außerordentliche Kündigung stets mit der Argumentation zur Wehr setzen, es seien noch andere Anleger durch Täuschung zum Beitritt veranlaßt worden. Dies stellte eine unzulässige sog. exceptio ex iure tertii dar und würde der Gesellschaft die Möglichkeit bieten, aus ihrem eigenen Fehlverhalten Kapital zu schlagen[299]. Allenfalls kann dieser Umstand innerhalb der Treuepflicht unter den Anlagegesellschaftern berücksichtigt werden. Außerdem wäre der Gesellschafter ohnehin aufgrund einer Treuepflicht nicht auf ewig an die Mitgliedschaft in der Gesellschaft gebunden. Vielmehr müßten dann eben alle Gesellschafter gemeinsam die Auflösung der Gesellschaft herbeiführen und so bewirken, daß jeder Gesellschafter bei der Auseinandersetzung in gleicher Höhe bedient wird[300].

(c) Einwendungsdurchgriff als Ausnahme

In der Literatur war es bisher herrschende Meinung, den Einwendungsdurchgriff nach § 9 Abs. 3 VerbrKrG beim originären oder derivativen Erwerb von Anteilen an Personengesellschaften nur in Ausnahmefällen zuzulassen[301]. Ausgehend vom Grundgedanken des Einwendungsdurchgriffs, der gerade auf das in § 9 Abs. 3 VerbrKrG geregelte Aufspaltungsrisiko abstellt, ist dies gut nachvollziehbar. Denn beim Erwerb von Gesellschaftsanteilen an einer Personengesellschaft verwirklicht sich ja nicht das Aufspaltungsrisiko, sondern lediglich der der Gesellschafterstellung anhaftende allgemeine Wagnis- und Risikocharakter[302]. Auch bei einem wirtschaftlichen Zusammenbruch der Gesellschaft bleibt der Verbraucher grundsätzlich verpflichtet, seine Einlage der Gesellschaft gegenüber zu leisten. Die Insolvenzreife der Gesellschaft kann daran nichts än-

---

298 SCHWAB, ZGR 2004, 861 (877) m.w.N.

299 SCHWAB, ZGR 2004, 861 (877). Dem folgend auch OLG Schleswig vom 02.06.2005 – 5 U 162/01 (n.r.) – ZIP 2005, 1127 (1129).

300 SCHWAB, ZGR 2004, 861 (878). Zwar ist der II. Zivilsenat in seinen Urteilen vom 14. Juni 2004 auf diese Argumente nicht eingegangen. Jedoch müßten diese Punkte bei einer Abwägung zugunsten der den Beitritt finanzierenden Banken berücksichtigt werden.

301 MÜNCHKOMM/HABERSACK, § 9 VerbrKrG Rn. 16.

302 MÜNCHKOMM/HABERSACK, § 9 VerbrKrG Rn. 16.

dern. Dies ließe ebenfalls – wie bereits oben dargelegt – das Vorliegen einer Einwendung gegenüber der Gesellschaft entfallen[303].

Dieser Regelfall wurde vom II. Zivilsenat des BGH durchbrochen. Nach den Entscheidungen vom 14. Juni 2004 erscheint es so, als ob nun auch beim Anteilserwerb bei Personengesellschaften der Einwendungsdurchgriff der Regelfall sein soll. Des Weiteren ist die Begründung des II. Senats, die Bank hätte nur mit den Prospektverantwortlichen und den Gründungsgesellschaftern zu tun gehabt und nur diese hätten die Anbahnung der Kreditverträge bewirkt[304], kein Ausnahmefall, sondern vielmehr lediglich die Umschreibung des gesetzlichen Tatbestands des § 9 Abs. 1 VerbrKrG[305].

(d) Fehlende Schutzbedürftigkeit des Anlegers

Außerdem sei zu berücksichtigen, daß sich das eben genannte Aufspaltungsrisiko hier nicht verwirklicht. Die Schutzbedürftigkeit der Anleger, mit der der II. Zivilsenat argumentiert[306], liege schon gar nicht vor. Denn Geschäfte wie in den vorliegenden Fällen würden in aller Regel aus steuerlichen Gründen abgeschlossen. Die steuerliche Bevorzugung solcher Konstruktionen erfordere aber gerade eine Trennung von Fondsgesellschaft und finanzierender Bank. Dadurch sei diese Trennung nicht unnatürlich, sondern vielmehr typisch und von allen Beteiligten so gewollt. Mangels einer echten Aufspaltung bedürfe der Kapitalanleger auch nicht des Schutzes vor dem Aufspaltungsrisiko[307]. Es fehle jegliche Rechtfertigung dafür, den Anleger bei Verwirklichung des der Geldanlage immanenten Risikos so zu behandeln, als liege aus rechtlicher Sicht ein einheitliches Geschäft vor. Die bloße Verwirklichung des aus der Gesellschafterstellung resultierenden Risikos habe nichts mit der Aufspaltung eines einheitlichen Erwerbsvorgangs zu tun. Es fehle also von vornherein an der Schutzbedürftigkeit des Anlegers, also des Verbrauchers. Denn „*das Schutzbedürfnis des Verbrauchers entspringt nicht aus der Vertragsaufspaltung, sondern allein aus der gewählten Kapitalanlage*“[308].

Des Weiteren sei in den Fällen eines kreditfinanzierten Beteiligungserwerbs zu beachten, daß die Anleger von vornherein ein Finanzierungskonzept gewählt

---

303 MÜNCHKOMM/HABERSACK, § 9 VerbrKrG Rn. 16.

304 BGH vom 14.06.2004 – II ZR 407/02 – WM 2004, 1536 (1538).

305 WOLF/GROßERICHTER, Ergebnis als Methode, WM 2004, 1993 (1999).

306 So jedenfalls: BGH vom 14.06.2004 – II ZR 392/01 – WM 2004, 1518 (1519).

307 OLG Karlsruhe vom 28.08.2002 – 6 U 14/02 – WM 2003, 1218 (1221). Sowie: EDELMANN, Rückzahlungspflicht, BKR 2002, 801 (803). Sowie: HORN/BALZER, WM 2000, 333 (337). Sowie: WALLNER, BKR 2003, 92 (95).

308 OLG Karlsruhe vom 24.04.2002 – 6 U 192/01 – OLGR Karlsruhe 2002, 295 (295 ff.). Sowie: OLG Karlsruhe vom 28.08.2002 – 6 U 14/02 – WM 2003, 1218 (1221).

haben, das den Einsatz von Eigenmitteln nicht vorsah. Aufgrund dessen müßten auch die mit der Zwischenfinanzierung verbundenen Verpflichtungen im eigenen Interesse übernommen werden, was auch die damit einhergehende Risikotragungspflicht der Anleger mit einschließe. Ein Einwendungsdurchgriff, der nichts anderes als eine Risikoverschiebung zu Lasten der Bank darstellt, sei bei diesen Fällen schon aus diesem Grund nicht gerechtfertigt[309].

Mangels Verbund gemäß § 9 Abs. 1 VerbrKrG treffe der durch § 9 Abs. 3 VerbrKrG gewährte Schutzzweck nicht zu. Damit wären die Rechtsfolgen und die Rechtsstellung eines Fonds-GbR-Gesellschafters, der zugleich Kreditnehmer ist, alleine nach den Grundsätzen der fehlerhaften Gesellschaft zu beurteilen gewesen[310].

(2) Verfehlte Reduktion der Ausnahmevorschrift

(a) Gesetzeswortlaut der Ausnahmevorschrift

Außerdem dürfe die Ausnahmevorschrift des § 3 Abs. 2 Nr. 2 VerbrKrG nicht reduziert werden. § 9 VerbrKrG ist wegen dieser Norm nicht anwendbar.

Es gibt beachtliche Entscheidungen in der höchstrichterlichen Rechtsprechung, insbesondere des XI. Zivilsenats, in denen mit guten Argumenten das verbundene Geschäft in ähnlichen Fällen bis zu diesem Zeitpunkt für nicht anwendbar gehalten wurde. Insbesondere die Frage der Anwendbarkeit des § 9 VerbrKrG auf einen kreditfinanzierten Immobilienerwerb wurde vom XI. Zivilsenat des BGH und von der Literatur seit längerer Zeit[311] anders entschieden. Der XI. Senat orientierte sich für die Frage, ob § 3 Abs. 2 Nr. 2 VerbrKrG aufgrund der Tatsache eingreifen könne, daß die Grundschuld schon für die jeweiligen Zwischenfinanzierungsdarlehen bestellt wurde, streng am Gesetzeswortlaut des Verbraucherkreditgesetzes und hat § 9 VerbrKrG folglich auf derartige Sachverhalte mit guten Argumenten nicht angewendet. Danach gelte der Grundsatz, daß gemäß § 3 Abs. 2 Nr. 2 VerbrKrG die Regelungen des § 9 VerbrKrG auf Realkredite i.S.d. § 3 Abs. 2 Nr. 2 VerbrKrG keine Anwendung finden, ausnahmslos.

Das Vorliegen eines Realkredites könne auch nicht deshalb vernachlässigt werden, weil der Erwerber nur ein bestehendes Grundpfandrecht übernimmt, nicht

309 BGH vom 19.05.2000 – V ZR 322/98 – NJW 2000, 3065 (3066).
310 OLG Karlsruhe vom 24.04.2002 – 6 U 192/01 – OLGR Karlsruhe 2002, 295 (295 ff.).
311 BGH vom 09.04.2002 – XI ZR 91/99 – BB 2002, 1221 (1225). Sowie: BGH vom 21.01.2003 – XI ZR 125/02 – NJW 2003, 1390 (1391).

jedoch selbst ein solches bestellt[312]. Denn der Wortlaut des § 3 Abs. 2 Nr. 2 VerbrKrG verlange nur, daß *„der Kredit von der Sicherung durch ein Grundpfandrecht abhängig gemacht"* wird. Unerheblich sei dagegen, ob der Kreditnehmer selbst der Sicherungsgeber ist. In der Literatur ist zudem anerkannt, daß die dingliche Sicherheit auch von einem am Kreditverhältnis nicht unmittelbar beteiligten Dritten gestellt werden kann[313]. Der Wortlaut der Ausnahmevorschrift stelle damit eindeutig ausschließlich auf die schuldrechtliche Verpflichtung zur Sicherung durch ein Grundpfandrecht ab[314].

Darüber hinaus verlange der Wortlaut des § 3 Abs. 2 Nr. 2 VerbrKrG lediglich, daß die grundpfandrechtliche Absicherung im Kreditvertrag vereinbart ist, nicht jedoch, daß das Grundpfandrecht tatsächlich bestellt wird[315]. Aufgrund dessen hielt der XI. Senat die Regelung des § 9 VerbrKrG auf derartige Fallgestaltungen mit nachvollziehbarer Begründung für nicht anwendbar.

Es ist auch in der Literatur unstreitig, daß die partielle Ausnahme des § 3 Abs. 2 Nr. 2 VerbrKrG auf Zwischenfinanzierungskredite anwendbar ist. Entscheidend ist hierbei nur, daß die Gewährung eines Endkredits abhängig ist von einer grundpfandrechtlichen Sicherung[316]. Und genau das fordere auch Art. 2 Abs. 3 der Verbraucherkreditrichtlinie[317], wo auf die Sicherung von Kreditverträgen durch Grundpfandrechte abgestellt wird[318]. Der Ausnahmetatbestand des § 3

---

312 BGH vom 26.10.2004 – XI ZR 255/03 – ZIP 2005, 69 (73). Sowie: BGH vom 09.11.2004 – XI ZR 315/03 – ZIP 2005, 69 (73).

313 STAUDINGER/KESSAL-WULF, § 3 VerbrKrG Rn. 33. Dies ist in der Praxis ohnehin die Regel; vgl.: WOLF/GROßERICHTER, Ergebnis als Methode, WM 2004, 1993 (1995).

314 WOLF/GROßERICHTER, Ergebnis als Methode, WM 2004, 1993 (1994).

315 So im Ergebnis: STAUDINGER/KESSAL-WULF, § 3 VerbrKrG Rn. 33. Sowie: MÜNCHKOMM/ULMER, § 3 VerbrKrG Rn. 27, der es ausreichen läßt, daß die Gewährung eines Realkredits überhaupt von der Gewährung einer Sicherheit durch ein Grundpfandrecht abhängig gemacht wird. Es kommt danach nicht darauf an, ob Sicherungsgeber der Verbraucher selbst oder eine dritte Person ist.

316 Dies gilt seit der Novelle zum Verbraucherkreditgesetz im Rahmen des Bauhandwerkersicherungsgesetz vom 27. April 1993; vgl.: MÜNCHKOMM/ULMER, § 3 VerbrKrG Rn. 6, 27. Sowie: MÜNCHKOMM/HABERSACK, § 9 VerbrKrG Rn. 7.

317 Richtlinie 87/102/EWG des Europäischen Rates vom 22.12.1986 zu Angleichung der Rechts- und Verwaltungsvorschriften der Mitgliedstaaten über den Verbraucherkredit, ABl. EG 1987 Nr. L 42, 48 (48 ff.) in der Fassung der Änderungsrichtlinie 90/88/EWG des Rates vom 22.02.1990, ABl. EG Nr. L 61, 14 (14 ff.).

318 Richtlinie 87/102/EWG des Europäischen Rates vom 22.12.1986 zu Angleichung der Rechts- und Verwaltungsvorschriften der Mitgliedstaaten über den Verbraucherkredit, ABl. EG 1987 Nr. L 42, 48 (48 ff.) in der Fassung der Änderungsrichtlinie 90/88/EWG des Rates vom 22.02.1990, ABl. EG Nr. L 61, 14 (14 ff.): Art. 2 Abs. 3 lautet folgendermaßen: *„Die Bestimmungen des Artikels 4 und der Artikel 6 bis 12 sind nicht anwendbar auf Kreditverträge oder Kreditversprechen, die durch Grundpfandrechte gesi-*

Abs. 2 Nr. 2 VerbrKrG schließe die Anwendbarkeit des § 9 VerbrKrG aus gutem Grund aus: Der Einwendungsdurchgriff wäre für Realkredite schlicht untypisch und würde sich auf die Kalkulationsgrundlage der Banken auswirken[319]. Den Entscheidungen des II. Senats wurde daher vorgeworfen, contra legem begründet zu sein. Eine geltungserhaltende Auslegung sei hier nicht möglich.

(b) Historische Auslegung

Auch die Gesetzeshistorie könne hier nur zur Sperrwirkung durch die Vorschrift des § 3 Abs. 2 Nr. 2 VerbrKrG führen. Die durch diese Vorschrift eintretende Ausschlußwirkung würde gemäß den Gesetzesmaterialien zum Verbraucherkreditgesetz dadurch gerechtfertigt, daß viele Regelungen des Verbraucherkreditgesetzes – wie das Widerrufsrecht – die taggenaue Refinanzierung von Realkrediten, welche Grundlage einer günstigen Verzinsung ist, erheblich gefährden würde[320]. Der Gesetzgeber habe also durch den Verzicht und die Nichtanwendung bestimmter Schutzvorschriften des Verbraucherkreditgesetzes den durch die günstigeren Kreditkonditionen eintretenden Nutzen ermöglicht[321]. Dabei habe der Gesetzgeber eine bewußte Wertentscheidung getroffen. Die Vorteile für den Kreditnehmer würden die Nichtanwendung der Schutzvorschriften des Verbraucherkreditgesetzes kompensieren. Darüber hinaus habe der Gesetzgeber die Vorschriften des Verbraucherkreditgesetzes insgesamt als für Realkredite unpassend angesehen. Denn es handele sich hier nicht um typische Konsumentenkredite. Insgesamt existiere also entgegen der Ansicht des II. Zivilsenats keine immanente Teleologie des Gesetzes, die eine Einschränkung des Wortlauts des § 3 Abs. 2 Nr. 2 VerbrKrG gebieten würde[322].

(c) Wirtschaftliche Ineffizienz

Die Ansicht des II. Zivilsenats, die Anwendbarkeit des § 9 VerbrKrG gemäß § 3 Abs. 2 Nr. 2 VerbrKrG dann nicht auszuschließen, wenn die Absicherung des Darlehens durch ein Grundpfandrecht nicht erst im Zuge der Darlehensgewährung, sondern bereits zur Sicherung einer Zwischenfinanzierung bestellt wurde, ohne den Verbraucher an dieser Zwischenfinanzierung zu beteiligen[323], sei darüber hinaus sowohl wirtschaftlich ineffizient als auch rechtlich nicht begründbar. Denn damit wären bei jedem Beitritt eines Gesellschafters zu einem Immobilienfonds die Bestellung einer neuen Grundschuld und die damit einhergehenden Eintragungskosten erforderlich. Eine solche Differenzierung nach dem Zeit-

---

chert sind, soweit diese nicht schon nach Absatz 1 Buchstabe a) des vorliegenden Artikels von der Richtlinie ausgeschlossen sind".

319 MÜNCHKOMM/ULMER, § 3 VerbrKrG Rn. 30. Sowie: WOLF/GROßERICHTER, Ergebnis als Methode, WM 2004, 1993 (2002).

punkt und der Art und Weise der Eintragung der Grundschuld ließe sich dem Gesetzeswortlaut nicht entnehmen[324].

(d) Auslegung der Verbraucherkreditrichtlinie

Schließlich kritisierten der XI. Zivilsenat und die höchstrichterliche Rechtsprechung in sehr überzeugender Art und Weise die vom II. Senat vorgenommene *„Auslegung bei grundpfandrechtlich abgesicherten Krediten zur Finanzierung von Grundstücksgeschäften unter Hinweis auf die Verbraucherkreditrichtlinie*"[325]. Eine solche Auslegung der Richtlinie sei nicht möglich. Denn gemäß Art. 2 Abs. 1 lit. a der Verbraucherkreditrichtlinie finde diese Richtlinie keine Anwendung *„auf Kreditverträge oder Kreditversprechen, die hauptsächlich zum Erwerb oder zur Beibehaltung von Eigentumsrechten an einem Grundstück oder einem vorhandenen oder noch zu errichtenden Gebäude*" bestimmt sind[326]. Dieser Ausschluß betreffe aber jegliche Art von Kreditverträgen, nicht lediglich Realkreditverträge. Deshalb bezwecke die Verbraucherkreditrichtlinie auch keinen umfassenden Schutz eines Verbrauchers bei Verbraucherkreditverträgen[327]. WAGNER stellt hier überzeugend auf die Gesetzesbegründung und die Gesetzeshistorie des Verbraucherkreditgesetzes ab. Im Bericht des Rechtsausschusses des Deutschen Bundestages heißt es hierzu:

---

320 Die günstige Verzinsung eines Realkreditvertrags beruht auf den niedrigen Refinanzierungskosten des Kreditgebers: Da der Kreditgeber bei Realkreditverträgen regelmäßig kein Ausfallrisiko zu tragen hat, wenn die das Darlehen sichernde Immobilie eine entsprechende Werthaltigkeit besitzt. Ein Grundstück, welches nahezu unzerstörbar ist, unterliegt als Kreditsicherheit typischerweise keinem nennenswerten Wertverfall. Der Gläubiger ist deshalb bei der Realisierung des Darlehensrückzahlungsanspruchs in der Regel nur auf des Wert des belasteten Grundstücks, jedoch nicht auf den Wert des übrigen Vermögens des Schuldners angewiesen. Dieses reduzierte Kreditausfallrisiko geht mit dem typischerweise niedrigeren Zinssatz bei Realkrediten einher; vgl.: HABERSACK, Haustürgeschäfterichtlinie, WM 2000, 981 (982).

321 WOLF/GROßERICHTER, Ergebnis als Methode, WM 2004, 1993 (1994).

322 WOLF/GROßERICHTER, Ergebnis als Methode, WM 2004, 1993 (1995).

323 BGH vom 14.06.2004 – II ZR 407/02 – WM 2004, 1536 (1540).

324 LWOWSKI/WUNDERLICH, Rechtsfragen Teil I, ZInsO 2005, 5 (11).

325 BGH vom 26.10.2004 – XI ZR 255/03 – ZIP 2005, 69 (73). Sowie: BGH vom 09.11.2004 – XI ZR 315/03 – NJW 2005, 668 (670).

326 Richtlinie 87/102/EWG des Europäischen Rates vom 22.12.1986 zu Angleichung der Rechts- und Verwaltungsvorschriften der Mitgliedstaaten über den Verbraucherkredit, ABl. EG 1987 Nr. L 42, 48 (50).

327 BGH vom 26.10.2004 – XI ZR 255/03 – ZIP 2005, 69 (73).

„Während das Abzahlungsgesetz grundsätzlich alle Kreditnehmer schützt (ausgenommen lediglich Vollkaufleute), bezweckt das Verbraucherkreditgesetz lediglich den Schutz des privaten Endverbrauchers“[328].

Jedoch handele es sich bei Kapitalanlegern von Immobilienanlagen nicht um Endverbraucher, weder „*End-*“ noch „*Verbraucher*“, so daß weder dieser Personenkreis noch die damit zusammenhängenden Immobilienkapitalanlagegeschäfte oder -finanzierungen vom Anwendungsbereich des Verbraucherkreditgesetzes mit umfaßt seien[329].

Im Gegensatz zu Art. 2 Abs. 3 der Verbraucherkreditrichtlinie bestehe hier auch kein Auslegungsspielraum, so daß eine Beeinflussung der Auslegung des § 3 Abs. 2 Nr. 2 VerbrKrG nicht möglich sei[330]. Weitere Ausführungen zum verbundenen Geschäft nach Gemeinschaftsrecht erfolgen weiter unten im Zusammenhang mit dem Widerruf nach dem Haustürwiderrufsgesetz.

(e) Schutz- und Warnfunktion bei der Grundschuldbestellung

Von der Ausnahmevorschrift des § 3 Abs. 2 Nr. 2 VerbrKrG konnte nach Ansicht des XI. Zivilsenats auch deshalb nicht abgewichen werden, weil die vom II. Senat in seinen Entscheidungen vom 14. Juni 2004 behauptete Schutz- und Warnfunktion, die einem Anleger bei Bestellung einer Grundschuld zuteil würde, so gar nicht gegeben ist.

Der II. Senat vertritt die Ansicht, daß eine Sicherung durch eine Grundschuld mit einer Beurkundung und dadurch mit besonderen Schutzvorkehrungen verbunden sei. Vor allem die notarielle Beurkundung und die dazugehörige notarielle Belehrung gemäß § 17 BeurkG käme Anlegern nicht zuteil, wenn die Grundschuld bereits vor Erwerb des Fondsanteils bestellt worden sei[331]. Auch hiergegen argumentierte der XI. Senat wiederum sehr effektiv unter Zuhilfenahme des Gesetzestextes. Denn gemäß § 873 Abs. 1 BGB wäre die Bestellung von Grundpfandrechten formfrei möglich und bedürfe keiner notariellen Beurkundung[332]. Auch eine Eintragungsbewilligung gemäß § 19 GBO erfordere keine notarielle Beurkundung sondern nur den Nachweis der Eintragungsbewilli-

---

328 WAGNER Klaus-R., Ausstieg, NZG 2000, 169 (173) m.w.N. und insbesondere mit Hinweis auf BT-Dr 11/8274.

329 WAGNER Klaus-R., Ausstieg, NZG 2000, 169 (173).

330 OLG Karlsruhe vom 19.11.2004 – 17 U 293/03 – ZIP 2004, 2423 (2426).

331 BGH vom 14.06.2004 – II ZR 393/02 – BB 2004, 1587 (1590 f.).

332 Zur Formfreiheit: PALANDT/BASSENGE, 64. Aufl., § 873 BGB Rn. 9. Auch Koller bestätigt, daß der II. Zivilsenat dabei übersieht, „*daß nicht nur in verschiedenen EU-Staaten, darunter auch Deutschland, die Bestellung eines Grundpfandrechts formlos möglich ist (§ 873 BGB)*“; vgl.: KOLLER, EWiR 2004, 827 (828).

gung durch eine öffentliche oder öffentlich beglaubigte Urkunde i.S.d. § 29 Abs. 1 S. 1 GBO[333]. Dabei würde zwar die Unterschrift notariell beglaubigt, eine Belehrung durch den Notar erfolge dabei jedoch nicht, da es sich um ein einfaches Zeugnis i.S.d. § 39 BeurkG handle. Schließlich bezweifelte der XI. Senat zu Recht, daß einer Belehrung durch den Notar bei Bestellung einer Grundschuld eine Schutz- und Warnfunktion überhaupt zukomme, da die Belehrung ja erst nach Abschluß des Realkreditvertrags erfolgen könne[334]. Des Weiteren belehre der Notar nicht über die Risiken des Kreditvertrags und über dessen Verwendungszweck, also das finanzierte Anlagegeschäft[335].

Auch in der Literatur finden sich Stimmen, welche die These des II. Senats, wonach § 3 Abs. 2 Nr. 2 VerbrKrG ausgeschlossen sei, als schlicht unzutreffend bezeichneten[336]. Der angesprochene Warneffekt liege hiernach alleine in der Verpflichtung im Darlehensvertrag, Sicherheiten einzusetzen, jedoch nicht im Bestellungsakt dieser Sicherheiten mit notarieller Beurkundung. Denn auch die entscheidende Bindung liege im Verpflichtungsgeschäft, also im schuldrechtlichen Grundgeschäft. Daher sei es zwingend, daß § 3 Abs. 2 Nr. 2 VerbrKrG nicht an der Bestellung des Grundpfandrechts selbst ansetzt[337].

(3) Neueste höchstrichterliche Rechtsprechung

Schließlich ist in diesem Zusammenhang auch zu berücksichtigen, daß der EuGH am 25.10.2005 in zwei Entscheidungen[338] auf Vorlagebeschlüsse deutscher Gerichte hin (auf die Vorlageverfahren sowie auf die Urteile wird bei Punkt D.4.c)(6) unten genauer eingegangen) eine Überwälzung finanzieller Risiken auf die Banken gerade nicht an die Voraussetzung geknüpft hat, daß ein

---

333 Bei der Erteilung einer Eintragungsbewilligung ist eine Belehrung also nicht zwingend vorgeschrieben, eine notariell beglaubigte Unterschrift ist hier zur Sicherung der Identität ausreichend gemäß §§ 19, 29 GBO; vgl.: KOLLER, EWiR 2004, 827 (828).

334 BGH vom 26.10.2004 – XI ZR 255/03 – ZIP 2005, 69 (73). Sowie: BGH vom 09.11.2004 – XI ZR 315/03 – NJW 2005, 668 (670).

335 Des Weiteren darf ein Notar im Sinne seiner Neutralität in einer solchen Situation auch gar nicht beraten i.d.S.; vgl.: WOLF/GROßERICHTER, Ergebnis als Methode, WM 2004, 1993 (1995, 2001).

336 HÄUBLEIN führt weiterhin aus, daß die These des II. Senats auch nicht durch eine richtlinienkonforme Auslegung zu begründen sei; vgl.: HÄUBLEIN, Kurzkommentar zu § 9 VerbrKrG, EWiR 2004, 941 (942).

337 So führt alleine die Verpflichtung im nicht beurkundungspflichtigen Darlehensvertrag dazu, daß die Bestellung des Grundpfandrechts eingeklagt werden kann. Deswegen setzt im ähnlichen Fall der Grundstücksveräußerung der Schutz des § 311 b BGB n.F. bereits am Verpflichtungsgeschäft an; vgl.: WOLF/GROßERICHTER, Ergebnis als Methode, WM 2004, 1993 (1995).

338 EuGH vom 25.10.2005 – C-350/03 [Schulte] – ZIP 2005, 1959 (1959 ff.). Und: EuGH vom 25.10.2005 – C-229/04 [Crailsheimer Volksbank] – ZIP 2005, 1965 (1965 ff.).

verbundenes Geschäft vorliegt. Zwar ging es in diesen Vorlageverfahren um den Erwerb von Eigentumswohnungen und nicht um den Erwerb von Anteilen an geschlossenen Immobilienfonds, jedoch wurde nicht einmal beim Immobilienerwerb – wo gesellschaftsrechtliche Problematiken wie beim Fondsanteilserwerb gar nicht auftreten – ein verbundenes Geschäft bejaht. Denn im aquis communitaire befindet sich kein allgemeingültiger, in den einschlägigen Richtlinien befindet sich kein spezieller Begriff eines verbundenen Geschäfts[339]. Diese beiden EuGH-Urteile enthalten vielmehr Hinweise darauf, daß keine gemeinschaftsrechtliche Verpflichtung existiert, alle finanziellen Nachteile auf den Kreditgeber überzuwälzen[340].

Nichtsdestotrotz hat der XI. Zivilsenat am 25. April 2006 entschieden, daß im Fall einer arglistigen Täuschung durch den Anlagenvermittler der Anleger zur jederzeitigen fristlosen Kündigung der Fondsbeteiligung berechtigt ist und den Anspruch auf sein Abfindungsguthaben geltend machen kann. Bei Vorliegen eines verbundenen Geschäfts kann dieses Recht auch der Bank entgegengesetzt werden, so daß die Rückzahlung des Darlehensvertrags soweit verweigert werden kann, wie ein Abfindungsanspruch tatsächlich besteht[341].

(4) Fazit

Es bleibt damit festzuhalten, daß die Voraussetzungen der Ausnahmevorschrift des § 3 Abs. 2 Nr. 2 VerbrKrG vollumfänglich vorliegen, solange die Darlehensverträge von der Sicherung einer Grundschuld abhängig gemacht werden und zu den für grundpfandrechtlich gesicherte Kredite üblicherweise gewährten Bedingungen auch von der Bank gewährt wurden[342]. Dies gilt trotz der hiergegen erhobenen Einwände und der Behauptung, die Sachgerechtigkeit des hinter § 3 Abs. 2 Nr. 2 VerbrKrG stehenden Differenzierungskriteriums sei nicht unangreifbar[343]. Einwendungen gegen das Bestehen dieser beiden Tatsachen kann man aus den Entscheidungen des II. Senats vom 14. Juni 2004 nicht entnehmen, so daß hier der förmlichen Gesetzesanwendung der Vorzug zu geben war. Der II. Zivilsenat hat also eine geschriebene Norm, § 3 Abs. 2 Nr. 2 VerbrKrG, entgegen aller gültigen und üblichen Auslegungskriterien *„reduziert“* und nicht angewandt[344]. Der Einwendungsdurchgriff hätte also bereits an diesem Punkt

---

339 STAUDINGER Ansgar, Zukunft der Schrottimmobilien, NJW 2005, 3521 (3523).

340 STAUDINGER Ansgar, Zukunft der Schrottimmobilien, NJW 2005, 3521 (3523).

341 BGH vom 25.04.2006 – XI ZR 106/05 – ZIP 2006, 1084 (1087 f.). Sowie auch: OLG vom 30.05.2006 – 5 U 823/05 (n.r.) – ZIP 2006, 1526 (1527).

342 OLG Karlsruhe vom 19.11.2004 – 17 U 293/03 – ZIP 2004, 2423 (2425).

343 HÄUBLEIN, Kurzkommentar zu § 1 HWiG, EWiR 2005, 395 (396).

344 WOLF/GROßERICHTER, Ergebnis als Methode, WM 2004, 1993 (1993).

scheitern müssen. Aufgrund der jüngsten Entscheidungen des XI. Zivilsenats vom 25. April 2006 ist dieser Streit jedoch obsolet.

d) Rechtsfolgen des Einwendungsdurchgriffs

Trotz dieser Kritik hat der II. Zivilsenat des BGH in seinen Entscheidungen vom 14. Juni 2004 den aus § 9 Abs. 3 VerbrKrG folgenden Einwendungsdurchgriff bejaht. Er hat den Anlegern das Recht zugesprochen, insoweit keine weiteren Zahlungen an ihre Kreditinstitute mehr leisten zu müssen, als ihnen Ansprüche gegen die Gesellschaft zustehen. Insbesondere hat der BGH in seinen Entscheidungen klargestellt, daß sich die Einwendungen der Anleger nach § 9 VerbrKrG nicht in dem Anspruch auf Zahlung eines Abfindungsguthabens gegen die Gesellschaft erschöpften[345]. Dies führte zu dem im Folgenden zu erörternden Problemkreis:

2. Rückforderungsdurchgriff nach dem Verbraucherkreditgesetz

Der BGH hat in seinen Entscheidungen vom 14. Juni 2004 getäuschten Anlegern nicht nur das Recht zugebilligt, die Rückzahlung des Darlehens den Kreditinstituten gegenüber zu verweigern. Darüber hinaus gewährte er ihnen auch einen Rückforderungsdurchgriff gegen die Banken wegen der gezahlten Kreditraten, also der Tilgungs- und Zinszahlungen.

Hiernach könnten in den Fällen, in denen der Fondsbeitritt und der Darlehensvertrag nach Ansicht des II. Zivilsenats ein verbundenes Geschäft darstellte und die Anleger beim Fondsbeitritt getäuscht wurden, die den Anlegern gegen die Gründungsgesellschafter und die sonst für die Täuschung Verantwortlichen zustehenden Schadensersatzansprüche auch gegenüber den Kreditinstituten geltend gemacht werden[346], was eine Abweichung vom Grundsatz bedeutet, daß ausschließlich im Verhältnis zwischen dem Verbraucher und dem Verkäufer abgewickelt wird[347]. Vielmehr läßt der II. Zivilsenat hier eine *„bilaterale Abwicklung“* zwischen dem Verbraucher und dem Kreditgeber zu[348]. Diese Möglichkeit, die der II. Senat den Anlegern einräumte, stellt die erstaunlichste Neuerung der hier zu behandelnden Rechtsprechung dar. Erstmals hat der II. Senat diesen Rückforderungsdurchgriff analog § 9 Abs. 2 S. 4 VerbrKrG in seiner Entschei-

---

345 BGH vom 14.06.2004 – II ZR 392/01 – WM 2004, 1518 (1520). Die wirtschaftlich verbundenen Verträge bilden jedoch kein einheitliches Rechtsgeschäft sondern bleiben nach dem sog. Trennungsprinzip rechtlich selbständig; vgl. für § 358 BGB: PALANDT/HEINRICHS, 64. Aufl., § 358 Rn. 19.

346 BGH vom 14.06.2004 – II ZR 395/01 – BB 2004, 1644 (1644). Sowie: BGH vom 14.06.2004 – II ZR 393/02 – BB 2004, 1587 (1592).

347 MÜNCHKOMM/HABERSACK, § 9 VerbrKrG Rn. 64.

348 MÜNCHKOMM/HABERSACK, § 9 VerbrKrG Rn. 65.

dung II ZR 387/02 vom 21. Juli 2003[349] gegen viele Stimmen im Schrifttum und in der Rechtsprechung anerkannt[350]. Die dort statuierten Grundsätze führte der II. Senat in den Urteilen vom 14. Juni 2004 konsequent fort.

Bevor man sich mit der Zulässigkeit und der Anwendbarkeit eines solchen Rückforderungsdurchgriffs auseinandersetzt, werden im Folgenden zunächst die für einen Rückforderungsdurchgriff erforderlichen Schadensersatzansprüche der Anleger dargestellt.

a) Wesen und Voraussetzungen des Rückforderungsdurchgriffs

Unter dem Begriff „*Rückforderungsdurchgriff*“[351] versteht man das Recht des Verbrauchers innerhalb eines finanzierten Rechtsgeschäftes, die an den Kreditgeber zur Erfüllung der bestehenden kreditvertraglichen Verpflichtung geleisteten Zahlungen wegen Störungen im kaufrechtlichen Verhältnis zurückzufordern[352]. Der Rückforderungsdurchgriff soll nach überwiegender Ansicht eine Fortentwicklung des Einwendungsdurchgriffs sein[353].

Den Anlegern standen nach Ansicht des II. Zivilsenats in den Entscheidungen vom 14. Juni 2004 Schadensersatzansprüche gegen die Prospektverantwortlichen und Gründungsgesellschafter zu, die sie im Wege des Rückforderungsdurchgriffs gemäß § 9 Abs. 2 S. 4 VerbrKrG gegen die Banken geltend machen konnten[354]. Hierzu im Einzelnen:

(1) Schadensersatzansprüche der Anleger

(a) Haftung der Initiatoren und Gründungsgesellschafter

Gegen die Gründungsgesellschafter und Initiatoren der Immobilienfonds oder die sonst für die Täuschung Verantwortlichen standen den Anlegern in den Entscheidungen vom 14. Juni 2004 im Falle einer arglistigen Täuschung Ansprüche wegen Verschuldens bei Vertragsschluß, Ansprüche wegen Prospekthaftung im

---

349 BGH vom 21.07.2003 – II ZR 387/02 – BB 2003, 2089 (2089 ff.).

350 DOEHNER/HOFFMANN, ZIP 2004, 1884 (1889) m.w.N. Sowie: SCHÄFER, Revolutionäres aus Karlsruhe, DStR 2004, 1611 (1614) m.w.N.

351 Daneben werden auch die Begriffe „*Forderungsdurchgriff*“ sowie „*Haftungsdurchgriff*“ verwendet; vgl.: VOLLKOMMER, FS Merz, 597.

352 VOLLKOMMER, FS Merz, 596.

353 STAUDINGER/KESSAL-WULF, § 9 VerbrKrG Rn. 91. so auch VOLLKOMMER, der den Rückforderungsdurchgriff mit Verweis auf REINKING/NIEßEN als einen ex-tunc wirkenden Einwendungsdurchgriff bezeichnet; vgl.: VOLLKOMMER, FS Merz, 597.

354 BGH vom 14.06.2004 – II ZR 393/02 – BB 2004, 1587 (1592).

engeren Sinne sowie deliktsrechtliche Ansprüche aus § 823 Abs. 2 BGB i.V.m. § 264a StGB zu[355].

(i) Haftung aus Verschulden bei Vertragsschluß (culpa in contrahendo)

Grundsätzlich entstehen Ansprüche aus c.i.c. wegen Verschuldens bei Vertragsschluß in den vorliegenden Fallgestaltungen immer dann, wenn sich ein Vertragspartner aufgrund unrichtiger Angaben des anderen Vertragspartners zum Abschluß eines Vertrags entschließt und ihm hierdurch ein Schaden entsteht[356].

Im Vordergrund steht hier die Haftung wegen konzeptioneller Fehler[357]. Die Anleger hatten in den hier zu untersuchenden Entscheidungen vom 14. Juni 2004 gegen die Initiatoren und Gründungsgesellschafter eines Immobilienfonds Ansprüche aus Verschulden bei Vertragsschluß nach c.i.c. (§ 242 i.V.m. § 241 Abs. 2 und § 311 Abs. 2 BGB jeweils in der ab dem 1. Januar 2002 geltenden Fassung) und Ansprüche wegen Verletzung vorvertraglicher Aufklärungspflichten[358]. Eine solche Schadensersatzpflicht tritt immer dann ein, wenn Initiatoren oder Gründungsgesellschafter in Kenntnis oder schuldhafter Unkenntnis der wahren Verhältnisse einen Emissionsprospekt herausgegeben haben, der in wesentlichen Punkten unrichtig, unvollständig oder irreführend ist[359]. Bei dieser Haftung der Anlageberater und Anlagevermittler handelt es sich um die sog. Prospekthaftung im weiteren Sinn. Auch hier ist der Anlageberater bzw. der Anlagevermittler i.R.d. zwischen ihm und dem Anleger konkludent abgeschlossenen Auskunftsvertrags verpflichtet zur Erteilung richtiger und vollständiger für den Anlageinteressenten bedeutsamer Informationen[360]. Die Haftung des Anlagevermittlers aus einem immer bestehenden Auskunftsvertrag ergibt sich aus

---

355 DOEHNER/HOFFMANN, ZIP 2004, 1884 (1888).

356 STÜSSER, NJW 1999, 1586 (1587). Einen Überblick über die Haftung von Anlagevermittlern gibt: BENEDICT, ZIP 2005, 2129 (2130).

357 LAUER, ZAP 1999, 313 (321).

358 BGH vom 14.06.2004 – II ZR 393/02 – BB 2004, 1587 (1592).

359 So bereits: BGH vom 10.10.1994 – II ZR 95/93 – NJW 1995, 130 (130). Unabhängig von der Verpflichtung der Prospektherausgeber, Angaben zu bestimmten Punkten zu machen, ist unstreitig, daß gemachte Angaben richtig sein müssen. Die Falschinformation alleine begründet bereits die Pflichtverletzung; vgl.: OLG Stuttgart vom 26.09.2005 – 6 U 92/05 (n.r.) – ZIP 2005, 2152 (2155).

360 So bereits: BGH vom 24.04.1978 – II ZR 172/76 – BGHZ 71, 284 (288 ff.). Sowie: BGH vom 06.10.1980 – II ZR 60/80 – BGHZ 79, 337 (340 ff.). Sowie: BGH vom 22.03.1982 – II ZR 114/81 – BGHZ 83, 222 (223 ff.). Sowie: OLG Hamm vom 26.03.2003 – 8 U 170/02 – BKR 2003, 807 (808). Sowie: BGH vom 12.02.2004 – III ZR 355/02 – ZBB 2004, 316 (316). Sowie: BGH vom 12.02.2004 – III ZR 359/02 – NJW 2004, 1732 (1733). So auch die herrschende Meinung im Schrifttum, siehe beispielsweise: WAGNER Klaus-R., Freier Kapitalanlagemarkt, DStR 2005, 1449 (1450).

einer prima facie immer gegebenen Nachforschungs- und Informationspflichtverletzung[361].

Dabei müssen sich Gründungsgesellschafter oder Initiatoren grundsätzlich auch das Handeln der beim Vertragsabschluß eingeschalteten Erfüllungsgehilfen nach § 278 BGB[362] zurechnen lassen, da auch die Vertreter und Verhandlungsgehilfen in der Verhandlungsphase und bei der Vertragsanbahnung das Vertrauen der Beitrittsinteressenten in Anspruch genommen haben[363].

(ii) Prospekthaftung im engeren Sinn

Darüber hinaus ist die sog. Prospekthaftung i.e.S. zu beachten. Zwar besteht bei geschlossenen Immobilienfonds keine gesetzliche Pflicht, einen Emissionsprospekt zu veröffentlichen, da es sich bei solchen Fondsanteile nicht um Wertpapiere i.S.v. fungiblen Anteilen handelt. Zu Werbezwecken wird aber in der Praxis oft ein solcher Prospekt herausgegeben[364]. Die Gründungsgesellschafter bzw. die Initiatoren eines Immobilienfonds sowie die sog. Hintermänner haften – wenn sie das Management der Gesellschaft bilden oder beherrschen – grundsätzlich auch für konzeptionelle Fehler oder Unrichtigkeiten eines solchen Emissionsprospektes[365]. Diese von der Rechtsprechung entwickelten Prospekthaftungsgrundsätze stellen eigentlich einen Unterfall der eben angesprochenen allgemeinen Haftung aus c.i.c. dar, jedoch wird auf die Prospekthaftung kurz gesondert eingegangen, da es in der Regel die Unrichtigkeit von Emissions- oder sonstigen Prospekten ist, die in den hier zu analysierenden Fällen zu einer Haftung der Verantwortlichen führt[366].

---

361 BENEDICT, ZIP 2005, 2129 (2138).

362 Erfüllungsgehilfe i.d.S. ist nach ständiger Rechtsprechung des BGH „*wer nach den tatsächlichen Verhältnissen des gegebenen Falles mit dem Willen des Schuldners bei der Erfüllung der diesem obliegenden Verbindlichkeiten als seine Hilfsperson tätig wird.*“; vgl.: EDELMANN/HERTEL, DStR 2000, 331 (334) m.w.N.

363 LAUER, ZAP 1999, 313 (321).

364 KING, 210.

365 OLG Düsseldorf vom 15.07.2004 – I-6 U 158/03 – ZIP 2004, 1745 (1746 ff.) zum Umfang der Ansprüche aus Prospekthaftung bei geschlossenen Immobilienfonds und zu Umfang und Reichweite der Informationspflichten. Sowie: BGH vom 12.02.2004 – III ZR 355/02 – ZBB 2004, 316 (316). Sowie: BGH vom 12.02.2004 – III ZR 359/02 – NJW 2004, 1732 (1732 f.) m.w.N. Vgl. auch BGH vom 31.03.1992 – XI ZR 70/91 – NJW-RR 1992, 879 (883) für den Fall der Publikums-KG.

366 Diese frühere allgemeine zivilrechtliche Prospekthaftung ist seit dem 01.07.2005 in den Vorschriften der §§ 44, 45 BörsG i.V.m. §§ 13, 8f, 8g VerkProspG geregelt; vgl.: KIETHE, DStR 2005, 1904 (1906).

Der Prospekt ist für die Anleger oft ein wichtiges Mittel zur Risikoeinschätzung und oft die wesentliche Unterrichtungsmöglichkeit für einen Beitrittsinteressenten, weshalb der Prospekt über die für die Anlageentscheidung wesentlichen Umstände sachlich richtig und vollständig informieren muß[367]. Dabei muß der Prospekt, der ein Beteiligungsangebot darstellt, nach der ständigen höchstrichterlichen Rechtsprechung grundsätzlich ein sachlich zutreffendes und vollständiges Bild über die für die Anlageentscheidung bedeutsamen Umstände vermitteln[368]. Ein Anlageinteressent muß sich darauf verlassen dürfen, daß die für die Beteiligung wesentlichen Angaben zum einen im Prospekt richtig und vollständig dargestellt werden, zum anderen gewissenhaft von den unmittelbar Verantwortlichen geprüft wurden.

Des Weiteren muß bei einem Beitritt zu einem Immobilienfonds auch eine Plausibilitätsprüfung durchgeführt werden, die hinreichend über das Anlagerisiko sowie eventuell bestehende sog. „*weiche Kosten*"[369] informiert. Ein zur Prospekthaftung führender Fehler liegt in der Regel dann vor, wenn potentielle Anleger nicht deutlich genug über diese weichen Kosten eines Immobilienfonds informiert wurden[370]. Es besteht hier eine Aufklärungspflicht beispielsweise über die den Gründungsgesellschaftern gewährten Sondervorteile. Zu diesen offenbarungspflichtigen Tatsachen gehören auch die wesentlichen kapitalmäßigen und personellen Verflechtungen zwischen den Gesellschaftern und den einzelnen Unternehmen, in deren Hand die Gesellschaft die Vorhaben, die nach dem Emissionsprospekt durchzuführen sind, ganz oder wesentlich gelegt hat. Denn aufgrund dieser Verflechtungen besteht die Gefahr einer Interessenkollision zum Nachteil der Gesellschaft selbst und auch zum Nachteil der Gesellschafter, die

---

367 BGH vom 15.12. 2003 – II ZR 244/01 – DStR 2004, 696 (697). Sowie: ASSMANN/SCHÜTZE, § 7 Rn. 63.

368 BGH vom 29.05.2000 – II ZR 280/98 – NJW 2000, 3346 (3346). Sowie: BGH vom 01.03.2004 – II ZR 88/02 – BB 2004, 1129 (1130). Sowie: BGH vom 06.10.1980 – II ZR 60/80 – BGHZ 79, 337 (344 f.).

369 Bei diesen „*weichen Kosten*" handelt es sich hauptsächlich um zusätzlich anfallende Kosten wie Vergütungen und Honorare, Vermittlungsnebenkosten oder Fremdkapitalnebenkosten; vgl.: BGH vom 01.03.2004 – II ZR 88/02 – BB 2004, 1129 (1131). Der Begriff ist nicht rechtlicher oder betriebswirtschaftlicher, sondern rhetorischer Natur. Er bezeichnet die Kosten, die neben den „*harten Kosten*" für den Erwerb des Grundstücks bzw. neben den Baukosten anfallen; vgl.: HORN/BALZER, WM 2000, 333 (333). Im Fall des BGH vom 14.06.2004 – II ZR 392/01 – sind beispielsweise 40% der für den Erwerb und die Bebauung veranschlagten Kosten in die Taschen des Fondsinitiators geflossen, der deswegen bereits strafrechtlich verurteilt worden war; vgl.: SCHÄFER, Revolutionäres aus Karlsruhe, DStR 2004, 1611 (1611).

370 BGH vom 01.03.2004 – II ZR 88/02 – BB 2004, 1129 (1130 f.). Sowie: BGH vom 06.02.2006 – II ZR 329/04 – ZIP 2006, 893 (894 ff.).

im Rahmen einer Unterbeteiligung beitreten[371]. Insbesondere über zusätzliche oder verschleierte Provisionen, die sich die Vermittler von den Verkäufern einer Immobilie gewähren lassen und die letztendlich über den Kaufpreis wieder auf den Erwerber abgewälzt werden[372], muß aufgeklärt werden. So liegt ein relevanter Prospektmangel auch dann vor, wenn ein Anleger aus dem Anlageprospekt nicht ersehen kann, daß das von ihm eingesetzte Kapital zur Beteiligung an einer Personengesellschaft zu einem nicht unwesentlichen Teil an den Initiator zurückfließt und deshalb nicht für die jeweilige Investition zur Verfügung steht[373]. Bei den sog. „*Innenprovisionen*", die in der Regel an die Prospektverantwortlichen und die Vertriebsgesellschaften selbst fließen, ist es ebenfalls erforderlich, deren Höhe innerhalb des Gesamtaufwands für eine Immobilienanlage darzustellen, wenn eine bestimmte Größenordnung erreicht und überschritten wird. Im Schrifttum werden 15 % Innenprovision für Maklerleistungen als noch üblich angesehen, bei Überschreitung dieser Quote muß der Anleger davon unterrichtet werden[374].

Wenn der Prospektfehler kausal für die Anlageentscheidung war, liegen die Voraussetzungen der Prospekthaftung grundsätzlich vor[375]. Hinsichtlich dieser haftungsbegründenden Kausalität hilft eine Vermutung weiter: Nach der ständigen höchstrichterlichen Rechtsprechung entspricht es nämlich der Lebenserfahrung, daß ein wesentlicher Prospektfehler ursächlich geworden ist für die Anlageentscheidung des Anlegers[376]. Denn die unrichtigen oder unvollständigen In-

---

371 BGH vom 10.10.1994 – II ZR 95/93 – NJW 1995, 130 (130); danach ist es beispielsweise auch offenbarungspflichtig, wenn die Übernahme der Mietgarantie bei der Gestaltung des Baufestpreises in Rechnung gestellt wird.

372 SPICKHOFF/PETERSHAGEN, BB 1999, 165 (165).

373 BGH vom 29.05.2000 – II ZR 280/98 – NJW 2000, 3346 (3346). Zu den nach Treu und Glauben zu offenbarenden Tatsachen gehören nach LAUER die wesentlichen kapitalmäßigen und personellen Verflechtungen zwischen der Gesellschaft, ihren Geschäftsführern und beherrschenden Gesellschaftern auf der einen Seite und den Unternehmen und deren Geschäftsführer und beherrschende Gesellschafter auf der anderen Seite; vgl.: LAUER, ZAP 1999, 313 (321).

374 BGH vom 12.02.2004 – III ZR 355/02 – ZBB 2004, 316 (316). Sowie: BGH vom 12.02.2004 – III ZR 359/02 – NJW 2004, 1732 (1734 f.). Sowie: BGH vom 28.07.2005 – III ZR 290/04 – ZIP 2005, 1599 (1602) zur gleich gelagerten Rechtslage beim Verkauf einer Immobilie; nach der höchstrichterlichen Rechtsprechung ist anerkannt, daß bei Nichtigkeit des Rechtsgeschäfts wegen Verstoßes gegen ein gesetzliches Verbot auf die Vorschriften der GoA zurückgegriffen werden kann; dies beinhaltet auch eine Haftung des Geschäftsführers bei Anwendung des § 677 BGB.

375 BGH vom 01.03.2004 – II ZR 88/02 – BB 2004, 1129 (1131).

376 BGH vom 06.10.1980 – II ZR 60/80 – BGHZ 79, 337 (346). Sowie: BGH vom 24.05.1982 – II ZR 124/81 – BGHZ 84, 141 (148). Sowie: BGH vom 29.05.2000 – II ZR 280/98 – NJW 2000, 3346 (3347) m.w.N. Sowie: BGH vom 14. 7. 2003 – II ZR 202/02 – NZG 2003, 920 (922) m.w.N. Sowie: BGH vom 15.12. 2003 – II ZR 244/01 –

formationen im Prospekt greifen in die Entscheidungsfreiheit eines Anlegers ein, so daß er die für und gegen eine Investition sprechenden Aspekte nicht mehr für sich selbst abwägen und entscheiden kann[377].

Die zivilrechtliche Prospekthaftung greift auch in den Fällen, in denen die Kapitalanleger nur mittelbar über einen Treuhänder an der Fondsgesellschaft beteiligt sind[378]. Und auch die mit dem Vertrieb der Fondsanteile beauftragten Personen haben die Verbraucher anleger- und produktgerecht zu beraten. Dazu gehört vor allem die umfassende Aufklärung über Chancen und Risiken der vom Anleger gewählten Kapitalanlage[379].

Da in der BGH-Entscheidung II ZR 392/01 vom 14. Juni 2004[380] eine arglistige Täuschung der Anleger vorlag, lagen – a maiore ad minus – auch die Voraussetzungen der Prospekthaftung unproblematisch vor.

(iii) Deliktsrechtliche Haftung wegen Kapitalanlagebetrugs

Des Weiteren standen den Anlegern in den Entscheidungen vom 14. Juni 2004 deliktsrechtliche Ansprüche zu. Denn in einigen der vom II. Zivilsenat entschiedenen Fälle waren die Gründungsgesellschafter und die Prospektverantwortlichen u.a. im Zusammenhang mit den streitgegenständlichen Immobilienfonds wegen Kapitalanlagebetrugs gemäß § 264a StGB rechtskräftig verurteilt worden. Die von den Prospektverantwortlichen und Gründungsgesellschaftern eines Immobilienfonds getäuschten Anleger konnten dann gegen diese grundsätzlich Schadensersatzansprüche über die bürgerlichrechtliche Prospekthaftung[381] und vor allem die deliktischen Schadensersatzansprüche nach den Regelungen der § 823 Abs. 2 BGB i.V.m. § 264a StGB geltend machen, die alle darauf gerichtet sind, den Anleger so zu stellen, als wäre er der Fondsgesellschaft nicht beigetreten und als hätte er dafür auch keinen Darlehensvertrag abgeschlossen[382].

DStR 2004, 696 (698). Sowie: BGH vom 01.03.2004 – II ZR 88/02 – BB 2004, 1129 (1131). Sowie: OLG Stuttgart vom 26.09.2005 – 6 U 92/05 (n.r.) – ZIP 2005, 2152 (2156).

377 BGH vom 29.05.2000 – II ZR 280/98 – NJW 2000, 3346 (3348). Sowie: BGH vom 01.03.2004 – II ZR 88/02 – BB 2004, 1129 (1131).

378 LAUER, ZAP 1999, 313 (321).

379 LAUER, ZAP 1999, 313 (321).

380 BGH vom 14.06.2004 – II ZR 392/01 – WM 2004, S. 1518 (1518 ff.).

381 OPITZ, 49.

382 BGH vom 14.06.2004 – II ZR 392/01 – WM 2004, 1518 (1520).

(b) Haftung der Banken wegen Verschuldens bei Vertragsschluß

Da sich die Einstandspflicht innerhalb der Haftung aus c.i.c. sowohl für eigenes, als auch für fremdes Verhalten von Verrichtungsgehilfen, das über § 278 BGB zugerechnet wird, begründet[383], kommt auch bei den Banken eine Haftung nach den Grundsätzen der c.i.c. bzw. nach den Vorschriften der §§ 241 Abs. 2, 280 Abs. 1, 311 Abs. 2 Nr. 1 BGB n.F. grundsätzlich in Betracht[384]. Dabei geht es hier nicht um die Haftung einer Bank aus Anlageberatung[385] oder Anlagevermittlung i.e.S., sondern um die Ersatzpflichten einer Bank innerhalb ihrer Finanzierungsrolle[386]. Eine solche Haftung ist grundsätzlich ebenfalls auf Ersatz des negativen Interesses (sog. Vertrauensschaden) gerichtet[387].

In den Entscheidungen vom 14. Juni 2004 wurde den Anlegern gegen die Banken ein solcher Schadensersatzanspruch aus Verschulden bei Vertragsschluß zugesprochen. Dieser bestehe deshalb, weil die Bank ihre Pflicht zur umfassenden Aufklärung des Anlegers über die Risiken des Beitritts zum Immobilienfonds schuldhaft verletzt habe. Diese Haftung wegen Verschuldens bei Vertragsschluß greife auch dann, wenn der Treuhandvertrag wegen Verstoßes gegen Vorschriften des Rechtsberatungsgesetzes unwirksam und der Darlehensvertrag gemäß § 6 Abs. 1 VerbrKrG nichtig ist. Denn die Haftung wegen Verschuldens beim Vertragsschluß sei unabhängig vom Zustandekommen eines wirksamen Vertrags[388]. Es ist in diesem Rahmen alleine die schuldhafte Verletzung von Verkehrssicherungs- oder Aufklärungspflichten im vorvertraglichen Verhandlungsstadium haftungsbegründend[389].

In diesem Zusammenhang sollen die Aufklärungspflichten der Banken beim Immobilienkauf oder beim Erwerb einer Beteiligung an einem geschlossenen Immobilienfonds genauer dargestellt werden. Denn wenn ein Kreditinstitut für einen Darlehensnehmer einen besonderen Gefährdungstatbestand schafft, so ist

---

383 STÜSSER, NJW 1999, 1586 (1587).

384 STAUDINGER/KESSAL-WULF, § 9 VerbrKrG Rn. 46 m.w.N.

385 Nach der höchstrichterlichen Rechtsprechung kommt ein stillschweigend geschlossener Anlageberatungsvertrag zwischen einem Anleger und der Bank nach Beurteilung der Gesamtumstände dann zustande, wenn die Bank durch Beratung die Anlageentscheidung tatsächlich beeinflußt hat, unabhängig davon, von vom die Erstinitiative für die Anlageentscheidung ausging; vgl.: BARNERT, Kreditgebende Bank, WM 2004, 2002 (2003).

386 BARNERT, Kreditgebende Bank, WM 2004, 2002 (2003 f.).

387 LWOWSKI/WUNDERLICH, Rechtsfragen Teil II, ZInsO 2005, 57 (64).

388 BGH vom 14.06.2004 – II ZR 393/02 – BB 2004, 1587 (1592). So auch schon im Grundsatz: BGH vom 19.06.1973 – VI ZR 95/71 – NJW 1973, 1790 (1791).

389 MÜNCHKOMM/EMMERICH, § 311 Rn. 77.

es verpflichtet, hierüber und über die mit der Darlehensverwendung einhergehenden Risiken aufzuklären[390].

(i) Grundsatz der Eigenverantwortung

Ausgehen muß man hier von dem schon seit geraumer Zeit anerkannten Grundsatz der Eigenverantwortung. Dieser besagt, daß die Bank nicht generell Aufklärung bei einem Immobilienkauf schuldet, eine Aufklärungspflicht besteht also nur in eng begrenzten Ausnahmefällen[391]. Dieser Grundsatz behält auch in den vorliegenden Fällen seine Geltung. Denn nach ständiger Rechtsprechung betrifft die geplante Verwendung eines Darlehens einen grundsätzlich aufklärungsfreien Raum. Insbesondere die wirtschaftliche Zweckmäßigkeit der Kreditaufnahme, die Werthaltigkeit, die mögliche Wertentwicklung und die erreichbaren Einnahmen unterliegen keiner Aufklärungspflicht der Bank[392]. Die Bank hat als Kreditgeberin nach ständiger höchstrichterlicher Rechtsprechung keine Verpflichtung, einen Darlehensnehmer vor dem Vertragsabschluß zu warnen oder über die Gefahren und Risiken der Darlehensverwendung[393] sowie über die Zweckmäßigkeit der gewählten Kreditart oder die Risiken der beabsichtigten Darlehensverwendung und des zu finanzierenden Geschäfts aufzuklären[394]. Insbesondere begründet ein Wissensvorsprung der Bank dahingehend, daß der vom Erwerber der Immobilie zu zahlende Kaufpreis in keinem angemessenen Verhältnis zum Wert der Immobilie steht, in der Regel keine Aufklärungspflicht der Bank[395]. Denn bei einer Kreditgewährung durch die Bank trägt grundsätzlich der

---

390 HOFMANN, ZIP 2005, 688 (695).

391 BGH vom 14.12.2004 – XI ZR 142/03 – http://www.bundesgerichtshof.de, zuletzt abgerufen am 03.05.2005. Sowie: OLG Stuttgart vom 09.03.2004 – 6 U 166/03 (n.r.) – ZIP 2004, 891 (892) m.w.N. Zu den in diesem Rahmen dargestellten Grundsätzen s.a.: BGH vom 15.03.2005 – XI ZR 135/04 – ZIP 2005, 846 (848 ff.).

392 HOFMANN nimmt zu diesem Problemkreis ausführlich Stellung im Zusammenhang mit dem Urteil des OLG Karlsruhe vom 24.11.2004 – 15 U 4/01 – ZIP 2005, 698 ff., in welchem zu den Aufklärungspflichten der Banken bei der Finanzierung von Eigentumswohnungen Stellung genommen und eine Kehrtwende eingeleitet wurde; vgl.: HOFMANN, ZIP 2005, 688 (689).

393 OLG München vom 26.10.2000 – 24 U 368/99 (n.r.) – ZIP 2000, 2295 (2298). Sowie: BGH vom 21.01.1988 – III ZR 179/86 – ZIP 1988, 562 (564). Sowie: BGH vom 28.11.1995 – XI ZR 37/95 – WM 1996, 196 (197). Sowie: BGH vom 28.01.1997 – XI ZR 22/96 – BB 1997, 662 (662 f.). Sowie: BGH vom 11.02.1999 – IX ZR 352/97 – WM 1999, 678 (679). Sowie: BGH vom 27.06.2000 – XI ZR 174/99 – BB 2000, 1853 (1855). Sowie: BGH vom 12.11.2002 – XI ZR 3/01 – ZIP 2003, 22 (24). Sowie: STÜSSER, NJW 1999, 1586 (1587).

394 OLG Koblenz vom 05.09.2002 – 5 U 1886/01 – BB 2002, 1981 (1982).

395 BGH vom 14.12.2004 – XI ZR 142/03 – http://www.bundesgerichtshof.de, zuletzt abgerufen am 03.05.2005, für den Fall des Verkaufs einer Eigentumswohnung.

Kunde das Verwendungsrisiko[396]. Davon ausgehend bleibt es auch dabei, daß es bei einem kreditfinanzierten Immobilienkauf eine Angelegenheit des Käufers ist, den Preis auf seine Angemessenheit hin zu prüfen[397]. Die Bank darf darauf vertrauen, daß sich der Anleger zuvor der Hilfe von Fachleuten mit den notwendigen Kenntnissen und Erfahrungen bedient hat[398]. Auch die Tatsache, daß die Bank im Besitz des zur Anlage gehörenden Prospekts ist, ändert daran nichts. Denn die Bank darf ebenfalls darauf vertrauen, daß der Anleger sich selbst ausreichend über den Prospektinhalt informiert[399].

Zwar obliegt bei Verhandlungen über einen Vertragsabschluß jeder Partei nach Treu und Glauben gemäß § 242 BGB die Verpflichtung, die jeweils andere Partei über diejenigen Umstände aufzuklären, die für diese entscheidungserheblich sein können[400]. Jedoch gehört es grundsätzlich nicht zu den vorvertraglichen Aufgaben und Pflichten einer Bank, die wirtschaftliche Zweckmäßigkeit des zu finanzierenden Geschäfts zu prüfen[401]. Solche Aufklärungs- und Hinweispflichten der kreditgebenden Bank ergeben sich vielmehr nur nach Hinzutreten besonderer Umstände aufgrund der Umstände des Einzelfalls[402].

Das Nichtbestehen einer Verpflichtung des Kreditinstituts, sich über eine Anlage, die ein Interessent von ihm finanziert haben möchte, Gedanken zu machen oder den Anleger ungefragt über ihre Bedenken gegen die Werthaltigkeit oder die Rentabilität der Anlage zu informieren, rechtfertigt sich vor dem Hintergrund des grundsätzlich vom Anleger zu tragenden Kreditverwendungsrisikos. Würde man eine solche Verpflichtung nämlich bejahen, so würde das Kreditverwendungsrisiko weitgehend auf die Bank verlagert. Außerdem würde ein Anleger, der eine Anlage kreditfinanziert, ohne nachvollziehbaren Grund besser stehen als ein Anleger, der nur eigenes Kapital einsetzt[403].

An dieser Stelle sei noch angemerkt, daß der XI. Senat einen Schadensersatzanspruch gegen die finanzierenden Banken selbst bei einer vorvertraglichen fahrlässigen Fehlinformation nur unter strengen Voraussetzungen anerkennt. So hat der BGH in der Entscheidung XI ZR 37/03 vom 27. Januar 2004 einem Anleger

---

396 OLG Stuttgart vom 08.01.2001 – 6 U 57/00 (n.r.) – ZIP 2001, 692 (694 f.). Sowie: SPICKHOFF/PETERSHAGEN, BB 1999, 165 (166).

397 BGH vom 12.11.2002 – XI ZR 3/01 – ZIP 2003, 22 (24).

398 BGH vom 18.03.2003 – XI ZR 188/02 – NJW 2003, 2088 (2090). Sowie: BGH vom 14.06.2004 – II ZR 393/02 – BB 2004, 1587 (1593).

399 EDELMANN, Kommentar XI ZR 174/99, BB 2000, 1855 (1855).

400 BGH vom 09.03.1989 – III ZR 269/87 – BB 1989, 938 (939). Sowie: OLG Koblenz vom 05.09.2002 – 5 U 1886/01 – BB 2002, 1981 (1982).

401 BGH vom 21.07.2003 – II ZR 387/02 – BB 2003, 2089 (2089).

402 BGH vom 31.03.1992 – XI ZR 70/91 – NJW-RR 1992, 879 (880) m.w.N.

403 BGH vom 23.03.2004 – XI ZR 194/02 – NZM 2004, 597 (599).

den Schadensersatzanspruch versagt, weil dieser nicht nachgewiesen hatte, daß ihm ein Schaden gerade dadurch entstanden ist, daß die Bank die – von ihr vertraglich übernommene Mittelverwendungskontrolle – nicht mit der gebotenen Sorgfalt durchgeführt hat[404].

(ii) Anerkannte Ausnahmen

Eine Schadensersatzpflicht der Bank als Ausnahme von der eben dargestellten Regel kommt indes nur unter engen Voraussetzungen in Betracht. Ausgehend von dem eben dargestellten Grundsatz sind von der höchstrichterlichen und obergerichtlichen Rechtsprechung Fallgruppen für bestimmte Ausnahmen gebildet worden, in denen ausnahmsweise eine solche Bankenhaftung in Betracht kommt[405]. Die in diesen Fallgruppen enthaltenen Kriterien müssen aber nicht kumulativ vorliegen; vielmehr ergibt sich die von der Bank zu erfüllende Aufklärungspflicht gemäß § 242 BGB erst aus einer Gesamtschau dieser Umstände[406]. Dabei bemißt sich das Maß der zu beachtenden Sorgfaltspflicht in erster Linie an der generellen Schutzwürdigkeit des Geschädigten: Je größer die erkennbare Schutzbedürftigkeit des Anlegers ist, desto höher sind die Anforderungen an den Pflichtenkreis der Kreditinstitute.

Die erste Fallgruppe dieser Ausnahmen greift dann ein, wenn die Bank ihre Rolle als Kreditgeberin überschreitet. Eine Aufklärungspflicht der Bank wird ausnahmsweise dann begründet, wenn sich die Bank in den Verkauf des Objekts mit einschaltet, damit über ihre Rolle als Kreditgeberin hinausgeht[407] und quasi als Partner des Anlagegeschäfts auftritt[408]. Dies ist der Fall, wenn das Kreditinstitut erkennbar Funktionen übernimmt, die typischerweise nicht in ihr Aufgabengebiet fallen, sondern vom Projektbetreiber wahrgenommen werden und die Bank somit als Partei des zu finanzierenden Geschäfts erscheint. Eine Aufklärungspflicht kommt beispielsweise dann in Betracht, wenn sich die Bank offen-

---

404 BGH vom 27.01.2004 – XI ZR 37/03 – BB 2004, 738 (739).

405 Zu diesen Fallgruppen siehe insbesondere BGH vom 18.11.2003 – XI ZR 322/01 – BKR 2004, 108 (110). Sowie: HORN/BALZER, WM 2000, 333 (335 f.)

406 SPICKHOFF/PETERSHAGEN, BB 1999, 165 (166).

407 Diese Überschreitung der Kreditgeberrolle erfordert nach Ansicht des XI. Zivilsenats des BGH, daß die Bank nach außen wie eine Partei des zu finanzierenden Geschäfts auftritt und deshalb einen Vertrauenstatbestand geschaffen hat; vgl.: BGH vom 18.03.2003 – XI ZR 188/02 – NJW 2003, 2088 (2090).

408 Unschädlich hingegen ist es, wenn die Bank als Finanzierer eines Projekts auftritt. Dann erwecke die Bank nicht in zurechenbarer Weise den Anschein einer weitgehenden Zusammenarbeit mit dem Initiator; vgl.: OLG Stuttgart vom 08.01.2001 – 6 U 57/00 (n.r.) – ZIP 2001, 692 (694). Sowie: OLG Stuttgart vom 09.03.2004 – 6 U 166/03 (n.r.) – ZIP 2004, 891 (893).

siv in die Projektplanung einschaltet oder beim Anleger den Anschein erweckt, mit dem Empfänger der Darlehensvaluta weitgehend zusammen zu arbeiten[409].

Die zweite Fallgruppe betrifft die Schaffung eines besonderen Gefährdungstatbestands für den Anleger, der über die allgemeinen wirtschaftlichen Risiken des Anlagegeschäfts hinausgeht[410]. In diesen Fällen haftet die Bank, wenn sie dadurch über ihre Rolle als Kreditgeberin hinausgeht, indem sie selbst einen besonderen Gefährdungstatbestand für den Anleger schafft oder indem sie dessen Entstehung begünstigt[411], sog. *„rollenbedingte Verantwortlichkeit“* bzw. *„beschränkte Zurechnung“*[412]. Dann kann die Bank nach Treu und Glauben ausnahmsweise dazu verpflichtet sein, den Anleger aufzuklären und zu warnen[413]. Jedoch ist die Bank in einem solchen Fall wiederum lediglich zur Aufklärung bezüglich der Anbahnung des Darlehensvertrags verpflichtet, jedoch nicht bezüglich des zu finanzierenden Geschäfts.

Bei steuersparenden Anlage- und Finanzierungsgeschäften sind die Anforderungen noch höher, da die Banken hier in der Regel darauf vertrauen dürfen, daß die Kunden entweder selbst die nötigen Kenntnisse über die Steuersparanlage haben oder sich hierbei der fachkundigen Hilfe Dritter bedienen[414]. Hingegen besteht eine Hinweispflicht erst recht dann, wenn die Bank Kenntnis von Umständen hat, die ein betrügerisches Verhalten oder eine arglistige Täuschung zum Nachteil des Verbrauchers begründen[415].

Die dritte Fallgruppe erfaßt eine schwerwiegende Interessenkollision der Bank bei der Kreditvergabe an den Erwerber, d.h. wenn die Bank im Zusammenhang mit Kreditgewährungen in schwerwiegende Interessenkonflikte verwickelt

---

409 HOFMANN, ZIP 2005, 688 (689 f.).

410 OLG Stuttgart vom 09.03.2004 – 6 U 166/03 (n.r.) – ZIP 2004, 891 (893).

411 BGH vom 19.05.2000 – V ZR 322/98 – NJW 2000, 3065 (3066). SOWIE: MÜNCHKOMM/HABERSACK, § 9 VerbrKrG Rn. 18.

412 OLG Stuttgart vom 08.01.2001 – 6 U 57/00 (n.r.) – ZIP 2001, 692 (696). Sowie: EDELMANN, Kommentar XI ZR 174/99, BB 2000, 1855 (1855).

413 BGH vom 21.07.2003 – II ZR 387/02 – BB 2003, 2089 (2089). Ein solcher Gefährdungstatbestand entsteht aber nicht schon dann, wenn die Bank einem Finanzierungsvermittler ohne Kenntnis des Anlegers Provisionen zahlt. Zumal kann ein Schaden des Anlegers nur dann begründet werden, wenn der Anleger das Darlehen bei einer anderen Bank ersichtlich zu besseren Konditionen erhalten hätte; vgl.: BARNERT, Kreditgebende Bank, WM 2004, 2002 (2005).

414 OLG Koblenz vom 05.09.2002 – 5 U 1886/01 – BB 2002, 1981 (1982). Auch die Einschätzung der Entwicklung des Wohnungs- oder Immobilienmarktes ist in erster Linie Sache des spekulierenden Anlegers; hingegen muß die Bank über verschleierte Provisionen, die zu einem erheblich überhöhten Kaufpreis führen, aufklären, vgl.: SPICKHOFF/PETERSHAGEN, BB 1999, 165 (167).

415 SPICKHOFF/PETERSHAGEN, BB 1999, 165 (167).

wird[416]. Die Aufklärungspflicht der Bank entsteht beispielsweise dann, wenn die Bank das Anlageprojekt, für das der Kunde eine Finanzierung abschließen will, zugleich global finanziert und die Kreditgewährung an den Anleger dazu bestimmt ist, das eigene Projektengagement der Bank zurückzuführen[417]. Zu diesen wesensgemäßen Risiken der Doppelfinanzierung müssen allerdings noch besondere Risikoumstände hinzutreten, damit ein schwerwiegender Interessenkonflikt vorliegt. Solche besonderen Risiken können beispielsweise darin liegen, daß die Bank einen Kredit zur Beteiligung an einer Gesellschaft gewährt, obwohl die Bank weiß, daß die Gesellschaft vor dem wirtschaftlichen Zusammenbruch steht und die Bank selbst die Hauptgläubigerin der Gesellschaft ist[418].

In der vierten Fallgruppe wird eine Aufklärungspflicht ausnahmsweise dann begründet, wenn auf Seiten der Bank ein konkreter Wissensvorsprung gegenüber dem Darlehensnehmer vorliegt, der die speziellen Risiken des konkreten Vorhabens betrifft[419]. Die Aufklärungs- und Hinweispflicht der Banken auf die mit dem finanzierten Geschäft verbundenen Risiken besteht nach der ständigen BGH-Rechtsprechung dann, wenn die Bank bezüglich des zu finanzierenden Geschäfts über Insiderwissen verfügt, zu dem der Anleger keinen Zugang hat und dadurch über einen Wissensvorsprung verfügt, gleichzeitig das Aufklärungs- und Schutzbedürfnis eines nicht besonders geschäftserfahrenen Anlegers erkennen kann[420] und deshalb von einem besonderen Aufklärungs- und Schutzbedürfnis des Anlegers ausgehen konnte und mußte[421].

Hierunter fallen auch die Fälle der versteckten Innenprovisionen, die an Gründungsgesellschafter, Initiatoren der Fondsgesellschaft sowie sonstige Verant-

---

416 OLG Stuttgart vom 09.03.2004 – 6 U 166/03 (n.r.) – ZIP 2004, 891 (893).

417 OLG Stuttgart vom 08.01.2001 – 6 U 57/00 (n.r.) – ZIP 2001, 692 (694). Sowie: SPICKHOFF/PETERSHAGEN, BB 1999, 165 (166). Anders sieht dies der XI. Zivilsenat: Nach seiner Auffassung liegt ein schwerwiegender Interessenkonflikt nicht schon alleine deshalb vor, weil die finanzierende Bank zugleich Kreditgeberin des Bauträgers oder des Verkäufers und gleichzeitig des Erwerbers ist. Erforderlich ist vielmehr, daß dazu noch besondere Umstände hinzutreten; vgl.: BGH vom 18.03.2003 – XI ZR 188/02 – NJW 2003, 2088 (2090). Sowie: HOFMANN, ZIP 2005, 688 (690).

418 BARNERT, Kreditgebende Bank, WM 2004, 2002 (2005).

419 OLG Stuttgart vom 09.03.2004 – 6 U 166/03 (n.r.) – ZIP 2004, 891 (893).

420 OLG Koblenz vom 05.09.2002 – 5 U 1886/01 – BB 2002, 1981 (1982).

421 BGH vom 18.04.1988 – II ZR 251/87 – WM 1988, 895 (898). Sowie: BGH vom 24.04.1990 – XI ZR 236/89 – WM 1990, 920 (922). Sowie: BGH vom 31.03.1992 – XI ZR 70/91 – NJW-RR 1992, 879 (881 ff.). Sowie: BGH vom 07.04.1992 – XI ZR 200/91 – WM 1992, 977 (977). Sowie: BGH vom 28.01.1997 – XI ZR 22/96 – BB 1997, 855 (855). Sowie: BGH vom 11.02.1999 – XI ZR 352/97 – WM 1999, 678 (679). Sowie: BGH vom 18.04.2000 – XI ZR 193/99 – WM 2000, 1245 (1246). Sowie: BGH vom 27.06.2000 – XI ZR 174/99 – BB 2000, 1853 (1855). Sowie: HOFMANN, ZIP 2005, 688 (690).

wortliche gezahlt werden. Eine Aufklärungspflicht über diese weichen Kosten kommt jedoch ebenfalls nur ausnahmsweise in Betracht. Nur wenn die Höhe der Innenprovisionen *„zu einer so wesentlichen Verschiebung der Relation zwischen Kaufpreis und Verkehrswert beiträgt, daß die Bank von einer sittenwidrigen Übervorteilung durch den Verkäufer ausgehen muß“*, kommt eine Pflichtverletzung der Bank überhaupt in Betracht[422].

In diesem Zusammenhang ist außerdem zu erwähnen, daß eine derartige Hinweis- und Offenbarungspflicht aufgrund eines konkreten Wissensvorsprungs, wie z.B. der Risikohinweis auf die unzureichende Risikofinanzierung durch eine Pächterin, nur dann in Betracht kommt, wenn ein solches als von der Bank wesentlich erkanntes Wissen bereits vorhanden ist. Hingegen besteht für ein Kreditinstitut grundsätzlich keine Pflicht, sich einen solchen Wissensvorsprung erst anzueignen oder zu verschaffen[423].

(iii) Ausnahmen nach der jüngeren BGH-Rechtsprechung

In den am 14. Juni 2004 vom BGH entschiedenen Fällen war ein solches Aufklärungs- und Schutzbedürfnis nach Ansicht des II. Zivilsenats deshalb zu bejahen, weil die Banken betreffend die Risiken des Vorhabens einen konkreten Wissensvorsprung gegenüber den Darlehensnehmern hatten. Dieser Wissensvorsprung sei beispielsweise darin zu sehen gewesen, daß die Bank die Überschuldung der Immobiliengesellschaft bereits zu Beginn des Projekts erkennen konnte. So war die Firma, die dem Immobilienfonds die Mietgarantie gewährte, schon zu Beginn des Projekts überschuldet[424]. Die den Anlegern vermittelten Mietgarantien waren somit in Wirklichkeit wertlos. Die Banken hätten also erkennen müssen, daß mit dem Fonds die erhofften und versprochenen Vermögensvorteile nie erreicht werden konnten[425].

---

422 BGH vom 29.04. 2003 – XI ZR 201/02 – BKR 2003, 636 (637). Sowie: OLG Stuttgart vom 09.03.2004 – 6 U 166/03 (n.r.) – ZIP 2004, 891 (893). Jedoch begründet ein Wissensvorsprung der Bank darüber, daß der vom Erwerber zu zahlende Kaufpreis in keinem angemessenen Verhältnis zum Wert des zu erwerbenden Objekts steht, nach gefestigter höchstrichterlicher Rechtsprechung keine Aufklärungspflicht. Eine solche kommt erst dann in Betracht, wenn der Wert der Leistung knapp doppelt so hoch ist wie der Wert der Gegenleistung; vgl.: BGH vom 18.11.2003 – XI ZR 322/01 – BKR 2004, 108 (110). Sowie: BGH vom 23.03.2004 – XI ZR 194/02 – NZM 2004, 597 (599).

423 BGH vom 28.01.1992 – XI ZR 301/90 – WM 1992, 602 (603). Sowie: BGH vom 31.03.1992 – XI ZR 70/91 – NJW-RR 1992, 879 (882). Sowie: BGH vom 05.05.1992 – XI ZR 242/91 – NJW 1992, 2560 (2562). Sowie: BGH vom 18.11.2003 – XI ZR 322/01 – BKR 2004, 108 (110). Sowie: BGH vom 27.01.2004 – XI ZR 37/03 – BB 2004, 738 (739).

424 BGH vom 14.06.2004 – II ZR 393/02 – BB 2004, 1587 (1593).

425 BGH vom 14.06.2004 – II ZR 393/02 – BB 2004, 1587 (1593).

(iv) Keine generelle Zurechnung des Verhaltens der Vermittler

Darüber hinaus ist festzuhalten, daß eine generelle Zurechnung des Verhaltens der Anlagenvermittler an die Bank gemäß § 278 BGB abgelehnt wird. Es hat in diesem Bereich eine Differenzierung nach Pflichtenkreisen zu erfolgen[426]. Die Bank muß sich das Verhalten eines Vermittlers nur dann zurechnen lassen, wenn es die Anbahnung des Darlehensvertrags betrifft und wenn sich die erteilten Auskünfte auf den Darlehensvertrag selbst beziehen. Nur dann werden Vermittler als Erfüllungsgehilfen i.S.d. § 278 BGB im Pflichtenkreis der Banken tätig, die selbst nicht in den Vertrieb der Immobilienanteile tätig geworden sind.

Eine Zurechnung findet jedoch nicht statt, wenn sich die unrichtigen Erklärungen der Vermittler auf die Werthaltigkeit, die Ertragsfähigkeit oder die Rentabilität der Immobilie beziehen[427]. Dann werden Vermittler im eigenen Pflichtenkreis tätig bzw. in dem des jeweils anderen Vertragspartners. Gerade Täuschungen im Bereich der von den Fondsvertreibern abgegebenen Mietgarantien und Täuschungen im Zusammenhang mit der Sicherheit der Mieteinkünfte sind den Banken typischerweise nicht zurechenbar[428]. Ebenso betreffen solche Angaben, die möglicherweise den Wert des Objektes oder die finanzielle monatliche Belastung der Anleger falsch wiedergeben, nicht den Darlehensvertrag. Solche Angaben hängen vielmehr mit der Rentabilität des Anlagegeschäfts zusammen und können deswegen nicht zu Pflichtverletzungen der Banken und damit einhergehenden Schadensersatzansprüchen der Anleger gegen die Banken führen[429].

Allerdings muß sich eine Bank das Verhalten eines Vermittlers nach Ansicht des BGH dann zurechnen lassen, wenn ein ständiges Auftreten des Anlagevermittlers für die Bank oder die Ausstattung des Vermittlers mit Kreditantragsformula-

---

426 BARNERT, Kreditgebende Bank, WM 2004, 2002 (2006). Sowie: HORN/BALZER, WM 2000, 333 (335).

427 BGH vom 28.01.1992 – XI ZR 301/90 – WM 1992, 602 (602 f.). Sowie: BGH vom 27.06.2000 – XI ZR 174/99 – BB 2000, 1853 (1854). Sowie: BGH vom 12.11.2002 – XI ZR 47/01 – NJW 2003, 422 (422). Sowie: BGH vom 18.03. 2003 – XI ZR 188/02 – NJW 2003, 2088 (2091). Sowie: BGH vom 29.04. 2003 – XI ZR 201/02 – BKR 2003, 636 (637 f.). Sowie: BGH vom 03.06.2003 – XI ZR 289/02 – NJW-RR 2003, 1203 (1206). Sowie: BGH vom 14.10.2003 – XI ZR 134/02 – NJW 2004, 154 (157). Sowie: BGH vom 23.03.2004 – XI ZR 194/02 – NZM 2004, 597 (600). Sowie: EDELMANN, Kommentar XI ZR 174/99, BB 2000, 1855 (1855). Sowie: SPICKHOFF/PETERSHAGEN, BB 1999, 165 (167 f.).

428 STÜSSER, NJW 1999, 1586 (1587).

429 BGH vom 18.03.2003 – XI ZR 188/02 – NJW 2003, 2088 (2091). Sowie: BGH vom 03.06.2003 – XI ZR 289/02 – NJW-RR 2003, 1203 (1205 f.). Sowie: BGH vom 14.10.2003 – XI ZR 134/02 – NJW 2004, 154 (156). Sowie: BGH vom 27.10.2004 – XI ZR 37/03 – BB 2004, 738 (739).

ren der Bank auf eine Erfüllungsgehilfeneigenschaft hinweisen und so eine Einbindung des Kreditmittlers in den Pflichtenkreis der Bank vorliegt. Denn ansonsten könnte sich die Bank durch gezielte Ausschaltung des direkten Kundenkontakts ihrer Beratungspflichten entziehen[430]. Hiergegen wurde vorgebracht, eine Ausstattung des Kreditmittlers mit Darlehensformularen der Bank diene nur der Abwicklungsvereinfachung. Ferner würden sich die Rentabilitätsangaben eines Anlageobjekts in erster Linie auf den Erwerbsvertrag beziehen und nur mittelbar die Kreditanbahnung betreffen. Des Weiteren liege darin keine Besonderheit, weil Finanzvermittler i.d.R. für verschiedene Banken gegen Provision Kredite vermitteln und sich zur Verfahrensvereinfachung derer Antragsformulare bedienten[431]. Diese Gegenargumente können jedoch nicht überzeugen. Denn wenn man hier eine Zurechenbarkeit ausschließen würde, käme es zu einer unzulässigen Reduzierung und Verkürzung der Aufklärungspflicht auf ihre Bedeutung für den Kaufvertrag. Demnach ist eine Pflichtverletzung wegen einer Täuschung über die Rentabilität und die Finanzierbarkeit einer Anlage sowie über verschleierte Provisionen der Bank regelmäßig über § 278 BGB zurechenbar. Dies betrifft täuschende Handlungen der Anlagen- und Kreditvermittler sowie von deren Beauftragten und Hilfspersonen[432].

Auch der XI. Senat hat in seinen Entscheidungen vom 25. April 2006 darauf hingewiesen, daß ein getäuschter Anleger anstelle einer Arglistanfechtung des Darlehensvertrags auch das Recht hat, bei Vorliegen eines Vermögensschadens in einem verbundenen Geschäft gegen die Bank einen Anspruch aus c.i.c. geltend zu machen, da der Vermittler nicht Dritter i.S.d. § 123 Abs. 2 BGB im Verhältnis zur Bank ist. Ansonsten würde dies einen Wertungswiderspruch darstellen, da eine Zurechnung sowohl bei der arglistigen Täuschung als auch bei einem darin liegenden Verschulden vorliegen muß[433].

(v) Prospektübergabeverpflichtung der Banken

Zwar wurde die eigentliche Anlagevermittlung und -beratung in den Entscheidungen vom 14. Juni 2004 nicht von den Banken, sondern, wie bei Punkt A.1 oben ausgeführt, von den Initiatoren und Gründungsgesellschaftern der Immobilienfonds vorgenommen. Jedoch ist an dieser Stelle auch darauf hinzuweisen, daß in den Fällen, in denen das Kreditinstitut die Werbung des Anlegers übernimmt, selbstverständlich auch ein Auskunftsvertrag zwischen ihr als Anlagevermittler und dem Anlageinteressenten zumindest stillschweigend zustande

---

430 SPICKHOFF/PETERSHAGEN, BB 1999, 165 (168).

431 EDELMANN/HERTEL, DStR 2000, 331 (334).

432 SPICKHOFF/PETERSHAGEN, BB 1999, 165 (168)

433 BGH vom 25.04.2006 – XI ZR 106/05 – ZIP 2006, 1084 (1088). Sowie: FISCHER, Ende der Rechtsprechungsdivergenz, DB 2006, 1415 (1419).

kommt. Dieser Auskunftsvertrag verpflichtet ebenfalls zu vollständiger und richtiger Information und zur Überlassung des Emissionsprospekts des geschlossenen Immobilienfonds. Diese Pflicht ist zwar nicht gesetzlich normiert, folgt aber daraus, daß angesichts der Komplexizität der zum Beitritt zu einem geschlossenen Immobilienfonds erforderlichen Informationen eine bloß mündliche Beratung unzureichend wäre[434].

(c) Inhalt der Schadensersatzansprüche

Der Schaden der Anleger bestand in den am 14. Juni 2004 vom II. Zivilsenat entschiedenen Fällen darin, daß die Fondsobjekte nicht vollständig vermietet werden konnten und deshalb die tatsächlichen Mieteinnahmen weit hinter den erhofften und versprochenen zurückblieben. Die für den Immobilienfonds abgegebenen Mietgarantien blieben nach der Insolvenz der Fondsgesellschaften schließlich aus, so daß die Anleger für die Mietzahlungen der Bank gegenüber einzustehen hatten[435].

Alle bei Punkt (1) oben genannten Anspruchsgrundlagen zielen grundsätzlich auf Ersatz des negativen Interesses ab[436]. Die Anleger sind demnach grundsätzlich so zu stellen, als wären sie der Gesellschaft nicht beigetreten und als hätten sie – bei Vorliegen eines verbundenen Geschäfts – mit den Banken keine Darlehensverträge geschlossen[437].

---

434 § 19 Abs. 1 KAGG gilt zwar für Kapitalanlagegesellschaften, jedoch nicht für geschlossene Immobilienfonds (siehe Punkt II.B.1.a)); vgl.: OLG Hamm vom 26.03.2003 – 8 U 170/02 – BKR 2003, 807 (808 f.).

435 BGH vom 14.06.2004 – II ZR 393/02 – BB 2004, 1587 (1592).

436 Vgl. für den Schadensersatzanspruch aus Prospekthaftung und den Anspruch aus Verschulden bei Vertragsverhandlungen: PALANDT/HEINRICHS, 64. Aufl., § 280 Rn. 54 und § 311 Rn. 57. Vgl. für den Anspruch aus § 823 Abs. 2 BGB i.V.m. § 264a StGB: PALANDT/SPRAU, 64. Aufl., Einf. v. § 823 Rn. 17.

437 BGH vom 14.06.2004 – II ZR 374/02 – ZIP 2004, 1407 (1408). Sowie: BGH vom 14.06.2004 – II ZR 392/01 – WM 2004, 1518 (1520). Bei Vermögensdispositionen, die im Vertrauen auf den Rat oder die Auskunft eines anderen getroffen wurde, resultiert die Ermittlung des Schadens grundsätzlich aus einem Vergleich der Vermögenslage, die bestehen würde, wenn die Maßnahme des Anlegers unterblieben wäre, mit derjenigen, die tatsächlich beim Anleger eingetreten ist; vgl.: BGH vom 20.11.1997 – IX ZR 286/96 – NJW 1998, 982 (983).

(2) Verbundenes Geschäft zwischen Fondsbeitritt und Kreditvertrag

Die wichtigste Voraussetzung für den Rückforderungsdurchgriff – das verbundene Geschäft gemäß § 9 Abs. 1 VerbrKrG – liegt, wie oben bereits ausführlich dargelegt, nach Ansicht des II. Zivilsenats des BGH, vor.

b) Rechtsfolgen des Rückforderungsdurchgriffs

(1) Ansprüche der Anleger

Aufgrund des Rückforderungsdurchgriffs gemäß § 9 Abs. 2 S. 4 VerbrKrG (entspricht § 359 S. 1, § 358 Abs. 4 S. 3 BGB n.F.) sind die Anleger nach der oben dargestellten Ansicht des II. Zivilsenats damit so zu stellen, als wären sie dem Immobilienfonds nicht beigetreten und als hätten sie den Kreditvertrag nicht abgeschlossen. Dadurch habe ein Verbraucher, wenn der finanzierte Vertrag nichtig oder angefochten ist, einen Rückforderungsanspruch gemäß § 812 Abs. 1 S. 1 Alt. 1 BGB gegen den Kreditgeber[438] auf Rückgewähr der von ihm bereits aufgrund des Darlehensvertrags erbrachten Leistungen, also etwaige bereits erbrachte Tilgungs- oder Zinsleistungen.

(2) Vorteilsausgleich

Dieser Rückabwicklungsanspruch besteht jedoch – auch nach Ansicht des II. Zivilsenats – in jedem Fall nur bezüglich solcher Zahlungen, die von den Anlegern aus eigenen Mitteln erbracht wurden, ohne auf die Gesellschaftsbeteiligung zurückzugreifen. Angerechnet werden demnach die von den Anlegern vereinnahmten Erträgnisse des Fonds und diejenigen Steuervorteile, die den Anlegern verbleiben[439]. Sofern an das Kreditinstitut zur Tilgung des Darlehens oder zur Begleichung sonstiger Verbindlichkeiten aus den Gesellschaftsanteilen Gewinnanteile des Immobilienfonds weitergeleitet wurden, können diese Beträge mangels Schadens der Anleger nicht zurückverlangt werden[440]. Es ist also im Rahmen der Rückabwicklung nach herrschender Meinung zu berücksichtigen, ob Anlegern durch die Beteiligung an den Immobilienfonds Vorteile erwachsen sind. Dies kann, wie bereits einleitend erwähnt, der Fall sein, wenn Anleger in den Genuß von Steuervorteilen gekommen sind – und diesen keine Nachzahlungsansprüche des Finanzamtes gegenüberstehen – oder wenn Gewinnanteile, vor allem Mieterträge, in das Vermögen der Anleger geflossen sind. Da die Anleger durch die Rückabwicklung nicht schlechter, aber auch nicht besser gestellt

---

438 Palandt/Heinrichs, 64. Aufl., § 359 Rn. 7.

439 BGH vom 14.06.2004 – II ZR 392/01 – WM 2004, 1518 (1521). Sowie: BGH vom 14.06.2004 – II ZR 393/02 – BB 2004, 1587 (1592).

440 BGH vom 14.06.2004 – II ZR 392/01 – WM 2004, 1518 (1521).

werden sollen, als hätten sie die Anteile an den Immobilienfonds nicht erworben, sind in den genannten Fällen vom BGH die Zahlungsansprüche gegen die Banken nach den Regeln des Vorteilsausgleichs entsprechend gekürzt worden[441].

Diese Kürzung ist schon von Gesetzes wegen zu berücksichtigen, da es sich bei der Vorteilsausgleichung um eine Inhaltsbeschränkung handelt, die dem Anspruch auf Schadensersatz von vornherein anhaftet. Der Geltendmachung einer Einrede (in Form eines Zurückbehaltungsrechts) durch den Schädiger bedarf es in diesen Fällen grundsätzlich nicht[442].

(3) Ansprüche der Kreditinstitute

Die Anleger hatten damit nach Ansicht des II. Zivilsenats die Fondsbeteiligung und in entsprechender Anwendung des § 255 BGB die ihnen gegen die Prospektverantwortlichen und Gründungsgesellschafter des Fonds zustehenden Ansprüche auf Schadensersatz an die Kreditinstitute abzutreten[443].

Im Gegenzug besteht, wie oben bereits ausgeführt, kein Anspruch auf Rückzahlung der Darlehensvaluta – die im Übrigen nicht an die Anleger, sondern an die Treuhänder geflossen ist – der Banken gegen die Anleger, wenn Fondsinitiatoren und Kreditinstitut planmäßig und arbeitsteilig zusammengewirkt haben[444].

3. Keine Verwirkung der Rechte der Anleger

Der BGH stellte in seinen Entscheidungen weiterhin fest, daß die Rechte der Anleger nicht verwirkt seien.

Grundsätzlich ist ein Recht erst verwirkt, wenn der Berechtigte es längere Zeit hindurch nicht geltend gemacht hat (sog. Zeitmoment) und der Verpflichtete sich deswegen darauf eingerichtet hat und sich nach dem gesamten Verhalten des Berechtigten auch darauf einrichten durfte, das dieser das Recht auch zukünftig nicht geltend machen werde (sog. Umstandsmoment). Die Verwirkung stellt einen typischen Anwendungsfall der unzulässigen Rechtsausübung wegen widersprüchlichen Verhaltens dar und einen Verstoß gegen Treu und Glauben aufgrund „*illoyaler Verspätung der Rechtsausübung*“[445].

---

441 BGH vom 14.06.2004 – II ZR 392/01 – WM 2004, 1518 (1521).

442 BGH vom 18.12.1981 – V ZR 207/80 – NJW 1982, 1145 (1146).

443 BGH vom 14.06.2004 – II ZR 393/02 – BB 2004, 1587 (1592).

444 FRINGS, BB 2004, 2257 (2258).

445 PALANDT/HEINRICHS, 64. Aufl., § 242 Rn. 87 ff.

Der BGH hat in seinen Entscheidungen vom 14. Juni 2004 diesbezüglich jedoch nicht auf die Verwirkung eines Kündigungsrechts der Anleger gegenüber der Fondsgesellschaft abgestellt. Vielmehr sei das Kündigungsrecht in den hier vorliegenden Fällen des verbundenen Geschäfts durch eine Anfechtung des Kreditvertrags ersetzt und ausgeübt worden, indem der getäuschte Anleger gegenüber seinem finanzierenden Kreditinstitut mitteilte, er sei durch Täuschung zum Erwerb der Beteiligung veranlaßt worden, und der Bank die Übernahme seines Geschäftsanteils angeboten hat. Diese Anfechtung sei in den vom BGH entschiedenen Fällen schon früher erfolgt, etwa ein Jahr, nachdem die jeweilige Fondsgesellschaft in Insolvenz gefallen war. Damit sei eine Verwirkung ausgeschlossen. Die eigentliche Kündigung der Fondsbeteiligung erfolgte erst zu einem viel späteren Zeitpunkt. Ob diese letztgenannte Kündigung verwirkt war, ließ der BGH dann jeweils offen[446].

4. Kritik am Rückforderungsdurchgriff

Ebenso wie bereits der Einwendungsdurchgriff, muß sich erst recht der vom BGH angewandte Rückforderungsdurchgriff massiver Kritik aus Rechtsprechung und Literatur stellen.

a) Rückforderungsdurchgriff contra legem

Vorab ist mit SCHWAB festzustellen, daß der Verbraucherschutz gerade nicht als „*vorrangiges Recht*“ die Lehre von der fehlerhaften Gesellschaft überwindet. Vielmehr ist zur Vermeidung eines Wettlaufs der Gesellschafter um die Rückforderung der Ausschluß einer ex-tunc-Rückabwicklung im Interesse der übrigen Anlagegesellschafter geboten. Aus diesem Grund kann man auch auf Grundlage der auf europäischem Recht beruhenden verbraucherschützenden Widerrufsrechte zu keinem anderen Ergebnis kommen, da auch das europäische Verbraucherprivatrecht nicht diejenigen privilegieren will, die den Widerruf am schnellsten ausüben, sondern alle Verbraucher gleichermaßen schützen soll[447]. Insofern bewirkt die Lehre von der fehlerhaften Gesellschaft nicht das Entstehen eines Rückgewährschuldverhältnisses, sondern lediglich das Entstehen des Anspruchs auf das Auseinandersetzungsguthaben nach § 738 BGB. Hingegen bleibt ein noch nicht erfüllter Einlageanspruch gegen den Anleger bestehen. Die Lehre von der fehlerhaften Gesellschaft sperrt damit einen Rückgewähranspruch

---

446 BGH vom 21.07.2003 – II ZR 387/02 – BB 2003, 2089 (2090 f.). Sowie: BGH vom 14.06.2004 – II ZR 392/01 – WM 2004, 1518 (1520 f.). Sowie: BGH vom 14.06.2004 – II ZR 374/02 – ZIP 2004, 1407 (1408). Anders noch: BGH vom 27.06.2000 – XI ZR 174/99 – BB 2000, 1853 (1855), da die Bank nicht Empfangsvertreterin oder Empfangsbotin der Fondsgesellschaft war.

447 SCHWAB, ZGR 2004, 861 (892).

des Anlegers auf die Einlage[448]. Dogmatisch zu begründen ist ein Rückforderungsdurchgriff des Verbrauchers gegen die Bank hingegen nicht, wie im Folgenden dargestellt wird. Denn eine teleologische Reduktion des gesetzlichen Anwendungsverbots in § 3 Abs. 2 Nr. 2 VerbrKrG ist aus mehreren Gründen nicht möglich[449]. Des Weiteren kommt auch eine analoge Anwendung der Vorschrift des § 9 VerbrKrG in den vorliegenden Fällen nicht in Betracht.

(1) Teleologische Auslegung

(a) Gesetzgeberischer Wille

Nach einer in der Literatur weit verbreiteten Ansicht sei ein Rückforderungsdurchgriff schon alleine aufgrund des entgegenstehenden Willens des Gesetzgebers ausgeschlossen[450]. Der Gesetzgeber habe mit § 9 Abs. 2 S. 4 VerbrKrG und mit § 13 Abs. 3 S. 2 VerbrKrG an anderer Stelle Regelungen getroffen, die eine Einstandspflicht des Kreditgebers statuieren. Für die Konstellation des Rückforderungsdurchgriffs sei eine derartige Regelung jedoch nicht erfolgt[451]. Durch die Aufnahme der Regelung des § 9 Abs. 3 S. 1 in das Verbraucherkreditgesetz habe der Gesetzgeber eben nicht nur den Einwendungsdurchgriff, sondern zugleich e contrario eine Rückforderungssperre normieren wollen. Dafür spreche vor allem, daß der Kreditgeber alleine aufgrund der Regelung des § 9 Abs. 2 S. 4 VerbrKrG in die rechtliche Stellung des Verkäufers eintrete und eine Erstattungspflicht der vom Verbraucher bereits erbrachten Zahlungen alleine aus § 7 Abs. 4 VerbrKrG i.V.m. § 3 HWiG folge. Da eine solche Erstattungsregelung in § 9 Abs. 3 VerbrKrG nicht enthalten sei, sollte der Verbraucher nach dem Willen des Gesetzgebers von der Rückabwicklung ausgenommen werden. Dabei handele es sich nicht nur um ein einfaches Schweigen des Gesetzgebers, sondern um ein solches mit normativer Wirkung[452].

Aus § 9 Abs. 3 VerbrKrG sei also unmittelbar keine Legitimation des Rückforderungsdurchgriffs abzuleiten. Wie auch bei einem lediglich zweiseitigen Teilzahlungsgeschäft dürfe dem Verbraucher auch bei wirtschaftlicher Einheit zwei-

---

448 SCHWAB, ZGR 2004, 861 (893 f.).

449 OLG Frankfurt/Main vom 15.12.2004 – 9 U 56/03 – OLGR Frankfurt 2005, 307 (307 ff.); mit Verweis auf: BGH vom 12.11.2002 – XI ZR 25/00 – BKR 2003, 112 (112 ff.). Sowie: BGH vom 23.09.2003 – XI ZR 135/02 – WM 2003, 2232 (2234).

450 So auch: CANARIS, Grundprobleme des Finanzierungsleasings, ZIP 1993, 401 (409) mit dem schlichten Hinweis darauf, daß die Vorschrift des § 9 Abs. 3 VerbrKrG dem Verbraucher nach herrschender und richtiger Ansicht keinen Rückforderungsdurchgriff eröffne.

451 STAUDINGER/KESSAL-WULF, § 9 VerbrKrG Rn. 91.

452 HABERSACK, Verbundene Geschäfte, DStR 1994, 1853 (1857). Sowie: STAUDINGER Ansgar, Rückforderungsdurchgriff, NZM 2000, 689 (690) m.w.N.

er Verträge nur die Möglichkeit der Zahlungseinstellung verbleiben. Dieser Schutz sei ausreichend. Der Verzicht des Gesetzgebers, weitergehende Regelungen wie einen Rückforderungsdurchgriff zugunsten des Verbrauchers zu normieren, sei deshalb nach dieser Ansicht zu akzeptieren[453].

(b) Fehlende Voraussetzungen für eine Analogie

Dies führe denknotwendig dazu, daß auch formaljuristische Erwägungen zu keinem anderen Ergebnis führen können. Denn aus formaljuristischer Sicht müsse zusätzlich beachtet werden, daß damit die Voraussetzungen einer analogen Anwendung des § 9 Abs. 2 S. 4 VerbrKrG gar nicht vorliegen: Es fehle nach dem eben Ausgeführten schon an der für eine Analogie erforderlichen planwidrigen ausfüllungsbedürftigen Regelungslücke[454].

Insbesondere könne die Bank nicht deswegen in einen Haftungsverband miteinbezogen werden, da sie an einem eventuellen Betrug durch den Vertragspartner des Käufers oder durch Dritte in der Regel nicht beteiligt ist. Hier seien die Vorschriften der §§ 31, 831 und 830 Abs. 2 BGB und das Rechtsinstitut der c.i.c. (bzw. § 311 BGB n.F.) als geltendes Recht vorrangig anzuwenden, bevor eine Analogie zugunsten des Käufers konstruiert werden könne. Dieses delikts- und schuldrechtliche Instrumentarium gewährleistet eine ausreichende und abschließende haftungsrechtliche Zuweisung[455].

(2) Historische Auslegung

Auch eine historische Auslegung der Vorschrift des § 9 VerbrKrG anhand deren Entstehungsgeschichte führe hier zum gleichen Ergebnis. Zweifel könnten hierbei auch durch die Gesetzesmaterialien nicht begründet werden[456].

Im ersten Gesetzesentwurf der Bundesregierung[457] war zwar in § 607a Abs. 1 BGB[458] noch die Regelung eines beschränkten Rückforderungsdurchgriffs ent-

---

453 STAUDINGER/KESSAL-WULF, § 9 VerbrKrG Rn. 99.

454 REUTER weist zutreffend darauf hin, daß eine Analogie des § 9 Abs. 2 S. 4 VerbrKrG, die darauf abzielt, die wirtschaftlichen Risiken vom Verbraucher auf die Bank zu verlagern, was aber ohne ein Verbundgeschäft gar nicht möglich wäre, unter dem dringenden Verdacht der Verfassungswidrigkeit steht; vgl.: REUTER, FS KONZEN, *.

455 OLG Schleswig vom 02.06.2005 – 5 U 162/01 (n.r.) – ZIP 2005, 1127 (1129).

456 OLG Schleswig vom 02.06.2005 – 5 U 162/01 (n.r.) – ZIP 2005, 1127 (1128). Ausführlich zum diesbezüglichen Gang der Gesetzgebung: VOLLKOMMER, FS Merz, 599 ff.

457 Gesetz über finanzierte Rechtsgeschäfte und über Maklerverträge; vgl.: BT-Drucks. 8/3212.

458 Der Gesetzesentwurf des § 607a Abs. 1 BGB lautete: *„Dient ein Darlehen dem Kauf eines Gegenstandes, so kann der Darlehensnehmer Einwendungen oder Ansprüche aus*

halten. Jedoch war auch darin der Rückforderungsanspruch beschränkt auf die auf das Darlehen bereits zurückerstatteten Tilgungsbeiträge[459]. Davon rückte man jedoch ziemlich schnell ab. Bereits im Referentenentwurf hieß es daraufhin:

> *„Andererseits gewährt der Entwurf dem Verbraucher auch keinen Forderungsdurchgriff (Rückforderungsanspruch). Eine Haftung des Kreditgebers für einen Rückforderungsanspruch des Verbrauchers gegenüber dem Verkäufer ist ausgeschlossen.*"[460].

Auch die Streichung des Satzes aus der amtlichen Begründung *„Ein Forderungsdurchgriff (Rückforderungsdurchgriff) gegen den Kreditgeber ist nicht vorgesehen*"[461], der in der Begründung des Referentenentwurfs noch enthalten war, könne zu keiner anderen Beurteilung führen, da sich das Verbraucherkreditgesetz mit dem Einwendungsdurchgriff begnügt habe und dieser Satz überflüssig geworden sei[462]. In der Begründung zum Verbraucherkreditgesetz wird zwar neben dem Begriff des *„Einwendungsdurchgriffs*" auch der des *„Haftungsdurchgriffs*" benutzt[463]. Dieser Begriff sei jedoch auf die praktizierte und bewährte Rechtsprechung bezogen und könne deshalb nicht den Rückforderungsdurchgriff meinen[464].

Die Begründung zum nachfolgenden Regierungsentwurf enthielt hierzu folgende Passage:

> *„In der BRD haben Rechtsprechung und Literatur (…) das Institut des sog. Einwendungsdurchgriffs entwickelt. Dies bedeutet, daß der Käufer und Kreditnehmer in den Fällen der Nicht- oder Schlechterfüllung des*

---

dem Kaufvertrag, soweit sie ihn gegenüber dem Verkäufer zur Verweigerung oder Rückforderung seiner Leistung berechtigen würden, auch gegenüber dem Darlehensgeber geltend machen, wenn nach den Umständen die Verträge über den Kauf des Gegenstandes und das Darlehen als Teile eines wirtschaftlichen Vorgangs anzusehen sind. (…) Der Anspruch auf Rückforderung kann nur bis zur Höhe der auf das Darlehen bereits zurückerstatteten Tilgungsbeträge geltend gemacht werden"; vgl.: BT-Drucks. 8/3212.

459 OLG Schleswig vom 02.06.2005 – 5 U 162/01 (n.r.) – ZIP 2005, 1127 (1128).

460 So argumentiert: OLG Schleswig vom 02.06.2005 – 5 U 162/01 (n.r.) – ZIP 2005, 1127 (1129).

461 BT-Drucks. 11/5462, 12.

462 KONZEN, FS SCHIRMER, 319 (325). Daraus kann jedoch nicht – wie es das OLG Stuttgart versucht – geschlossen werden, diese Frage sei dadurch ausdrücklich der weiteren Entwicklung in Literatur und Rechtsprechung überlassen worden; vgl.: OLG Stuttgart vom 26.09.2005 – 6 U 92/05 (n.r.) – ZIP 2005, 2152 (2153).

463 BT-Drucks. 11/5462, 12.

464 KONZEN, FS SCHIRMER, 319 (325). So auch: VOLLKOMMER, FS Merz, 601.

Lieferungsvertrags usw. gegenüber dem Kreditgeber ein Zurückbehaltungsrecht geltend machen kann. (...) Der Verbraucher soll durch die rechtliche Aufspaltung nicht schlechter gestellt werden, als wenn ihm – wie bei einem einfachen Abzahlungskauf – nur ein Vertragspartner gegenüber stünde (...) Abs. 3 Satz 1 gewährt dem Verbraucher das Recht, die Rückzahlung des Darlehens - einschließlich der Zinsen – zu verweigern“[465].

Der Gesetzgeber habe damit von der Regel, daß der Schuldner dem Gläubiger lediglich Einwendungen aus dem mit dem Schuldner geschlossenen Vertrag entgegenhalten könne, gerade keine Ausnahme gemacht[466]. Ein Rückforderungsdurchgriff in der Form, daß ein Käufer bei einem unwirksamen oder rückabgewickelten Kaufvertrag von der Bank die bereits geleisteten Raten zurückfordern könnte, wurde fortan von der herrschenden Meinung verneint[467]. Die Folgerung des II. Zivilsenats des BGH in seiner Entscheidung II ZR 387/02 vom 21. Juli 2003, die Frage der Auslegung der Norm des § 9 VerbrKrG sei Rechtsprechung und Lehre bewußt überlassen worden[468], könne damit nicht mehr aufrechterhalten werden. Insbesondere verbiete die eben auszugsweise dargelegte Entstehungsgeschichte des § 9 VerbrKrG, daß ein Darlehensnehmer der Bank Einwendungen aus sonstigen Rechtsgeschäften entgegenhalten könnte.

Daran könne auch europäisches Recht in Form der Verbraucherkreditrichtlinie nichts ändern. Deren Art. 11 Abs. 2 fordere zwar Rechte des Verbrauchers in einer derartigen Situation, mache es aber gleichzeitig zur Sache der Mitgliedstaaten, zu bestimmen, „*wie weit und unter welchen Bedingungen diese Rechte geltend gemacht werden können*“[469]. Der deutsche Gesetzgeber habe dies nicht getan. Eine Übertragung dieser Aufgabe an die Rechtsprechung oder das

---

465 BT-Drucks. 11/5462, 12. Auf das Aufspaltungsrisiko und dessen Berücksichtigung ist sogleich zurückzukommen.

466 REINICKE/TIEDTKE, ZIP 1992, 217 (224). LIEB weist zutreffend darauf hin, daß man zwar über die Relevanz der Entstehungsgeschichte von Gesetzen bei der Gesetzesauslegung streiten könne, daß man sie aber zumindest bei neueren Gesetzen und einem eindeutigen Willen des Gesetzgebers nicht vollständig ignorieren könne. Jedenfalls könne man den Gesetzgeber nicht dazu „*zwingen, weitergehende rechtspolitische Forderungen im Gesetzestext ausdrücklich negativ zu bescheiden*“; vgl.: LIEB, WM 1991, 1533 (1537).

467 WOLF/GROßERICHTER, Ergebnis als Methode, WM 2004, 1993 (1996).

468 BGH vom 21.07.2003 – II ZR 387/02 – BB 2003, 2089 (2091).

469 Richtlinie 87/102/EWG des Europäischen Rates vom 22.12.1986 zu Angleichung der Rechts- und Verwaltungsvorschriften der Mitgliedstaaten über den Verbraucherkredit, ABl. EG 1987 Nr. L 42, 48 (48 ff.) in der Fassung der Änderungsrichtlinie 90/88/EWG des Rates vom 22.02.1990, ABl. EG Nr. L 61, 14 (14 ff.).

Schrifttum sei nicht möglich. Ein Rückzahlungsanspruch bezüglich der gezahlten Raten scheide damit aus[470].

b) Kein Schadensersatzdurchgriff

Gänzlich unbegründbar sei darüber hinaus, daß der II. Zivilsenat Schadensersatzansprüche in den Einwendungs- und Rückforderungsdurchgriff mit einbezieht. SCHÄFER bezeichnet es als *„etwas zu kühn“*, wenn Anleger dem Kreditinstitut plötzlich alle Ansprüche entgegensetzen können sollen, die sie gegen die Gründungsgesellschafter des Fonds und die Initiatoren, die maßgeblichen Betreiber, Manager und Prospektverantwortlichen haben[471]. Dieser Schadensersatzdurchgriff scheitere schon an der fehlenden Zurechenbarkeit. Darüber hinaus war bisher anerkannt, daß sich die Bank nicht einmal Schadensersatzansprüche des Verbrauchers gegen den Verkäufer selbst entgegenhalten lassen mußte. Im Ergebnis habe der II. Zivilsenat den von ihm beschrittenen Weg eines Schadensersatzdurchgriffs auch gar nicht gebraucht, weil er bereits über den Rückforderungsdurchgriff das Anlagerisiko auf die Banken übertragen habe. Der Schadensersatzdurchgriff sei durch das Gesetz oder die diesem zugrunde liegenden Wertungen auch nicht erklärbar[472].

c) Keine Risikoerhöhung durch das verbundene Geschäft

Eine mögliche Anwendung des § 9 Abs. 2 S. 4 VerbrKrG auf einen kreditfinanzierten Gesellschaftsbeitritt könnte nach SCHWAB auch nicht so aussehen, daß die Finanzierungsbank dem Anleger die gezahlten Darlehensraten zurückzahlt und der Anleger der Bank im Gegenzug den Anspruch auf das Auseinandersetzungsguthaben abtritt, um so einen status quo ante wiederherzustellen. Diese Vorgehensweise sei nicht einmal vom Gesetzeswortlaut des § 9 Abs. 2 S. 4 VerbrKrG getragen, da die Rückgewähr von Zins- und Tilgungsraten keine

---

470 REINICKE/TIEDTKE, ZIP 1992, 217 (224 f.). REINICKE/TIEDTKE verweisen a.a.O. des Weiteren darauf, daß § 9 Abs. 3 VerbrKrG so zu lesen wäre, als enthielte er einen vierten Satz folgenden Wortlautes: *„Einwendungen aus dem Kaufvertrag berechtigen den Verbraucher nicht, vom Kreditgeber die Darlehensraten zurückzufordern, die er ihm bereits bezahlt hat.“*.

471 SCHÄFER, Revolutionäres aus Karlsruhe, DStR 2004, 1611 (1617).

472 SCHÄFER, Revolutionäres aus Karlsruhe, DStR 2004, 1611 (1617) mit Verweis auf den BegrRegE, BT-Drucks. 11/5462, 24 in Bezug auf Mangelfolgeschäden des Verbrauchers. Insbesondere sieht sogar SCHÄFER, der der Linie des II. Senats in den Entscheidungen vom 14.06.2004 ansonsten grundsätzlich zustimmt, weder eine Rechtsfertigung noch einen Bedarf dafür, in den Einwendungs- und/oder Rückforderungsdurchgriff auch eventuelle Schadensersatzansprüche gegen die Initiatoren einzubeziehen sind, da diese der Gesellschaft nicht einmal zugerechnet werden können; vgl.: SCHÄFER, Anlegerschutz, BKR 2005, 98 (103).

Pflicht der Gesellschaft sei, in welche die Bank eintreten könnte, sondern eine originäre Verpflichtung der Bank. Viel gravierender sei aber der Umstand, daß ein solches Vorgehen dazu führen würde, daß die Bank von der Gesellschaft die Rückgewähr des Nettokreditbetrags Zug um Zug gegen Abtretung des Auseinandersetzungsanspruchs verlangen könnte. Da sich jedoch die Darlehensvaluta aufgrund des Finanzierungszwecks an der Einlage orientiere, und der Anleger – wegen der Grundsätze der fehlerhaften Gesellschaft – keinen Anspruch auf Rückzahlung der Einlage haben könne, könne ein solcher Anspruch auch nicht bei der Bank entstehen. Würde man ein solches Vorgehen zulassen, so würden die Grundsätze der fehlerhaften Gesellschaft umgangen[473]. Durch § 9 Abs. 2 S. 4 VerbrKrG solle die Bank also so gestellt werden, als habe sie den Vertrag mit der Hauptpartei geschlossen und anschließend widerrufen. Wäre die Bank jedoch selbst der Fondsgesellschaft beigetreten und hätte widerrufen, so wäre auch hier die Verpflichtung zur Zahlung der Einlage bestehen geblieben. Widerruft nun ein Anleger, so könne dies nicht anders sein[474]. Es bestehe insofern auch außerhalb eines verbundenen, kreditfinanzierten Geschäfts das Risiko, bereits erbrachte Leistungen von seinem Vertragspartner zurückverlangen zu müssen. Die bloße Aufspaltung erhöht indes nicht das Risiko für den Verbraucher[475].

Denkbar sei jedoch eine Rückabwicklung derart, daß die Bank den Auseinandersetzungsanspruch des Anlegers zum Nennwert übernimmt und diesen Nennwert anschließend gegen die Darlehensrestforderung aufrechnet. Erst danach könne die Bank, nachdem ihr der Auseinandersetzungsanspruch abgetreten wurde, aus diesem Anspruch gegen die Gesellschaft vorgehen, wiederum beschränkt auf die Höhe des Auseinandersetzungsanspruchs[476].

In den Entscheidungen vom 14. Juni 2004 hat der II. Zivilsenat die Anleger jedoch nicht den Auseinandersetzungsanspruch an die Banken abtreten lassen, sondern der Bank die gesamte Beteiligung an der Fondsgesellschaft zugewiesen, Zug um Zug gegen die Ansprüche der Anleger. Dies führt zu einer weiteren beachtlichen Folge der vom BGH gewählten Konstruktion:

d) Nicht zu rechtfertigende Besserstellung des Anlegers

Dadurch, daß die Bank – gleich, ob ihr nur der Anspruch auf das Auseinandersetzungsguthaben oder die gesamte Beteiligung abgetreten wurde – um sich selbst schadlos zu halten, darauf angewiesen ist, mit dem Auseinandersetzungsanspruch gegen die Gesellschaft vorzugehen, trage sie gleichzeitig das Risiko,

---

473 SCHWAB, ZGR 2004, 861 (893 f.).
474 SCHWAB, ZGR 2004, 861 (894).
475 KONZEN, FS SCHIRMER, 319 (324).
476 SCHWAB, ZGR 2004, 861 (895).

dieses Auseinandersetzungsguthaben nicht mehr beitreiben zu können. Damit verbunden sei eine nicht zu rechtfertigende Besserstellung des Anlegers, der den Beitritt über ein Kreditinstitut fremdfinanziert[477]. Denn der Verbraucher solle durch einen Rückforderungsdurchgriff lediglich so gestellt werden, als habe er ein Teilzahlungsgeschäft direkt mit dem Vertragspartner des Hauptgeschäfts, also der Fondsgesellschaft, geschlossen[478]. In diesem Fall würden die Grundsätze des fehlerhaften Gesellschaftsbeitritts den Anleger jedoch nicht davon befreien, der Fondsgesellschaft gegenüber die restliche Einlage zu erbringen. Dem Anleger stünde lediglich die Möglichkeit offen, dagegen mit seinem Anspruch auf das Auseinandersetzungsguthaben aufzurechnen. Ein positives Saldo zugunsten des Verbrauchers, das gegen die Gesellschaft geltend gemacht werden kann, sei danach mit dem Insolvenzrisiko des Immobilienfonds belastet. Muß hingegen die Bank dem Verbraucher unabhängig von einer Realisierbarkeit des Auseinandersetzungsguthabens dieses Saldo erstatten, stünde der Anleger besser, als hätte er ein Teilzahlungsgeschäft direkt mit der Fondsgesellschaft geschlossen. Diese Besserstellung ist nach SCHWAB von der Konstruktionsidee des Einwendungsdurchgriffs nicht mehr gedeckt und schießt über dessen Anwendungsbereich hinaus, da das Risiko, bereits erbrachte Leistungen im Rahmen eines gescheiterten verbundenen Vertrags vom insolventen Vertragspartner zurückzuerhalten, vom Rechtsgedanken des § 9 VerbrKrG nicht umfaßt sei[479].

Bemerkenswert ist, daß SCHWAB die eben diskutierte Problematik bezüglich der Anwendbarkeit eines Rückforderungsdurchgriffs bereits nach dem Urteil II ZR 387/02 vom 21. Juli 2003 aufzeigte und gleichzeitig feststellte, daß diese Frage des Rückforderungsdurchgriffs ihre Bedeutung verliere, wenn – wie in den Urteilen des II. Zivilsenats vom 14. Juni 2004 – die Banken ohne Rücksicht auf einen konkreten Wissensvorsprung den Anlegern gegenüber haften und die Anleger deshalb keinerlei Anlagerisiko mehr zu tragen haben. Gleichzeitig stellt SCHWAB fest, daß sich der Anspruch der Anleger, so gestellt zu werden, als wären sie der Fondsgesellschaft nie beigetreten, nicht aus einer direkten oder analogen Anwendung des § 9 VerbrKrG herleiten läßt. Hierfür müsse vielmehr eine eigenständige Anspruchsgrundlage gefunden werden, die eine Schadensersatzverpflichtung der Bank gegenüber dem Anleger dogmatisch stichhaltig begründen kann[480].

---

477 SCHWAB, ZGR 2004, 861 (896 f.).

478 Indem die Fondsgesellschaft dem Verbraucher die Einlage beispielsweise stundet; vgl.: SCHWAB, ZGR 2004, 861 (896).

479 SCHWAB, ZGR 2004, 861 (896 f.). In diese Richtung auch: HABERSACK, Das neue VerbrKrG, WM 1991, 1449 (1452).

480 SCHWAB, ZGR 2004, 861 (899 f.).

e) Widerrufsgrund außerhalb der Sphäre des Kreditgebers

Weiterhin sei zu beachten, daß ein Widerrufsrecht nach § 9 Abs. 2 S. 4 VerbrKrG außerhalb der Sphäre des Kreditgebers liege und von diesem nicht eingeschränkt oder beeinflußt werden könne.

KONZEN leitet den Sinn und die Berechtigung der Verlagerung des Insolvenzrisikos auf das Kreditinstitut bei direkter Anwendung des § 9 Abs. 2 S. 4 VerbrKrG aus der sog. *„bilateralen Rückabwicklung“* selbst her, d.h. aus der Erstreckung eines Widerrufs im Rahmen eines Rückforderungsdurchgriffs auf das verbundene Geschäft insgesamt. Dadurch werden beide Verträge lediglich zwischen den Parteien des Kreditvertrags rückabgewickelt[481]. Der gesetzgeberische Grund hierfür liege darin, daß im Rahmen des Widerrufsrechts aus § 9 Abs. 2 VerbrKrG bzw. bei dem seit dem 1. Januar 2002 geltenden § 358 Abs. 2 S. 1 BGB der Widerruf typischerweise aus der Sphäre des Kreditgebers stammt. Stelle man nun einem Widerruf die Anfechtung wegen arglistiger Täuschung und die daraus resultierende Unwirksamkeit des finanzierten Vertrags gleich, so werde man feststellen müssen, daß nunmehr die Nichtigkeit nicht mehr alleine aus der Sphäre des Kreditgebers entspringt. Im Gegensatz zu einer grundsätzlich die Widerrufsfolgen beschränkenden Widerrufsbelehrung sei diese aus der Anfechtung resultierende Nichtigkeit auch nicht durch das Kreditinstitut einschränkbar, weshalb hier die Nichtigkeitsgründe auch nicht gleichgestellt werden könnten[482].

f) Vergleich mit drittfinanzierten Time-Sharing-Verträgen

Für die Unanwendbarkeit des Rückforderungsdurchgriffs spreche auch die vergleichsweise Betrachtung des Einwendungsdurchgriffs mit drittfinanzierten Time-Sharing-Verträgen. Dort wurde im Schrifttum zwar vereinzelt die Meinung vertreten, daß ein Verbraucher bei einem verbundenen Geschäft i.S.d. § 9 Abs. 1 VerbrKrG einen Anspruch auf Rückzahlung der an die Bank gezahlten Darlehensraten nach § 9 Abs. 3 S. 1 VerbrKrG i.V.m. § 813 Abs. 1 S. 1 BGB habe. Diese Möglichkeit resultierte aber aus der Tatsache, daß in diesen Fällen der Kaufvertrag sittenwidrig war gemäß § 138 BGB[483]. Damit war der Kaufvertrag von Anfang an nichtig. Des Weiteren spielte der zu entscheidende Sachverhalt vor Inkrafttreten des Verbraucherkreditgesetzes.

Der gravierendste Unterschied zu den Fondsgesellschaften bestehe jedoch darin, daß bei einem Gesellschaftsbeitritt zu einem geschlossenen Immobilienfonds im

---

481 KONZEN, FS SCHIRMER, 319 (325 ff.).
482 KONZEN, FS SCHIRMER, 319 (326 f.).
483 STAUDINGER Ansgar, Rückforderungsdurchgriff, NZM 2000, 689 (689).

Gegensatz zu den Time-Sharing-Verträgen über Ferienwohnungen zwingend die Grundsätze zum fehlerhaften Gesellschaftsbeitritt anzuwenden sind. Auf diese wird sogleich (siehe Punkt k) unten) näher eingegangen.

g) Gesetzeswortlaut fordert Kreditzufluß beim Verkäufer

Es kamen in der Literatur auch Zweifel darüber auf, ob die Regelung des § 9 Abs. 2 S. 4 VerbrKrG überhaupt eine zutreffende Rechtsgrundlage für einen Rückforderungsdurchgriff bilden kann. Insbesondere bestehen erhebliche Zweifel, ob diese Norm die Haftung der Prospektverantwortlichen auf die Banken überzuleiten vermag. Denn nach § 9 Abs. 2 S. 4 VerbrKrG ist der Zufluß der Kreditmittel beim Verkäufer erforderlich[484]. Diesen Gesichtspunkt läßt der II. Senat völlig unberücksichtigt, weil es darauf in den Entscheidungen vom 14. Juni 2004 nicht ankommt[485].

h) Keine interessengerechte Risikoverteilung

Es kann, wie im Folgenden zu zeigen sein wird, bei den Entscheidungen des II. Zivilsenats auch nicht mehr davon gesprochen werden, daß eine interessengerechte Risikoverteilung zwischen Anlegern und Banken vorliegt[486].

(1) Verlagerung des Anlagerisikos auf die Bank als zentrale Wertungsfrage

Denn auch was die Rechtsfolgen eines Rückforderungsdurchgriffs anbetrifft, muß sich der II. Senat Kritik entgegenhalten lassen. Noch in seiner Entscheidung II ZR 387/02 vom 21. Juli 2003 hatte der II. Senat im Rahmen eines Rückforderungsdurchgriffs in einem ähnlich gelagerten Fall entschieden, daß der Kreditgeber seinerseits Anspruch auf Rückzahlung der Darlehensvaluta habe. In Fällen, in denen der Nettokreditbetrag der Fondsgesellschaft bereits zugeflossen ist, trete das Kreditinstitut bei der Rückabwicklung im Verhältnis zum Anleger in die Rechte und Pflichten der Fondsgesellschaft ein. Der Anspruch auf Auszahlung des Abfindungsguthabens sei deshalb auch gegen die Bank zu richten. Dies führe dann zu einer Saldierung der gegenseitigen Ansprüche: Der Anspruch der Bank auf Rückzahlung der Darlehensvaluta müsse mit dem Anspruch des Anlegers gegen die Bank auf Auszahlung des Abfindungsguthabens verrechnet werden. Dabei führte der BGH aus, daß dem Anleger sein Anlagerisiko nicht abgenommen werden solle, da der Rückzahlungsanspruch des Anlegers

---

484 HÄUBLEIN, Kurzkommentar zu § 9 VerbrKrG, EWiR 2004, 941 (942).
485 BGH vom 14.06.2004 – II ZR 407/02 – WM 2004, 1536 (1542).
486 So auch: LWOWSKI/WUNDERLICH, Rechtsfragen Teil I, ZInsO 2005, 5 (15).

um die Verlustbeteiligung gemindert würde[487]. Deshalb wäre ein Anleger *„verpflichtet, in dem Fall, daß sein Abfindungsguthaben niedriger ist als die noch offene Darlehensvaluta, die Differenz an das Finanzierungsinstitut zu zahlen“*[488]. Die Bank könne das dem Anleger gewährte Darlehen nur zurückfordern, soweit das Abfindungsguthaben gemäß § 738 BGB hinter der Darlehenssumme zurückbleibt[489]. Der Durchgriff in dem Urteil vom 21. Juli 2003 führte damit nicht zu der Rechtsfolge, daß bisher erbrachte Ratenzahlungs- und Tilgungsleistungen vollständig zurückbezahlt werden mußten. Die Rückzahlungspflicht bestand nur in der Höhe, in der auch der Abfindungsanspruch des Anlegers die noch offene Darlehensforderung der Bank überstieg. Der Anleger wurde also – cum grano salis[490] – lediglich in Höhe seines Abfindungsguthabens von der Pflicht, das Darlehen zurückzahlen zu müssen, befreit, der Bank wurde also lediglich die *„Gesamtabrechnungspflicht“* zugewiesen[491]. Eine eindeutige Verlagerung des Anlagerisikos auf den Kreditgeber war in dieser Entscheidung also noch nicht gegeben[492].

Die Entscheidungen vom 14. Juni 2004 verlagerten das Anlagerisiko nunmehr vollständig auf die Seite der Kreditinstitute, indem sie den Umfang der Einwendung, die dem Kreditinstitut entgegengehalten werden kann, deutlich ausweiteten. Ein Darlehensnehmer könne hiernach ohne jegliches Risiko alle Chancen der Beteiligung an einem solchen Projekt für sich in Anspruch nehmen[493]. Der den Anlegern gewährte Einwendungs- und Rückforderungsdurchgriff habe damit jedoch die Wirkung einer Vertragsübernahme, da die Bank endgültig in das Gesellschaftsverhältnis eintritt. Dies gehe weit über die den Anlegern gewährte Befugnis hinaus, der Bank etwaige nicht ausgeübte Gestaltungsrechte entgegenzuhalten[494].

Während Verbraucherschützer dies damit begründen, der Gesetzgeber habe selbst mit der Schaffung des § 9 VerbrKrG das Anlagerisiko partiell auf die Kreditgeber verlagert[495], sei hier jedoch zuallererst auf den gesetzgeberischen Zweck dieser Vorschrift abzustellen: § 9 VerbrKrG solle den Verbraucher lediglich vor den Risiken und Nachteilen schützen, die mit der Aufspaltung eines fremdfinanzierten Leistungsvertrags einhergehen können[496]. Eine generelle Ver-

---

487 So auch: SCHÄFER, Anmerkung zu BGH, JZ 2004, 258 (258).
488 BGH vom 21.07.2003 – II ZR 387/02 – BB 2003, 2089 (2091).
489 SCHULTE-NÖLKE, Rückabwicklung Immobilienfonds, ZGS 2003, 323 (323).
490 Lat. Redewendung; wörtlich: *„mit einem Körnchen Salz“*.
491 SCHÄFER, Revolutionäres aus Karlsruhe, DStR 2004, 1611 (1611, 1614).
492 KONZEN, FS SCHIRMER, 319 (321).
493 LWOWSKI/WUNDERLICH, Rechtsfragen Teil I, ZInsO 2005, 5 (15).
494 SCHÄFER, Revolutionäres aus Karlsruhe, DStR 2004, 1611 (1614).
495 FRISCH, Kurzkommentar zu § 1 HWiG, EWiR 2004, 857 (858).
496 MÜNCHKOMM/HABERSACK, § 9 VerbrKrG Rn. 1.

lagerung des Anlagerisikos kann daraus nicht geschlossen werden[497]. Wie soeben ausführlich dargelegt wurde, läge dem Verbraucherkreditgesetz offensichtlich kein allgemeiner Verbraucherschutzgedanke in der Form zu Grunde, daß dem Verbraucher sämtliche mit dem abgeschlossenen Geschäft verbundenen Risiken abgenommen werden sollten. Dies gelte auch für die in das Bürgerliche Gesetzbuch integrierten Vorschriften des Verbraucherkreditgesetzes[498].

(2) Verlagerung des Insolvenzrisikos des Veräußerers auf die Bank

Es bleibt auch festzuhalten, daß nach der Rechtsprechung des II. Zivilsenats des BGH durch einen Rückforderungsdurchgriff gegen die finanzierende Bank das eigentlich beim Anleger liegende Insolvenzrisiko des Veräußerers nun auf einmal ohne sachlichen Grund vollständig auf die finanzierende Bank verlagert werden würde. Denn dadurch, daß der Anleger nur seinen Gesellschaftsanteil an die Bank abtreten muß, wird die Bank zur Durchsetzung ihrer Rechte an die Fondsgesellschaft verwiesen. Die wohl überwiegende Meinung in der Rechtsprechung und der Literatur lehnt einen solchen Rückforderungsdurchgriff, insbesondere mit derart gravierenden Folgen, jedoch ab[499].

Teilweise wird zwar die Auffassung vertreten, daß beim Verbundkredit mit Vollziehung der Wandelung des zu Grunde liegenden Geschäfts die Geschäftsgrundlage für das Darlehen entfallen sei und deshalb die erbrachten Leistungen bereicherungsrechtlich rückabzuwickeln seien[500]. Es wird dabei ein Vergleich zur Rechtslage beim Finanzierungsleasingvertrag angestellt: Dort hat der Leasinggeber beim Wegfall der Geschäftsgrundlage des Leasingvertrags infolge einer rechtskräftigen Wandelung des Kaufvertrags über die Leasingsache die vom Leasingnehmer gezahlten Leasingraten nach Bereicherungsrecht herauszugeben, da insoweit alle vertraglichen Verpflichtungen weggefallen seien[501].

Allerdings hat der BGH in dieser Entscheidung selbst darauf hingewiesen, daß insoweit die Rechtslage beim finanzierten Abzahlungskauf mit derjenigen beim Finanzierungsleasing nicht vergleichbar ist:

> *„Eine Gleichbehandlung würde nicht berücksichtigen, daß der Leasingnehmer, anders als der Abzahlungskäufer im Finanzierungsfall, nur eine vertragliche Beziehung – diejenige zum Leasinggeber – hat, und auch außer acht lassen, daß es die vertragstypische Verpflichtung des Leasingge-*

---

[497] SCHÄFER, Revolutionäres aus Karlsruhe, DStR 2004, 1611 (1616).

[498] OLG Schleswig vom 02.06.2005 – 5 U 162/01 (n.r.) – ZIP 2005, 1127 (1129).

[499] OLG Koblenz vom 05.09.2002 – 5 U 1886/01 – BB 2002, 1981 (1984).

[500] OLG Düsseldorf vom 23.04.1996 – 24 W 27/96 – NJW-RR 1996, 1265 (1265).

[501] BGH vom 25.10.1989 – VIII ZR 105/88 – BGHZ 109, 139 (139 ff.).

bers zur Gebrauchsüberlassung verbietet, ihn zum Nachteil des Leasingnehmers als reine «Finanzierungsstelle» zu behandeln."[502].

Der Leasingnehmer hat also lediglich den Leasinggeber als Vertragspartner, der sowohl zur Finanzierung als auch zur Gebrauchsüberlassung verpflichtet ist. Dies gilt jedoch nicht für eine finanzierende Bank im Rahmen eines Abzahlungskaufs[503].

HABERSACK verweist insoweit auf die BGH-Entscheidung beim Leasing und stellt fest, daß sich die vom BGH dort aufgestellten Grundsätze nicht auf einen Kreditvertrag der vorliegenden Art übertragen lassen. Während den Leasinggeber typischerweise eine Pflicht zur Überlassung der Mietsache und eine Einstandpflicht für die Mangelfreiheit der Mietsache treffe, erfülle der Kreditgeber im Rahmen eines Verbraucherkreditvertrags i.S.d. § 9 VerbrKrG eine reine Finanzierungsfunktion[504]. Innerhalb dieser Finanzierungsfunktion müsse eine Einstandspflicht des Kreditgebers für die von Dritten gelieferten Sachen jedoch ausgeschlossen werden. Die Mangelhaftigkeit der Kaufsache hätte damit lediglich eine Änderung der Geschäftsgrundlage zur Folge, die jedoch im Gegensatz zu einem ex tunc wirkenden gänzlichen Wegfall der Geschäftsgrundlage nur ex nunc wirkt. Ist die Kaufsache mangelhaft, so könne ein Verbraucher auch nur die bereits geleisteten Raten nach § 813 Abs. 1 S. 1 BGB zurückfordern[505].

(3) Übervorteilung des Anlegers

Auch STAUDINGER teilt diese Auffassung. Durch die im Rahmen eines Rückforderungsdurchgriffs erfolgende vollständige Verlagerung des Insolvenzrisikos vom Anleger auf die Bank würde sich für einen Anleger ein Aufspaltungsvorteil ergeben. Durch die Verdoppelung der Vertragverhältnisse komme es zu einer Verdoppelung der Vertragspartner und zu einer Verdoppelung der Haftungsmassen. Der Verbraucher könnte damit im Rahmen der Rückabwicklung auf zwei Schuldner zurückgreifen. Darüber hinaus würde der grundsätzlich auf die Zukunft bezogene und ex nunc wirkende Einwendungsdurchgriff zu einem auf die in der Vergangenheit erbrachten Leistungen bezogenen Bereicherungsdurchgriff. Das Verbraucherkreditgesetz solle jedoch lediglich die aus einer

---

502 BGH vom 25.10.1989 – VIII ZR 105/88 – BGHZ 109, 139 (146).

503 Im Schrifttum gibt es auch andere Auffassungen: WESTPHALEN hält es trotz gewichtiger Bedenken vertretbar, aufgrund der Verbundenheit der beiden Rechtsgeschäfte, dem Verbraucher eine Aufrechnung mit Ersatzansprüchen gegen den Verkäufer gegenüber der Bank zu ermöglichen. Nur so sei eine angemessene Lösung zu erreichen; vgl.: WESTPHALEN/EMMERICH, § 9 Rn. 196, 198.

504 MÜNCHKOMM/HABERSACK, § 9 VerbrKrG Rn. 132.

505 MÜNCHKOMM/HABERSACK, § 9 VerbrKrG Rn. 132 f.

Aufspaltung resultierenden Nachteile vermeiden. Diese Privilegierung des Verbrauchers, der Vertragspartner zweier verbundener Verträge ist, gegenüber einem „*normalen*“ Teilzahlungskäufer, dem nur ein Vertragspartner und eine Haftungsmasse verbleibt, gehe sowohl über die gesetzlichen als auch über die richtlinienmäßigen Vorgaben hinaus. Das Verteidigungsmittel des Einwendungsdurchgriffs[506] würde sich zu einem Angriffsmittel des Rückforderungsdurchgriffs wandeln. Ein Rückforderungsdurchgriff sei deshalb vom Gesetzeszweck des Verbraucherkreditgesetzes nicht mehr gedeckt.[507].

i) Keine Nutzungsentschädigungsansprüche der Banken

Im Gegensatz zu einer anderen Entscheidung des II. Zivilsenats kam es in den Entscheidungen vom 14. Juni 2004 zu einer weiteren einschneidenden Verschlechterung der Bankenposition:

Noch in der Entscheidung II ZR 387/02 vom 21. Juli 2003 gewährte der II. Zivilsenat den Banken einen Anspruch auf Nutzungsentschädigung für das ausbezahlte Kapital unter entsprechender Anwendung des § 3 Abs. 3 HWiG und einen Anspruch auf den Fondsanteil. Diesen konnten die Banken dann kündigen, um schließlich das Abfindungsguthaben zu realisieren. Dadurch waren die Banken – wie soeben dargelegt – zugleich mit dem Insolvenzrisiko der Fondsgesellschaften belastet. Den Anlegern stand wiederum analog § 9 Abs. 2 S. 4 VerbrKrG ein Anspruch auf Rückzahlung der Zins- und Tilgungsraten zu, die sie an die Banken gezahlt hatten sowie der Rückübertragungsanspruch auf eine sicherungshalber oder zur Tilgung übertragenen Lebensversicherung. Da diese Ansprüche saldiert wurden, war die Verpflichtung des Verbrauchers zur Darlehensrückzahlung dann am größten, wenn der Abfindungsanspruch oder die bereits erbrachte Tilgung relativ gering ausfiel[508].

---

506 Der Einwendungsdurchgriff ist ein reines Verteidigungsmittel; vgl.: VOLLKOMMER, FS Merz, 597.

507 STAUDINGER/KESSAL-WULF, § 9 VerbrKrG Rn. 98. Sowie: WOLF/GROßERICHTER, Ergebnis als Methode, WM 2004, 1993 (1998). Im Ergebnis dem folgend auch OLG Schleswig vom 02.06.2005 – 5 U 162/01 (n.r.) – ZIP 2005, 1127 (1131). WOLF/GROßERICHTER, Ergebnis als Methode, WM 2004, 1993 (1996). Auch das OLG Koblenz vertritt die Auffassung, daß lediglich bei Vorliegen eines Nichtigkeitsgrundes bezüglich des finanzierten Geschäfts ein anfängliches Leistungsverweigerungsrecht bestehe, das im Rahmen des Kreditvertrages ein umfassendes Rückforderungsrecht gibt. Bei Kündigung, Rücktritt oder Schadensersatz liege dagegen lediglich ein Leistungsverweigerungsrecht ex nunc vor. Bereits vor der Kündigung geleistete Zahlungen könnten daher nicht zurückgefordert werden; vgl.: OLG Koblenz vom 05.09.2002 – 5 U 1886/01 – BB 2002, 1981 (1984).

508 BGH vom 21.07.2003 – II ZR 387/02 – BB 2003, 2089 (2092). Zusammenfassend: DOEHNER/HOFFMANN, ZIP 2004, 1884 (1889).

Obwohl sich der II. Senat diesbezüglich zumindest in den Grundsätzen treu bleibt, wich er davon in seinen Entscheidungen vom 14. Juni 2004 zu Lasten der Banken jedoch erneut ab. Es kommt danach zu weiteren gewichtigen Verbesserungen für die Anleger. Während der Anspruch der Anleger in voller Höhe besteht und Zins- und Tilgungsraten zurückgefordert werden können, haben die Kreditinstitute keinen Anspruch auf Nutzungsersatz, geschweige denn einen Anspruch auf Rückzahlung der Darlehensvaluta. Eine Rechtfertigung für dieses Ergebnis bleibt der II. Senat jedoch schuldig.

j) Berücksichtigung des Zeitablaufs

Darüber hinaus ist auch hier zu berücksichtigen, daß zwischen dem Beitritt zur Fondsgesellschaft und der Geltendmachung des Einwendungs- oder Rückforderungsdurchgriffs in der Regel ein nicht zu vernachlässigender Zeitraum liegen kann. Dies wurde jedoch nicht oder jedenfalls nicht ausreichend berücksichtigt.

(1) Venire contra factum proprium durch Schaffung eines Vertrauenstatbestands

Wenn man die Frage, ob ein zum Schadensersatz verpflichtender Beratungsmangel vorgelegen hat, einmal offen läßt, so bleibt jedoch weiterhin die Tatsache unstreitig, daß es zum Einwendungs- und Rückforderungsdurchgriff üblicherweise erst dann kommt, wenn die Fondsgesellschaft die erwarteten Gewinne nicht erwirtschaftet bzw. wenn die Fondsgesellschafter erheblichen Nachschußverpflichtungen ausgesetzt sind. Es muß den Betroffenen eigentlich schon zu einem früheren Zeitpunkt aufgefallen sein, daß Mängel in der Aufklärung zu erheblichen Risiken führen können[509]. Dabei wird man wohl zugunsten der Banken einen durch die Anleger geschaffenen Vertrauenstatbestand anerkennen müssen, resultierend aus jahrelanger Vereinnahmung der Fondsausschüttungen, aus Realisierung steuerlicher Vorteile, aus vorbehaltloser Rückführung des Darlehens und vor allem aus fehlender Einflußnahme auf die wirtschaftliche Situation des Fonds.

Die Bank müßte eigentlich nach so langer Zeit nicht mehr damit rechnen, daß die Rückzahlung des den Anlegern gewährten Darlehens aus Gründen verweigert wird, die aus dem Verhältnis der Anleger zum Fonds stammen[510]. Der geschaffene Vertrauenstatbestand läßt die nachträgliche Geltendmachung eines Einwendungs- und Rückforderungsdurchgriffs gegenüber der Bank als venire contra factum proprium der Anleger, also als treuwidrig erscheinen. Dies gilt

---

509 Allgemein für Beratungsfehler beim Immobilienkauf: OLG Celle vom 07.12.2004 – 16 U 127/04 – ZIP 2005, 199 (205).

510 EDELMANN, Kommentar XI ZR 174/99, BB 2000, 1855 (1856).

erst recht für den Fall, daß wirtschaftliche Erwartungen der Anleger jahrelang nicht erfüllt wurden und neuerdings ein Vorgehen gegen den Fonds nur deshalb veranlaßt scheint, weil der II. Zivilsenat des BGH den Anlegern ein Vorgehen gegen die Banken ermöglicht[511].

(2) Dreißigjährige Verjährung der c.i.c.

Insbesondere ist problematisch, daß die 30 Jahre dauernde Verjährungsfrist des § 195 BGB a.F. den Banken hier wenig weiterhalf. Denn Ansprüche des Anlegers gegen den Immobilienfonds aus c.i.c. unterliegen im Verhältnis zur finanzierenden Bank sowohl im Rahmen des Einwendungs- als auch beim Rückforderungsdurchgriff der dreißigjährigen Verjährung. Danach konnte das Anlagerisiko vom Erwerber auch nach Jahren noch einseitig auf den Verkäufer verlagert werden, wenn sich der Erwerber – aus welchen Gründen auch immer – für eine Rückabwicklung entschied[512]. Ob die für die Verjährungsvorschriften geltende Übergangsvorschrift des § 229 Abs. 6 EGBGB dieses Problem löst, bleibt abzuwarten. Denn hiernach tritt Verjährung von Schadensersatzansprüchen, die auf einer fehlerhaften Beratung vor dem 1. Januar 2002 beruht, spätestens mit Ablauf des Jahres 2004 ein (Art. 229 § 6 Abs. 4 EGBGB)[513].

Insofern unterliegen Schadensersatzansprüche, die auch über den Einwendungs- und Rückforderungsdurchgriff geltend gemacht werden, einer zeitlichen Schranke. Ob diese zeitliche Begrenzung allerdings auf vergleichbare Sachverhalte überhaupt eine praktische Auswirkung hat, darf bezweifelt werden, wenn zugleich eine Haustürsituation vorlag. Denn in diesen Fällen kam der II. Senat des BGH über die Anwendung der Vorschriften des Haustürwiderrufsgesetzes am Ende wieder zu dem Ergebnis, daß die Rückabwicklungsmöglichkeiten der Anleger – abgesehen vom Eintritt einer Verwirkung – zeitlich unbeschränkt fortbestehen. Die Rückabwicklung nach einem Widerruf gemäß den Vorschriften des Haustürwiderrufsgesetzes wird im Folgenden (siehe Punkt D unten) noch genau dargestellt.

k) Vorrangigkeit der Grundsätze des fehlerhaften Gesellschaftsbeitritts

Das gewichtigste Argument, das gegen eine Anwendbarkeit des Rückforderungsdurchgriffs spricht, ist jedoch die Tatsache, daß aufgrund anderer schutzwürdiger Interessen die Grundsätze des fehlerhaften Gesellschaftsbeitritts Vorrang gegenüber einem Rückforderungsdurchgriff haben müssen[514].

---

511 EDELMANN, Kommentar XI ZR 174/99, BB 2000, 1855 (1856).
512 OLG Celle vom 07.12.2004 – 16 U 127/04 – ZIP 2005, 199 (205).
513 VORDEMANN, Münchener Merkur 287, 21 (21).
514 WOLF/GROßERICHTER, Ergebnis als Methode, WM 2004, 1993 (1998).

(1) Unterschiedliche Ausgangslage beim drittfinanzierten Kauf

Es ist zunächst ein Vergleich zur Rechtslage beim drittfinanzierten Kauf anzustellen: Dort tritt das Kreditinstitut beim Rückforderungsdurchgriff zwar in die Rechtsstellung des Verkäufers ein, jedoch übernimmt sie dadurch nicht den Kaufvertrag beispielsweise über eine Eigentumswohnung. Es soll dem Verbraucher hierdurch nur erspart werden, daß er der Bank zwar den Nettokreditbetrag zurückerstatten, im Gegenzug sich wegen des Kaufpreises aber an den Unternehmer, also an den Verkäufer halten muß. Allerdings kommt es in diesem Fall dann zwischen dem Kreditinstitut und dem Verkäufer der Immobilie zu einem weiteren Rückabwicklungsverhältnis, innerhalb dessen die Bank vom Verkäufer die Herausgabe der Darlehensvaluta, der Nutzungsvergütung und einer vom Verbraucher erbrachten Anzahlung nach Bereicherungsrecht bzw. nach § 358 Abs. 4 S. 3 BGB n.F. verlangen kann. Im Gegenzug hat der Verkäufer gegen die Bank Anspruch auf Herausgabe der Immobilie und Nutzungsvergütung.

Eine solche Vorgehensweise ist aber zwischen einem Kreditinstitut und einer Fonds-GbR wegen der Grundsätze der fehlerhaften Gesellschaft nicht möglich, da der finanzierte Fondsanteil nicht zurückgegeben werden kann. Die Rückabwicklung bleibt also *„stecken"*, weil der – nach Kündigung der Gesellschaft durch die Bank – bei der Bank befindliche Abfindungsanspruch in den meisten Fällen wertlos ist[515]. Die Grundsätze der fehlerhaften Gesellschaft sollen deshalb im Folgenden genauer dargestellt werden.

(2) Grundgedanke und dogmatische Begründung

Obwohl über die genaue dogmatische Herleitung dieses Rechtsinstituts bis heute Streit besteht, werden die einzelnen Ansichten hier nicht näher dargestellt[516]. Denn über die Voraussetzungen und die Rechtsfolgen einer fehlerhaften Gesellschaft ist man sich im Wesentlichen einig. Die Lehre von der fehlerhaften Gesellschaft findet heute allgemeine Anerkennung sowohl in der Literatur als auch in der Rechtsprechung und genießt wahrscheinlich den Rang von Gewohnheitsrecht[517].

Die Rechtsgrundsätze der fehlerhaften Gesellschaft kommen immer dann zum Tragen, wenn eine juristische Person zwar ins Leben getreten ist, deren Gründungs- oder Beitrittsvereinbarungen jedoch fehlerhaft oder mangelbehaftet sind

---

515 SCHÄFER, Revolutionäres aus Karlsruhe, DStR 2004, 1611 (1615).

516 Eine umfassende Darstellung dieses Meinungsstreits findet sich in: MÜNCHKOMM/ULMER, §705 Rn. 347 ff.

517 SCHÄFER, Anlegerschutz, BKR 2005, 98 (99). Sowie: STAUDINGER/HABERMEIER, § 705 Rn. 63 m.w.N.

und unter normalen Umständen die Nichtigkeit des Gesellschaftsvertrags zur Folge hätten. Diese Grundsätze werden dann im Interesse des Rechtsverkehrs zur Sicherung der Kapitalgrundlage und zum Bestandsschutz der Gesellschaft angewendet, so daß die fehlerhaft gegründete Gesellschaft trotz deren Vertragsmängel eine vorläufige aber gleichzeitig volle Rechtswirksamkeit erlangt. Ansonsten würden die Erwartungen derjenigen Mitglieder der Rechtsordnung, die einem solchen Verband schutzwürdiges Vertrauen entgegenbringen, unberechtigterweise enttäuscht[518]. Im Hintergrund dieser Rechtsfigur steht der Gedanke, daß eine verbandsrechtliche Organisation, die ins Leben gerufen wurde, nicht einfach als inexistent angesehen werden darf[519].

Schwierig stellt sich die Frage nach der dogmatischen Begründung dieser Rechtsfigur dar. Die Lehre vom faktischen Vertrag wurde früh von Rechtsprechung und Literatur als Begründung für unzureichend gehalten, so daß Voraussetzung für diese Rechtsfigur ein – wenn auch anfechtbarer oder nichtiger – Vertragsschluß ist. Es kommen für die teleologische Reduktion der allgemeinen Unwirksamkeits- und Rückabwicklungsvorschriften mehrere Möglichkeiten der Rechtfertigung und Begründung in Betracht:

In der Rechtsprechung wird die Ansicht vertreten, daß die Gesellschafter im Innenverhältnis eine Risikogemeinschaft bilden, die Bestandsschutz genießt. Hierdurch soll insbesondere verhindert werden, daß der jeweils Handelnde nicht allein für die Folgen der Tätigkeit haftet und Verluste und Gewinne alleine auf seinen Schultern verteilt werden. Der BGH verwendet teilweise den Begriff des *„Verkehrsschutzes unter den Gesellschaftern“*[520].

Hingegen stellt die Literatur hier auf die Doppelnatur der GbR ab. Auch bei fehlerhaftem Schuldverhältnis könne die personenrechtliche Organisation der GbR nicht als ungeschehen behandelt werden. Für diesen Begründungsansatz spricht vor allem die zwischenzeitlich erfolgte Anerkennung der Rechts- und Parteifähigkeit der GbR[521].

Welcher Auffassung man hier folgt, wirkt sich im Ergebnis i.d.R. jedoch nicht aus, da im Wesentlichen Klarheit über Voraussetzungen und Rechtsfolgen dieser Rechtsfigur besteht.

---

518 MÜNCHKOMM/ULMER, §705 Rn. 323. Sowie: STAUDINGER/HABERMEIER, § 705 Rn. 63.
519 STAUDINGER/HABERMEIER, § 705 Rn. 63.
520 GEIBEL BB 2005, 1009 (1010) m.w.N.
521 GEIBEL BB 2005, 1009 (1010).

(3) Voraussetzungen und Rechtswirkungen

Eine fehlerhafte Gesellschaft setzt zunächst einen fehlerhaften Vertragsschluß voraus. Es müssen also ernst gemeinte Willenserklärungen von Gesellschaftsgründern vorliegen, die jedoch aufgrund von Gesetzes- oder Sittenwidrigkeit nichtig sind gemäß §§ 134, 138 BGB[522]. Hier kommen grundsätzlich auch allgemeine Unwirksamkeitsgründe und Fehlerursachen in Betracht, wie z.B. Willensmängel nach §§ 104 ff. BGB oder eine Anfechtung nach den §§ 119 ff. BGB[523].

In den vom II. Zivilsenat am 14. Juni 2004 entschiedenen Fällen wurde die Unwirksamkeit des Beitritts mit Verstößen des Treuhandvertrags gegen Vorschriften des Rechtsberatungsgesetzes gemäß Art. 1 § 1 RBerG i.V.m. § 134 BGB sowie mit einem Widerruf nach dem Haustürwiderrufsgesetz gemäß § 1 HWiG begründet[524]. Auf andere Unwirksamkeits- oder Nichtigkeitsgründe, wie etwa die Geschäftsunfähigkeit eines Gesellschafters, soll im Folgenden deshalb nicht eingegangen werden.

Weitere Voraussetzung für die Anwendbarkeit dieser Grundsätze ist, daß die Gesellschaft in Vollzug gesetzt wird. Vor Vollzug bleibt es bei den Grundsätzen der allgemeinen Rechtsgeschäftslehre[525]. Invollzugsetzung liegt vor, wenn die Gesellschaft mit der Vertragsdurchführung beginnt, indem sie ihre Tätigkeit aufnimmt[526]. Es müssen also Rechtstatsachen geschaffen worden sein, *„an denen die Rechtsordnung nicht vorbeigehen kann"*, etwa durch Leistung des Beteiligungsbeitrags durch die Gesellschafter oder durch Ausübung gesellschaftsvertraglicher Rechte[527]. In den vom BGH am 14. Juni entschiedenen Fällen wurden die erforderlichen Einlagen von den Gesellschaftern beim Beitritt geleistet und damit der Beteiligungsbeitrag erbracht.

Die üblichen Folgen und Rechtswirkungen bei Rechtsunwirksamkeit oder Nichtigkeit des Gesellschaftsvertrags werden dann jedoch im Rahmen der Rückabwicklung eingeschränkt. An die Stelle einer Rückabwicklung nach bereicherungsrechtlichen Vorschriften tritt ein außerordentliches Kündigungsrecht, das nur ex nunc für die Zukunft wirkt. Bei der GbR ergibt sich dieses Kündigungs-

---

522 MÜNCHKOMM/ULMER, §705 Rn. 328. Sowie: STAUDINGER/HABERMEIER, § 705 Rn. 65.

523 PALANDT/SPRAU, 64. Aufl., § 705 Rn. 17.

524 Zur wegen Verstoß gegen das RBerG unwirksamen Treuhändervollmacht: Vgl.: PALANDT/HEINRICHS, 64. Aufl., § 134 Rn. 21.

525 MÜNCHENER HANDBUCH/BÄLZ, § 101 Rn. 95.

526 MÜNCHKOMM/ULMER, §705 Rn. 331. Sowie: STAUDINGER/HABERMEIER, § 705 Rn. 66.

527 PALANDT/SPRAU, 64. Aufl., § 705 Rn. 18.

recht aus § 723 Abs. 1 S. 2 BGB[528]. Die fehlerhaft gegründete Gesellschaft wird nicht von Anfang an als unwirksam behandelt, sondern sie ist grundsätzlich nur mit Wirkung für die Zukunft vernichtbar. Insbesondere im Außenverhältnis bleibt für die Geschäfte, die von der Gesellschaft in der Vergangenheit getätigt wurden, die Verpflichtung der Gesellschaft bestehen. Im Ergebnis verbleibt für die Gesellschafter damit nur die Möglichkeit einer außerordentlichen Kündigung nach § 723 BGB[529]. Die Rückabwicklung richtet sich bei einer GbR alleine nach den Vorschriften der §§ 738 ff. BGB, die insofern abschließend sind[530].

(4) Anwendbarkeit auf fehlerhaften Beitritt

Die Grundsätze der fehlerhaften Gesellschaft sind auch dann anwendbar, wenn der Gesellschaftsvertrag an sich wirksam ist, sich jedoch der Beitritt eines Gesellschafters als fehlerhaft erweist[531].

In einem solchen Fall ist dann stets Voraussetzung, daß sowohl bei dem neu beitretenden Gesellschafter als auch bei den bisherigen Gesellschaftern ein rechtsgeschäftliches Handeln zugrunde liegt – mag dies auch mit Fehlern behaftet sein. Die Vollziehung des Beitritts kann in diesem Fall natürlich nicht mehr nur in der bereits erfolgten Aufnahme der Tätigkeit der Gesellschaft liegen. Vielmehr wird nach der Rechtsprechung der Beitritt vollzogen, wenn der Beitretende seine Einlage leistet oder wenn gesellschaftsvertragliche Rechte ausgeübt bzw. geschäftsführende Maßnahmen wenigstens hingenommen worden sind[532]. Der fehlerhafte Beitritt eines Gesellschafters führt zu einem von Anfang an wirksamen Erwerb der Mitgliedschaft in der Gesellschaft, einschließlich aller Befugnisse und Pflichten nach innen und außen. Insbesondere entsteht auch die Nachschußpflicht und die Haftung der Gesellschafter gegenüber Gesellschaftsgläubigern für Neu- und Altschulden entsprechend § 128 HGB[533]. Die fehlerhafte Aufnahme führt auch dazu, daß die Gesellschafterstellung und die damit zusammenhängenden Rechte und Pflichten im Innen- und Außenverhältnis rück-

---

528 Bei der oHG oder der KG kann die Gesellschaft auf Antrag des Gesellschafters durch gerichtliche Entscheidung aufgelöst werden; vgl.: GEIBEL BB 2005, 1009 (1009).

529 Als wichtiger Grund i.S.d. § 723 BGB reicht dabei in der Regel die Mangelhaftigkeit des Gesellschaftsvertrags aus; vgl.: PALANDT/SPRAU, 64. Aufl., § 705 Rn. 18.

530 STAUDINGER/HABERMEIER, § 705 Rn. 67.

531 Ebenso ist die Lehre von der fehlerhaften Gesellschaft auch bei sonstigen Änderungen im Gesellschafterbestand anwendbar; vgl.: PALANDT/SPRAU, 64. Aufl., § 705 Rn. 19.

532 Nach anderer Auffassung liegt Vollzug i.d.S. erst dann vor, wenn die geleistete Einlage nicht länger in Natur vorhanden ist, wenn sich der Beitritt auf die Organisation ausgewirkt hat oder durch die Eintragung ins Handelsregister dokumentiert worden ist; vgl.: MÜNCHENER HANDBUCH/BÄLZ, § 101 Rn. 95. Sowie: MÜNCHKOMM/ULMER, §705 Rn. 366 f.

533 MÜNCHENER HANDBUCH/BÄLZ, § 101 Rn. 96.

wirkend nicht mehr vernichtet werden können. Es besteht hier lediglich die Möglichkeit der nur für die Zukunft wirkenden fristlosen Kündigung durch die betroffenen Gesellschafter gemäß § 723 BGB[534]. In den Entscheidungen vom 14. Juni 2004 wurde zumindest mit der Leistung der Einlage begonnen, was für den Vollzug i.d.S. ausreichend ist[535].

(5) Ausnahme: Vorrang sonstiger schutzwürdiger Interessen

(a) Verbotener oder sittenwidriger Gesellschaftszweck

Diese Grundsätze werden zwar nicht immer angewendet. Die Lehre von der fehlerhaften Gesellschaft greift jedoch nur in den von der Rechtsprechung anerkannten Ausnahmefällen nicht ein. Ein solcher Ausnahmefall liegt jedoch nur dann vor, wenn der Gesellschaftsvertrag verbots- oder sittenwidrig und damit insgesamt nichtig ist gemäß §§ 134, 138 BGB und einem vorläufigen Bestandsschutz deshalb übergeordnete rechtlich geschützte Interessen entweder der Allgemeinheit oder von besonders schutzwürdigen Personen entgegenstehen[536]. Ausnahmen wurden vom II. Zivilsenat dann anerkannt, wenn der Gesellschaftsvertrag gegen ein gesetzliches Verbot verstößt, wenn der Gesellschaftszweck mit den guten Sitten unvereinbar ist oder wenn eine besonders grobe Sittenwidrigkeit vorliegt[537].

In den hier zu analysierenden Entscheidungen vom 14. Juni 2004 steht zwar die Nichtigkeit des Treuhandvertrags wegen Verstößen gegen das Rechtsberatungsgesetz gemäß Art. 1 § 1 RBerG i.V.m. § 134 BGB im Raum. Jedoch hat die Fondsgesellschaft selbst – wie oben bereits ausgeführt – nicht die Rechtsberatung zum Gegenstand, so daß die ausnahmsweise Nichtigkeitsfolge vorliegend nicht eingreifen kann. Denn zur Nichtigkeit des Gesellschaftsvertrags kann es nur kommen, wenn der vertragsmäßig verfolgte Gesellschaftszweck selbst verboten oder sittenwidrig ist[538]. Werden von den Anlegern Geschäftsanteile an einem geschlossenen Immobilienfonds erworben, so kann nichts anderes gelten als bei einem auf den kaufvertragstypischen Leistungsaustausch beschränkten Immobilienkaufvertrag. Bei einem solchen Kaufvertrag kann man nicht die Teilnahme an einer unerlaubten Rechtsbesorgung des in diesem Modell tätigen

---

534 MÜNCHKOMM/ULMER, §705 Rn. 368.

535 Bis dahin ist das Alleinvermögen der rechtsfähigen Personenvereinigung noch unverändert geblieben; vgl.: MÜNCHENER HANDBUCH/BÄLZ, § 101 Rn. 95.

536 MÜNCHKOMM/ULMER, §705 Rn. 332. Sowie: STAUDINGER/HABERMEIER, § 705 Rn. 68.

537 BGH vom 21.03.2005 – II ZR 310/03 – NJW 2005, 1784 (1785).

538 PALANDT/SPRAU, 64. Aufl., § 705 Rn. 17.

Treuhänders annehmen, selbst wenn es sich insgesamt um ein Steuersparmodell handelt[539].

(b) Widerruf nach dem Haustürwiderrufsgesetz

Insbesondere auch für die Fälle, in denen der Gesellschaftsbeitritt durch eine Haustürsituation i.S.d. § 1 Abs. 1 S. 1 HWiG mitverursacht wurde, kann hier – soviel sei jetzt schon gesagt – grundsätzlich nichts anderes gelten. Das Bestehen eines Widerrufsrechts nach dem Haustürwiderrufsgesetz führt zur Fehlerhaftigkeit des Gesellschaftsvertrags. Nach dem eben Ausgeführten müßte es auch dann bei der Anwendung der allgemeinen Auflösungsgrundsätze bleiben. Der Gesellschafter, der sich auf den Mangel beruft, muß gegenüber den anderen Gesellschaftern gemäß § 723 Abs. 1 S. 2 BGB die außerordentliche Kündigung erklären[540]. Auch im Falle eines Haustürgeschäfts muß das Recht des Gesellschafters, seine Beteiligung an der Gesellschaft fristlos zu kündigen und das Abfindungsguthaben nach § 738 BGB zu verlangen, an die Stelle der Rückabwicklung nach § 3 HWiG bzw. § 355 BGB treten. Ein anderes Ergebnis, das dem Verbraucherschutz hier den Vorrang einräumt, ist zwar nach ständiger Rechtsprechung nicht veranlaßt[541]. Zu einem ganz anderen Ergebnis kam jedoch – wie im Folgenden (bei Punkt D unten) zu zeigen sein wird – der II. Senat in seinen Entscheidungen vom 14. Juni 2004. Auf die ebenfalls von den Grundsätzen der fehlerhaften Gesellschaft abweichende Rechtsprechung des EuGH wird ebenfalls sogleich ausführlich eingegangen werden.

(c) Arglistige Täuschung und widerrechtliche Drohung

Es ist auch einhellige Rechtsmeinung, daß weitere Ausnahmen von den Grundsätzen der fehlerhaften Gesellschaft grundsätzlich nicht geboten sind. Selbst in den Fällen, in denen Personen durch eine arglistige Täuschung oder eine widerrechtliche Drohung zur Gesellschaftsgründung oder zum Gesellschaftsbeitritt veranlaßt worden sind, kommt eine Rückabwicklung nach bereicherungsrechtlichen Grundsätzen zu Recht nicht in Betracht.

Auch bei einer arglistigen Täuschung oder bei einer sittenwidrigen Übervorteilung gelangt die höchstrichterliche Rechtsprechung zur bloßen Anfechtbarkeit,

---

539 BGH vom 03.06.2003 – XI ZR 227/02 – NJW-RR 2003, 1203 (1203). Sowie: BGH vom 08.10.2004 – V ZR 18/04 – BTR 2005, 36 (36).

540 MÜNCHKOMM/ULMER, §705 Rn. 345.

541 BGH vom 27.06.2000 – XI ZR 174/99 – BB 2000, 1853 (1854 f.). Sowie: BGH vom 02.07.2001 – II ZR 304/00 – BB 2001, 1652 (1653). Sowie: KROHN/SCHÄFER, WM 2000, 112 (116 ff.). Sowie: MÜNCHKOMM/ULMER, §705 Rn. 329. Sowie: OLG Dresden im Fall einer stillen Beteiligung („*Securenta*"); vgl.: OLG Dresden vom 19.06.2002 – 8 U 630/02 – ZIP 2002, 1293 (1296).

nicht hingegen zur Nichtigkeit des Beitritts[542]. Grund dafür ist, daß – abgesehen in den Fällen von vis absoluta – selbst in diesen Fällen Willenserklärungen vorliegen, die den Gesellschaftern zugerechnet werden können und auch müssen. Es stehen dann andere rechtliche Ansatzpunkte, wie z.B. ein Vorgehen über § 826 BGB oder eine Vertragsanpassung, zur Verfügung[543].

Stünde den Anlegern, die ansonsten das wirtschaftliche Risiko einer Anlageentscheidung alleine zu tragen hätten, die nicht fristgebundene Möglichkeit zu, das Risiko auf die Bank jederzeit abzuwälzen durch eine Rückabwicklung nach den Grundsätzen der c.i.c. im Rahmen des Rückforderungsdurchgriffs, so käme es zu einem „*Windhunderennen*": Das Vermögen der Anlagegesellschaft würde auf diejenigen Anleger, die am eilfertigsten wegen der Täuschung vorgehen, zu Lasten der in der Fondsgesellschaft verbleibenden Gesellschafter und der Gläubiger der Fondsgesellschaft verteilt[544].

(6) Sonderfall bei Beteiligung an einer stillen Gesellschaft

Der BGH hat Besonderheiten und Abweichungen von den Grundsätzen der fehlerhaften Gesellschaft auch dann zugelassen, wenn es um die Beteiligung und die Rückabwicklung bei einer stillen Gesellschaft ging. Zwar wurden diese Grundsätze zunächst sowohl auf atypische als auch auf typische stille Gesellschaften angewendet. In einigen erst jüngst ergangenen Entscheidungen hat der II. Zivilsenat des BGH am 19. Juli 2004 („*Real Direct AG*"), am 29. November 2004 („*Securenta AG/Göttinger Gruppe II*") und am 21. März 2005 (weitere „*Securente*"-Fälle) jedoch entschieden, daß der Schadensersatzanspruch eines stillen Gesellschafters, der gegen den Inhaber des Handelsgeschäfts und darauf gerichtet ist, daß der Gesellschafter so gestellt wird, als hätte er den Gesellschaftsvertrag nicht geschlossen und keine Einlage geleistet, nicht den Beschränkungen unterworfen sein soll, die die Grundsätze der fehlerhaften Gesellschaft ansonsten i.R.d. Rückabwicklung mit sich bringen. Diese Sonderbehandlung wurde vom BGH jedoch mit den Besonderheiten der stillen Gesellschaft begründet. Denn bei dieser fehlt schon ein Gesamthandsvermögen, so daß eine Haftung des Geschäftsinhabers auf das negative Interesse i.R.d. Anspruchs eines stillen Gesellschafters auch dann in Betracht kommt, wenn eine Aufklärungspflichtverletzung den übrigen stillen Gesellschaftern nicht zugerechnet werden kann[545].

---

542 MÜNCHENER HANDBUCH/BÄLZ, § 101 Rn. 93.

543 MÜNCHKOMM/ULMER, §705 Rn. 251 und 340. Sowie: STAUDINGER/HABERMEIER, § 705 Rn. 70 m.w.N.

544 EDELMANN, Kommentar XI ZR 174/99, BB 2000, 1855 (1856).

545 GEIBEL BB 2005, 1009 (1009, 1015) m.w.N.

5. Fazit

Selbst von den Grundsätzen, die der II. Senat im oben genannten Urteil vom 21. Juli 2003 selbst aufgestellt hatte, ist dieser in seinen Entscheidungen vom 14. Juni 2004 abgewichen. Der II. Senat hat mit dem erweiterten Einwendungs- und Rückforderungsdurchgriff außerhalb des geschriebenen Tatbestands contra legem neben § 9 Abs. 2 S. 4 VerbrKrG eine Norm geschaffen[546]. Jedenfalls sind bei einem solchen Vorgehen im Ergebnis weder die eben beschriebenen Inhalte, noch die Grenzen des § 9 VerbrKrG zu erkennen. Die Begründung eines derartigen Rückforderungsdurchgriffs überzeugt jedenfalls nicht.

An dieser Stelle ist auch auszuführen, daß die verfassungskonforme Auslegung, die der II. Zivilsenat an diversen Stellen in seinen Entscheidungen vom 14. Juni 2004 vornimmt, dort nicht mehr möglich ist, „*wo sie mit dem Wortlaut und dem klar erkennbaren Willen des Gesetzgebers in Widerspruch treten würde*". Dies wäre nicht weniger als eine „*Auslegung contra legem, durch die einem nach Wortlaut und Sinn eindeutigen Gesetz ein geradezu entgegengesetzter, das gesetzgeberische Ziel in einem wesentlichen Punkt verfehlender oder verfälschender Sinn gegeben würde*" und würde in die Gesetzgebungskompetenz in einer verfassungsrechtlich unhaltbaren Weise eingreifen[547].

Das Anlagerisiko liegt in den Entscheidungen des II. Senats vom 14. Juni 2004 alleine auf Seiten der Banken, die jedoch ohnehin schon mit dem Insolvenzrisiko der Fondsgesellschaft belastet sind. Anleger hätten hiernach Anspruch auf alle an die Banken geleisteten Zahlungen, die Banken demgegenüber müßten sich an die Fondsgesellschaften halten und gehen deswegen in der Regel leer aus.

Ob diese nunmehr einseitige Risikoverteilung mit dem Gedanken der Privatautonomie in Einklang gebracht werden kann, scheint angesichts des – zumindest aus Bankensicht – drastischen Ergebnisses zweifelhaft. Bei Fällen, in denen die Kapitalanlage zum Nachteil der Anleger verlief, gesteht der II. Senat den Anlegern nunmehr zu, sich einfach an denjenigen zu halten, der in der Regel die nötige Solvenz aufweisen kann: Die Banken haben Fehlentscheidungen, die nicht ausschließlich durch die Gründungsgesellschafter und die Fondsbetreiber veranlaßt wurden, sondern zu einem nicht zu vernachlässigenden Anteil auch den Verbrauchern angelastet werden müßten, nach Ansicht des II. Senats nun alleine zu tragen.

---

546 WOLF/GROSSERICHTER, Ergebnis als Methode, WM 2004, 1993 (1993).

547 OLG Schleswig vom 02.06.2005 – 5 U 162/01 (n.r.) – ZIP 2005, 1127 (1130) m.w.N. auf die einschlägige Rechtsprechung des Bundesverfassungsgerichts.

Es ist nach dem eben aufgeführten nicht einzusehen oder nachvollziehbar zu begründen, warum dem Verbraucherschutz im Rahmen einer Interessenabwägung Vorrang einzuräumen wäre vor dem Interesse der Gesellschaft, der übrigen Gesellschafter und der Gesellschaftsgläubiger. Jedenfalls stößt die analoge Heranziehung der Regelungen des § 9 Abs. 3 und 4 VerbrKrG an die Grenzen des gesetzlich normierten Tatbestands[548]. Zu Recht weisen WOLF/GROẞERICHTER darauf hin, daß das Verbraucherkreditgesetz die Rechtsfolgen, die der II. Senat in seinen Entscheidungen vom 14. Juni 2004 postuliert, „*weder intendiert hat noch zu tragen vermag*“[549]. Denn in diesem Rahmen kam es zu einer rückwirkenden Umgestaltung des Verbraucherkreditgesetzes, die sowohl methodisch kaum begründbar ist als auch zu Ergebnissen führt, die mit Sinn und Zweck der Regelungen und der Systematik nicht mehr vereinbar sind[550].

Wie bereits dargestellt worden ist und noch werden wird, ist es jedoch am 25. April 2006 insoweit zu einer Einigung der BGH-Senate gekommen, als daß den Anlegern zwar der Einwendungs-, nicht aber der Rückforderungsdurchgriff gewährt wird. Damit dürfte sich dieser Streit erledigt haben.

C. Bereicherungsrechtliche Rückabwicklung wegen Nichtigkeit der Beitrittsfinanzierungen

Neben dem Rückforderungsdurchgriff hat der II. Zivilsenat den Anlegern auch bereicherungsrechtliche Rückabwicklungsansprüche wegen Nichtigkeit der Beitrittsfinanzierungen zugesprochen. In den BGH-Entscheidungen II ZR 407/02 und II ZR 393/02 vom 14. Juni 2004 hatten die Anleger die finanzierenden Banken auf Rückzahlung der bereits an die Banken geleisteten Tilgungs- und Zinsraten eines zur Finanzierung des Fondsbeitritts aufgenommenen Darlehens verklagt[551]. Nachdem die Klagen in erster Instanz und in der Berufungsinstanz erfolglos blieben, hob der II. Zivilsenat des Bundesgerichtshofs die Berufungsurteile in der Revisionsinstanz auf und verwies den Rechtsstreit zurück an die zweite Instanz. Nach Ansicht des BGH waren die Darlehen aus mehreren Gründen nichtig, so daß die Zahlungen der Anleger rechtsgrundlos geleistet wurden.

---

548 So auch: OLG Karlsruhe vom 24.04.2002 – 6 U 192/01 – OLGR Karlsruhe 2002, 295 (295 ff.).

549 WOLF/GROẞERICHTER, Zu rückwirkenden Umgestaltungen des VerbrKrG, ZIP 2005, 2091 (2091).

550 WOLF/GROẞERICHTER, Zu rückwirkenden Umgestaltungen des VerbrKrG, ZIP 2005, 2091 (2091)

551 BGH vom 14.06.2004 – II ZR 393/02 – BB 2004, 1587 (1587 ff.). Sowie: BGH vom 14.06.2004 – II ZR 407/02 – WM 2004, 1536 (1537 ff.). Da die Entscheidungsgründe der letztgenannten Entscheidung größtenteils wortgleich in der erstgenannten Entscheidung enthalten sind, beziehen sich die Fundstellennachweise im Wesentlichen auf die erstgenannte Entscheidung.

Infolgedessen stand den Anlegern gegen die Banken ein bereicherungsrechtlicher Anspruch aus Leistungskondiktion gemäß § 812 Abs. 1 S. 1 Alt. 1 BGB zu[552]. Die Unwirksamkeit bzw. Nichtigkeit der Darlehensverträge beruhte auf mehreren Gründen:

1. Nichtigkeit der Darlehensverträge wegen Verstoßes gegen Vorschriften des Rechtsberatungsgesetzes

a) Nichtigkeit des Treuhandvertrags und der Treuhändervollmacht

Die Darlehensverträge waren nach Ansicht des BGH aufgrund von Verstößen der Treuhänderverträge gegen Vorschriften des Rechtsberatungsgesetzes gemäß Art. 1 § 1 RBerG i.V.m. § 134 BGB unwirksam. Der Bundesgerichtshof hat in seinen Entscheidungen vom 14. Juni 2004 seine bisherige Rechtsprechung zur Unwirksamkeit der Vollmacht eines Treuhänders wegen Verstoßes gegen das Rechtsberatungsgesetz von 1935 (RBerG) bekräftigt:

(1) Ständige Rechtsprechung des Bundesgerichtshofs

In den vom BGH entschiedenen Fällen traten – wie in diesen Konstellationen üblich – Geschäftsbesorger bzw. Treuhänder auf, die für die Anleger sämtliche zum Erwerb der Fondsanteile notwendigen Schritte einleiteten und nach dem Gesellschaftsbeitritt für die Verwaltung des Immobilienobjektes zuständig waren. Die von den Anlegern beauftragten Treuhänder konnten jedoch keine wirksamen Darlehensverträge im Namen der Anleger abschließen und den Banken gegenüber in deren Namen deshalb keine Verpflichtung eingehen.

Denn die abgeschlossenen Treuhandverträge waren in den genannten Fällen gemäß § 134 BGB nichtig wegen Verstoßes gegen Art. 1 § 1 RBerG[553]. Die Nichtigkeit erfaßte auch die den Treuhändern erteilten Vollmachten. Dies ist seit mehreren Jahren gefestigte Rechtsprechung des Bundesgerichtshofs[554]. Denn

---

552 BGH vom 14.06.2004 – II ZR 393/02 – BB 2004, 1587 (1588). Sowie: BGH vom 14.06.2004 – II ZR 407/02 – WM 2004, 1536 (1537).

553 Art. 1 § 1 Abs. 1 S. 1 RBerG lautet wie folgt: „*Die Besorgung fremder Rechtsangelegenheiten, einschließlich der Rechtsberatung und der Einziehung fremder oder zu Einziehungszwecken abgetretener Forderungen, darf geschäftsmäßig – ohne Unterschied zwischen haupt- und nebenberuflicher oder entgeltlicher und unentgeltlicher Tätigkeit – nur von Personen betrieben werden, denen dazu von der zuständigen Behörde die Erlaubnis erteilt ist.*“.

554 Diese Rechtsprechung des BGH, die vom XI. Zivilsenat vor allem für die rechtliche Abwicklung eines Grundstückserwerbs im Rahmen eines Bauträgermodells oder eines Bauherrenmodells entwickelt wurde, resultiert im Wesentlichen aus folgenden Entscheidungen: BGH vom 28.09.2000 – IX ZR 279/99 – NJW 2001, 70 (70 f.). Sowie:

nach Art. 1 § 1 RBerG bedarf derjenige, der die Besorgung fremder Rechtsangelegenheiten geschäftsmäßig wahrnimmt, einer behördlichen Erlaubnis nach dem Rechtsberatungsgesetz. Die Besorgung fremder Rechtsangelegenheiten in diesem Sinne liegt vor,

> *„wenn eine geschäftsmäßige Tätigkeit darauf gerichtet und geeignet ist, konkrete fremde Rechtsangelegenheiten zu verwirklichen oder konkrete fremde Rechtsverhältnisse zu gestalten, wobei konkrete fremde Rechtsverhältnisse insbesondere durch den Abschluß von Verträgen gestaltet werden, die von einem Geschäftsbesorger im Namen eines Dritten abgeschlossen werden“*[555].

Dies ist immer dann der Fall, wenn der rechtliche Umfang der Leistungen, die ein Treuhänder oder Geschäftsbesorger erbringt, so erheblich ist, daß seine mit der wirtschaftlichen Abwicklung zusammenhängende Tätigkeit nicht im Vordergrund steht[556]. Eine Genehmigung nach dem Rechtsberatungsgesetz ist also erforderlich, wenn der Auftrag, der dem Treuhänder erteilt wird, umfassend ist und er deswegen bei Schwierigkeiten in der Durchführung des Vorhabens erheblichen Beratungsbedarf mit sich bringen kann[557]. So sollen die Rechtssuchenden vor den Gefahren einer unzureichenden und unsachgemäßen Rechtsberatung geschützt werden[558]. Mit dieser Zielrichtung wäre es nicht vereinbar, es dem ohne Erlaubnis nach dem Rechtsberatungsgesetz handelnden Rechtsberater durch eine wirksame Vollmacht trotzdem rechtlich zu ermöglichen, seine gesetzlich mißbilligte Tat zu beendigen, indem er zu Lasten des Geschützten Rechtsgeschäfte abschließt. Es wäre unbillig, den Rechtssuchenden dann alleine auf Schadensersatzansprüche gegen den Rechtsberater zu verweisen[559].

BGH vom 18.09.2001 – XI ZR 321/00 – BB 2001, 2340 (2341). Sowie: BGH vom 16.12.2002 – II ZR 109/01 – NJW 2003, 1252 (1253). Sowie: BGH vom 18.03.2003 – XI ZR 188/02 – NJW 2003, 2088 (2088 f.). Sowie: BGH vom 25.03.2003 – XI ZR 227/02 – NJW 2003, 2091 (2091 f.). Sowie: BGH vom 03.06.2003 – XI ZR 289/02 – NJW-RR 2003, 1203 (1204). Sowie: BGH vom 20.04.2004 – XI ZR 164/03 – NJW 2004, 2745 (2746). Sowie: BGH vom 11.01.2005 – XI ZR 272/03 – ZIP 2005, 521 (522). Sowie: OLG Karlsruhe vom 20.01.2004 – 17 U 53/03 (n.r.) – ZIP 2004, 900 (901); vgl. auch: PALANDT/HEINRICHS, 64. Aufl., § 134 Rn. 21.

555 BGH vom 16.12.2002 – II ZR 109/01 – NJW 2003, 1252 (1253).

556 LWOWSKI/WUNDERLICH, Rechtsfragen Teil I, ZInsO 2005, 5 (6).

557 BGH vom 22.10.2003 – IV ZR 398/02 – NJW 2004, 59 (60). Es ist hierbei alleine die konkrete Ausgestaltung des Treuhandvertrags entscheidend; dies gilt auch bei Erwerb einer Eigentumswohnung im Zuge eines Bauträger- oder Bauherrenmodells; vgl.: BGH vom 26.03.2003 – IV ZR 222/02 – NJW 2003, 1594 (1595). Sowie: OLG München vom 07.07.2005 – 19 U 2039/05 (n.r.) – ZIP 2005, 1591 (1591).

558 BGH vom 16.12.2002 – II ZR 109/01 – NJW 2003, 1252 (1253).

559 BGH vom 11.10.2001 – III ZR 182/00 – NJW 2002, 66 (67). Jüngst hat der BGH entschieden, daß eine GmbH, die rechtsberatend tätig wird, auch dann der Erlaubnis nach

Jedoch konnte vor der sog. *„Notarentscheidung“* des Bundesgerichtshofs vom 28. September 2000[560] kein Beteiligter den Verstoß des Geschäftsbesorgungsvertrags und der darauf beruhenden Vollmacht gegen Bestimmungen des Rechtsberatungsgesetzes erkennen[561].

(2) Anwendbarkeit auf die agierenden Treuhänder

Die Treuhänder, die nicht nur die wirtschaftlichen Belange der Anleger wahrzunehmen hatten, sondern in deren Namen auch die erforderlichen Verträge abschließen mußten, hätten einer solchen Erlaubnis bedurft[562]. Da in den vom BGH entschiedenen Fällen jeweils Steuerberater als Treuhänder fungierten und diese Erlaubnis zur Rechtsberatung bei Steuerberatern jeweils fehlte, hatte dies nach ständiger höchstrichterlicher Rechsprechung die Nichtigkeit sowohl des Geschäftsbesorgungsvertrags – also des Treuhandverhältnisses – als auch der damit in Zusammenhang stehenden umfassenden Abschlußvollmachten zur Folge[563].

Zwar läßt die Unwirksamkeit des Grundgeschäfts – des Treuhandvertrags – nach dem Abstraktionsprinzip die Wirksamkeit der Vollmacht in der Regel unberührt. Die Unwirksamkeit erfaßt nach Ansicht der Literatur jedoch auch die Vollmacht

---

dem Rechtsberatungsgesetz bedarf, wenn ihr Geschäftsführer als Rechtsanwalt zugelassen ist. Denn auch in einem solchen Fall verfügt die GmbH, die alleiniger Vertragspartner des Anlegers ist, selbst nicht über die Erlaubnis zur Rechtsbesorgung; vgl.: BGH vom 22.02.2005 – XI ZR 41/04 – NJW 2005, 1488 (1488).

560 In dieser Entscheidung hat der BGH festgestellt, daß eine schuldhafte Amtspflichtverletzung eines Notars nicht vorliegt, wenn dieser im Jahre 1993 einen gegen das Rechtsberatungsgesetz verstoßenden Geschäftsbesorgungsvertrag beurkundet hatte; vgl.: BGH vom 28.09.2000 – IX ZR 279/99 – NJW 2001, 70 (71 ff.). Der BGH löste mit dieser Entscheidung eine Flutwelle von Verfahren aus. Denn vertragsreuige Anleger konnten *„auf dem Umweg über das RBerG“* den erlittenen Schaden dadurch mindern oder kompensieren, indem sie gegen Banken oder Treuhänder vorzugehen versuchten; vgl.: KLEINE-COSACK/KLEINE-COSACK, Kurzkommentar zu Art. 1 § 1 RBerG, EWiR 2005, 515 (515). So auch: KLEINE-COSACK, Rechtsberatungsgesetz und Treuhandauftrag, BB 2003, 1737 (1738).

561 OLG Karlsruhe vom 20.01.2004 – 17 U 53/03 (n.r.) – ZIP 2004, 900 (902). Sowie: WEBER/MADAUS, EWiR 2005, 531 (532).

562 BGH vom 14.06.2004 – II ZR 393/02 – BB 2004, 1587 (1588). Dies sieht auch der XI. Senat so, wenn es dabei nicht primär um die Wahrnehmung wirtschaftlicher Belange der Käufer geht, als vielmehr um rechtsbesorgende Tätigkeiten; vgl.: BGH vom 18.03.2003 – XI ZR 188/02 – NJW 2003, 2088 (2089).

563 Dies ist gefestigte Rechtsprechung des BGH; vgl.: BGH vom 11.10.2001 – III ZR 182/00 – NJW 2002, 66 (67). Sowie: BGH vom 16.12.2002 – II ZR 109/01 – NJW 2003, 1252 (1254). Sowie: BGH vom 18.03.2003 – XI ZR 188/02 – NJW 2003, 2088 (2088 f.). Sowie: BGH vom 20.04.2004 – XI ZR 164/03 – NJW 2004, 2745 (2746). Sowie: PALANDT/HEINRICHS, 64. Aufl., § 134 Rn. 21.

bei Vorliegen von sog. Fehleridentität, wenn also die Verbotsnorm des Rechtsberatungsgesetzes gerade auch die Vollmacht erfassen will oder wenn es sich bei dem Grundgeschäft und bei der Vollmacht um ein einheitliches Geschäft i.S.d. § 139 BGB handelt[564]. Nach der gefestigten Rechtsprechung kommt es nicht einmal entscheidend darauf an, ob die Vollmacht und das Grundgeschäft nach dem erkennbaren Willen der Vertragsparteien gemäß § 139 BGB zu einem einheitlichen Rechtsgeschäft verbunden sind[565].

In den hier zu untersuchenden Fällen konnten Anleger mit nur einer Unterschrift auf einem Treuhandvertrag ihre Fondsbeteiligung erwerben und gingen dadurch erhebliche Verpflichtungen ein. Teilweise wird wegen der Befugnis der Treuhänder, Konten zu eröffnen, Versicherungen abzutreten und Grundpfandrechte zu bestellen, sogar von einem „*Entmündigungspaket*" gesprochen, weswegen hier eine umfassende rechtliche Beratung erforderlich gewesen wäre[566].

b) Auswirkungen bei Vermittlung der Darlehensverträge

(1) Grundsatz: Keine Erstreckung der Nichtigkeit

Der Vollständigkeit halber ist kurz auf diejenigen Fälle einzugehen, in denen ein ohne Rechtsberatungserlaubnis tätiger Geschäftsbesorger Darlehensverträge zwar nicht im Namen der Anleger abschließt, diese jedoch an Anleger vermittelt. Bei diesen Fallkonstellationen hat sich die Meinung durchgesetzt, daß sich die Nichtigkeit der Geschäftsbesorgungsvollmacht nach ständiger höchstrichterlicher Rechtsprechung in der Regel nicht auf den Darlehensvertrag erstreckt, solange der von dem Anleger abgeschlossene Darlehensvertrag nur auf Veranlassung des Treuhänders oder Rechtsbesorgers geschlossen wurde, und der Treuhänder den Anleger bei Vertragsschluß nicht vertreten hat. Bei der bloßen

---

564 PALANDT/HEINRICHS, 64. Aufl., § 167 Rn. 4.

565 BGH vom 25.03.2003 – XI ZR 227/02 – NJW 2003, 2091 (2092). Sowie: BGH vom 26.03.2003 – IV ZR 222/02 – NJW 2003, 1594 (1595). Sowie: BGH vom 26.10.2004 – XI ZR 255/03 – ZIP 2005, 69 (72).

566 LANGE, EWiR 2004, 1057 (1058). Der III. Zivilsenat kommt mit anderer Begründung zum gleichen Ergebnis. Danach führt der Verstoß gegen das Rechtsberatungsgesetz unmittelbar zur Nichtigkeit der Vollmacht. Begründet wird dies mit dem Schutzzweck des Rechtsberatungsgesetzes, Art. 1 § 1 RBerG. Danach ist die Wirksamkeit der Vollmacht zu verneinen, wenn dies dem Schutz der Rechtssuchenden vor unsachgemäßer Beratung und Vertretung und vor den damit einhergehenden häufig nachteiligen rechtlichen und wirtschaftlichen Folgen dient. Dieser Auffassung schließt sich auch der XI. Senat an; vgl.: BGH vom 18.03.2003 – XI ZR 188/02 – NJW 2003, 2088 (2089).

Veranlassung oder Vermittlung des Darlehensvertrags schlägt die Nichtigkeit der Vollmacht deshalb nicht auf den Darlehensvertrag durch[567].

(2) Ausnahme: Organisiertes Zusammenwirken zwischen Bank und Treuhänder / Rechtsbesorger

Jedoch ist von einer Nichtigkeit des Darlehensvertrags dann auszugehen, wenn zwischen der Bank, die dem Anleger durch den Geschäftsbesorger vermittelt wurde, und dem Rechtsbesorger ein organisiertes Zusammenwirken vorliegt. Dies ist der Fall, wenn sich die Bank gerade durch ihre Leistungen oder durch den Darlehensvertrag, also durch ihr Verhalten, als Vertragspartner des Anlegers an der unerlaubten Rechtsbesorgung beteiligt, wobei dieses Verhalten rechtsberatenden Charakter haben muß. Die bloße Gewährung des Darlehens an den Anleger reicht dazu jedenfalls nicht aus[568]. In den vom BGH am 14. Juni 2004 entschiedenen Fällen wurden die Darlehensverträge den Anlegern von den Treuhändern jedoch nicht nur vermittelt. Vielmehr wurden die Treuhänder in diesen Fällen stellvertretend tätig. Aufgrund dessen eröffnen sich folgende Problemkreise.

c) Auswirkungen bei Stellvertretung

Bei sämtlichen Darlehensverträgen in den Entscheidungen vom 14. Juni 2004 haben Treuhänder und Geschäftsbesorger die Anleger beim Abschluß der Darlehensverträge gegenüber den Banken vertreten. Infolge der Nichtigkeit der Geschäftsbesorger- bzw. Treuhändervollmacht waren die im Namen der Anleger mit den Banken geschlossenen Darlehensverträge gemäß § 177 Abs. 1 BGB schwebend unwirksam, weil die Treuhänder ohne Vertretungsmacht handelten. In diesem Zusammenhang ließ der BGH in seinen Entscheidungen dann jeweils offen, ob die Nichtigkeit der Vollmacht auch die abgeschlossenen Darlehensverträge erfaßte, da die Unwirksamkeit der Darlehensverträge schon nach § 177 Abs. 1 BGB feststehe[569]. Von einer Genehmigung des Vertretenen nach

---

567 OLG Köln vom 04.08.2004 – 13 U 32/04 – OLGR Köln 2004, 383 (383 ff.). Sowie: BGH WM 1998, 923. Sowie: BGH WM 2004, 1127. Sowie: LWOWSKI/WUNDERLICH, Rechtsfragen Teil I, ZInsO 2005, 5 (6).

568 LWOWSKI/WUNDERLICH, Rechtsfragen Teil I, ZInsO 2005, 5 (6).

569 Gegen eine Nichtigkeit auch der Darlehensverträge: BGH vom 18.09.2001 – XI ZR 321/00 – BB 2001, 2340 (2341). Sowie: BGH vom 03.06.2003 – XI ZR 289/02 – NJW-RR 2003, 1203 (1204). Sowie: BGH vom 10.03.2004 – IV ZR 143/03 – NJW-RR 2004, 1275 (1276). Sowie: BGH vom 23.03.2004 – XI ZR 194/02 – NZM 2004, 597 (597 f.). Gegen eine Nichtigkeit der Darlehensverträge aufgrund der Vorschrift des § 139 BGB auch: EDELMANN, Rechtsberatungsgesetz, BKR 2004, 337 (337 f.); insbesondere stellt EDELMANN darauf ab, daß nirgendwo geregelt sei, daß § 139 BGB im Zu-

§ 177 BGB könnte man nach Ansicht des II. Senats in diesen Fällen ohnehin nicht ausgehen, worauf im Folgenden (siehe Punkt e) unten) noch zurückzukommen ist.

d) Keine Heilung kraft Rechtsscheins

Auch eine Heilung nach den Grundsätzen der Duldungs- und Anscheinsvollmacht kam nach Ansicht des II. Zivilsenats des BGH in den von ihm entschiedenen Fällen nicht in Betracht[570]. In diesen Fällen scheiterte die Rechtsscheinshaftung zwar schon an den tatsächlichen Voraussetzungen, jedoch verdeutlicht der sogleich darzulegende Streit zwischen dem II. und dem XI. Zivilsenat um die Frage der Anscheins- und der Duldungsvollmacht abermals die konträren Positionen der beiden Senate.

(1) Bisherige ständige Rechtsprechung des Bundesgerichtshofs zu den Grundsätzen der Duldungs- und Anscheinsvollmacht

Die bisherige ständige Rechtsprechung des IV., V. und XI. Zivilsenats[571] hat die Vorschriften der §§ 171, 172 BGB und die Grundsätze der Duldungs- und Anscheinsvollmacht – wenn deren tatbestandliche Voraussetzungen vorlagen – selbst dann angewendet, wenn die Bevollmächtigten gegen Art. 1 § 1 RBerG verstoßen hatten[572]. Dies geschah zum einen aus Gründen des Vertrauensschutzes[573], zum anderen aus Gründen des Schutzes des Rechtsverkehrs, der eine allgemeine Rechtsscheinshaftung bezwecke, und basierte auf dem allgemeinen Rechtsgrundsatz, daß derjenige, der einem gutgläubigen Dritten gegenüber zurechenbar den Rechtsschein einer Bevollmächtigung eines anderen setzt, sich so behandeln lassen muß, als habe er dem anderen wirksam Vollmacht erteilt[574].

---

sammenhang mit einem Verstoß gegen das Rechtsberatungsgesetz keine Anwendung finden soll.

570 BGH vom 14.06.2004 – II ZR 393/02 – BB 2004, 1587 (1588 f.).

571 BGH vom 18.09.2001 – XI ZR 321/00 – BB 2001, 2340 (2341 f.). Sowie: BGH vom 18.03.2003 – XI ZR 188/02 – NJW 2003, 2088 (2089). Sowie: BGH vom 25.03.2003 – XI ZR 227/02 – NJW 2003, 2091 (2091 f.). Sowie: BGH vom 03.06.2003 – XI ZR 289/02 – NJW-RR 2003, 1203 (1204). Sowie: BGH vom 10.03.2004 – IV ZR 143/03 – NJW-RR 2004, 1275 (1276 f.). Sowie: BGH vom 20.04.2004 – XI ZR 164/03 – NJW 2004, 2745 (2746).

572 BGH vom 14.10.2003 – XI ZR 134/02 – NJW 2004, 154 (158) m.w.N.

573 LWOWSKI/WUNDERLICH, Rechtsfragen Teil I, ZInsO 2005, 5 (7).

574 BGH vom 15.10.1987 – III ZR 235/86 – BGHZ 102, 60 (64). Dies führt auch die neue Rechtsprechung fort; vgl.: BGH vom 14.06.2004 – II ZR 393/02 – BB 2004, 1587 (1588).

(2) Neuere Rechtsprechung des Bundesgerichtshofs: Unanwendbarkeit einer Rechtsscheinshaftung

Dieser Argumentation schloß sich der II. Zivilsenats des BGH in den hier analysierten Entscheidungen vom 14. Juni 2004 nicht an, weil ein kreditfinanzierter Beitritt zu einem geschlossenen Immobilienfonds und darüber hinaus eine einheitliche Vertriebsorganisation vorlag. Die mit dem einheitlichen Vertriebskonzept zusammenhängenden Risiken dürften nach Ansicht des II. Senats nicht allein auf die Anleger abgewälzt werden. Auch hier spielt die Tatsache, daß der II. Zivilsenat in den Urteilen vom 14. Juni 2004 den Beitritt zum Immobilienfonds und den diesen finanzierenden Darlehensvertrag als ein verbundenes Geschäft i.S.d. § 9 Abs. 1 VerbrKrG ansieht, erneut die entscheidende Rolle. Dieser Umstand stünde der *„Annahme einer Rechtsscheinhaftung"*[575] entgegen. Der BGH behandelte aufgrund dieser Erwägung die Banken schon nicht als gutgläubige Dritte und versagte den Banken den Gutglaubensschutz aus den im Folgenden darzulegenden Gründen.

(a) Keine Heilung kraft Rechtsscheins

Durch diese neue Judikatur des II. Senats wurde die Rechtsprechungspraxis des XI. Zivilsenats *„implizit kritisiert"*[576]. Denn anders als noch in den Entscheidungen der Berufungsinstanzen, die – wie der XI. Zivilsenat – nach den Grundsätzen der Duldungsvollmacht von einer wirksamen Vertretung ausgingen, hat der BGH in den Entscheidungen vom 14. Juni 2004 eine Heilung und die damit einhergehende Haftung der Anleger nach Rechtsscheinsgesichtspunkten nicht angenommen. Kreditinstitute, die sich bei einem kreditfinanzierten Beitritt zu einem geschlossenen Immobilienfonds derselben Vertriebsorganisation wie die Gründungsgesellschafter der Fondsgesellschaft bedienen, könnten nicht wie gutgläubige Dritte behandelt werden, die im Hinblick auf einen im Rahmen des Vertriebskonzepts entstandenen Vertrauenstatbestand schutzwürdig wären[577].

(i) Verbundenes Geschäft

In den Entscheidungen vom 14. Juni 2004 berücksichtigte der BGH den Umstand, daß der Beitritt der Anleger zur Fondsgesellschaft und der diesen Beitritt finanzierende Darlehensvertrag aufgrund der einheitlichen Vertriebsorganisation ein verbundenes Geschäft i.S.d. § 9 Abs. 1 VerbrKrG (in der bis zum 31. Dezember 2001 geltenden Fassung; § 358 Abs. 3 BGB seit dem 1. Januar 2002) darstellten. Die Banken gliederten sich in die Vertriebsorganisation ein, indem

---

575 BGH vom 14.06.2004 – II ZR 393/02 – BB 2004, 1587 (1588).
576 STAUDINGER Ansgar, Kopernikanische Wende, ZGS 2004, 241 (241).
577 BGH vom 14.06.2004 – II ZR 393/02 – BB 2004, 1587 (1588 f.).

sie ihre Vertragsformulare den von den Initiatoren und Gründungsgesellschaftern eingeschalteten Vertriebsunternehmen überließen oder sich der Selbstauskunftsformulare der Vertriebsunternehmen bedienten und die Darlehensverträge nicht mit den einzelnen Anlegern persönlich, sondern mit den von den Initiatoren und Gründungsgesellschaftern ausgewählten Treuhändern schlossen.

Gerade in dieser Situation erfolge die Einschaltung des Treuhänders als Vertreter des Anlageinteressenten nicht von diesem selbst, sondern *„von den Initiatoren und Gründungsgesellschaftern des Fonds in Kenntnis und mit zumindest stillschweigender Billigung der Bank“*[578]. Diese Kenntnis der Banken, daß der Treuhänder keine Vertrauensperson der Anleger, sondern ein Teil einer einheitlichen Vertriebsorganisation ist, müßten sie sich dergestalt zurechnen lassen, daß nicht allein der Anleger den Rechtsschein einer wirksamen Bevollmächtigung setze[579].

(ii) Mangelnde Schutzwürdigkeit der Banken

Da sich die Banken damit nur der durch die Initiatoren und Gründungsgesellschafter vorgegebenen Art der Geschäftsabwicklung bedienten, um ihre Geschäftsinteressen zu verwirklichen, könnten sie nicht wie gutgläubige und damit schutzwürdige Dritte behandelt werden[580]. Dies gilt nach Ansicht des BGH trotz der Tatsache, daß den Banken zur Zeit des Abschlusses der Kreditverträge in den Neunziger Jahren die Nichtigkeit von Treuhändervollmachten nach § 134 BGB i.V.m. Art. 1 § 1 RBerG noch nicht bekannt sein mußte[581].

(b) Fehlen tatsächlicher Voraussetzungen der Rechtsscheinsvollmacht

Die Voraussetzungen einer Rechtsscheinsvollmacht lagen jedoch ohnehin nicht vor, so daß die unterschiedlichen Rechtsauffassungen des II. und des XI. Zivilsenats in Bezug auf diese Frage im vorliegenden Fall keine Rolle spielten. Einer abschließenden Entscheidung, geschweige denn einer Vorlage an den großen Senat für Zivilsachen gemäß § 132 Abs. 2 oder 4 GVG wegen unterschiedlicher Senatsrechtsprechung, habe es nicht bedurft[582]. Denn auch nach Ansicht des II. Zivilsenats des BGH konnten sich die Banken nicht mit Erfolg auf das Vorliegen einer Rechtsscheinsvollmacht berufen, weil weder die tatsächlichen Voraus-

---

578 So auch schon: BGH vom 21.07.2003 – II ZR 387/02 – BB 2003, 2089 (2090). Sowie: BGH vom 14.06.2004 – II ZR 393/02 – BB 2004, 1587 (1588 f.). Sowie: LANGE, EWiR 2004, 1057 (1058).

579 BGH vom 14.06.2004 – II ZR 393/02 – BB 2004, 1587 (1588 f.).

580 EMMERICH, JuS 2004, 917 (918).

581 BGH vom 14.06.2004 – II ZR 393/02 – BB 2004, 1587 (1588 f.).

582 BGH vom 14.06.2004 – II ZR 393/02 – BB 2004, 1587 (1589). Einer solchen Vorlage wird es jedoch früher oder später bedürfen; vgl.: WEBER Frank, BTR 2005, 37 (37).

setzungen der Rechtsscheinsvollmacht, noch diejenigen der Duldungsvollmacht gegeben waren.

(i) Nichtvorliegen der tatsächlichen Voraussetzungen einer Rechtsscheinsvollmacht

Denn das Vorliegen einer Anscheinsvollmacht setzt ebenso wie die Duldungsvollmacht in analoger Anwendung der Vorschrift des § 173 BGB grundsätzlich voraus, daß der Vertretene das Handeln des Scheinvertreters nicht kennt, er es aber bei pflichtgemäßer Sorgfalt hätte erkennen und verhindern können. Außerdem mußte der andere Teil – in den vorliegenden Fällen die Banken als Geschäftsgegner – annehmen dürfen, daß der Vertretene das Handeln des Vertreters dulden und billigen werde[583]. Die Haftung des Vertretenen aus Rechtsscheinsgesichtspunkten knüpft an den Rechtsschein an, der durch die Vollmachtsurkunde erzeugt wurde. Der Rechtsschein einer wirksamen Bevollmächtigung, der den Vertretenen bindet, entsteht mit der Vorlegung der Originalurkunde. Nur diese schützt das Vertrauen des Dritten in den Bestand der Vertretungsmacht[584].

Der BGH konnte, ebenso wenig wie die Berufungsinstanzen, feststellen, daß den Banken die Vollmachtsurkunde im Original oder – bei notariell beurkundeter Vollmacht – in Ausfertigung vorgelegt wurde[585]. Die teilweise herangezogenen Zeichnungsscheine könnten einer Vollmachtsurkunde nicht gleichgestellt werden und reichten deswegen für die Zurechnung eines schuldhaft verursachten Rechtsscheins nicht aus. Denn in den Zeichnungsscheinen war nur eine Verpflichtung der Unterzeichner zur notariellen Beglaubigung der Vollmacht enthalten[586]. Auch nach Ansicht des XI. Zivilsenats in der Entscheidung XI ZR 171/03 vom 20.04.2004 ist zur Heranziehung und Anwendung der Grundsätze des § 172 BGB erforderlich, daß dem Geschäftsgegner eine Ausfertigung der Vollmachtsurkunde bei Vertragsschluß vorliegen muß. Nur die Vorlage einer Ausfertigung der Vollmachtsurkunde stellt eine geeignete objektive Rechtsscheinsgrundlage dar[587]. Die tatsächlichen Voraussetzungen der Rechtsscheins-

---

583 PALANDT/HEINRICHS, 64. Aufl., § 173 Rn. 14 ff.

584 BGH vom 15.10.1987 – III ZR 235/86 – BGHZ 102, 60 (62 f.).

585 Dies ist nach ständiger höchstrichterlicher Rechtsprechung jedoch erforderlich; vgl.: BGH vom 20.04.2004 – XI ZR 164/03 – NJW 2004, 2745 (2746) m.w.N.

586 BGH vom 14.06.2004 – II ZR 393/02 – BB 2004, 1587 (1589).

587 MUES, EWiR 2005, 61 (62). Siehe hierzu auch: OLG Düsseldorf vom 16.12.2004 – I-6 U 44/04 – WM 2005, 881 (884 ff.). Eine Heilung kommt außerdem dann in Betracht, wenn dem Darlehensgeber vor Abschluß des Darlehensvertrags eine Ausfertigung einer notariellen Grundschuldbestellungsurkunde, in welcher das Vorliegen einer Vollmachtsausfertigung vermerkt ist, zusammen mit der Abschrift der Vollmacht zugegangen ist; vgl.: BGH vom 28.03.2006 – XI ZR 239/04 – ZIP 2006, 843 (843 ff.).

vollmacht lagen damit sowohl nach Ansicht des II. Senats, als auch nach Ansicht des XI. Senats nicht vor.

(ii) Nichtvorliegen der tatsächlichen Voraussetzungen einer Duldungsvollmacht

Auch die Voraussetzungen einer Duldungsvollmacht waren in den untersuchten Entscheidungen nicht erfüllt. Eine Duldungsvollmacht ist immer dann gegeben, wenn der Vertretene es wissentlich geschehen läßt, daß ein anderer für ihn wie ein Vertreter auftritt und der Geschäftsgegner dieses Dulden nach Treu und Glauben gemäß § 242 BGB dahin versteht und auch verstehen darf, daß der als Vertreter Handelnde bevollmächtigt ist[588]. Eine Duldungsvollmacht kommt jedoch nur dann in Betracht, wenn das Vertrauen des Dritten – also hier das Vertrauen der Bank – an andere Umstände als an die Vollmachtsurkunde anknüpft und wenn diese Umstände bei oder vor Vertragsschluß vorgelegen haben[589].

In den vom BGH am 14. Juni 2004 entschiedenen Fällen ließ es der II. Zivilsenat nicht ausreichen, daß die Banken Kenntnis vom Inhalt der Vollmacht hatten und der Zeichnungsschein zum Anteilserwerb am Immobilienfonds vorgelegt wurde. Die gesetzliche Wertung der §§ 171, 172 BGB verlange die Vorlage der betreffenden Vollmachtsurkunde im Original oder in notarieller Ausfertigung. Diese Voraussetzungen dürften und könnten nicht umgangen werden[590]. Insoweit hat der II. Senat in seinen Entscheidungen von 14. Juni 2004 lediglich zu erkennen gegeben, daß die §§ 170 ff. BGB im Verhältnis der finanzierenden Bank zum Investor nicht anwendbar seien.

Nicht ausreichend für das Vorliegen einer Duldungsvollmacht, auch das sei an dieser Stelle festgestellt, ist es, wenn die Anleger ein Formular zur Erteilung einer Selbstauskunft unterzeichnen. Denn ebenso wie die Unterzeichnung von Bankauskunfts- oder Schufaformularen dient die Erteilung einer Selbstauskunft lediglich der Vorprüfung bei der Vorbereitung des Kreditvertrags, ob jemand überhaupt kreditwürdig erscheint und als Darlehensnehmer in Betracht kommt, nicht hingegen dient es dem Abschluß des Kreditvertrags selbst[591]. Ähnlich verhält es sich mit einer vom Darlehensnehmer erteilten Einzugsermächtigung.

---

588 OLG Karlsruhe vom 20.01.2004 – 17 U 53/03 (n.r.) – ZIP 2004, 900 (901). Sowie: PALANDT/HEINRICHS, 64. Aufl., § 173 Rn. 11 ff.

589 BGH vom 14.05.2002 – XI ZR 155/01 – NJW 2002, 2325 (2326 f.). Sowie: BGH vom 10.03.2004 – IV ZR 143/03 – NJW-RR 2004, 1275 (1276 f.). Sowie: BGH vom 20.04.2004 – XI ZR 164/03 – NJW 2004, 2745 (2746).

590 BGH vom 14.06.2004 – II ZR 393/02 – BB 2004, 1587 (1589).

591 BGH vom 22.02.2005 – XI ZR 41/04 – NJW 2005, 1488 (1489). So beispielsweise auch: OLG Karlsruhe vom 06.07.2004 – 17 U 301/03 – OLGR Karlsruhe 2004, 405 (405 ff.).

Diese betrifft nur die technische Abwicklung eines noch zu schließenden Kreditvertrags. Sie läßt aber nicht den Schluß zu, deren Inhaber sei *„ohne jede Einschränkung und Bindung an den Willen des Vertretenen zum beliebigen Abschluß von Darlehensverträgen, gleich in welcher Höhe, zu welchen Konditionen und mit welchen Sicherheiten, ermächtigt“*[592].

Dies gilt jedoch nicht bei einer späteren eigenen Vertragserneuerung durch den Anleger. Der Anleger kann sich nicht auf die Unwirksamkeit des Darlehensvertrages wegen unwirksamer Bevollmächtigung des Treuhänders berufen, wenn er selbst den Darlehensvertrag nachträglich unterzeichnet und ihn durch den Treuhänder oder durch die Bank in den Rechtsverkehr gebracht hat[593].

e) Keine Genehmigung des vollmachtlosen Handelns

Die Darlehensverträge sind nach Ansicht des II. Zivilsenats auch nicht dadurch wirksam geworden, daß sie von den Anlegern genehmigt worden wären gemäß § 177 BGB[594]. Mangels ausdrücklicher Genehmigung war in den vom BGH zu entscheidenden Fällen ohnehin nur an eine konkludente Genehmigung – die gemäß § 182 Abs. 2 BGB auch formlos erfolgen kann – zu denken. Doch die Abtretung der Rechte aus den Lebensversicherungsverträgen zur Sicherung der Tilgung der Finanzierungsverträge stelle kein schlüssiges Verhalten dar, das als Genehmigung zu interpretieren wäre. Die Genehmigung der wegen Verstoßes gegen das Rechtsberatungsgesetzes schwebend unwirksamen Darlehensverträge durch schlüssiges Verhalten hätte vorausgesetzt, daß die Anleger die Unwirksamkeit kannten oder zumindest mit ihr gerechnet haben und daß in ihrem Verhalten der Ausdruck des Willens zu sehen ist, *„das bisher als unverbindlich angesehene Geschäft verbindlich zu machen“*[595]. Dies könnte jedoch nicht ange-

---

592 BGH vom 22.02.2005 – XI ZR 41/04 – NJW 2005, 1488 (1489).

593 Die Rechtsprechung geht davon aus, daß sich der Anleger wegen seines widersprüchlichen Verhaltens, insbesondere wegen des Verbots des venire contra factum proprium gemäß § 242 BGB nicht auf die Unwirksamkeit der Treuhändervollmacht nach dem Rechtsberatungsgesetz berufen dürfe; vgl.: OLG Karlsruhe vom 19.11.2004 – 17 U 293/03 – ZIP 2004, 2423 (2424 f.). Sowie: OLG Frankfurt/Main vom 11.08.2004 – 23 U 204/03 – NJW-RR 2004, 1640 (1641). Sowie: OLG Köln vom 16.06.2004 – 13 U 208/03 – WM 2005, 789 (791). Demgegenüber sei nach Ansicht der Literatur davon auszugehen, daß ein neuer Darlehensvertrag, zu den ursprünglichen Kreditkonditionen abgeschlossen worden ist. Denn vom maßgeblichen objektiven Empfängerhorizont könne dann gemäß §§ 133, 157 BGB nicht zweifelhaft sein, daß der Anleger dadurch persönlich durch seine eigenhändige Unterschrift die rechtlich verbindliche Grundlage für die endgültige Kreditgewährung schaffen wollte; vgl.: BARNERT, Kurzkommentar zu § 242 BGB, EWiR 2005, 457 (458).

594 BGH vom 14.06.2004 – II ZR 393/02 – BB 2004, 1587 (1588 f.).

595 BGH vom 14.05.2002 – XI ZR 155/01 – NJW 2002, 2325 (2327). Sowie: BGH vom 20.04.2004 – XI ZR 164/03 – NJW 2004, 2745 (2747). Sowie: BGH vom 22.02.2005 –

nommen werden aufgrund der Tatsache, daß in den frühen Neunziger Jahren, in denen die Fondsanteile gezeichnet und die Darlehensverträge abgeschlossen wurden, der Bundesgerichtshof in seiner Rechtsprechung noch nicht von der Unwirksamkeit einer Treuhändervollmacht aufgrund § 134 BGB i.V.m. Art. 1 § 1 RBerG ausging. Die Anleger konnten damit nichts von einer möglichen Unwirksamkeit wissen, noch müßten sie damit rechnen[596].

f) Kein widersprüchliches Verhalten (venire contra factum proprium)

Die Berufung der Anleger auf die Unwirksamkeit der Darlehensverträge stellt nach Ansicht des II. Zivilsenats auch keinen Fall eines widersprüchlichen Verhaltens – venire contra factum proprium – dar und verstößt damit nicht gegen die Grundsätze von Treu und Glauben gemäß § 242 BGB. Nach Ansicht der Banken wäre es zwar treuwidrig, wenn die Anleger jahrelang die Vorteile der Darlehensverträge in Anspruch genommen haben und sich im Nachhinein auf ihre Unwirksamkeit berufen. Jedoch sei die Berufung auf eine bestehende Rechtslage nur dann treuwidrig i.d.S.,

> „*wenn eine Abwägung aller Umstände des Einzelfalls zu dem Ergebnis führt, daß die Interessen der einen Seite im Hinblick auf das Verhalten der anderen Seite als schutzwürdig erscheinen und deshalb ein Abweichen von der an sich bestehenden Rechtslage geboten ist*“[597].

In den vorliegenden Fällen treffe das aus § 134 BGB i.V.m. Art. 1 § 1 RBerG resultierende Risiko der möglichen Unwirksamkeit der Darlehensverträge sowohl die Banken als auch die Anleger. Darüber hinaus sollten die Vorschriften des Rechtsberatungsgesetzes gerade den die Rechtsberatung beanspruchenden Kunden schützen, nicht jedoch die beteiligten Banken. Aufgrund der Einbindung der Banken in die Vertriebsorganisation der Gründungsgesellschafter könne das Risiko deswegen um so weniger den Anlegern auferlegt werden[598].

g) Kritik

Diese Ausführungen des II. Senats werden in den jüngst ergangenen Entscheidungen vom XI. Zivilsenat kritisiert. Des Weiteren wurde auch bei Entschei-

---

XI ZR 41/04 – NJW 2005, 1488 (1490). So auch schon: BGH vom 17.04.1967 – II ZR 157/64 – BGHZ 47, 341 (351 f.), wonach der Genehmigende mit der Möglichkeit rechnen muß, daß seine Äußerung oder sein Verhalten als Genehmigung gedeutet werden könnte.

596 BGH vom 14.06.2004 – II ZR 393/02 – BB 2004, 1587 (1589).

597 BGH vom 14.06.2004 – II ZR 393/02 – BB 2004, 1587 (1588 f.).

598 BGH vom 14.06.2004 – II ZR 393/02 – BB 2004, 1587 (1589).

dungen anderer BGH-Senate deutlich, daß den durch den II. Zivilsenat weit geöffneten „*Schleusen*" entgegengewirkt werden sollte. So hat der V. Zivilsenat am 8. Oktober 2004 entschieden, daß die Tätigkeit eines Treuhänders bei einem auf den typischen Leistungsaustausch beschränkten Immobilienkaufvertrag auch im Rahmen eines Steuersparmodells keine unerlaubte Rechtsbesorgung darstellt[599]. Die Diskrepanz zwischen den einzelnen BGH-Senaten wird jedoch am deutlichsten bei der Beurteilung der Frage, ob die §§ 171, 172 BGB in diesem Zusammenhang angewendet werden können[600]. Diese Fragestellung wird im Folgenden genauer untersucht:

(1) Anwendbarkeit der Grundsätze der Rechtsscheinsvollmacht

In den Entscheidungen XI ZR 255/03 vom 26. Oktober 2004[601] und XI ZR 315/03 vom 9. November 2004[602] – also zeitlich nach den Entscheidungen des II. Senats vom 14. Juni 2004 – stimmt der XI. mit dem II. Senat zwar darin überein, daß in derartigen Fällen die Vollmacht des Treuhänders wegen eines Verstoßes gegen Art. 1 § 1 RBerG unwirksam ist. Jedoch schütze § 172 BGB das Vertrauen der Banken in die Wirksamkeit der Vollmachtserteilung, was zur Folge habe, daß die Vollmacht des Treuhänders gegenüber der Bank als rechtswirksam zu behandeln sei[603]. Obwohl diese Entscheidungen des XI. Senats nicht den Erwerb von Anteilen an geschlossenen Immobilienfonds, sondern den Erwerb einer Eigentumswohnung betreffen, sind – wie bereits an anderer Stelle ausgeführt – die wesentlichen Argumente des XI. Zivilsenats aufgrund der Ähnlichkeit der Sachverhalte größtenteils auch auf die hier zu untersuchende Problematik übertragbar.

Im Rahmen dieser Entscheidungen hat der XI. Zivilsenat des BGH die Grundsätze der §§ 171, 172 BGB auch dann angewendet, als der Geschäftsbesorgungsvertrag wegen Verstoßes gegen Art. 1 § 1 RBerG i.V.m. § 134 BGB nichtig war. Daran hielt „*der Senat auch unter Berücksichtigung der Entscheidungen des II. Zivilsenats vom 14. Juni 2004 (...) fest*"[604], zumindest für den Bereich kreditfinanzierter Grundstücksgeschäfte[605]. Folgende Erwägungen führten den XI. Senat zu diesem Ergebnis:

---

599 BGH vom 08.10.2004 – V ZR 18/04 – BTR 2005, 36 (36).

600 ALLMENDINGER, Kurzkommentar zu § 1 RBerG, EWiR 2005, 517 (518).

601 BGH vom 26.10.2004 – XI ZR 255/03 – ZIP 2005, 69 (69 ff.).

602 BGH vom 09.11.2004 – XI ZR 315/03 – NJW 2005, 668 (668 ff.).

603 BGH vom 26.10.2004 – XI ZR 255/03 – ZIP 2005, 69 (71).

604 BGH vom 26.10.2004 – XI ZR 255/03 – ZIP 2005, 69 (72). So auch schon das OLG Köln vom 04.08.2004 – 13 U 32/04 – OLGR Köln 2004, 383 (383 ff.).

605 BGH vom 15.03.2005 – XI ZR 135/04 – ZIP 2005, 846 (850). So auch BGH vom 21.06.2005 – XI ZR 88/04 – ZIP 2005, 1357 (1359). Hierzu siehe auch: FRISCH, Kurzkommentar zu § 167 BGB, EWiR 2006, 39 (39 f.).

(a) Nichtvorliegen eines verbundenen Geschäfts

(i) Gesetzessystematik: Unanwendbarkeit der Grundsätze des verbundenen Geschäfts im Bereich der Rechtsscheinshaftung

Das erste Argument des XI. Senats für die Anwendbarkeit der Grundsätze über die Rechtsscheinsvollmacht und damit für die Wirksamkeit der einem Treuhänder erteilten Vollmacht ist gesetzessystematischer Natur.

Während der II. Zivilsenat die Nichtanwendung der § 171 Abs. 1 BGB und § 172 Abs. 1 BGB u.a. damit begründet, daß – wie soeben dargestellt – der Beitritt zum Immobilienfonds und der diesen finanzierende Darlehensvertrag ein verbundenes Geschäft darstellten gemäß § 9 Abs. 1 VerbrKrG und daher der Rechtsschein einer wirksamen Vollmacht dem Anleger nicht zugerechnet werden könne, weil ein Vertrauensverhältnis zwischen dem Anleger und dem Treuhänder in derartigen Fällen regelmäßig nicht bestehe, begründet der XI. Senat seine gegenteilige Auffassung zunächst mit der Systematik des Gesetzestextes. Denn § 9 Abs. 1 VerbrKrG sei für die Haftung eines Darlehensnehmers aufgrund von Rechtsscheinsgesichtspunkten ohne rechtliche Bedeutung, wenn der Kreditnehmer eine notariell beurkundete aber nichtige Vollmacht erteilt. In diesem Zusammenhang habe die Vorschrift des § 9 Abs. 1 VerbrKrG systematisch nichts zu suchen, da hier das Vertretungsrecht mit seinen Regelungen in den Vorschriften der §§ 164 ff BGB bzw. die Tatbestände der Rechtsscheinhaftung nach §§ 171 ff BGB und die Grundsätze über die Anscheins- und Duldungsvollmacht einschlägig seien. Auf diese Grundsätze habe die Bank als Vertragspartner, der die betreffende Vollmacht vorgelegt wird, vertrauen dürfen. Nicht anwendbare Vorschriften dürften hier zu keinem anderen Ergebnis führen[606]. Die Anwendbarkeit der §§ 171 ff. BGB ist überzeugend. Diesen Vorschriften sind allgemeine Erwägungen des Verbraucherkreditrechts fremd[607].

(ii) Gesetzliche Regelung der Ausnahmevorschrift bei grundpfandrechtlicher Absicherung

Des Weiteren liege bei einem Kreditvertrag und bei einem mit diesem finanzierten Grundstücksgeschäft kein Geschäft vor, das durch eine wirtschaftliche Einheit verbunden wäre gemäß § 9 VerbrKrG. Für die Unanwendbarkeit des § 9 VerbrKrG spreche neben der gefestigten langjährigen Rechtsprechung vor allem die Vorschrift des § 3 Abs. 2 Nr. 2 VerbrKrG und deren gesetzgeberische Wertung. Daß nach Ansicht des XI. Zivilsenats gemäß § 3 Abs. 2 Nr. 2 VerbrKrG

---

606 BGH vom 26.10.2004 – XI ZR 255/03 – ZIP 2005, 69 (72). Sowie: BGH vom 09.11.2004 – XI ZR 315/03 – NJW 2005, 668 (669).

607 WEBER/MADAUS, EWiR 2005, 531 (532).

die Regelungen des § 9 VerbrKrG auf Realkredite i.S.d. § 3 Abs. 2 Nr. 2 VerbrKrG ausnahmslos keine Anwendung finden, wurde bereits im Rahmen des Einwendungs- und Rückforderungsdurchgriffs bei der Anwendbarkeit des § 9 VerbrKrG ausführlich dargestellt. Insbesondere sei an dieser Stelle noch einmal erwähnt, daß es nach dem Wortlaut des § 3 Abs. 2 Nr. 2 VerbrKrG unerheblich ist, ob ein bereits bestehendes Pfandrecht durch den Erwerber übernommen wird und dieses nicht erst durch den Erwerber selbst bestellt wird[608]. Im Übrigen wird auf die obigen Ausführungen verwiesen.

(b) Zurechenbarkeit der Rechtsscheinsvollmacht

Der zweite Angriff des XI. Zivilsenats auf die Rechtsprechung vom 14. Juni 2004 erfolgte deswegen, weil der II. Zivilsenat in seiner Rechtsprechung den Rechtsschein einer wirksamen Vollmacht den einzelnen Anlegern nicht zurechnete, da – wie oben gezeigt – ein Vertrauensverhältnis zwischen dem Treuhänder und dem jeweiligen Anleger nicht besteht.

(i) Vorliegen der Voraussetzungen der Rechtsscheinsvollmacht

Dieses Ergebnis entbehrt einer gesetzlichen Grundlage und ist nach Ansicht des XI. Senats mit den „*grundlegenden Prinzipien des Vertretungsrechts nicht vereinbar*"[609]. Denn die Anwendung der §§ 171 ff. BGB setze kein Vertrauensverhältnis zwischen Vertreter und Vertretenem voraus. Die einzigen Anknüpfungspunkte seien ausschließlich die Vorlage einer vom Vertretenen ausgefüllten Vollmachtsurkunde sowie der gute Glaube des Geschäftspartners an die Wirksamkeit der Vollmacht. Die Voraussetzungen des Mißbrauchs der Vertretungsmacht lägen nicht vor, wenn eine vom Vertreter ausgestellte Vollmacht nichtig sei. Dafür seien kollusive Absprachen zwischen den Banken, den Initiatoren der Fondsgesellschaft und der Treuhänder zum Nachteil der Erwerber erforderlich. Dies könne in diesen Fällen jedoch nicht unterstellt werden, genauso wenig wie die Kenntnis der Bank, daß „*der Treuhänder Teil einer einheitlichen Vertriebsorganisation sei*"[610].

---

608 BGH vom 26.10.2004 – XI ZR 255/03 – ZIP 2005, 69 (73). Sowie: BGH vom 09.11.2004 – XI ZR 315/03 – NJW 2005, 668 (670). Im Ergebnis so auch: MÜNCHKOMM/ULMER, § 3 VerbrKrG Rn. 27. Sowie: STAUDINGER/KESSAL-WULF, § 3 VerbrKrG Rn. 33.

609 BGH vom 26.10.2004 – XI ZR 255/03 – ZIP 2005, 69 (74). Sowie: BGH vom 09.11.2004 – XI ZR 315/03 – NJW 2005, 668 (669).

610 BGH vom 26.10.2004 – XI ZR 255/03 – ZIP 2005, 69 (74). Sowie: BGH vom 09.11.2004 – XI ZR 315/03 – NJW 2005, 668 (669 f.).

(ii) Kein Verstoß gegen Treu und Glauben

Der XI. Zivilsenat geht noch einen Schritt weiter: Es sei der Bank als Vertragspartnerin auch nicht verwehrt, sich in derartigen Fällen auf den Gutglaubensschutz, den die §§ 171 Abs. 1, 172 Abs. 1 BGB gewähren, zu berufen. Denn die Rechtsprechung vor dem Jahr 2000, also vor dem Erlaß der (bei Punkt a)(1) oben genannten) Notarentscheidung, sei nicht von der Nichtigkeit des Geschäftsbesorgungsvertrags und der Vollmacht des Treuhänders gemäß Art. 1 § 1 RBerG ausgegangen. In dem vom XI. Senat entschiedenen Fall stammte der Geschäftsbesorgungsvertrag und die Vollmacht des Treuhänders aus dem Jahre 1994. Solange der Bank eine notariell beurkundete Vollmacht vorgelegen hätte, müsse sie die Nichtigkeit der Vollmacht nicht kennen[611]. Andere Gesichtspunkte bräuchten hierbei nicht berücksichtigt zu werden, solange das Kreditinstitut an den Bestand der Vollmacht glaube[612].

Diese Argumentation entspreche auch den Grundsätzen des Vertrauensschutzes, die hier zugunsten der Banken angewendet werden müßten. Denn solange auf Seiten der Banken keine positive Kenntnis oder grob fahrlässige Unkenntnis bestehe – eine allgemeine Nachforschungspflicht des Vertragspartners besteht hier ohnehin nicht[613] – könnten die Grundsätze der Duldungs- oder Anscheinsvollmacht auch angewendet werden. Hierfür entscheidend sei alleine die Kenntnis oder das Kennenmüssen des Mangels der Vertretungsmacht selbst. Die Kenntnis der den Mangel der Vertretungsmacht begründenden Umstände sei hierbei unerheblich[614]. Es müsse demnach danach unterschieden werden, ob der Verstoß der Treuhänder und Rechtsbesorger gegen das Rechtsberatungsgesetz von den Banken als Vertragspartnern zu erkennen war[615]. Der dafür maßgebliche Zeitpunkt sei die Veröffentlichung des BGH-Urteils vom 28. September 2000[616]. In dieser Entscheidung wurde die Problematik des Rechtsberatungsgesetzes im Zusammenhang mit den Treuhandmodellen erstmals angesprochen. Aus den vor dem Jahr 2000 ergangenen höchstrichterlichen Entscheidungen ließe sich der Verstoß eines umfassenden Treuhand- oder Geschäftsbesorgungsvertrags und der damit zusammenhängenden Treuhändervollmacht gegen Art. 1 § 1 RBerG i.V.m.

---

611 BGH vom 26.10.2004 – XI ZR 255/03 – ZIP 2005, 69 (74 f.). Sowie: BGH vom 09.11.2004 – XI ZR 315/03 – NJW 2005, 668 (669 f.). Ebenso wenig muß die Bank nach bis dahin in der Rechtsprechung und / oder Literatur unentdeckten rechtlichen Problemen suchen; vgl.: BGH vom 11.01.2005 – XI ZR 272/03 – ZIP 2005, 521 (523).

612 WEBER/MADAUS, EWiR 2005, 531 (532).

613 BGH vom 11.01.2005 – XI ZR 272/03 – ZIP 2005, 521 (523) m.w.N.

614 LWOWSKI/WUNDERLICH, Rechtsfragen Teil I, ZInsO 2005, 5 (8). Hierzu siehe auch: OLG Düsseldorf vom 16.12.2004 – I-6 U 44/04 – WM 2005, 881 (883).

615 LWOWSKI/WUNDERLICH, Rechtsfragen Teil I, ZInsO 2005, 5 (9).

616 BGH vom 28.09.2000 – IX ZR 279/99 – NJW 2001, 70 (71 ff.).

§ 134 BGB nicht entnehmen[617]. Vor Erlaß dieser Entscheidung seien Banken auch nicht zu einer eingehenden Prüfung der Vereinbarkeit der Geschäftsbesorgervollmacht mit dem Rechtsberatungsgesetz verpflichtet gewesen, da i.R.d. §§ 172, 173 BGB keine allgemeine Überprüfungs- und Nachforschungspflicht bestehe[618].

Bei Darlehensverträgen, die vor diesem Zeitpunkt geschlossen wurden, sei deshalb eine Kenntnis oder grob fahrlässige Unkenntnis der Banken vom Mangel der Vertretungsmacht schon allein aus Vertrauensschutzgesichtspunkten nicht anzunehmen. Denn vor dieser höchstrichterlichen Entscheidung ging die ständige Rechtsprechung noch nicht von der Nichtigkeit der Treuhändervollmacht wegen der oben genannten Verstöße aus. Umgekehrt könne aus genau denselben Gründen nicht davon ausgegangen werden, daß in einer vorbehaltslosen Zahlung der Anleger auf das Darlehen eine konkludente Genehmigung des schwebend unwirksamen Darlehensvertrags liegt. Denn auch ein Anleger habe die mit den Verstößen gegen das Rechtsberatungsgesetz einhergehende Nichtigkeit des Treuhandvertrags oder des Geschäftsbesorgungsvertrags nicht kennen können[619].

Es entspricht auch den Grundsätzen der Billigkeit, entweder auf beiden Seiten des Darlehensvertrags ein Nicht-Kennenmüssen dieser durch den BGH geänderten Grundsätze anzuerkennen oder auf keiner Seite. Es wäre eine nicht zu begründende Benachteiligung der Banken, würde man ihnen die Möglichkeit eines Gutglaubensschutzes von vornherein nehmen und andrerseits dem Verbraucher seine gutgläubige Unkenntnis nicht als Genehmigung auslegen. Ein und dieselbe Tatsache – nämlich die Kenntnis von der Nichtigkeit der Vollmacht – muß auf beiden Seiten gleich behandelt werden, sofern nicht Anhaltspunkte auf ein anderes hinweisen.

Auf sog. Neufälle, also auf nach dem 28. September 2000 abgeschlossene Darlehensverträge, wird hier nicht eingegangen, da solche in den BGH-Urteilen vom 14. Juni 2004 nicht vorlagen. Die dann geltenden Grundsätze unterscheiden jedoch u.a. danach, ob eine isolierte oder integrierte Vollmacht vorliegt[620].

(iii) Kreditverwendungsrisiko des Darlehensnehmers

Als weiteren Ansatzpunkt der Kritik sieht der XI. Senat das Kreditverwendungsrisiko des Darlehensnehmers. Es könne deswegen nicht angehen, daß der II. Se-

---

617 BGH vom 11.01.2005 – XI ZR 272/03 – ZIP 2005, 521 (523).
618 BGH vom 15.03.2005 – XI ZR 135/04 – ZIP 2005, 846 (851 f.).
619 LWOWSKI/WUNDERLICH, Rechtsfragen Teil I, ZInsO 2005, 5 (9).
620 LWOWSKI/WUNDERLICH, Rechtsfragen Teil I, ZInsO 2005, 5 (9).

nat die Regelungen der §§ 171 ff. BGB bei solchen Sachverhalten überhaupt nicht anwendet. Ein Ausnahmefall, bei dem die Schutzinteressen eines Vollmachtgebers im Rahmen einer Güterabwägung höher zu bewerten seien als diejenigen des Vertragspartners, der auf die kundgemachte Vollmacht vertraut, liege bei derartigen Anlagegeschäften nicht vor. Die Tatsache, daß die Anleger in diesen Fällen typischerweise sowohl die Geschäfte zum Erwerb von Grundeigentum als auch dessen Verwaltung in die Hände eines Treuhänders geben und selbst eine Wirtschaftlichkeitsprüfung des zu erwerbenden Objekts nicht vornehmen, könne nicht zu Lasten der kreditgebenden Bank gehen. Es müsse hier beim Grundsatz bleiben, daß alleine der Darlehensnehmer das Kreditverwendungsrisiko zu tragen hat. Die Bank sei schon mit dem Bonitätsrisiko des Darlehensnehmers belastet[621].

(iv) Kein absolutes Zurechnungsverbot

Schließlich ist noch zu berücksichtigen, daß nach der oben dargelegten Auffassung des II. Zivilsenats in einem Verstoß gegen das Rechtsberatungsgesetz ein absolutes Zurechnungshindernis liegen würde, welches den Rückgriff auf Rechtsscheinsgrundsätze stets ausschließen würde. Ein solches

> „*absolutes Zurechnungsverbot ist allerdings nur dort anzunehmen, wo sich auf Grund der Schwere des Nichtigkeitsgrundes eine Zurechnung des Rechtsscheins einer Vollmacht an den Veranlasser per se verbietet, wie in Fällen der Geschäftsunfähigkeit und der Minderjährigkeit.* (...) *Ein diesen Fällen wertungsmäßig vergleichbarer Sachverhalt liegt im Verhältnis des Investors zur finanzierenden Bank in einem Steuersparmodell nicht vor*“[622].

(c) Einmaliges Handeln des Vertreters ausreichend

Es ist an dieser Stelle noch auszuführen, daß Rechtsscheinsgesichtspunkte auch nicht deshalb ausscheiden, weil der vermeintliche Vertreter nicht mehrfach, sondern nur einmal gehandelt hat. Zwar verhält es sich bei der Duldungsvollmacht regelmäßig so, daß es der Vertretene über einen längeren Zeitraum wissentlich geschehen läßt, daß ein anderer für ihn als Vertreter ohne Bevollmächtigung auftritt[623]. Jedoch ist ein einmaliges Gewährenlassen dann ausreichend, wenn der Vertreter mit Willen des Vertretenen aufgetreten ist[624].

---

621 BGH vom 26.10.2004 - XI ZR 255/03 - ZIP 2005, 69 (74). Sowie: BGH vom 09.11.2004 – XI ZR 315/03 – NJW 2005, 668 (669 f.).

622 OLG Düsseldorf vom 16.12.2004 – I-6 U 44/04 – WM 2005, 881 (883).

623 OLG Karlsruhe vom 20.01.2004 – 17 U 53/03 (n.r.) – ZIP 2004, 900 (902).

624 PALANDT/HEINRICHS, 64. Aufl., § 173 Rn. 12.

In den hier vorliegenden Fällen haben sich die Treuhänder gerade nicht eine nicht erteilte Bevollmächtigung angemaßt. Vielmehr wurden diese bei Abschluß der Darlehensverträge mit dem Willen der Anleger tätig. Die Duldungsvollmacht kann jedenfalls aufgrund dieses nur einmaligen Tätigwerdens ein ebenso rechtswirksames Handeln begründen.

Der II. Zivilsenat hat mit der Nichtberücksichtigung der §§ 171 ff. BGB auf der Subsumtionsebene die Anwendung dieser einschlägigen geschriebenen Normen in einer methodisch nicht nachvollziehbaren Weise versagt[625].

(d) Folgeentscheidungen des XI. Zivilsenats

An dieser Rechtsauffassung hielt der XI. Zivilsenat auch in dem Urteil XI ZR 272/03 vom 11. Januar 2005 *„auch unter Berücksichtigung der Entscheidungen des II. Zivilsenats vom 14. Juni 2004"* fest[626]. Insbesondere kann die Argumentation des XI. Zivilsenats nicht von der Hand gewiesen werden. Gerade die auf den Wortlaut des nationalen und europäischen Gesetzestextes gestützten Argumente und die Kritik an der teleologischen Auslegung des II. Zivilsenats werfen die Frage auf, ob die Urteile vom 14. Juni 2004 – abgesehen von einem vielleicht wünschenswerten Ergebnis – auch rechtlich den geäußerten Bedenken standhalten können. Es werden jedenfalls die verhärteten Fronten zwischen den einzelnen BGH-Senaten ersichtlich, wobei man dem XI. Zivilsenat hier eine klare und deutliche Orientierung am Gesetzeswortlaut zugute halten muß. Insbesondere der Argumentation des XI. Zivilsenats anhand des Gesetzeswortlauts und mit dem Schutzzweck der Norm bei den §§ 171, 172 BGB, bei § 3 Abs. 2 Nr. 2 VerbrKrG und an den anderen genannten Stellen muß bei einer Gesamtwürdigung der Rechtsprechung vom 14. Juni 2004 eine gewichtige Stellung eingeräumt werden[627].

Schließlich behandelt der XI. Zivilsenat auch in seinen Entscheidungen vom 25. April 2006 eine unwirksame Vollmacht nach den §§ 171 f. BGB als gültig, wenn ein Zeichnungsschein vorgelegt wurde, der eine Vollmacht enthält, die

---

625 WOLF/GROẞERICHTER, Ergebnis als Methode, WM 2004, 1993 (1993).

626 BGH vom 11.01.2005 – XI ZR 272/03 – ZIP 2005, 521 (522).

627 Eine einheitliche Rechtsprechung des II. und des XI. Senats könne nach Ansicht des XI. Zivilsenats seinerzeit auch durch eine Vorlage an den Großen Senat für Zivilsachen nicht erreicht oder gesichert werden. Eine Vorlage sei weder nach § 132 Abs. 2 GVG noch nach § 132 Abs. 4 GVG veranlaßt. Denn zum einen handele es sich bei den Erwägungen des II. Senats um obiter dicta, zum anderen würden für die Kreditfinanzierung von Immobilien teilweise andere gesetzliche Vorschriften gelten als für die Finanzierung von Beteiligungen an Immobilienfonds; vgl.: BGH vom 26.10.2004 – XI ZR 255/03 – ZIP 2005, 69 (74). Sowie: BGH vom 09.11.2004 – XI ZR 315/03 – NJW 2005, 668 (669 f.).

nicht gegen das Rechtsberatungsgesetz verstößt[628]. Der XI. Senat weicht hier weiterhin vom II. Senat ab, weil diese Vollmacht im Zeichnungsschein im Gegensatz zu einer notariell beglaubigten Vollmacht auf die Wahrnehmung größtenteils wirtschaftlicher Belange gerichtet ist. Denn diese Vollmacht hat nicht den Abschluß eines ganzen Vertragsbündels zum Gegenstand, sondern beschränkt sich auf die Erklärung zum Fondsbeitritt sowie auf die Darlehensaufnahme[629]. Es ist nämlich in solchen Fällen stets nach dem Kern und dem Schwerpunkt der Tätigkeit zu unterscheiden, d.h. ob die Tätigkeit überwiegend auf dem wirtschaftlichen Gebiet liegt und es um die Wahrnehmung wirtschaftlicher Belange geht oder ob der Focus und der Zweck der Tätigkeit auf der rechtlichen Seite liegt. Dem steht auch nicht entgegen, daß es sich vorliegend um ein Verbundgeschäft handelt, da die Anwendung der Vorschrift des § 9 Abs. 1 VerbrKrG gemäß § 3 Abs. 2 Nr. 2 VerbrKrG ausgeschlossen ist. Dies gilt auch bei Übernahme eines bereits bestehenden Grundpfandrechts. Weiterhin stellt der XI. Senat ausdrücklich klar, daß dies gleichermaßen für die Finanzierung eines Beitritts zu einem Immobilienfonds gilt[630]. Der XI. Senat bleibt seiner Linie also treu.

h) Fazit

Auch in der Literatur wurde gegen die Rechtsprechung des II. Senats Kritik laut. EDELMANN stellt völlig zutreffend fest, der II. Zivilsenat habe seine abweichende Rechtsauffassung ohne rechtlich fundierte Auseinandersetzung mit den Gegenargumenten kundgetan und setze sich auf diese Weise alleine durch den Hinweis auf den Verbraucherschutzgedanken über zwingend anzuwendende Normen hinweg. Er übergehe außerdem die Rechtsprechung zweier anderer Zivilsenate des BGH. Dies unterliege auch unter Berücksichtigung des Verbraucherschutzes, welches ein hohes Schutzgut darstelle, rechtlich ganz erheblichen Bedenken[631].

---

628 BGH vom 25.04.2006 – XI ZR 29/05 – NJW 2006, 1952 (1952 f.). Sowie: BGH vom 25.04.2006 – XI ZR 219/04 – ZIP 2006, 1088 (1090 ff.).

629 FISCHER, Ende der Rechtsprechungsdivergenz, DB 2006, 1415 (1418).

630 BGH vom 25.04.2006 – XI ZR 29/05 – NJW 2006, 1952 (1953). Sowie: BGH vom 25.04.2006 – XI ZR 219/04 – ZIP 2006, 1088 (1090 ff.).

631 EDELMANN rügt hier außerdem, daß der Vorsitzende Richter des II. Zivilsenats in der mündlichen Verhandlung vom 14.06.2004 öffentlich und unsachlich erklärt habe, daß jegliche andere vertretene Rechtsauffassung als „*Pervertierung des Verbraucherschutzgedanken*“ im Recht anzusehen sei; vgl.: EDELMANN, Rechtsberatungsgesetz, BKR 2004, 337 (338).

Die aus verfassungsrechtlicher Sicht der Rechtsprechung des Bundesgerichtshofs gegenüber geäußerte Kritik[632] – auf die hier nicht eingegangen wird, da sie den Rahmen dieser Untersuchung sprengen würde – bleibt hierbei noch völlig unberücksichtigt[633].

2. Nichtigkeit der Darlehensverträge wegen Verstoßes gegen Vorschriften des Verbraucherkreditgesetzes

Der BGH stärkte die Rechte der Kreditnehmer gegen die Banken auch dadurch, daß er in den Entscheidungen II ZR 393/02 und II ZR 407/02 vom 14. Juni 2004[634] die Darlehensverträge der Anleger wegen Verstoßes gegen Vorschriften des Verbraucherkreditgesetzes (VerbrKrG a.F. bzw. §§ 491 ff. BGB n.F.) für nichtig erklärte. Folge dieser Nichtigkeit ist auch hier die Rückabwicklung nach Bereicherungsrecht gemäß § 812 Abs. 1 S. 1 Alt. 1 BGB. Im Folgenden ist deshalb das Vorliegen der Tatbestandsmerkmale dieser Normen zu untersuchen.

a) Verbrauchereigenschaft der Anleger

Voraussetzung für die Anwendbarkeit des Verbraucherkreditgesetzes ist zunächst, daß es sich beim Kreditnehmer um eine Person handelt, bei der der Kre-

---

632 Kleine-Cosack bezeichnet es als unhaltbar, bei der Auslegung des Art. 1 § 1 RBerG alleine auf formelle Kriterien abzustellen. Eine solche Auslegung hätte eine exzessive Ausweitung des Anwendungsbereichs des Rechtsberatungsgesetzes als Monopolgesetz unter Verkennung von dessen Verbraucherschutzfunktion und der Grundrecht zur Folge; vgl.: Kleine-Cosack, Restriktive Auslegung, NJW 2003, 3009 (3009 ff.). Kleine-Cosack stellt ausführlich dar, daß es bisher in der Bauherren-Treuhand-Rechtsprechung des BGH an einer verfassungskonformen Auslegung fehle. Insbesondere bedürfe Art. 1 § 1 RBerG einer restriktiven Auslegung, da eine erlaubnispflichtige Besorgung von Rechtsangelegenheiten i.d.S. nicht vorliege: Der Treuhänder in Bauherrenmodellen werde i.d.R. nicht schwerpunktmäßig zur Rechtsbesorgung eingeschaltet. Er habe wirtschaftliche Interessen wahrzunehmen, damit der Auftraggeber in den Genuß der erstrebten steuerlichen und wirtschaftlichen Vorteile gelangt. Eine rechtliche Beratung werde hingegen im Regelfall vom Treuhänder weder aufgrund des Vertrags noch nach sichtbaren und vereinbarten Funktionen des Treunehmers geschuldet. Der Treuhänder, dessen Tätigkeit nicht einmal ansatzweise der üblichen Tätigkeit von Rechtsanwälten entspreche, sei zwar Bevollmächtigter und/oder Interessenwahrer, jedoch kein Rechtsberater; vgl.: Kleine-Cosack, Rechtsberatungsgesetz und Treuhandauftrag, BB 2003, 1737 (1738 ff.). Sowie: Sauer/Wittemann, BKR 2003, 656 (656 ff.) m.w.N.

633 Edelmann, Rechtsberatungsgesetz, BKR 2004, 337 (337). Siehe auch: BGH vom 11.10.2001 – III ZR 182/00 – NJW 2002, 66 (67) mit einer kaum überzeugenden Begründung, aus welchem Grund die nahezu identische Aufgabe eines gewerblichen Baubetreuers, der eine „*Vollbetreuung*" erbringt", dem Ausnahmetatbestand des Art. 1 § 5 RBerG unterfällt und damit erlaubnisfrei ist.

634 BGH vom 14.06.2004 – II ZR 393/02 – BB 2004, 1587 (1590). Sowie: BGH vom 14.06.2004 – II ZR 407/02 – WM 2004, 1536 (1538 ff.).

dit nach dem Inhalt des Vertrages nicht für ihre bereits ausgeübte gewerbliche oder selbständige berufliche Tätigkeit bestimmt ist, § 1 Abs.1 VerbrKrG. Für die ab dem 1. Januar 2002 geschlossenen Verbraucherkreditverträge gelten ohnehin die §§ 491 ff. BGB, wobei die Verbrauchereigenschaft dann in § 13 BGB legaldefiniert ist. In den vom BGH entschiedenen Fällen war die Verbrauchereigenschaft der Anleger nach dem Verbraucherkreditgesetz unproblematisch gegeben.

b) Fehlende Mindestangaben zu den Kreditbedingungen

(1) Fehlende Mindestangaben in den Kreditverträgen selbst

Der II. Zivilsenat des BGH stützte in zwei Entscheidungen vom 14. Juni 2004 – Aktenzeichen II ZR 393/02[635] und II ZR 407/02[636] – die Nichtigkeit der Darlehensverträge auf die Vorschrift des § 6 Abs. 1 i.V.m. § 4 Abs. 1 S. 4 Nr. 1 a bis f VerbrKrG in der vom 1. Mai 1993 bis 31. Juli 2001 gültigen Fassung (entsprechen den Vorschriften der §§ 494, 492 BGB in der ab dem 1. Januar 2002 geltenden Fassung), da die Darlehensverträge selbst nicht die gesetzlich vorgesehenen Mindestangaben zu den Kreditbedingungen enthielten.

Insbesondere fehlten in den von den Treuhändern mit den Kreditinstituten geschlossenen Darlehensverträgen die nach § 4 Abs. 1 S. 4 Nr. 1 a VerbrKrG notwendige Angaben des auf den einzelnen Anleger fallenden Nettokreditbetrags. Des Weiteren fehlten in den Verträgen die Angabe des auf den einzelnen Anleger entfallenden Gesamtbetrags aller zur Tilgung und zur Begleichung der Zinsen und sonstigen Kosten zu entrichtenden Teilzahlungen gemäß § 4 Abs. 1 S. 4 Nr. 1 b VerbrKrG[637] und die Angabe der Kosten einer Versicherung, die im Zusammenhang mit dem Kreditvertrag abgeschlossen wird, nämlich der jeweiligen Kapitallebensversicherung, gemäß § 4 Abs. 1 S. 4 Nr. 1 f VerbrKrG[638].

---

635 BGH vom 14.06.2004 – II ZR 393/02 – BB 2004, 1587 (1590).

636 BGH vom 14.06.2004 – II ZR 407/02 – WM 2004, 1536 (1538).

637 Der BGH läßt in seiner Entscheidung vom 14.06.2006 offen, ob diese Darlehensverträge dem Tatbestand der Ausnahmevorschrift des § 3 Abs. 2 Nr. 2 VerbrKrG unterfallen. Denn dann wäre lediglich der Verstoß der Darlehensverträge gegen § 4 Abs. 1 S. 4 Nr. 1 lit. b VerbrKrG unbeachtlich, jedoch nicht die übrigen notwendigen Angaben wie der Nettokreditbetrag; vgl.: BGH vom 14.06.2004 – II ZR 393/02 – BB 2004, 1587 (1590). Jedenfalls nach dem OLG München ist eine teleologische Reduktion des Anwendungsbereichs hinsichtlich der Bereichsausnahme zu § 4 Abs. 1 S. 4 Nr. 1 lit. b VerbrKrG nicht vorzunehmen. Die Angabe des Gesamtpreises paßt nicht bei Realkrediten, weshalb sie vom Gesetzgeber für entbehrlich gehalten wurde; vgl.: OLG München vom 07.07.2005 – 19 U 2039/05 (n.r.) – ZIP 2005, 1591 (1592).

638 BGH vom 14.06.2004 – II ZR 393/02 – BB 2004, 1587 (1590).

(2) Fehlende Mindestangaben in den Treuhändervollmachten

Deshalb konnte es der BGH in den eben genannten Entscheidungen vom 14. Juni 2004 offen lassen, ob § 4 VerbrKrG bereits auf die Vollmacht anwendbar ist, das heißt, ob die Mindestangaben zu den Kreditbedingungen bereits in der jeweiligen Vollmachtsurkunde des Treuhänders enthalten sein mußten. Jedoch war gerade diese Materie in der Rechtsprechung – insbesondere wiederum zwischen dem II. und dem XI. Zivilsenat des BGH – sehr umstritten.

Streitig war insbesondere, ob die dem Treuhänder erteilte Vollmacht, die nicht die in § 4 Abs. 1 S. 4 Nr. 1 VerbrKrG vorgeschriebenen Mindestangaben enthielt, nichtig war und deswegen die Nichtigkeitsfolge gemäß § 6 Abs. 1 VerbrKrG i.V.m. § 139 BGB auch den Erwerb des Fondsanteils erfaßte. Denn in der Regel sind in Fällen wie den vorliegenden weder dem Treuhänder noch dem Anleger im Zeitpunkt der Bevollmächtigung die in § 4 Abs. 1 S. 4 Nr. 1 VerbrKrG vorgesehenen Pflichtangaben bekannt, weswegen sie auch nicht in die Vollmachturkunde des Treuhänders mitaufgenommen werden können[639].

(a) Zeitraum vor Inkrafttreten der Schuldrechtsreform

Es gab vor dem Inkrafttreten der Schuldrechtsreform am 1. Januar 2002 verschiedene Auffassungen von Rechtsprechung und Literatur zu der Frage, welche Auswirkungen die Vorschrift des § 167 Abs. 2 BGB[640] auf die Inhaltserfordernisse einer Verbraucherkreditvollmacht i.d.S. hatte. Dabei wurde vor allem diskutiert, ob eine Formnichtigkeit der Vollmacht in Anlehnung an die Formvorschriften zum Übereilungsschutz, insbesondere an die Regelungen der § 313 S. 1 BGB a.F. bzw. § 311b Abs. 1 S. 1 BGB n.F., wegen einer vorzeitigen Bindung des Vollmachtgebers anzunehmen ist[641].

(i) Auffassung der höchstrichterlichen Rechtsprechung

Nach der ständigen höchstrichterlichen Rechtsprechung und der herrschenden Meinung finden die Vorschriften des § 4 Abs.1 VerbrKrG bzw. § 492 Abs. 1 BGB n.F. zumindest auf eine vor dem 1. Januar 2002 widerrufliche Vollmacht

---

639 EDELMANN, Kommentar 3 O 37/99, BB 1999, 2050 (2050).

640 Diese Vorschrift ist Ausdruck des Abstraktionsprinzips, da sie zwischen Bevollmächtigung und Vertretergeschäft trennt. Des Weiteren kommt dadurch das Repräsentationsprinzip zum Ausdruck, da der Bevollmächtigte den Vollmachtgeber auch in der Willensentscheidung repräsentiert. Dies wird auch durch die Bestimmung des § 166 Abs. 1 BGB bezweckt; vgl.: HORN/BALZER, WM 2000, 333 (339).

641 SPICKHOFF/PETERSHAGEN, BB 1999, 165 (169).

keine Anwendung[642]. Die Nichtaufnahme der Pflichtangaben des § 4 Abs. 1 S. 4 Nr. 1 VerbrKrG zog damit nicht die Nichtigkeitsfolge des § 6 VerbrKrG nach sich[643]. Danach sei zwar grundsätzlich die Vorschrift des § 167 Abs. 2 BGB selbst Ausgangspunkt für die Beurteilung der Frage, ob schon die Vollmacht die vom Verbraucherkreditgesetz geforderten Mindestangaben enthalten müsse, da hiernach formlose Vollmachten generell möglich sind.

Jedoch wurde § 167 Abs. 2 BGB im Wege einer teleologischen Reduktion dann einengend ausgelegt, wenn der Zweck einer Formvorschrift der Anwendung des § 167 Abs. 2 BGB entgegenstand[644]. So mußte jedenfalls eine unwiderruflich erteilte Kreditvollmacht sowohl das Schriftformerfordernis nach § 4 Abs. 1 S. 1 VerbrKrG erfüllen als auch die Mindestangaben nach § 4 Abs. 1 S. 4 Nr. 1 VerbrKrG enthalten, um die umfassende Information des Verbraucherkreditnehmers zu gewährleisten[645]. Denn durch die Erteilung einer unwiderruflichen Vollmacht würde ein Vollmachtgeber rechtlich und faktisch in gleicher Weise gebunden wie durch den Abschluß des formbedürftigen Rechtsgeschäfts selbst. Im Interesse eines effektiven Verbraucherschutzes und nach § 18 S. 2 VerbrKrG sollten die strengen Formvorschriften des § 4 VerbrKrG nicht umgangen werden können. Maßgebend sei dabei die Schutzwürdigkeit des Vollmachtgebers. Hier sollte im Hinblick auf § 167 Abs. 2 BGB dem Ziel eines wirksamen Verbraucherschutzes der Vorrang eingeräumt werden gegenüber dem Repräsentationsprinzip des Vertretungsrechts[646].

(ii) Von der Literatur vertretene Auffassungen

In der Literatur besteht ebenfalls Streit um die Frage der Formbedürftigkeit. Nach einer Auffassung unterliegt auch die Vollmacht der Form des § 4 VerbrKrG, unabhängig davon, ob die Vollmacht widerruflich ist oder nicht[647].

---

642 BGH vom 14.10.2003 – XI ZR 134/02 – NJW 2004, 154 (155) m.w.N.

643 LWOWSKI/WUNDERLICH, Rechtsfragen Teil I, ZInsO 2005, 5 (10).

644 HORN/BALZER, WM 2000, 333 (339). Deutlich wird diese teleologische Reduktion insbesondere bei der Vorschrift des § 313 S. 1 BGB a.F. bzw. § 311 b BGB in der seit dem 01.01.2002 geltenden Fassung: Hier bedarf schon die Erteilung einer unwiderruflich erteilten Vollmacht für einen Grundstückskaufvertrag der notariellen Beurkundung, da sich der Bevollmächtigende bereits bei Erteilung der Vollmacht bindend zur Verfügung über das Grundstück verpflichtet; vgl.: OLG München vom 22.04.1999 – 31 W 1110/99 – NJW 1999, 2196 (2197) m.w.N.

645 OLG München vom 22.04.1999 – 31 W 1110/99 – NJW 1999, 2196 (2197).

646 OLG München vom 22.04.1999 – 31 W 1110/99 – NJW 1999, 2196 (2197).

647 OLG München vom 22.04.1999 – 31 W 1110/99 – NJW 1999, 2196 (2197). Sowie: PALANDT/PUTZO, 57. Aufl., § 4 VerbrKrG Rn. 3. Im Verbraucherkreditvertrag sind da-

Nach einer anderen Ansicht sollen auch hier die zu § 313 BGB entwickelten Grundsätze gelten. Daß heißt, die Einhaltung der Form des § 4 VerbrKrG für die Vollmacht wird dann erforderlich, wenn sie unwiderruflich erteilt wird oder der Widerruf der Vollmacht vertragsstrafenbewehrt ist[648]. Für diese Abgrenzung spricht, daß im Falle der widerruflich erteilten Vollmacht der Vollmachtgeber sich die dem Bevollmächtigten erteilten Informationen über Vertragsbedingungen, Höhe der Kreditbelastung usw. nach den allgemeinen Grundsätzen des Stellvertretungsrechts zurechnen lassen muß. Die zwingenden Verbraucherschutzvorschriften werden dann in der Person des Bevollmächtigten realisiert[649].

Wieder eine andere Auffassung fordert bei Vorliegen einer unwiderruflichen Kreditvollmacht lediglich die Einhaltung der Schriftform des § 4 Abs. 1 S. 1 VerbrKrG. Die Mindestangaben nach § 4 Abs. 1 S. 4 VerbrKrG seien davon jedoch nicht erfaßt[650]. Gegen die Notwendigkeit der Aufnahme der Mindestbedingungen schon in die Vollmacht spreche die Funktion der Vorschrift: § 4 Abs. 1 S. 4 Nr. 1 VerbrKrG erfülle im Gegensatz zu § 4 Abs. 1 S. 1 VerbrKrG keine Warnfunktion. § 4 Abs. 1 S. 4 Nr. 1 diene nur Informationszwecken. Denn dem Kreditnehmer solle es durch diese Informationen ermöglicht werden, auf Basis der wichtigsten Kreditdaten eine durchdachte Entscheidung zu treffen[651]. Auch das Gesetz unterscheide in § 6 Abs. 1 VerbrKrG zwischen der Schriftform und den inhaltlichen Angaben. Außerdem entscheide sich der Kreditnehmer ja zum Zeitpunkt der Bevollmächtigung bereits zum Abschluß eines Kreditvertrags, wobei ihm zu diesem Zeitpunkt bewußt gewesen sei, daß sich die Kreditraten bis zum Abschluß des Darlehensvertrags noch wesentlich verändern können. Eine derartige Verhaltensweise müsse nicht sanktioniert werden, weil zum einen die Bank dadurch nicht von ihrer Informationspflicht befreit wird, zum anderen, weil der Treuhänder als Bevollmächtigter ohnehin verpflichtet sei, den Kreditvertrag zu marktüblichen Konditionen abzuschließen und seinen Vollmachtgeber hierüber zu informieren[652].

Des Weiteren wurde damit argumentiert, daß es auf einen Ausschluß der Stellvertretung im Bereich der Verbraucherkredite hinausliefe, wenn man eine Pflicht zur Aufnahme dieser Angaben in die Vollmachtsurkunde statuieren woll-

---

nach alle für die vom Verbraucher für die Einschätzung der Kreditkosten benötigten Parameter mitanzugeben; vgl.: RÖSLER, NJW 1999, 1150 (1152).

648 Nur dann wird bereits durch die Vollmachtserteilung der Vertretene bezüglich des abzuschließenden Geschäfts rechtlich gebunden; vgl.: MÜNCHKOMM/ULMER, § 4 VerbrKrG Rn. 17 f. In diese Richtung auch: KING, 220.

649 RÖSLER, NJW 1999, 1150 (1152).

650 STAUDINGER/KESSAL-WULF, § 4 VerbrKrG Rn. 16.

651 EDELMANN, Kommentar 3 O 37/99, BB 1999, 2050 (2051). Sowie: EDELMANN/HERTEL, DStR 2000, 331 (338).

652 EDELMANN, Kommentar 3 O 37/99, BB 1999, 2050 (2051).

te und daß § 4 Abs. 1 S. 4 VerbrKrG nicht den „*Schutz des Kreditnehmers vor den Risiken einer Vollmacht*“ intendiere[653]. Dafür spreche auch die Vorschrift des § 167 Abs. 2 BGB, wonach die Erklärung der Vollmachtserteilung nicht der Form bedarf, „*welche für das Rechtsgeschäft bestimmt ist, auf das sich die Vollmacht bezieht*“[654]. Generell solle also die Vollmacht nicht der Form des § 4 VerbrKrG unterworfen werden, da das Informationsbedürfnis durch das Repräsentationsprinzip auf den Stellvertreter verlagert wird, auf dessen Kenntnis es im Rahmen des § 166 Abs. 1 BGB dann auch ankommt[655]. Denn aufgrund der Vorschrift des § 166 Abs. 1 BGB wird dem Vertretenen die Kenntnis des Vertreters zugerechnet. Es ist deshalb grundsätzlich ausreichend, wenn die notwendigen Mindestangaben bei Abgabe seiner Vertragerklärung vorliegen[656]. Ansonsten würde bei grundsätzlicher Aufnahme der Pflichtangaben in die Vollmacht der Abschluß von Kreditverträgen bei Immobilienanlagegeschäften zu einem höchstpersönlichen Geschäft aufgewertet, welches vom Gesetz jedoch nur in sehr seltenen Ausnahmefällen verlangt werde. Die Erteilung und Verwendung von Vollmachten wäre sonst bei Verbraucherkrediten praktisch unmöglich, das Vollmachtsrecht würde „*in einer den Rechtsverkehr belastenden Weise*“ beeinträchtigt[657].

Ferner müsse auch hier die Berufung auf eine vermeintliche Formunwirksamkeit nach dem Verbraucherkreditgesetz dann ausgeschlossen sein, wenn der Kreditnehmer den Darlehensvertrag jahrelang durch Erbringung der geschuldeten Tilgungsleistungen als wirksam angesehen und aus dem Kreditvertrag, insbesondere aber aus der Immobilienanlage Vorteile gezogen hat. Dann verstoße es gegen die Grundsätze von Treu und Glauben, sich auf einen Formmangel i.d.S. zu berufen und sich treuwidrig seiner Verpflichtung aus dem Darlehensvertrag zu entziehen[658].

---

653 BGH vom 10.07.2001 – XI ZR 198/00 – BB 2001, 2287 (2088 f.). Im Ergebnis so auch BGH vom 18.09.2001 – XI ZR 321/00 – BB 2001, 2340 (2340).

654 Vgl. Gesetzeswortlaut des § 167 Abs. 2 BGB. § 167 Abs. 2 BGB ist hierbei Ausdruck des Abstraktionsprinzips, da hier Vollmacht und Vertretungsgeschäft klar getrennt werden; vgl.: RÖSLER, NJW 1999, 1150 (1150).

655 STAUDINGER/KESSAL-WULF, § 4 VerbrKrG Rn. 17.

656 LWOWSKI/WUNDERLICH, Rechtsfragen Teil I, ZInsO 2005, 5 (10 f.).

657 EDELMANN/HERTEL, DStR 2000, 331 (338). Der in der Vorschrift des § 4 Abs. 1 S. 4 VerbrKrG zum Ausdruck kommende Verbraucherschutz realisiert sich in der Person des Bevollmächtigten. Eine Umgehung des Verbraucherschutzes liegt dadurch nicht vor. Zudem ist die Frage der persönlichen Vertrauenswürdigkeit des Vertreters im Vertretungsrecht nur im Ausnahmefall der Kollusion berücksichtigungsfähig; vgl.: HORN/BALZER, WM 2000, 333 (337 f., 342).

658 EDELMANN/HERTEL, DStR 2000, 331 (340).

(iii) Finanzierung im Rahmen eines geschlossenen Immobilienfonds

Auch in den hier zu untersuchenden Fällen ist also auf die Bindungswirkung der (Treuhänder-) Vollmacht für den Vollmachtgeber abzustellen. Ganz im Sinne der oben dargestellten von der höchstrichterlichen Rechtsprechung vertretenen Ansicht hat das LG Chemnitz in der Entscheidung 12 O 2670/98 am 30. September 1998 im Falle der unwiderruflichen Bevollmächtigung eines Treuhänders beim kreditfinanzierten Beitritt zu einem geschlossenen Immobilienfonds entschieden, daß in diesen Fällen eine faktische Bindung des Treugebers an die zu vermittelnde Finanzierung vorliegt, die die Einhaltung der durch § 4 VerbrKrG geforderten Angaben erfordert[659].

Das LG Potsdam hat in seiner Entscheidung 32 O 472/97 vom 9. Februar 1998 im Falle eines kreditfinanzierten Fondsbeitritts die Einhaltung dieser Voraussetzungen nur dann gefordert, wenn aufgrund der Bindung an die Kreditfinanzierung durch die dem Treuhänder erteilten Vollmacht bereits in der Bevollmächtigung selbst die Finanzierung zu sehen gewesen wäre[660].

Da in den vom BGH am 14. Juni 2004 entschiedenen Fällen und auch im Gros der abgeschlossenen Treuhandverträge bei ähnlichen Immobilienfonds eine umfassende und unwiderrufliche Bevollmächtigung der Treuhänder erfolgte, ist in all diesen Fällen davon auszugehen, daß die Kreditverträge schon aufgrund der Verstöße der Treuhändervollmachten gegen Vorschriften des Verbraucherkreditgesetzes nichtig sind.

(b) Gesetzliche Neuregelung und Gesetzeszweck

Mit der Integration des Verbraucherkreditgesetzes in das Bürgerliche Gesetzbuch, insbesondere durch die Regelung des § 492 Abs. 4 BGB in der ab dem 1. Januar 2002 geltenden Fassung, hat sich nicht nur die Rechtslage, sondern auch die allgemeine Auffassung geändert, ob die streitgegenständlichen Mindestangaben bereits in der Vollmacht enthalten sein müssen.

Schon das Gesetz stellt nunmehr ausdrücklich klar, daß bei Vollmachten, die ab dem 1. Januar 2002 erteilt worden sind, die in § 492 Abs. 1 und Abs. 2 BGB

---

659 LG Chemnitz vom 30.09.1998 – 12 O 2670/98 – NJW 1999, 1193 (1194).

660 Das LG Potsdam begründet dies mit einer „*faktischen Bindung*“ des Treugebers an die sodann vom Treuhänder vermittelte Finanzierung, da der Treugeber weder auf eine andere Finanzierung durch Banken zurückgreifen könne noch mit den Investitionsvorteilen und –risiken vertraut sei; vgl.: LG Potsdam vom 09.02.1998 – 32 O 472/97 – WM 1998, 1235 (1237).

n.F. geregelten Mindestangaben generell auch in die Vollmacht mit aufzunehmen sind[661].

Des Weiteren muß auch nach dem Gesetzeszweck des Verbraucherkreditgesetzes – den Verbraucher umfassend zu informieren – die Nichteinhaltung der Formvorschriften des § 4 Abs. 1 S. 4 Nr. 1 VerbrKrG für das Hauptgeschäft zur Unwirksamkeit der Vollmacht führen[662]. Zwar gilt auch hier die Grundregel des § 167 Abs. 2 BGB, wonach eine Formbedürftigkeit des Rechtsgeschäfts nicht zugleich auch für die diesbezügliche Vollmacht gilt. Ausnahmen von diesem Grundsatz werden gemacht, wenn die formfreie Bevollmächtigung de facto zur Umgehung der für das Rechtsgeschäft erforderlichen Formvorschrift führen würde, wenn also bereits die Erteilung der Vollmacht zur gleichen rechtlichen und tatsächlichen Bindung führen würde wie die Vornahme des formbedürftigen Rechtsgeschäfts[663]. Dies statuiert bereits § 18 S. 2 VerbrKrG, der ein Umgehungsverbot der Vorschriften des Verbraucherkreditgesetzes normiert. Dann bedarf aufgrund der Warnfunktion des Formzwangs bereits die Vollmachtserteilung der für das Rechtsgeschäft geltenden Form. Auch die Formvorschrift des § 4 Abs. 1 S. 4 Nr. 1 VerbrKrG kann die mit ihr bezweckte Informationspflicht nur dann erfüllen, wenn im Fall einer unwiderruflichen Vollmachtserteilung schon die Vollmacht die Formvorschriften erfüllt[664].

Die Vollmachtsurkunde muß also nach der aktuellen Rechtsprechung die Bevollmächtigung nach § 167 Abs. 1 BGB, den notwendigen Vertragsinhalt nach § 492 Abs. 1 Nr. 1 – 7 BGB n.F. sowie die Berechnung des effektiven Jahreszinses nach § 492 Abs. 2 BGB n.F. enthalten. Wird dagegen verstoßen, führt dies zur Nichtigkeit der Vollmacht gemäß § 494 BGB[665].

---

661 BARNERT, Kreditgebende Bank, WM 2004, 2002 (2008). Dies geschah auf Empfehlung des Rechtsausschusses des Rechtsausschusses. Diese neue Vorschrift wurde als Reaktion auf die diesbezügliche BGH-Rechtsprechung erlassen, wonach § 4 Abs. 1 S. 4 Nr. 1 VerbrKrG keine Anwendung auf die Vollmacht gefunden hatte; vgl.: HABERSACK, Verbraucherkredit- und Haustürgeschäfte, BKR 2001, 72 (74).

662 LG Mannheim vom 29.07.1999 – 3 O 37/99 (n.r.) – BB 1999, 2049 (2049).

663 PALANDT/HEINRICHS, 64. Aufl., § 167 BGB Rn. 2.

664 OLG München vom 22.04.1999 – 31 W 1110/99 – NJW 1999, 2196 (2197). Sowie: LG Mannheim vom 29.07.1999 – 3 O 37/99 (n.r.) – BB 1999, 2049 (2050). Sowie: RÖSLER, NJW 1999, 1150 (1151). Für den Fall des Immobilienerwerbs bleibt es jedoch wegen § 313 BGB a.F. und der Notwendigkeit der notariellen Beurkundung bei der alten Rechtslage, da auch hiernach bereits die Vollmacht einer notariellen Beurkundung bedarf; vgl.: HABERSACK, Verbraucherkredit- und Haustürgeschäfte, BKR 2001, 72 (74).

665 PALANDT/PUTZO, 64. Aufl., § 492 BGB Rn. 19 f.

(c) Neue Rechtsprechung des Bundesgerichtshofs

Nichtsdestotrotz vertrat der XI. Zivilsenat des BGH in seinem Urteil XI ZR 255/03 vom 26. Oktober 2004 auch weiterhin die Auffassung, daß die Vollmacht zum Abschluß eines Kreditvertrags die Pflichtangaben nach § 4 Abs. 1 S. 4 Nr. 1 VerbrKrG nicht enthalten müsse. Dies werde auch nicht dadurch beeinflußt, daß die Vollmacht Gültigkeit nur nach den §§ 171 ff. BGB erlange. Dadurch würden die Vorschriften des VerbrKrG nicht umgangen[666]. Diese Auffassung bestätigte der XI. Senat auch in einer erst jüngst ergangenen Entscheidung vom 25.10.2005[667].

c) Keine Genehmigung

Daß in den Urteilen vom 14. Juni 2004 weder eine ausdrückliche noch eine konkludente Genehmigung der formunwirksamen Darlehensverträge in Betracht kam, wurde bereits (bei Punkt c) oben) ausführlich dargelegt. Denn eine solche Genehmigung gemäß § 182 BGB kann nur dann erteilt werden, wenn dem Kreditnehmer der Formmangel bekannt war und er trotzdem an der Durchführung des Vertrages festhalten will[668]. Von einer Kenntnis der Anleger bezüglich der Unwirksamkeit war jedoch nicht auszugehen.

d) Heilung durch den Empfang des Darlehens

Der erkennende Senat des BGH stellte in seinen Entscheidungen vom 14. Juni 2004 weiterhin fest, daß die zur Nichtigkeit führenden Verstöße gegen das Verbraucherkreditgesetz auch nicht durch den Empfang des Darlehens oder die Inanspruchnahme des Kredits durch den Verbraucher geheilt worden seien gemäß § 6 Abs. 2 S. 1 VerbrKrG (entspricht § 494 Abs. 2 S. 1 BGB in seiner ab dem 1. Januar 2002 geltenden Fassung). Auch hier weichen die Ansichten des II. und des XI. Senats deutlich voneinander ab:

(1) Frühere Rechtsprechung des Bundesgerichtshofs

Zwar sah dies wiederum der XI. Zivilsenat des BGH anders. Er vertrat bisher die Ansicht, daß der Darlehensbetrag auch dann empfangen worden sei, wenn dieser nicht an den Darlehensnehmer selbst, sondern auf dessen Weisung an einen Dritten, insbesondere an den Treuhänder, ausgezahlt worden ist. Die oben genannten Formmängel könnten also nach § 6 Abs. 1 S. 1 VerbrKrG (nun § 494

---

666 BGH vom 26.10.2004 – XI ZR 255/03 – ZIP 2005, 69 (75).

667 BGH vom 25.10.2005 – XI ZR 402/03 – ZIP 2005, 121 (122).

668 HORN/BALZER, WM 2000, 333 (339). Sowie: STAUDINGER/KESSAL-WULF, § 6 VerbrKrG Rn. 11.

Abs. 2 BGB) geheilt werden, wenn der Kreditnehmer bzw. Verbraucher das Darlehen empfängt oder den Kredit in Anspruch nimmt, indem die Darlehensvaluta auf Anweisung des Darlehensnehmers *„an den Treuhänder eines Immobilienfonds zur Tilgung der Beitragsschuld überwiesen“* wurde[669].

Allerdings sei auch hiervon wiederum eine Ausnahme geboten für den Fall eines verbundenen Geschäfts zwischen dem Darlehensvertrag und der finanzierten Fondsbeteiligung, § 9 VerbrKrG (bzw. § 358 Abs. 3 BGB in der Fassung ab dem 1. Januar 2002)[670].

(2) Rechtsprechung des II. Zivilsenats aus dem Jahr 2004

Der II. Zivilsenat vertrat in seinen Entscheidungen vom 14. Juni 2004 die Ansicht, daß eine Heilung auch dann nicht angenommen werden könne, wenn die Darlehensvaluten mit dem offenen Zwischenfinanzierungskredit nach einer Abrede aller Beteiligten verrechnet und der restliche Betrag auf ein Treuhänderkonto überwiesen wird[671]. Da hier jedenfalls ein verbundenes Geschäft im Sinne des § 9 VerbrKrG vorliege, würden formelle Mängel jedenfalls nicht durch die Auszahlung des Darlehens geheilt. Das Vorliegen eines verbundenen Geschäfts wurde vom erkennenden II. Zivilsenat des BGH bejaht, da sich die Banken und die Fondsgesellschaften derselben Vertriebsorganisationen bedienten. Der Wirksamkeit des finanzierten Geschäfts stünde also auch ein Widerruf der Darlehensvertragserklärung entgegen[672].

REUTER weist an dieser Stelle darauf hin, daß dieses Ergebnis des II. Senats zur Folge hat, daß im Rahmen eines solchen verbundenen Geschäfts eine Heilung des Formmangels gemäß § 494 Abs. 2 BGB in der Regel ausscheiden wird, da die Verträge regelmäßig nicht nur das Recht, sondern die Verpflichtung enthielten, die Darlehensvaluta direkt an den Unternehmer und nicht an den Verbraucher zu bezahlen. Eine Besserstellung des Verbrauchers trete dadurch jedoch

---

669 BGH vom 14.06.2004 – II ZR 393/02 – BB 2004, 1587 (1590).

670 BGH vom 12.11.2002 – XI ZR 47/01 – NJW 2003, 422 (423). Hingegen hat der XI. Senat am 06.12.2005 für den Fall des kreditfinanzierten Immobilienerwerbs nochmals überzeugend und ausdrücklich bestätigt, daß eine Heilung nach § 6 Abs. 2 S. 2 VerbrKrG auch dann eintrete, wenn eine Verletzung des Schriftformerfordernisses insgesamt vorliege. Diese Vorschrift unterscheide insbesondere nicht zwischen den einzelnen in § 6 Abs. 1 VerbrKrG genannten Feheralternativen; vgl.: BGH vom 06.12.2005 – XI ZR 139/05 – ZIP 2006, 224 (225). Vgl. auch: MEDICUS, Kurzkommentar zu § 6 VerbrKrG, EWiR 2006, 283 (284).

671 BGH vom 14.06.2004 – II ZR 393/02 – BB 2004, 1587 (1590).

672 BGH vom 14.06.2004 – II ZR 374/02 – ZIP 2004, 1407 (1408 f.). Sowie: BGH vom 14.06.2004 – II ZR 393/02 – BB 2004, 1587 (1590). Sowie: BGH vom 14.06.2004 – II ZR 395/01 – BB 2004, 1644 (1645 ff.).

nicht ein. Denn während eine Heilung nach § 494 Abs. 2 S. 1 BGB (entspricht § 6 Abs. 2 S. 1 VerbrKrG) die Darlehenskonditionen des Verbrauchers massiv verbessern könne gemäß § 494 Abs. 2 S. 2 bis 5 BGB (entspricht § 6 Abs. 2 S. 2 bis 5 VerbrKrG), könne nunmehr auch die Bank die Fondsbeteiligung – die nicht immer wertlos sein muß – in Anspruch nehmen[673].

(3) Rechtsprechung des XI. Zivilsenats aus dem Jahr 2006

Der XI. Senat hat seine Rechtsprechung zur Heilung des Formmangels nach § 4 Abs. 1 S. 4 Nr. 1b S. 1 VerbrKrG gemäß § 6 Abs. 2 VerbrKrG durch Empfangnahme der Darlehensvaluta in seinen Entscheidungen vom 25. April 2006 dennoch aufrecht erhalten, da in den vorliegenden Fällen der Darlehensgeber vertragsgemäß die Darlehensvaluta an die Treuhänderin bezahlt habe und damit der Anleger die Darlehensvaluta zweckbestimmt zum Anteilserwerb erhalten hat (hierzu siehe sogleich, Punkt4.b) unten).

e) Fazit

Auch hier ist das vermeintliche Vorliegen eines verbundenen Geschäfts wieder einmal Dreh- und Angelpunkt der Entscheidungsreihe vom 14. Juni 2004. Auch das LG Mannheim hat in seiner Entscheidung 3 O 37/99 vom 29. Juli 1999 eine solche Genehmigung angenommen bei einem kreditfinanzierten Kauf einer Eigentumswohnung und der Auszahlung der Darlehensvaluta an den Verkäufer. Nachdem den Käufern die Wohnung übereignet wurde und jahrelang der wirtschaftliche Nutzen der Wohnung zufloß – was nur durch die Darlehensgewährung möglich war – bejahte das LG Mannheim eine Inanspruchnahme des Darlehens i. S. d. § 6 Abs. 2 S. 1 VerbrKrG. Des Weiteren ist im Urteil ausgeführt, daß eine andere Vorgehensweise als venire contra factum proprium anzusehen und deshalb unvereinbar sei mit den Grundsätzen aus Treu und Glauben gemäß § 242 BGB[674]. Auch hier sollte man nicht vergessen, daß den Anlegern die Vorteile aus der Fondsbeteiligung jahrelang zugeflossen sein können. Dies darf nicht völlig vernachlässigt werden.

3. Umfang der Rückabwicklung beim verbundenen Geschäft

Die oben dargelegten Verstöße gegen Vorschriften des Rechtsberatungsgesetzes und des Verbraucherkreditgesetzes führen also – jedenfalls nach Ansicht des II. Zivilsenats des BGH in seiner Entscheidungsreihe vom 14. Juni 2004 – zur

---

673 REUTER, FS KONZEN, *.

674 LG Mannheim vom 29.07.1999 – 3 O 37/99 (n.r.) – BB 1999, 2049 (2050). Sowie: STAUDINGER/KESSAL-WULF, § 6 VerbrKrG Rn. 10 a. E.

Nichtigkeit der Darlehensverträge gemäß Art. 1 § 1 RBerG und § 6 Abs. 1 VerbrKrG, jeweils i.V.m § 134 BGB.

Aufgrund ungerechtfertigter Bereicherung hätten deswegen sowohl Banken als auch Anleger nach § 812 Abs. 1 S. 1 Alt. 1 BGB einen Anspruch aus Leistungskondiktion gegeneinander[675]. Das zwischen Bank und Anleger zur Anwendung kommende bereicherungsrechtliche Rückabwicklungsregime gilt generell und orientiert sich grundsätzlich nicht an Verbraucherschutz. Die Nichtigkeit des Darlehensvertrags würde damit nicht den Fondsbeitritt erfassen, so daß man eigentlich von einer isolierten Rückabwicklung lediglich des Darlehensvertrags ausgehen müßte[676].

Hier zeigt sich besonders die verbraucherfreundliche Rechtsprechung des II. Zivilsenats vom 14. Juni 2004, da der BGH insoweit völlig neue Wege ging. Denn auch bei der bereicherungsrechtlichen Rückabwicklung müsse die Verbundenheit des Darlehensvertrags mit dem Fondsbeitritt beachtet werden. Dies hat nach Ansicht des II. Senats zur Folge, daß diese beiden Verträge nicht getrennt abgewickelt werden dürften. Die Bereicherung der Anleger bestünde danach nur in der Beteiligung an der Fondsgesellschaft. Die Darlehensvaluta müßte jedoch nicht zurückgezahlt werden. Dies wäre nur Folge einer getrennten Rückabwicklung gewesen, die hier jedoch nicht vorlag[677]. Hierzu gilt im Einzelnen:

a) Verpflichtungen der Kreditinstitute

Den Kreditinstituten obliege nach Ansicht des II. Zivilsenats im Rahmen dieses Rückabwicklungsverhältnisses – wobei es nicht entscheidend ist, ob die Rückabwicklungsansprüche durch eine ungerechtfertigte Bereicherung aufgrund der unwirksamen Darlehensverträge oder durch einen Widerruf nach dem Haustürwiderrufsgesetz zustande kommen – die Verpflichtung, die vom Anleger geleisteten Zins- und Tilgungsraten abzüglich der vereinnahmten Erträgnisse zurückzuzahlen. Des Weiteren hätten die Banken die eventuell durch die Anleger bestellten Sicherheiten, wie etwa übertragene Lebensversicherungen, zurückzugewähren[678].

Unstreitig bestehen die Verpflichtungen der Banken im Sinne einer Rückabwicklung aufgrund des Grundsatzes, daß die Anleger durch die Rückabwiclung

---

675 BGH vom 14.06.2004 – II ZR 393/02 – BB 2004, 1587 (1591).
676 DOEHNER/HOFFMANN, ZIP 2004, 1884 (1890).
677 BGH vom 14.06.2004 – II ZR 393/02 – BB 2004, 1587 (1591).
678 BGH vom 14.06.2004 – II ZR 393/02 – BB 2004, 1587 (1591). Sowie: BGH vom 14.06.2004 – II ZR 395/01 – BB 2004, 1644 (1646).

nur so gestellt werden sollen, wie sie ohne die Beteiligung an den Immobilienfonds gestanden hätten, nur soweit, als die Anleger die Leistungen aus ihrem von der Geschäftsbeteiligung unabhängigen Vermögen erbracht haben. Kein Rückgewähranspruch besteht deswegen für Gewinnanteile – wie etwa Ausschüttungen anteiliger Mieterträge – oder sonstige den Anlegern aus der Geschäftsbeteiligung erwachsene Vermögensvorteile, die lediglich an die Banken weitergeleitet wurden[679].

b) Verpflichtungen der Anleger

Hingegen besteht im Rahmen der bereicherungsrechtlichen Rückabwicklung gemäß § 812 BGB nach Ansicht des II. Zivilsenats des BGH in den am 14. Juni 2004 entschiedenen Fällen keine Verpflichtung der Anleger, die Darlehensvaluta an die Bank zurückzuzahlen oder Ersatz für die Nutzung des Kredits nach § 818 BGB zu leisten. Der Anleger sei lediglich dazu verpflichtet, seine(n) mit dem Darlehen finanzierte(n) Geschäftsanteil(e) am Immobilienfonds an die Bank abzutreten. Grund dafür ist, daß ein Anleger nur um seine wirtschaftliche Beteiligung am Immobilienfonds bereichert sei[680]. Der Anleger dürfe bei der Rückabwicklung nicht so behandelt werden, als läge kein verbundenes Geschäft zwischen dem Darlehensvertrag und dem Fondsbeitritt vor und als sei die Darlehensvaluta an ihn persönlich ausbezahlt worden[681].

Im Gegenzug hätte der Anleger keinen Anspruch gegen die Bank auf Rückzahlung der Zinsen, die vom Immobilienfonds direkt an die Bank geflossen sind. Auch hier sei durch die Verbundenheit des Darlehensvertrags mit dem Fondsbeitritt gemäß § 9 VerbrKrG von einer einheitlichen Leistung an den Anleger auszugehen. Der jeweilige durch den Darlehensvertrag finanzierte Fondsanteil in Form der Gesellschaftsbeteiligung stelle diese Leistung dar. Daher dürften bei der bereicherungsrechtlichen Rückabwicklung die Leistungen der Bank an den Anleger nicht von den Leistungen des Anlegers an die Fondsgesellschaft getrennt werden.

Daran ändere auch das vom Treuhänder für den Anleger abgegebene notariell beurkundete Schuldversprechen nichts, da dieses ohne Rechtsgrund erteilt wurde[682]. Nur so könne der durch § 6 Abs. 1 VerbrKrG und durch die Verbraucherschutzrichtlinie angestrebte Verbraucherschutz erreicht werden. Auch die Europäische Kommission habe bei einer Stellungnahme zu einer vergleichbaren Problematik eine dahingehende Auslegung vertreten,

---

679 BGH vom 14.06.2004 – II ZR 395/01 – BB 2004, 1644 (1646).
680 BGH vom 14.06.2004 – II ZR 395/01 – BB 2004, 1644 (1646).
681 BGH vom 14.06.2004 – II ZR 393/02 – BB 2004, 1587 (1591).
682 BGH vom 14.06.2004 – II ZR 393/02 – BB 2004, 1587 (1591).

„daß der Verbraucher nach einem Widerruf seiner in einer Haustürsituation abgegebenen Darlehensvertragserklärung nicht die Rückzahlung der Darlehensvaluta, sondern nur die Herausgabe des mit dem Darlehen finanzierten Vermögenswerts schulde“[683].

Dies entspreche auch der bisher zu dieser Problematik ergangenen Rechtsprechung des XI. Zivilsenats des Bundesgerichtshofs[684]. Der XI. Zivilsenat beurteile die Rechtslage jedoch anders bei Realkreditverträgen. Nur dort gelte die Darlehensvaluta und nicht der Geschäftsanteil als empfangene Leistung und sei deshalb zurückzugewähren[685]. Nach Ansicht des II. Zivilsenats des BGH lag in den vorliegenden Fällen ein Realkredit in diesem Sinne jedoch nicht vor, weil der Kredit entgegen den Angaben in dem Prospekt *„nicht gemäß §§ 11, 12 Abs. 1 und 2 HypBkG nur innerhalb von 60 % des Beleihungswerts gesichert war“*[686].

Dadurch konstruierte der II. Senat eine Gleichstellung der bereicherungsrechtlichen und der verbraucherschutzrechtlichen Rückabwicklung. Da der Verbraucher nach § 812 BGB der Bank lediglich die Fondsbeteiligung – unabhängig von deren Wert – schuldet, trägt die Bank auch hier das Entreicherungsrisiko der Fondsgesellschaft[687].

4. Kritik

a) Abwälzung des wirtschaftlichen Risikos auf die Bank

Als der II. Zivilsenat die Banken darauf verwiesen hat, sich beim Empfänger der Darlehensvaluta – also der Fondsgesellschaft selbst bzw. deren Initiatoren oder Gründungsgesellschafter – schadlos zu halten, so war ein solches Vorgehen der Bank in aller Regel nicht von Erfolg gekrönt, da bei diesen Gegnern in der Regel nichts zu holen war. Währenddessen konnte sich der kondizierende Anleger bei der Bank an einen solventen Partner wenden. Es wurde dem Anleger u.a. über das Rechtsberatungsgesetz die Möglichkeit eröffnet, das wirtschaftliche Risiko seiner Anlageentscheidung, das dieser zudem zur Erzielung von Steuer-

---

683 BGH vom 14.06.2004 – II ZR 393/02 – BB 2004, 1587 (1591).

684 BGH vom 17.09.1996 – XI ZR 164/94 – NJW 1996 (3414 ff.). Sowie: BGH vom 17.09.1996 – XI ZR 197/95 – NJW 1996, 3416 (3417). Sowie: BGH vom 20.04.2004 – XI ZR 164/03 – NJW 2004, 2745 (2746 f.).

685 BGH vom 14.06.2004 – II ZR 393/02 – BB 2004, 1587 (1591) verweist hier auf folgende Fundstellen: BGH vom 09.04.2002 – XI ZR 91/99 – BB 2002, 1221 (1225). Sowie: BGH vom 12.11.2002 – XI ZR 47/01 – NJW 2003, 422 (423). Sowie: BGH vom 27.01.2004 – XI ZR 37/03 – BB 2004, 738 (740).

686 BGH vom 14.06.2004 – II ZR 393/02 – BB 2004, 1587 (1590 f.).

687 DOEHNER/HOFFMANN, ZIP 2004, 1884 (1891).

vorteilen eingegangen ist, auf die Bank abzuwälzen[688]. Mit dem oben dargelegten Gesetzeszweck des Rechtsberatungsgesetzes (Schutz der Rechtssuchenden vor unsachgemäßer Beratung und Vertretung und vor den damit einhergehenden häufig nachteiligen rechtlichen und wirtschaftlichen Folgen, siehe Punkt 1.a)(1) oben) steht dies nicht in Einklang.

b) Heilungsmöglichkeit auch beim verbundenen Geschäft

Die oben dargelegte Rechtsansicht des II. Senats, eine Formnichtigkeit gemäß § 6 Abs. 2 S. 1 VerbrKrG (entspricht § 494 Abs. 2 S. 1 VerbrKrG) könne innerhalb eines verbundenen Geschäfts nicht durch den Empfang der Darlehensvaluta geheilt werden, weil die Leistung direkt an den Verkäufer erbracht ist, kann ebenfalls nicht überzeugen. Denn ansonsten wäre innerhalb eines Verbundgeschäfts eine Heilung schlechthin ausgeschlossen. Eine solche Vorgehensweise wäre jedoch normzweckwidrig, da kein Grund ersichtlich ist, warum die Erfüllung beim Verbundgeschäft keine Heilungswirkung entfalten sollte. Dies gilt um so mehr, da der Verbraucher auch hier den finanzierten Gegenstand in Händen hält[689].

Auch das OLG Schleswig hat sich diesbezüglich geweigert, dem II. Zivilsenat des BGH Folge zu leisten[690]. HOEPNER führt weiterhin zutreffend ins Feld, daß die Auszahlung der Darlehensvaluta an den Treuhänder eindeutig nicht dem Sicherungsinteresse der Bank – und nur dann gelte auch die weisungsgemäße Auszahlung an einen Dritten als Empfang des Darlehens – diene. In den vorliegenden Fällen lag die Auszahlung an den Treuhänder ausschließlich im Interesse des Darlehensnehmers. Dies hätte damit unzweifelhaft als Empfang durch den Darlehensnehmer und damit als Heilung i.S.d. § 6 Abs. 2 VerbrKrG angesehen werden müssen. Hieran ändere die Tatsache, daß sich Bank und Fondsbetreiber derselben Vertriebsorganisation bedient haben, nichts. Das Vorliegen eines Verbundgeschäfts spiele in diesem Zusammenhang keine Rolle[691]. Dem ist beizupflichten.

---

688 EDELMANN, Rechtsberatungsgesetz, BKR 2004, 337 (338).

689 SCHÄFER, Revolutionäres aus Karlsruhe, DStR 2004, 1611 (1618).

690 OLG Schleswig vom 02.06.2005 – 5 U 162/01 (n.r.) – ZIP 2005, 1127 (1127 ff.). Bemerkenswert ist dieses Urteil vor allem deswegen, weil das OLG Schleswig dadurch nach der Aufhebung seines früheren Urteils durch das Urteil des II. Zivilsenats des BGH vom 25.10.2004 und der Zurückverweisung der Sache zur neuen Verhandlung und Entscheidung trotz der Vorschrift des § 563 Abs. 2 ZPO erneut gegen die rechtliche Beurteilung entschieden hat, die der II. Zivilsenat seinem Urteil zugrunde gelegt hat; vgl. hierzu vor allem: KIETHE, DStR 2005, 1904 (1907 ff.).

691 ARTZ/BALZER, WM 2005, 1451 (1454).

Diesen Weg geht auch der XI. Zivilsenat des BGH in seinen Entscheidungen vom 25. April 2006 mit einer überaus sorgfältigen Begründung[692]. Kritiker halten dem entgegen, daß – obwohl weder aus Wortlaut, Telos oder Systematik des Gesetzes eine Differenzierung nach dem Verbundcharakter ersichtlich ist – der normative Ansatzpunkt für die Berücksichtigung der Gesamtumstände derartiger Steuersparmodelle nicht die Vorschrift des § 9 Abs. 1 VerbrKrG, sondern die des § 6 Abs. 2 S. 1 VerbrKrG sei. Denn es sei zweifelhaft, ob eine Direktauszahlung der Darlehensvaluta an die Immobilienfondsbetreiber den Anlegern zuzurechnen sei. Denn sämtliche Finanzierungsmodelle hätten den Kapitalfluß kanalisiert, was den Fondsbetreiber als verlängerten Arm des Kreditgebers erscheinen lasse[693].

Die mit dem Gesetz begründbaren Argumente sprechen jedoch für den Weg, den der XI. Senat geht[694], und dem sich nunmehr auch der II. Senat angeschlossen hat: Der zweckbestimmte Darlehensempfang setze eine Auszahlung der Darlehensvaluta auf Weisung des Darlehensnehmers an einen Dritten voraus sowie den Empfang des Darlehens durch den Dritten. Die Ausnahme, daß der Dritte nicht überwiegend im Interesse des Darlehensnehmers, sondern als verlängerter Arm des Darlehensgebers tätig geworden sei, liege nicht vor, da die wirtschaftliche Verbundenheit der Geschäfte nicht zur Folge habe, daß der Darlehensempfang mehr im Interesse des Darlehensgebers läge als im Interesse des Darlehensnehmers. Dies stehe auch im Einklang mit der einhelligen Meinung der Kommentarliteratur zu § 6 Abs. 2 VerbrKrG bzw. § 494 Abs. 2 S. 1 BGB n.F. sowie dem Wortlaut, dem Sinn und der Systematik des Gesetzes, welche keinen Ansatz für eine Differenzierung lieferten, ob ein Verbundgeschäft vorliegt oder nicht. Auch europarechtliche Erwägungen könnten zu keinem anderen Ergebnis führen, da die Verbraucherkreditrichtlinie[695] keine besonderen Vorschriften zu Rechtsfolgen von Formverstößen enthalte. Der II. Senat hat sich dem angeschlossen[696].

---

692 MEDICUS, Kurzkommentar zu § 6 VerbrKrG, EWiR 2006, 445 (445).

693 FISCHER, Ende der Rechtsprechungsdivergenz, DB 2006, 1415 (1417).

694 So auch in: BGH vom 21.03.2006 – XI ZR 204/03 – ZIP 2006, 846 (846 ff.).

695 Richtlinie 87/102/EWG des Europäischen Rates vom 22.12.1986 zu Angleichung der Rechts- und Verwaltungsvorschriften der Mitgliedstaaten über den Verbraucherkredit, ABl. EG 1987 Nr. L 42, 48 (48 ff.) in der Fassung der Änderungsrichtlinie 90/88/EWG des Rates vom 22.02.1990, ABl. EG Nr. L 61, 14 (14 ff.). Ein Darlehensempfang i.d.S. liegt jedoch nicht vor, wenn im Rahmen eines finanzierten Immobilienanlagemodells nicht die Auszahlung an einen Treuhänder vereinbart ist, sondern der Darlehensbetrag auf ein Notaranderkonto überwiesen wird; vgl.: BGH vom 21.03.2006 – XI ZR 204/03 – ZIP 2006, 846 (846 ff.).

696 Der II. Senat hat auf Anfrage mitgeteilt, daß er nicht an seiner bisherigen, von dieser Lösung abweichenden Linie, festhält. Deshalb bedarf es keiner Vorlage der Sache an den Großen Senat für Zivilsachen gemäß § 132 GVG; vgl.: BGH vom 25.04.2006 – XI

c) Nichtanwendung der Grundsätze des fehlerhaften Gesellschaftsbeitritts

Außerdem wird hier erneut deutlich, daß der II. Zivilsenat – was die Folgen eines nichtigen Beitrittsvertrags angeht – in seinen Entscheidungen vom 14. Juni 2004 von seiner bisherigen Rechtsprechungslinie abgewichen ist. Der II. Senat räumte den Verbraucherschutznormen klar den Vorrang ein vor den Grundsätzen der fehlerhaften Gesellschaft.

(1) Gesellschaftsrecht vor Verbraucherschutz

Noch in der Entscheidung II ZR 109/01 vom 16. Dezember 2002 sah der II. Senat für Fälle der vorliegenden Art eine ganz andere Lösung vor. Dort wendete der II. Zivilsenat nach ständiger Rechtsprechung des BGH[697] im Fall der Unwirksamkeit eines fehlerhaften, aber dennoch vollzogenen Beitritts zu einem geschlossenen Immobilienfonds noch die Grundsätze über den fehlerhaften Beitritt zu einer Gesellschaft an. Ein Nichtigkeits- oder Anfechtungsgrund führe zur Verzichtbarkeit des Beitritts nur für die Zukunft, eine ex tunc Nichtigkeit war in diesen Fällen gerade ausgeschlossen. Es blieb bei der Wirksamkeit eines vollzogenen Beitritts zu einer Gesellschaft bis der betreffende Fehler geltend gemacht wird[698]. Eine Ausnahme von diesen Grundsätzen wegen Nichtigkeit des Treuhandvertrags gemäß Art. 1 § 1 RBerG i.V.m. § 134 BGB wirkte sich auf die Wirksamkeit des Gesellschaftsvertrag des Immobilienfonds gerade nicht aus, weil dessen Gesellschaftszweck nicht in der Besorgung fremder Rechtsangelegenheiten bestehe und deshalb nicht gesetzlich verboten sei in diesem Sinne. Vielmehr bezwecke die Fondsgesellschaft die Modernisierung, die Instandsetzung und Bewirtschaftung eines Grundstücks.

Der II. Senat sprach dem Immobilienfonds in dieser Entscheidung auch – was gerade einen Grundgedanken der Grundsätze des fehlerhaften Gesellschaftsbeitritts darstellt – Bestandsschutz zu, weil das Interesse der übrigen Gesellschafter an dem von ihnen selbst willentlich begründeten Zustand vorrangig sei vor den Belangen der Allgemeinheit. Dies gelte erst recht, wenn der beitretende und die

---

ZR 193/04 – NJW 2006, 1788 (1790 f.). Sowie: BGH vom 25.04.2006 – XI ZR 29/05 – NJW 2006, 1952 (1955). Sowie: BGH vom 25.04.2006 – XI ZR 219/04 – ZIP 2006, 1088 (1093 f.). Sowie: BGH vom 25.04.2006 – XI ZR 106/05 – ZIP 2006, 1084 (1086 f.). So dann auch: BGH vom 09.05.2006 – XI ZR 119/05 – ZIP 2006, 1238 (1240).

697 BGH vom 06.02.1958 – II ZR 210/56 - BGHZ 26, 330 (334 f.) und BGH vom 09.02.1976 – II ZR 65/75 – NJW 1976, 894 (894 f.) für den Fall eines fehlerhaften Gesellschaftsbeitritts zu einer KG. Sowie: BGH vom 14.10.1991 – II ZR 219/90 – NJW 1992, 1501 (1502). Sowie: BGH vom 02.07.2001 – II ZR 304/00 – BB 2001, 1652 (1654).

698 BGH vom 16.12.2002 – II ZR 109/01 – NJW 2003, 1252 (1254).

übrigen Gesellschafter den Mangel des Gesellschaftsbeitritts nicht gekannt haben[699]. Auch in der Literatur geht man davon aus, daß hier die zum fehlerhaften Gesellschaftsbeitritt entwickelten Grundsätze hier Anwendung finden müßten[700].

(2) Gefahr der Massenflucht aus den Fondsgesellschaften

Im Übrigen entstand durch die Urteile des II. Senats vom 14. Juni 2004 die Gefahr, daß Fondsgesellschaften durch eine Massenflucht in ernsthafte Liquiditätsschwierigkeiten geraten. Dies wiederum würde die in der Fondsgesellschaft verbleibenden Gesellschafter sowie die Gläubiger der Gesellschaft erheblich belasten[701].

d) Rosinentheorie

Im Übrigen wird schon an dieser Stelle hinreichend deutlich, daß in den vorliegenden Fällen zugunsten des Verbrauchers eine Art „*Rosinentheorie*“ zur Geltung kam:

Für den Fall, daß ein Anleger Eigenkapital in die Fondsgesellschaft miteingebracht hat, würde er wohl den für ihn günstigeren Weg wählen, den Vertrag wie einen gültigen behandeln und die Bank bei Bestehen einer Anspruchsgrundlage über die Figur des Rückforderungsdurchgriffs analog § 9 Abs. 2 S. 4 VerbrKrG auf Schadensersatz in Anspruch nehmen. Andersfalls könne der Verbraucher bei der Bank wegen der eben aufgezeigten Nichtigkeitsgründe kondizieren[702].

5. Fazit

Hinsichtlich der Auswirkungen der eben dargestellten Unwirksamkeitsgründe bestand in der Rechtsprechung ersichtlich keine Einigkeit. Die Rechtsprechung divergierte sowohl bei den Oberlandesgerichten als auch bei den einzelnen Senaten des BGH.

Bislang wurde zumindest vom OLG Zweibrücken und dem XI. Zivilsenat des BGH grundsätzlich vertreten, daß bei jahrelangem Vollzug des Fonds vor allem durch Entgegennahme von Verlustzuweisungen und Ausschüttungen sowie die Nichtbeanstandung der Mitgliedschaft in der Fondsgesellschaft eine Berufung auf die Unwirksamkeit des Fondsbeitritts ausscheidet. Selbst wenn der Fondsbeitritt fehlerhaft gewesen sei, könne wegen der Grundsätze des fehlerhaften

---

699 BGH vom 16.12.2002 – II ZR 109/01 – NJW 2003, 1252 (1254).

700 PALANDT/HEINRICHS, 64. Aufl., § 134 Rn. 21.

701 EDELMANN, Kommentar XI ZR 174/99, BB 2000, 1855 (1856).

702 DOEHNER/HOFFMANN, ZIP 2004, 1884 (1891).

Gesellschaftsbeitritts eine vollständige Rückabwicklung, also insbesondere eine Rückzahlung der Beteiligungssumme, nicht in Betracht kommen. Die Grundsätze des fehlerhaften Gesellschaftsbeitritt seien auch bei einer Nichtigkeit des Treuhandvertrags aufgrund Art. 1 § 1 RBerG i.V.m. § 134 BGB anwendbar[703]. Ein Grund für deren Nichtanwendung erschließe sich zumindest nicht bei genauer Anwendung des deutschen Rechts.

Jedenfalls hinsichtlich der Möglichkeit der Heilung eines Formmangels durch Empfangnahme der Darlehensvaluta ist seit den Entscheidungen des BGH vom 25. April 2006 eine Einigung zwischen den BGH-Senaten eingetreten.

D. Rückabwicklung nach dem Haustürwiderrufsgesetz

In den beiden BGH-Entscheidungen II ZR 395/01 und II ZR 385/02 vom 14. Juni 2004[704] wurden die in der Klage geltend gemachten Ansprüche der Banken gegen die Anleger auf Rückzahlung des Finanzierungsdarlehens vom BGH als Revisionsinstanz auch deshalb zurückgewiesen, weil nach Ansicht des II. Zivilsenats die den Fondsanteilserwerb finanzierenden Darlehensverträge aufgrund Widerrufs nach dem Haustürwiderrufsgesetz (HWiG) unwirksam waren und in Rückgewährschuldverhältnisse umgewandelt wurden[705]. In diesen Fallgestaltungen waren sowohl die Darlehensverträge als auch die Fondsbeitritte in einer Haustürsituation geschlossen bzw. erklärt worden. Die Darlehensnehmer seien, so der II. Senat, von der Verpflichtung entbunden, den Banken die Darlehensvaluta zurückzugewähren, da der jeweilige Darlehensvertrag und der Vertrag über den Fondsbeitritt ein verbundenes Geschäft i.S.d. § 9 VerbrKrG darstellten. Vielmehr wären die Anleger hiernach nur dazu verpflichtet, den Banken die mit den Darlehen finanzierten Gesellschaftsanteile bzw. die Rechte aus den fehlgeschlagenen Gesellschaftsbeitritten zu übertragen. Sie könnten jedoch als Kreditnehmer wiederum sämtliche in der Vergangenheit gezahlten Beträge zurückverlangen, wobei Ausschüttungen aus dem Immobilienerwerb anzurechnen wären. Demgegenüber verblieben die von den Kreditnehmern erlangten Steuervorteile bei ihnen. Denn die Wirkungserstreckung im Anwendungsbereich des § 9 VerbrKrG – daß der Widerruf des Darlehensvertrags nach verbraucherkreditgesetzlichen Regelungen auch zur Unwirksamkeit des finanzierten Geschäfts führt – sei zwar nur für das Widerrufsrecht nach dem Verbraucherkredit-

---

703 OLG Zweibrücken vom 05.02.2004 – 4 U 65/03– OLGR Zweibrücken 2004, 408 (408 ff.).

704 BGH vom 14.06.2004 – II ZR 385/02 – WM 2004, 1527 (1528 f.). Sowie: BGH vom 14.06.2004 – II ZR 395/01 – BB 2004, 1644 (1645). Die Entscheidungsgründe der letztgenannten Entscheidung sind größtenteils wortgleich mit denen der erstgenannten.

705 BGH vom 14.06.2004 – II ZR 385/02 – 2004, 1527 (1528 f.). Sowie: BGH vom 14.06.2004 – II ZR 395/01 – BB 2004, 1644 (1645).

gesetz in § 9 Abs. 2 S. 1 VerbrKrG ausdrücklich angeordnet, würde wegen des Schutzzwecks des Haustürwiderrufsgesetzes aber in gleicher Weise auch für einen Haustürwiderruf gelten[706]. Diese Aussagen des II. Senats werden im Folgenden analysiert.

Gerade an diesen beiden Entscheidungen zeigen sich erneut die konträren Ansichten des II. und des XI. Zivilsenats bezüglich Anwendbarkeit und Folgen des Widerrufs nach dem Haustürwiderrufsgesetz (seit dem Schuldrechtsmodernisierungsgesetz übernehmen die §§ 312, 357 Abs. 1 S. 2, 346 Abs. 1 BGB die Funktionen des hier zu behandelnden § 3 Abs. 1 S. 1 HWiG[707]).

Noch relativ unproblematisch sind dabei die einzelnen Tatbestandsvoraussetzungen dieser Normen. Weitaus umstrittener stellt sich die im Folgenden genauer zu erörternde Frage dar, ob die Vorschriften des Haustürwiderrufsgesetzes nicht aufgrund der gleichzeitigen Anwendbarkeit des Verbraucherkreditgesetzes gemäß § 5 Abs. 2 HWiG[708] unanwendbar sind und wie weit in diesem Zusammenhang die Rückabwicklungspflichten der Vertragsparteien gehen. Diese Fragen waren Gegenstand mehrerer Vorlagen an den Gerichtshof der Europäischen Gemeinschaften; der EuGH hat erst jüngst für den kreditfinanzierten Immobilienerwerb über die Reichweite der Rückabwicklungspflichten entschieden, worauf noch detailliert eingegangen wird. Diese Problemkreise werden im Folgenden analysiert, wobei Ausgangspunkt immer die Entscheidungen vom 14. Juni 2004 sind. Ein vorläufiges Ende hat diese Diskussion in den am 25. April 2006 ergangenen Entscheidungen des XI. BGH-Senats gefunden, auf die ebenfalls noch eingegangen wird.

1. Anwendungsbereich des Haustürwiderrufsgesetzes

Vorab ist in diesem Zusammenhang auszuführen, daß der deutsche Gesetzgeber mit der Verabschiedung des Haustürwiderrufsgesetzes die Richtlinie 85/577/

---

706 BGH vom 14.06.2004 – II ZR 395/01 – BB 2004, 1644 (1646).

707 WALLNER, BKR 2003, 92 (93). Die gesetzlichen Veränderungen haben den Anwendungsbereich der haustürgeschäftlichen Regelungen weitgehend unverändert gelassen. Hierzu und zu den anderen durch das Schuldrechtsmodernisierungsgesetz in das BGB integrierten Nebengesetze, wie das Fernabsatzgesetz und das Verbraucherkreditgesetz: GRIGOLEIT, NJW 2002, 1151 (1151 ff.).

708 Der Wortlaut des § 5 Abs. 2 HWiG lautet folgendermaßen: „*Erfüllt ein Geschäft im Sinne des § 1 Abs. 1 zugleich die Voraussetzungen eines Geschäfts nach dem Verbraucherkreditgesetz, nach § 11 des Gesetzes über den Vertrieb ausländischer Investmentanteile und über die Besteuerung der Erträge aus ausländischen Investmentanteilen, nach § 23 des Gesetzes über Kapitalanlagegesellschaften oder nach § 4 des Gesetzes zum Schutz der Teilnehmer am Fernunterricht, so sind nur die Vorschriften dieser Gesetze anzuwenden.*“.

EWG des Europäischen Rates vom 20. Dezember 1985 umgesetzt hat. Diese Richtlinie betrifft den Verbraucherschutz im Falle von außerhalb von Geschäftsräumen geschlossenen Verträgen, sog. „*Haustürgeschäfterichtlinie*“[709]. Sie verlangt die Einräumung eines Widerrufsrechts, dessen Rechtsfolgen den Verbraucher nicht von der Geltendmachung seiner Rechte abschrecken[710]. Der Zweck der europäischen Haustürgeschäfterichtlinie und des deutschen Haustürwiderrufsgesetzes liegt darin, den Verbraucher vor Nachteilen zu schützen, die sich aus der Überraschungs- und Überrumpelungsgefahr ergeben, die mit der Haustürsituation typischerweise einhergeht. Das Haustürwiderrufsgesetz wurde durch das Schuldrechtsmodernisierungsgesetz vom 26. November 2001 mit Wirkung vom 1. Januar 2002 aufgehoben und durch die Vorschriften der §§ 312, 312 a BGB n.F. ersetzt. Auf die vom BGH am 14. Juni 2004 entschiedenen Fälle ist das Haustürwiderrufsgesetz jedoch nach Art. 229 § 5 S. 1 EGBGB in seiner vor dem 1. Oktober 2000 geltenden Fassung weiterhin anzuwenden, da der Widerruf jeweils vor diesem Zeitpunkt ausgeübt worden ist[711].

In diesem Zusammenhang ist auch festzuhalten, daß sowohl das deutsche, als auch das europäische Recht die Widerrufsbefugnis i.d.S. nicht davon abhängig machen, daß der in (so das europäische Recht) bzw. aufgrund (so das deutsche Recht) der Haustürsituation zustande gekommene Vertrag für den Betroffenen mit einem Nachteil verbunden ist. So begründet alleine die Haustürsituation das Widerrufsrecht, unabhängig davon, ob das Haustürgeschäft für den Betroffenen nützlich oder schädlich ist, übertragen auf die hier relevanten Fälle also auch unabhängig davon, ob seine Konditionen marktgerecht oder unangemessen sind. Daher liegt es in der Natur des Haustürwiderrufs, daß dieser für den Betroffenen nicht zwingend vorteilhaft sein muß. Denn dem

> „*Vorteil der eigenen Befreiung aus der vertraglichen Bindung steht der Nachteil gegenüber, daß auch die Gegenseite von ihren Vertragspflichten frei wird*“[712].

Schwieriger ist die Frage zu beantworten, ob vom Anwendungsbereich des Haustürwiderrufsgesetzes Verträge über den Kauf von Immobilienkapitalanlagen oder die Begründung oder der Erwerb gesellschaftsrechtlicher Beteiligungen

---

709 BGH vom 14.06.2004 – II ZR 395/01 – BB 2004, 1644 (1645). Zur Haustütgeschäfterichtlinie: Richtlinie 85/577/EWG des Rates vom 20. 12.1985 betreffend den Verbraucherschutz im Falle von außerhalb von Geschäftsräumen geschlossenen Verträgen, ABl. EG 1985 Nr. L 372 vom 31.12.1985, 31 (31 ff.).

710 SCHLACHTER, Kommentar II ZR 395/01, RIW 2004, 708 (708).

711 Eine Darstellung der Anwendbarkeit des Haustürwiderrufsgesetzes enthält: BUNGEROTH, WM 2004, 1505 (1505).

712 BUNGEROTH, WM 2004, 1505 (1506).

erfaßt werden können. Jedenfalls handelt es sich dabei nicht um schuldrechtliche Geschäfte von Verbrauchern, da bei der Begründung bzw. beim Erwerb gesellschaftsrechtlicher Beteiligungen oder beim Abschluß von Treuhandverträgen zur Eingehung mittelbarer gesellschaftsrechtlicher Beteiligungen nichts *„verbraucht“* wird[713]. Zur Erörterung dieser Frage ist Art. 3 Abs. 2 lit. a der Haustürgeschäfterichtlinie heranzuziehen, der folgendermaßen lautet:

> *„Diese Richtlinie gilt nicht für Verträge über den Bau, den Verkauf und die Miete von Immobilien sowie Verträge über andere Rechte an Immobilien; Verträge über die Lieferung von Waren und über ihre Einfügung in vorhandene Immobilien oder Verträge über die Reparatur bestehender Immobilien werden von dieser Richtlinie erfaßt.“* [714].

Es bleibt damit festzuhalten, daß der Wortlaut der europäischen Richtlinie gesellschafterliche oder schuldrechtliche Beteiligungen an geschlossenen Immobilienfonds – die andere Rechte i.S.d. Richtlinie darstellen – überhaupt nicht erfaßt. Ein Widerruf des Beitritts zur Fondsgesellschaft selbst kann also – ebenso wie ein Immobilienkaufvertrag – nach dem Haustürwiderrufsgesetz bzw. nach der Haustürgeschäfterichtlinie nicht widerrufen werden. Anders ist dies beim Darlehensvertrag:

a) Vorliegen einer Haustürsituation

Grundvoraussetzung des Widerrufsrechts nach § 1 Abs. 1 Nr. 1 HWiG (mittlerweile § 312 Abs. 1 S. 1 BGB) ist das Vorliegen einer sog. Haustürsituation. Dieses Tatbestandsmerkmal war in den am 14. Juni 2004 entschiedenen Fällen jedenfalls problemlos erfüllt. In den zu untersuchenden Sachverhalten war der Anwendungsbereich des Haustürwiderrufsgesetzes regelmäßig aufgrund der typischen Verkaufssituation bei Hausbesuchen eröffnet.

Der Gesetzeswortlaut des § 1 Abs. 1 Nr. 1 HWiG setzt voraus, daß der Vertragsschließende zu seiner Willenserklärung *„durch mündliche Verhandlungen an seinem Arbeitsplatz oder im Bereich einer Privatwohnung“* bestimmt worden ist. Die Mitursächlichkeit der Haustürsituation für den späteren Vertragsschluß ist nach ständiger Rechtsprechung ausreichend[715]. In einem Teil der vom BGH ent-

---

[713] WAGNER Klaus-R., Ausstieg, NZG 2000, 169 (171).

[714] ABl. EG 1985 Nr. L 372 vom 31.12.1985, 31 (31 ff.).

[715] OLG Stuttgart vom 30.03.1999 – 6 U 141/98 (n.r.) – BB 1999, 1453 (1453). Sowie: OLG Stuttgart vom 29.06.1999 – 6 U 169/98 – WM 1999, 2310 (2313). Sowie: KG vom 21.12.2004 – 4 U 9/04 – http://www.jurion.de/archiv/urteile/2004/12/21.html, zuletzt abgerufen am 05.12.2005. Sowie: KG vom 05.04.2005 – 4 U 91/04 – http:// www.brakonlinefortbildung.de, zuletzt abgerufen am 05.12.2005. Sowie: KG vom

schiedenen Fälle[716] wurden die Anleger von den Vertretern der Vermittlungsunternehmen der Fondsgesellschaften in ihren Wohnungen aufgesucht und unterzeichneten aufgrund dieses Besuchs die Beitrittserklärungen zu den Immobilienfonds. Die Beratungsgespräche erfolgten häufig bei den Anlegern zu Hause und die Berater haben nicht nur den Erwerb der Fondsanteile empfohlen, sondern auch – und hierauf kommt es an dieser Stelle an – die Aufnahme der Darlehen vermittelt. Die Anleger hatten in dieser Situation keinen unmittelbaren Kontakt zu den Banken oder zu deren Mitarbeitern[717].

In den vom BGH am 14. Juni 2004 entschiedenen Fällen wurde von den Vertriebsunternehmen der Immobilienfonds im Rahmen dieser „*Hausbesuche*" in der Regel mit der Tatsache argumentiert, daß vor allem auch Anleger mit mittlerem, durchschnittlichem oder unterdurchschnittlichem Einkommen Anteile an geschlossenen Immobilienfonds erwerben könnten, weil Eigenkapital zur Finanzierung nicht notwendig sei. Vielmehr könne ein aufgenommener Bankkredit allein aus Mieterträgen zurückgezahlt werden[718].

Es ist gefestigte Rechtsprechung des BGH, daß es für eine Situation i.S.d. § 1 Abs. 1 Nr. 1 HWiG sogar ausreichend ist, wenn die für den Vertragsschluß maßgebliche Willenserklärung vom Verbraucher außerhalb seiner Wohnung abgegeben wird, solange die in der Wohnung des Verbrauchers geführten Verhandlungen für den Vertragsschluß kausal waren[719]. In den Entscheidungen vom 14. Juni 2004 war nach Ansicht des BGH alleine entscheidend, ob – wenn der Beitritt durch insgesamt zwei Erklärungen erfolgte, wobei aber nur die erste Erklärung in einer Haustürsituation abgegeben wurde – die Anleger zur Beitrittserklärung insgesamt in einer Haustürsituation bestimmt worden sind[720]. Dies war in den Entscheidungen des BGH vom 14. Juni 2004 der Fall.

28.06.2005 – 4 U 77/03 – WM 2005, 2218 (2220). Sowie: BGH vom 20.01.2004 – XI ZR 460/02 – BKR 2004, 185 (186). Privatwohnung i.d.S. ist nach jüngster BGH-Rechtsprechung auch die Privatwohnung des Vertragspartners des Verbrauchers bzw. des Vermittlers, wenn der Kunde die Wohnung nicht bewußt zu geschäftlichen Zwecken aufgesucht hat; vgl.: BGH vom 13.03.2006 – XI ZR 432/04 – ZIP 2006, 1626 (1626).

716 BGH vom 14.06.2004 – II ZR 395/01 – BB 2004, 1644 (1645).

717 SCHLACHTER, Kommentar II ZR 395/01, RIW 2004, 708 (708).

718 SCHLACHTER, Kommentar II ZR 395/01, RIW 2004, 708 (708). Sowie: VOGEL, ZGS 2004, 243 (243).

719 BGH vom 16.01.1996 – XI ZR 116/95 – NJW 1996, 926 (928). Sowie: BGH vom 17.09.1996 – XI ZR 197/95 – NJW 1996, 3416 (3417). Sowie: STÜSSER, NJW 1999, 1586 (1588).

720 BGH vom 14.06.2004 – II ZR 395/01 – BB 2004, 1644 (1645).

b) Vorliegen eines entgeltlichen Vertrags

Ferner muß es sich bei Haustürgeschäften i.S.d. Haustürwiderrufsgesetzes um entgeltliche Verträge handeln. Daß es sich bei den (den Gesellschaftsbeitritt finanzierenden) Darlehensverträgen um entgeltliche Verträge handelte, liegt auf der Hand, denn für die Zurverfügungstellung des Darlehens durch die Bank hat der Darlehensnehmer Zinsen zu zahlen. Entgeltlichkeit beim Darlehen ist damit gegeben.

2. Zurechenbarkeit der Haustürsituation an die Kreditgeber

Ein bis vor kurzem ebenfalls streitiger Punkt war die Frage, ob es über das bloße Vorliegen einer Haustürsituation i.S.d. § 1 Abs. 1 S. 1 HWiG hinaus für ein Widerrufsrecht i.d.S. erforderlich ist, daß die durch die Vermittler hervorgerufene Haustürsituation den finanzierenden Banken auch zugerechnet werden kann.

Der XI. Zivilsenat vertrat hierzu bisher die Auffassung, daß es für eine Zurechnung der Haustürsituation an den Erklärungsempfänger – die Bank – jedenfalls nicht ausreiche, daß die Banken sich das Handeln der Vermittler *„objektiv zunutze gemacht"* haben[721]. Ebenso wenig reiche es beim Verkauf einer Eigentumswohnung für eine Zurechnung aus, daß die Bank etwa Kenntnis davon hat, daß die Eigentumswohnung von einer gewerblich tätigen Bauträgergesellschaft über einen Vermittler verkauft wird, und nicht von einer Privatperson[722]. Für die Zurechnung bedürfe es vielmehr eines Rückgriffs auf die zu § 123 Abs. 2 BGB entwickelten Grundsätze[723], es komme die sog. *„Lagertheorie"* zur Anwendung[724]. Denn anerkannt sei, daß im Rahmen des Haustürwiderrufsgesetzes für die Zurechnung der Haustürsituation diejenigen Abgrenzungskriterien heranzuziehen seien, die die Rechtsprechung zu der Frage entwickelt hat, wer als Dritter bei einer arglistigen Täuschung i.S.d. § 123 Abs. 2 BGB anzusehen ist[725]. Denn nur dadurch könne eine Gleichbehandlung zwischen denjenigen Personen, die in einer Haustürsituation zur Abgabe einer Willenserklärung veranlaßt wurden, und denjenigen, die durch eine arglistige Täuschung zur Abgabe einer Willens-

---

721 BGH vom 12.11.2002 – XI ZR 3/01 – ZIP 2003, 22 (24).

722 BGH vom 20.01.2004 – XI ZR 460/02 – BKR 2004, 185 (185).

723 LWOWSKI/WUNDERLICH, Rechtsfragen Teil II, ZInsO 2005, 57 (57).

724 BARNERT, Kreditgebende Bank, WM 2004, 2002 (2008). Dies steht auch nicht im Widerspruch zu gemeinschaftsrechtlichen Vorgaben, da eine Zurechnung gemäß § 123 Abs. 2 BGB über die in der Haustürgeschäfterichtlinie enthaltenen Vorgaben hinausgeht. Diese Richtlinie enthält in ihrem Art. 2 lediglich Regelungen für den Besuch des Gewerbetreibenden selbst oder seines Vertreters, jedoch nicht für die Zurechnung des Verhaltens Dritter; vgl.: BGH vom 20.01.2004 – XI ZR 460/02 – BKR 2004, 185 (186 f.).

725 BGH vom 15.07.2003 – XI ZR 162/00 – ZIP 2003, 1741 (1742 ff.).

erklärung bestimmt wurden, erreicht werden[726]. Das Verhalten des Verhandlungsführers sei dem Erklärungsempfänger nach § 123 Abs. 1 BGB dann zuzurechnen, wenn er Angestellter, Mitarbeiter oder Beauftragter des Erklärungsempfängers ist. Eine Zurechnung komme auch in Betracht, wenn der Verhandlungsführer wegen seiner engen Beziehungen zum Erklärungsempfänger als dessen Vertrauensperson erscheint[727].

Dabei müsse auf die Sicht des Verbrauchers abgestellt werden. Nur wenn für ihn erkennbar ist, daß zwischen dem ihm gegenüber agierenden Verhandlungsführer und dem anderen Verhandlungspartner (dem Kreditinstitut) ein Vertrauensverhältnis besteht, könne der Verbraucher davon ausgehen, daß die Verhandlungen mit „*Wissen, Willen und Zurechnungswillen*" der anderen Vertragspartei (des Kreditinstituts) erfolgen[728]. Danach könne das Handeln der Vermittler als „*Dritte*" in diesem Sinne den Banken zugerechnet werden, wenn die Banken dieses kannten oder kennen mußten[729], wobei jede Fahrlässigkeit genüge[730]. Dem Verbraucher obliege dann die Darlegungs- und Beweislast dafür, daß die Bank Kenntnis von der Haustürsituation zum Zeitpunkt des Vertragsschlußes hatte oder haben mußte. Dabei ließ es auch der XI. Zivilsenat des BGH ausreichen, daß die Umstände des Einzelfalls die Erklärungsempfänger – also die Banken – veranlassen mußten, sich über die Umstände der Vertragsverhandlungen zu erkundigen und auf welchen Umständen die ihnen übermittelte Information beruhte[731].

Der II. Zivilsenat hat in seinen Entscheidungen vom 14. Juni 2004 die Haustürsituation den finanzierenden Kreditinstituten nach den zu § 123 Abs. 2 BGB entwickelten Grundsätzen zugerechnet. Die Gründe dafür liegen zum einen darin, daß nach Ansicht des II. Senats die Banken dem jeweiligen vom Immobilienfonds eingeschalteten Vermittler auch die Anbahnung des Darlehens- und Finanzierungsvertrags überließen. Zum anderen bestünden aufgrund des Inhalts

---

726 BGH vom 21.01.2003 – XI ZR 125/02 – NJW 2003, 1390 (1391).

727 BGH vom 20.01.2004 – XI ZR 460/02 – BKR 2004, 185 (186).

728 BGH vom 12.11.2002 – XI ZR 3/01 – ZIP 2003, 22 (25 f.). Sowie BGH vom 15.07.2003 – XI ZR 162/00 – ZIP 2003, 1741 (1743). Sowie: EDELMANN, Kommentar XI ZR 137/98, BB 2004, 1455 (1455). In diese Richtung auch: BGH vom 20.01.2004 – XI ZR 460/02 – BKR 2004, 185 (186).

729 OLG Frankfurt/Main vom 15.12.2004 – 9 U 56/03 – OLGR Frankfurt 2005, 307 (307 ff.). Sowie: BGH vom 12.11.2002 – XI ZR 3/01 – ZIP 2003, 22 (25).

730 Es genügt für eine fahrlässige Unkenntnis i.d.S., daß die Umstände des Einzelfalls den Erklärungsempfänger dazu veranlassen mußten, sich nach den Umständen des Vertragsschlußes zu erkundigen; vgl.: BGH vom 20.01.2004 – XI ZR 460/02 – BKR 2004, 185 (186). Sowie: PALANDT/HEINRICHS, 64. Aufl., § 123 Rn. 12.

731 BGH vom 09.04.1992 – IX ZR 145/91 – NJW-RR 1992, 1005 (1006). Sowie: RÖRIG, ZIP 2003, 26 (27).

der Kreditunterlagen offenbar genügend Anhaltspunkte dafür, daß die Werbung für den Immobilienfonds im Rahmen eines Haustürgeschäfts geschah. Für eine Erkundigungspflicht über die Umstände der Vertragsverhandlungen genüge hierbei die Einbindung der Banken in das Vertriebssystem der Fondsgesellschaften. Für den BGH hätte sich beispielsweise den Banken der Eindruck einer Haustürsituation schon deshalb aufdrängen müssen, weil in den entschiedenen Fällen die Anleger an ihrem Wohnsitz, nicht aber am Sitz der Fondsgesellschaften die Beitrittserklärungen unterschrieben[732].

Allerdings ist der Streit des II. und des XI. Senats über die Voraussetzungen einer solchen Zurechenbarkeit seit den Entscheidungen des Gerichtshofs der Europäischen Gemeinschaften vom 25. Oktober 2005 wohl obsolet. Der EuGH hat nämlich entschieden, daß es einer Zurechnung der Haustürsituation an den Kreditgeber nicht bedürfe[733]. Hierauf ist an anderer Stelle (Punkt 5.h) unten) noch zurückzukommen.

3. Keine Verfristung mangels ordnungsgemäßer Belehrung

Ein Erlöschen des Widerrufsrechts durch Fristablauf war in den vom BGH entschiedenen Fällen schon deshalb nicht gegeben, weil nach Ansicht des II. Senats die einwöchige Widerrufsfrist des § 1 Abs. 1 HWiG mangels ordnungsgemäßer Belehrung nach § 2 Abs. 1 S. 1 und 2 HWiG nicht zu laufen begonnen hatte. In sämtlichen Fällen habe die Widerrufsbelehrung nicht den Anforderungen des § 2 Abs. 1 S. 3 HwiG genügt[734].

a) Fehlerhafte Widerrufsbelehrung

Denn in diesen Fällen wurde zwar eine Widerrufbelehrung nach § 7 VerbrKrG erteilt, diese könne jedoch nicht auf den vorliegenden Anwendungsbereich des Haustürwiderrufsgesetzes übertragen werden, selbst wenn die in diesen Fällen notwendige Belehrung nach dem Haustürwiderrufsgesetz nur deswegen unterblieben war, weil § 5 Abs. 2 HWiG in der Vergangenheit anders ausgelegt wur-

---

[732] BGH vom 14.06.2004 – II ZR 395/01 – BB 2004, 1644 (1646). Dies wird z.T. auch damit begründet, daß Wertungswidersprüche nur vermieden werden können, wenn Vermittler bezüglich des Darlehens nach § 123 Abs. 1 BGB und nicht als Dritte i.d.S. behandelt werden; vgl.: OLG Stuttgart vom 09.03.2004 – 6 U 166/03 (n.r.) – ZIP 2004, 891 (896). In diesem Sinne auch: BGH vom 30.05.2005 – II ZR 319/04 – ZIP 2005, 1314 (1315).

[733] EuGH vom 25.10.2005 – C-229/04 [Crailsheimer Volksbank] – ZIP 2005, 1965 (1965).

[734] BGH vom 12.11.2002 – XI ZR 3/01 – ZIP 2003, 22 (24 ff.). Sowie: BGH vom 14.06.2004 – II ZR 395/01 – BB 2004, 1644 (1646).

de[735]. Grund dafür sei, daß die Widerrufsbelehrung nach Haustürwiderrufsgesetz gemäß dessen § 2 Abs. 1 S. 3 keine anderen Erklärungen enthalten durfte als die nach § 2 Abs. 1 S. 2 HWiG erforderlichen. Es mußte also darüber belehrt werden, daß ein Recht des Kunden zum beliebigen, voraussetzungslosen Widerruf innerhalb einer Woche, seitdem der Kunde seine Willenserklärung abgegeben hat, besteht[736].

Demgegenüber müsse die Widerrufsbelehrung nach § 7 Abs. 2 S. 2 i.V.m. Abs. 3 VerbrKrG eine Belehrung enthalten, wonach der Widerruf des Verbraucherkreditvertrags als nicht erfolgt gilt, wenn der Verbraucher das Darlehen empfangen, jedoch nicht binnen zweier Wochen entweder nach Erklärung des Widerrufs oder nach Auszahlung des Darlehens zurückbezahlt[737]. Den Anforderungen des Haustürwiderrufsgesetzes genügten die Widerrufsbelehrungen der Darlehensverträge in den vom BGH entschiedenen Fällen vom 14. Juni 2004 daher nicht.

b) Keine einheitliche Höchstfrist

Der II. Zivilsenat vertrat außerdem die Auffassung, daß bei einem Widerruf nach den Vorschriften des Haustürwiderrufsgesetzes die Höchstfrist des § 7 Abs. 2 S. 3 VerbrKrG nicht zu einer Einschränkung der Widerrufsmöglichkeiten führe. Hierauf ist auch bei der folgenden Analyse der EuGH-Rechtsprechung sogleich (bei Punkt 4.c)(1)(a)(ii) unten) zurückzukommen.

4. Subsidiaritätsklausel / Vorrangregelung

Das Kernproblem bei einer Rückabwicklung nach Haustürwiderruf besteht jedoch – sowohl beim Anteilserwerb von geschlossenen Immobilienfonds als auch beim Immobilienerwerb – in der Vorrangregelung des § 5 Abs. 2 HWiG. Schon seit längerem beschäftigt sich die Rechtsprechung mit dem Thema, ob ein Darlehensvertrag, der einen solchen Erwerb finanziert, überhaupt nach den Regeln des Haustürwiderrufsgesetzes widerrufen und rückabgewickelt werden kann[738]. Der II. Zivilsenat des BGH hat jedenfalls in den am 14. Juni 2004 entschiedenen Fällen die Vorschriften des Haustürwiderrufsgesetzes auf solche Realkredite an-

---

[735] BGH vom 12.11.2002 – XI ZR 3/01 – ZIP 2003, 22 (24 ff.). Sowie: BGH vom 14.06.2004 – II ZR 395/01 – BB 2004, 1644 (1646).

[736] PALANDT/PUTZO, 57. Aufl., § 2 HWiG Rn. 7.

[737] Vgl. den Wortlaut des bis zum 30.09.2000 geltenden § 7 Abs. 2 S. 2 und Abs. 3 VerbrKrG.

[738] Siehe hierzu beispielsweise: OLG Stuttgart vom 30.03.1999 – 6 U 141/98 – WM 1999, 2305 (2305 ff.). Sowie: EDELMANN, Kommentar XI ZR 137/98, BB 2004, 1455 (1455 f.). Sowie: EDELMANN, Kommentar II ZR 395/01, BB 2004, 1648 (1648). Sowie: HERTEL, EWiR 1999, 565 (565 f.).

gewendet, obwohl das Widerrufsrecht wegen der Anwendbarkeit des Verbraucherkreditgesetzes eigentlich nach der Subsidiaritätsklausel des § 5 Abs. 2 HWiG ausgeschlossen wäre. Zu diesem Ergebnis kam der II. Zivilsenat im Wege der richtlinienkonformen Auslegung der Haustürgeschäfterichtlinie[739].

a) Lex specialis derogat legi generali

Noch in der Berufungsinstanz der vom BGH zu entscheidenden Fälle wurde den Anlegern kein Widerrufsrecht nach dem Haustürwiderrufsrecht zugestanden, vielmehr kam der Ausschlußtatbestand des § 5 Abs. 2 HWiG zur Geltung. Der (bis zum 31. Dezember 2001) in § 5 Abs. 2 HWiG (ab dem 1. Januar 2002 in § 312a BGB)[740] geregelte Vorrang von Sonderregelungen (lex specialis derogat legi generali) stand dabei der Anwendbarkeit des Haustürwiderrufsgesetzes entgegen. Denn für die Darlehensverträge der Anleger sei zugleich der Anwendungsbereich des Verbraucherkreditgesetzes gemäß § 1 Abs. 1 VerbrKrG (mittlerweile § 491 Abs. 1 BGB) eröffnet gewesen, so daß die Regelungen des Haustürwiderrufsgesetzes eigentlich verdrängt worden wären. Vielmehr wären nach dem Wortlaut des § 5 Abs. 2 VerbrKrG nur die Vorschriften des Verbraucherkreditgesetzes anwendbar gewesen. Ein Widerrufsrecht der Anleger nach dem Verbraucherkreditgesetz scheiterte jedoch infolge Fristablaufs. Das Widerrufsrecht aus § 7 Abs. 1 VerbrKrG war nämlich gemäß § 7 Abs. 2 S. 3 VerbrKrG (jeweils in der bis zum 30. September 2000 geltenden Fassung) erloschen[741]. Denn nach § 7 Abs. 2 S. 3 VerbrKrG erlosch das Widerrufsrecht spätestens ein Jahr nach Abgabe der auf den Abschluß des Kreditvertrages gerichteten Willenserklärung des Verbrauchers.

b) Richtlinienkonforme Auslegung der Haustürgeschäfterichtlinie

Anders sah dies der BGH in den Entscheidungen vom 14. Juni 2004. Dort wendete er die Vorschriften des Haustürwiderrufsgesetzes in richtlinienkonformer Auslegung nach den europarechtlichen Vorgaben[742] auch dann auf Realkredite an, wenn das Widerrufsrecht nach dem Verbraucherkreditgesetz ausgeschlossen

---

[739] BGH vom 14.06.2004 – II ZR 395/01 - BB 2004, 1644 (1645).

[740] § 312 BGB n.F. entspricht dem bisherigen § 1 HWiG. Das Schuldrechtsmodernisierungsgesetz hat §312 Abs. 1 BGB n.F durch Umformulierung des Einleitungssatzes redaktionell, aber nicht in der Sache geändert; vgl.: PALANDT/HEINRICHS, 62. Aufl., 312 Rn. 1. Im Folgenden wird deswegen nur das HWiG zitiert.

[741] BGH vom 14.06.2004 – II ZR 395/01 – BB 2004, 1644 (1645).

[742] Für Normen, die in Vollzug einer EG-Richtlinie erlassen wurde, gilt der Grundsatz der richtlinienkonformen Auslegung. Im Zweifel ist daher einer der Richtlinie entsprechenden Auslegung der Vorzug zu geben. Die richtlinienkonforme Auslegung genießt wegen des sog. Anwendungsvorrangs des Gemeinschaftsrechts auch Vorrang vor der verfassungskonformen Auslegung; vgl.: PALANDT/HEINRICHS, 64. Aufl., Einl. Vor § 1 Rn. 43.

war. Die Darlehensnehmer seien in Übereinstimmung mit den Vorgaben des Gemeinschaftsrechts berechtigt, nach § 1 Abs. 1 Nr. 1 HWiG (in der bis zum 30. September 2000 geltenden Fassung; die Vorschrift entspricht im Wesentlichen § 312 Abs. 1 S. 1 Nr. 1 BGB n.F.) ihre auf Abschluß des Darlehensvertrags gerichteten Willenserklärungen zu widerrufen[743].

c) Kritik: Gemeinschaftsrechtskonformität des Haustürwiderrufsgesetzes

Diese richtlinienkonforme Auslegung mußte sich jedoch Kritik entgegenhalten lassen. Insbesondere der XI. Zivilsenat des Bundesgerichtshofs, aber auch Teile des Schrifttums sahen bis zu diesem Zeitpunkt angesichts des klaren Wortlauts der Haustürgeschäfterichtlinie für eine richtlinienkonforme Auslegung keinen Raum[744]. Auch die Auslegung i.R.d. Teleologie der Haustürgeschäfterichtlinie kommt hier zu keinem anderen Ergebnis: Es würde der *„Anwendungsbereich des § 5 Abs. 2 HWiG durch diese Auslegung im Sinne einer teleologischen Reduktion vollständig ausgehöhlt“*[745]. Und bei der Auslegung, die der II. Zivilsenat des BGH vorgenommen hat, liege ganz offensichtlich eine sog. *„überschießende Umsetzung“* des Gemeinschaftsrechts vor. Denn bei Sachverhalten, die schon nicht in den Anwendungsbereich einer Richtlinie fallen, bestehe im Allgemeinen keine europarechtliche Pflicht zur richtlinienkonformen Auslegung[746]. Der Vorrang von Sonderregelungen wie dem Verbraucherkreditgesetz gegenüber dem Haustürwiderrufsgesetz gemäß § 5 Abs. 2 HWiG gelte nicht zuletzt wegen einer

---

743 BGH vom 14.06.2004 – II ZR 395/01 – BB 2004, 1644 (1645).

744 BGH vom 14.10.2003 – XI ZR 134/02 – NJW 2004, 154 (157) m.w.N. Sowie: HOCHLEITNER/WOLF/GROẞERICHTER, WM 2002, 529 (529, 531): Der Wortsinn des § 5 Abs. 2 HWiG, wonach es allein darauf ankommt, ob ein Rechtsgeschäft überhaupt dem VerbrKrG unterfällt, nicht aber, ob dessen Schutzbestimmungen Anwendung finden, sei insofern eindeutig.

745 EDELMANN, Kommentar II ZR 395/01, BB 2004, 1648 (1649). Die Reduktion oder die Auslegung einer Vorschrift auf Null sei methodisch evident unzulässig und stelle eine Derogation dar, die alleine dem Gesetzgeber vorbehalten sei; vgl.: HOCHLEITNER/WOLF/GROẞERICHTER, WM 2002, 529 (529, 531 ff.).

746 PALANDT/HEINRICHS, 64. Aufl., Einl. vor § 1 Rn. 44 m.w.N. Bereits HABERSACK stellt zutreffend fest, daß das sachliche Anwendungsbereich der Haustürgeschäfterichtlinie hinter dem des deutschen Haustürwiderrufsrechts zurückbleibt. Denn sowohl § 1 HWiG als auch § 312 Abs. 1 S. 1 BGB n.F. erfordern für deren Anwendbarkeit nicht wie die Haustürgeschäfterichtlinie den Vertragsschluß oder die Abgabe einer Willenserklärung in einer Haustürsituation; vielmehr reicht hierfür bereits die bloße Mitursächlichkeit der Haustürsituation für die spätere Willenserklärung aus; vgl.: HABERSACK/MAYER, Widerruf von Haustürgeschäften, WM 2002, 253 (254). Zur überschießenden Umsetzung von europäischen Richtlinien sowie der Anwendbarkeit des Vorabentscheidungsverfahrens nach Art. 234 EG: HABERSACK/MAYER, Überschießende Umsetzung, JZ 1999, 913 (913 ff.).

anderen, auf diese Sonderregelungen zugeschnittenen Rückabwicklung[747]. Außerdem würden durch eine solche Auslegung die bei der Auslegung von Gesetzen vorgesehenen Grenzen vom Bundesgerichtshof überschritten. Eine richtlinienkonforme Auslegung des § 5 Abs. 2 HWiG wurde bis dahin in zahlreichen Entscheidungen ausgeschlossen[748]. Im Folgenden soll deshalb dargestellt werden, warum der II. Zivilsenat des BGH zu einem Haustürwiderruf gelangte.

(1) Heininger-Entscheidung des Europäischen Gerichtshofs

Die divergierende Rechtsprechung des II. und des XI. Zivilsenates des Bundesgerichtshofs und insbesondere die vermeintlich verbraucherfeindliche Haltung des XI. Senats haben mittlerweile zu mehreren Vorlagen nach Art. 234 EG zum Gerichtshof der Europäischen Gemeinschaften (im Folgenden: Europäischer Gerichtshof) geführt[749].

An dieser Stelle ist der im Zusammenhang mit der Umsetzung europäischen Rechts zu beachtende gemeinschaftsrechtliche Effektivitätsgrundsatz, der sog. „*effet utile*" zu beachten. Dieser Grundsatz begründet die Pflicht der Mitgliedsländer der Europäischen Union, das europäische Recht so umzusetzen, daß die Rechtsausübung praktisch möglich ist[750]. Darüber hinaus ist jedoch auch die Orientierung der Rechtsprechung der nationalen Gerichte an derjenigen des Europäischen Gerichtshofs zu beachten[751]. Ebenso sind die nationalen Gerichte nach ständiger Rechtsprechung des EuGH aufgrund des Umsetzungsgebots nach Art. 249 Abs. 3 EG und wegen des Grundsatzes der Gemeinschaftstreue gemäß Art. 10 EG verpflichtet, die zur Durchführung einer europäischen Richtlinie erlassenen Gesetze unter voller Ausschöpfung des Beurteilungsspielraums des nationalen Rechts im Licht des Wortlauts und des Zwecks der Richtlinie auszule-

---

747 PALANDT/PUTZO, 57. Aufl., § 5 HWiG Rn. 5.

748 EDELMANN, Kommentar II ZR 395/01, BB 2004, 1648 (1649) m.w.N.

749 Der EuGH darf im Rahmen solcher Vorlageverfahren im Lichte der gemeinschaftsrechtlichen Auslegungsgrundsätze gemäß Art. 234 Abs. 1 lit. B EG lediglich Zielvorgaben machen. Jedoch muß sich der Gerichtshof jeglichen Hinweises über den richterrechtlichen Weg und dessen Zulässigkeit im nationalen Recht enthalten; vgl.: STAUDINGER Ansgar, Zukunft der Schrottimmobilien, NJW 2005, 3521 (3521).

750 PFEIFFER, EWiR 2005, 159 (160).

751 Dazu gehört die Pflicht der Mitgliedstaaten, alle zur Erfüllung der sich aus einer Richtlinie ergebenden Ziele und Verpflichtungen geeigneten Maßnahmen allgemeiner oder besonderer Art zu treffen. Hierzu gehören im Rahmen ihrer Zuständigkeit auch die Gerichte; vgl.: EuGH vom 14.07.1994 – C-91/92 [Paola Faccini Dori / Recreb Srl] – NJW 1994, 2473 (2474). Hierzu auch: HOCHLEITNER/WOLF/GROßERICHTER, WM 2002, 529 (530). Obwohl eine § 31 Abs. 1 BVerfGG vergleichbare Bestimmung im Gemeinschaftsrecht fehlt, entfaltet die Rechtsprechung des EuGH für sämtliche nationalen Gerichte und Spruchkörper zumindest eine Präjudizwirkung; vgl.: STAUDINGER Ansgar, Zukunft der Schrottimmobilien, NJW 2005, 3521 (3521).

gen. Es ist also derjenigen Norm der Vorzug zu geben, die die Verwirklichung der europäischen Norm am meisten fördert[752].

Bei den Vorlagen zum EuGH sollte deshalb u.a. geklärt werden, ob *„die restriktive Rechtsprechung des XI. Zivilsenats des BGH mit der Verbraucherkredit- und der Haustürwiderrufsrichtlinie vereinbar ist*"[753]. Auf den Vorlagebeschluß XI ZR 91/99 des BGH vom 30. November 1999[754] hat der Europäische Gerichtshof gemäß Art. 234 EG in der sog. *„Heininger*"-Entscheidung[755] vom 13. Dezember 2001 zur Anwendbarkeit des Haustürwiderrufsgesetzes Stellung genommen und den Anwendungsbereich der Haustürgeschäfterichtlinie bei Realkreditverträgen im Zusammenspiel mit der Verbraucherkreditrichtlinie ausgelotet. Der EuGH hat dabei – wie im Folgenden zu zeigen ist – die Vorrangregelung des § 5 Abs. 2 HWiG gekippt. Obwohl die hier zu behandelnden Entscheidungen vom 14. Juni 2004 den Erwerb von Anteilen an geschlossenen Immobilienfonds betreffen, die einzelnen Vorlagefragen an den EuGH jedoch den Erwerb von Immobilien zum Gegenstand hatten, sollen die konträren Positionen in diesem Streit präzise dargestellt werden, weil sich die wesentlichen Argumente und Standpunkte auf beide Fallgruppen gleichermaßen auswirken:

(a) Vorlagebeschluß

Der Sachverhalt des ersten, soeben angesprochenen Vorlagebeschlusses zu diesem Problemkreis stellt sich folgendermaßen dar: Beim XI. Zivilsenat des BGH war ein Verfahren der Eheleute Georg und Helga Heininger gegen die Bayerische Hypotheken- und Vereinsbank AG anhängig. Die Eheleute Heininger hatten auf Rückzahlung bereits erbrachter Zins- und Tilgungsleistungen eines Darlehens geklagt, welches sie zur Finanzierung des Kaufpreises für eine Eigentumswohnung aufgenommen hatten. Dieses Darlehen war durch eine Grundschuld abgesichert. Eine Widerrufsbelehrung im Sinne des Haustürwiderrufsgesetzes wurde ihnen nicht erteilt, den Haustürwiderruf hatten sie gleichwohl er-

---

752 BGH vom 09.04.2002 – XI ZR 91/99 – BB 2002, 1221 (1222) m.w.N. Sobald Bestimmungen europarechtliche Wurzeln haben, so beispielsweise die sog. Transformationsnormen, die Vorgaben von Richtlinien in nationales Recht umsetzen – beispielsweise die Vorschriften des Haustürwiderrufsgesetzes und des Verbraucherkreditgesetzes – unterliegen diese Bestimmungen dem Gebot richtlinienkonformer Auslegung. Dieses Gebot wird aus Art. 10 und Art. 243 Abs. 3 EG abgeleitet und verpflichten den Rechtsanwender dazu, seine Interpretation soweit wie möglich am Wortlaut und Zweck der Richtlinie auszurichten, um das mit der Richtlinie verfolgte Ziel zu erreichen; vgl.: STAUDINGER Ansgar, Drum prüfe, wer sich ewig an Immobilien bindet, JuS 2002, 953 (953).

753 EMMERICH, JuS 2004, 917 (919).

754 BGH vom 30.11.1999 – XI ZR 91/99 – NJW 2000, 521 (521 ff.).

755 EuGH vom 13.12.2001 – C-481/99 [Heininger] – BB 2002, 9 (9 ff.).

klärt. Im Verfahren trugen die Eheleute Heininger vor, ein ihnen bekannter, freiberuflich auch für die beklagte Bank tätiger Immobilienmakler habe sie mehrfach unaufgefordert zu Hause aufgesucht und zum Wohnungskauf sowie zur Darlehensaufnahme überredet[756].

Diese Vorlage zum EuGH hatte im Wesentlichen folgende Fragen zum Gegenstand:

- erfaßt die Haustürgeschäfterichtlinie auch Realkreditverträge?
- Kommt der Haustürgeschäfterichtlinie in Bezug auf Realkredite wegen der Vorschriften der § 5 Abs. 2 HWiG i.V.m. § 3 Abs. 2 Nr. 2 VerbrKrG Vorrang vor der Verbraucherkreditlinie zu?
- Kann die Widerrufshöchstfrist des § 7 Abs. 2 S. 3 VerbrKrG auf solche Fälle entsprechend angewendet werden, in denen eine Belehrung nach dem Haustürwiderrufsgesetz unterblieben ist[757]?

Hierzu im Einzelnen:

(i) Vorrangregelung

Der XI. Zivilsenat stellte in seinem Vorlagebeschluß zunächst die verschiedenen Ansichten zu diesen Problemkreisen dar: Zunächst sei es bezüglich der Vorrangregelung des § 5 Abs. 2 HWiG höchstrichterlich bislang noch nicht geklärt, ob diese Regelung einen Rückgriff auf das Haustürwiderrufsgesetz auch dann verbietet, wenn der Kreditvertrag auf einer Haustürsituation beruht, jedoch § 7 VerbrKrG infolge § 3 Abs. 2 Nr. 2 VerbrKrG ausgeschlossen ist[758].

---

756 BGH vom 30.11.1999 – XI ZR 91/99 – NJW 2000, 521 (521). Sowie: EuGH vom 13.12.2001 – C-481/99 [Heininger] – BB 2002, 9 (9). Zusammenfassend auch: ARTZ, BKR 2002, 603 (603).

757 BGH vom 30.11.1999 – XI ZR 91/99 – NJW 2000, 521 (521).

758 BGH vom 30.11.1999 – XI ZR 91/99 – NJW 2000, 521 (522). An dieser Stelle ist mit HABERSACK/MAYER darauf hinzuweisen, daß der hier streitgegenständliche Realkreditvertrag gerade nicht an der Haustüre, sondern in den Geschäftsräumen der Bank geschlossen wurde. Dies hat die beklagte HypoVereinsbank in der mündlichen Verhandlung vor dem EuGH unwidersprochen vorgetragen und damit unstreitig gestellt. Damit ist zwar eventuell das deutsche Haustürwiderrufsrecht anwendbar, keinesfalls jedoch die Haustürgeschäfterichtlinie. Der Zulässigkeit der Vorlagefrage tue dies jedoch keinen Abbruch, da sich die Beurteilung der Erforderlichkeit einer solchen Vorlage durch den EuGH auf eine Mißbrauchskontrolle beschränke. Zudem habe der EuGH diese Problematik gesehen und in bestimmten Formulierungen zum Ausdruck gebracht; vgl.: HABERSACK/MAYER, Widerruf von Haustürgeschäften, WM 2002, 253 (254).

In Teilen des Schrifttums sei man der Auffassung, § 5 Abs. 2 HWiG verdränge die Anwendbarkeit des Haustürwiderrufsgesetzes nur dann, wenn das vorrangig anzuwendende Gesetz dem Verbraucher einen gleich effektiven Schutz biete. Die überwiegende Literatur hingegen lehne die Anwendbarkeit des Haustürwiderrufsgesetzes in den Fällen des § 3 Abs. 2 VerbrKrG ab, da dort die Anwendbarkeit einzelner Vorschriften des Verbraucherschutzgesetzes ohne Rücksicht auf die zum Vertragsschluß führende Verhandlungssituation ausgeschlossen würde. Dann bestehe eine Widerrufsmöglichkeit weder nach Verbraucherkredit- noch nach Haustürwiderrufsgesetz. Auch in der instanzgerichtlichen Rechtsprechung würde § 5 Abs. 2 HWiG im Hinblick auf § 3 Abs. 2 Nr. 2 VerbrKrG als abschließend angesehen[759]. Dieser überwiegenden Auffassung im Schrifttum hat sich auch der XI. Zivilsenat mit folgenden Argumenten angeschlossen:

Insbesondere der Gesetzeswortlaut spreche für eine solche Auslegung, da es dem Gesetzestext nicht zu entnehmen sei, daß die Vorrangregelung des § 5 Abs. 2 HWiG im Verhältnis zum Verbraucherkreditgesetz nur gelten solle, „*soweit*" im Einzelfall die (Schutz-)Vorschriften dieses Gesetzes eingreifen. Der Wortlaut stelle nur darauf ab, ob ein Rechtsgeschäft überhaupt unter das Verbraucherkreditgesetz fällt. Hingegen deute der Wortlaut nicht darauf hin, daß es einen Unterschied mache, ob die Schutzbestimmungen des Verbraucherkreditgesetzes ganz oder nur zum Teil Anwendung finden. Stellt man weiter auf den Gesetzeswortlaut ab, dann falle auf, daß die Vorrangregelung des § 5 Abs. 2 HWiG voraussetzt, daß ein Geschäft i.S.d. § 1 Abs. 1 HWiG zugleich die „*Voraussetzungen eines Geschäfts nach dem Verbraucherkreditgesetz*" erfüllt. Diese Voraussetzungen seien aber der in § 1 Abs. 1 VerbrKrG geregelte persönliche Anwendungsbereich und der in § 1 Abs. 2, 3 S. 2 VerbrKrG geregelte sachliche Anwendungsbereich des Verbraucherkreditgesetzes. Im Gegensatz dazu regele § 3 Abs. 2 Nr. 2 VerbrKrG nicht die Anwendungsvoraussetzungen des Verbraucherkreditgesetzes, sondern die Nichtanwendung bestimmter Normen des Verbraucherkreditgesetzes. Dies setze aber denknotwendig voraus, daß das Verbraucherkreditgesetz dann grundsätzlich auf Realkredite i.d.S. anwendbar ist[760].

Des Weiteren spreche der gesetzgeberische Wille bei Erlaß des Verbraucherkreditgesetzes für eine Unanwendbarkeit des Widerrufsrechts nach dem Haustürwiderrufsgesetz auf Realkreditverträge, da dies für derartige Fallkonstellationen von jeher für unpassend angesehen wurde. Insbesondere der Regierungsentwurf spreche für eine Unanwendbarkeit des Widerrufsrechts auf die zu üblichen Bedingungen gewährten grundpfandrechtlich abgesicherten Kredite. Denn in diesen Fällen sei eine wesentliche Gefährdung der Verbraucherinteressen nicht zu

---

[759] BGH vom 30.11.1999 – XI ZR 91/99 – NJW 2000, 521 (522) m.w.N.

[760] BGH vom 30.11.1999 – XI ZR 91/99 – NJW 2000, 521 (522).

befürchten. Zudem passe die Mehrzahl der Regelungen des Verbraucherkreditgesetzes – insbesondere das Widerrufsrecht – für Realkredite nicht. Außerdem gefährde eine Widerrufsmöglichkeit die taggenaue Refinanzierung vieler Realkredite, auf der schließlich deren günstige Verzinsung beruhe, erheblich. Des Weiteren handele es sich bei Realkrediten nicht um typische Konsumentenkredite. Dieser gesetzgeberische Wille bei der Verabschiedung des Verbraucherkreditgesetzes spreche dagegen, daß mit § 5 Abs. 2 HWiG lediglich ein doppeltes Widerrufsrecht vermieden werden sollte[761].

Auch die teleologische Auslegung nach dem Sinn und Zweck beider Gesetze spreche dagegen, die Vorschrift des § 5 Abs. 2 HWiG teleologisch zu reduzieren, um so zu einer Widerrufsmöglichkeit für die Fälle des § 3 Abs. 2 Nr. 2 VerbrKrG zu kommen. Denn alleine das Hinzukommen einer zweiten Risikosituation in Form der Haustürsituation, für die der Gesetzgeber eine eigene Lösungsmöglichkeit vorgesehen hat, könne die teleologische Reduktion deswegen nicht bewirken, da die eben aufgezeigten Probleme der kongruenten und taggenauen Refinanzierung des Realkredits durch die Bank unabhängig davon bestünden, ob der Kredit zugleich die Voraussetzungen eines Haustürgeschäfts erfüllt. Das auch dem Verbraucherinteresse dienende günstige Kostengefüge, das dem günstigen Zinsniveau der Realkredite Rechnung trägt, würde ansonsten aufgehoben, wenn man hier dem Verbraucher ein Widerrufsrecht nach dem Haustürwiderrufsgesetz zubilligen würde[762].

Auch das europäische Gemeinschaftsrecht in Form der Verbraucherkreditrichtlinie[763] schreibe nicht vor, daß ein Widerrufsrecht einzuräumen ist. Die Haustürgeschäfterichtlinie schließe es hingegen nicht aus, für bestimmte Vertragstypen ein Widerrufsrecht auszuschließen, weshalb der deutsche Gesetzgeber daran nicht gehindert gewesen sei[764].

Insgesamt hat der XI. Senat in diesem Vorlagebeschluß einen Ausschluß des aus § 1 Abs. 1 HWiG folgenden Widerrufsrechts aufgrund der Subsidiaritätsklausel des § 5 Abs. 2 HWiG bei ausschließlich nationaler Betrachtung befürwortet[765].

---

761 BGH vom 30.11.1999 – XI ZR 91/99 – NJW 2000, 521 (522) mit Verweis auf § 2 Abs. 1 Nr. 3 des Regierungsentwurfs; vgl.: BT-Drucks. 11/5462, 4. So auch: KG vom 27.09.2004 – 26 U 8/04 – ZBB 2005, 200 (200).

762 BGH vom 30.11.1999 – XI ZR 91/99 – NJW 2000, 521 (523).

763 Richtlinie 87/102/EWG des Europäischen Rates vom 22.12.1986 zu Angleichung der Rechts- und Verwaltungsvorschriften der Mitgliedstaaten über den Verbraucherkredit, ABl. EG 1987 Nr. L 42, 48 (48 ff.) in der Fassung der Änderungsrichtlinie 90/88/EWG des Rates vom 22.02.1990, ABl. EG Nr. L 61, 14 (14 ff.).

764 BGH vom 30.11.1999 – XI ZR 91/99 – NJW 2000, 521 (523).

765 BGH vom 12.11.2002 – XI ZR 47/01 – NJW 2003, 422 (422).

(ii) Widerrufshöchstfrist

Bezüglich der Anwendbarkeit der Widerrufshöchstfrist des § 7 Abs. 2 S. 3 VerbrKrG wies der XI. Senat darauf hin, daß diese im Schrifttum überwiegend abgelehnt werde. Denn für einen Widerruf nach dem Haustürwiderrufsgesetz seien nach Literaturansicht ausschließlich die Vorschriften des Haustürwiderrufsgesetzes anzuwenden[766]. Dieser Auffassung im Schrifttum konnte sich der erkennende Senat jedoch nicht anschließen, weil Realkredite i.S.d. § 3 Abs. 2 Nr. 2 VerbrKrG als Kreditgeschäfte grundsätzlich dem Verbraucherkreditgesetz unterfallen würden. Daher sei auch § 7 Abs. 2 S. 3 VerbrKrG als die aus dem spezielleren Gesetz stammende Regelung auf diese Sachverhalte anwendbar. Die in diesem Rahmen vorgesehene Lösungsmöglichkeit innerhalb eines Jahres stelle eine ausreichend lange Zeitspanne dar, innerhalb derer auf die Haustürsituation reagiert werden könne[767].

(b) Entscheidung des Europäischen Gerichtshofs

Der EuGH hatte trotz allem am 13. Dezember 2001 in der Sache Heininger entschieden, daß die Haustürgeschäfterichtlinie auf Realkreditverträge Anwendung findet.

Die Tatsache, daß ein solcher Vertrag an eine Immobilie anknüpft, reiche nicht dafür aus, diesen Vertrag als Vertrag i.S.d. Art. 3 Abs. 2 lit. a der Richtlinie anzusehen. Die Haustürgeschäfterichtlinie sei dahin auszulegen,

> *„daß sie auf einen Realkreditvertrag wie den im Ausgangsverfahren fraglichen anwendbar ist, so daß der Verbraucher, der einen derartigen Vertrag in einem der in Art. 1 dieser Richtlinie genannten Fälle geschlossen hat, über das Widerrufsrecht nach Art. 5 der Richtlinie verfügt*“[768].

Jedoch richteten sich die Folgen eines Haustürwiderrufs des Immobilienkaufvertrags und für die Bestellung des Grundpfandrechts nach dem nationalen Recht[769].

Insbesondere konnte sich der Europäische Gerichtshof der Ansicht der deutschen Regierung nicht anschließen, daß die Haustürgeschäfterichtlinie nach dem Grundsatz „*lex specialis derogat legi generali*“ durch die Verbraucherkreditrichtlinie verdrängt werde. Dies leitet der EuGH aus dem Umstand ab, daß we-

---

766 BGH vom 30.11.1999 – XI ZR 91/99 – NJW 2000, 521 (523) m.w.N.

767 BGH vom 30.11.1999 – XI ZR 91/99 – NJW 2000, 521 (523).

768 EuGH vom 13.12.2001 – C-481/99 [Heininger] – BB 2002, 9 (9).

769 EuGH vom 13.12.2001 – C-481/99 [Heininger] – BB 2002, 9 (10).

der die Präambel noch der normative Teil der Verbraucherkreditlinie einen Anhaltspunkt dafür enthielten, daß der Gemeinschaftsgesetzgeber den Anwendungsbereich der Haustürgeschäfterichtlinie durch den Erlaß der Verbraucherkreditlinie dahingehend begrenzen wollte, daß der spezifische Schutz der Haustürgeschäfterichtlinie nicht für Realkreditverträge gelte[770].

Des Weiteren sei nach dieser EuGH-Entscheidung der nationale Gesetzgeber durch die Haustürgeschäfterichtlinie daran gehindert, ein solches Widerrufsrecht auf ein Jahr ab Vertragsschluß zu befristen[771]. Das Vorbringen der deutschen Regierung, eine Befristung des Widerrufsrechts sei aus Gründen der Rechtssicherheit unerläßlich, hielt der EuGH deshalb für unbeachtlich, da solche Gründe zurücktreten müßten,

> „*soweit sie eine Einschränkung der Rechte implizieren, die dem Verbraucher mit der Haustürgeschäfterichtlinie ausdrücklich verliehen worden sind, um ihn vor den Gefahren zu schützen, die sich daraus ergeben, daß Kreditinstitute bewußt Realkreditverträge außerhalb ihrer Geschäftsräume abschließen. Wenn die Kreditinstitute nämlich so verfahren, um ihre Dienste zu vermarkten, so können sie sowohl den Verbraucherinteressen als auch ihrem eigenen Bedürfnis nach Rechtssicherheit ohne Schwierigkeit dadurch Rechnung tragen, daß sie ihrer Obliegenheit zur Belehrung des Verbrauchers nachkommen*“[772].

(2) Reaktion des Gesetzgebers

Dieses Urteil hatte verschiedene Auswirkungen auf die bundesdeutsche Legislative und Judikative. So veranlaßte die Heininger-Entscheidung des EuGH den deutschen Gesetzgeber zunächst dazu, das Bürgerliche Gesetzbuch umfassend

---

770 EuGH vom 13.12.2001 – C-481/99 [Heininger] – BB 2002, 9 (11). HABERSACK/MAYER stellen zutreffend fest, daß sich der EuGH hierbei nicht mit der Entstehungsgeschichte der beider Richtlinien auseinandergesetzt hat; vgl.: HABERSACK/MAYER, Widerruf von Haustürgeschäften, WM 2002, 253 (255).

771 EuGH vom 13.12.2001 – C-481/99 [Heininger] – BB 2002, 9 (9). Keinen Einfluß hat diese Rechtsprechung hingegen, wenn die gegenseitigen Leistungen der Vertragsparteien bereits vollständig erbracht wurden. Denn nach wie vor erlischt das Widerrufsrecht nach § 2 Abs. 1 S. 4 HWiG einen Monat nach beiderseits vollständiger Erbringung der Leistung, auch wenn der Darlehensnehmer bei Abschluß eines grundpfandrechtlich gesicherten Darlehensvertrags nicht ordnungsgemäß über sein Widerrufsrecht belehrt wurde. Da die Befristung des Widerrufsrechts ihrem Wortlaut nach eindeutig und nicht auslegungsfähig ist, besteht selbst bei einem möglichen Verstoß gegen EG-Recht kein Widerrufsrecht des Kunden; vgl.: LG Bonn vom 17.04.2002 – 1 O 370/01 - BB 2002, 2300 (2300).

772 EuGH vom 13.12.2001 – C-481/99 [Heininger] – BB 2002, 9 (11).

nachzubessern[773], wobei das OLG-Vertretungsänderungsgesetz als Vehikel diente. Es sollte i.e.L. die offensichtliche Gemeinschaftsrechtswidrigkeit des gerade erst in Kraft getretenen § 355 Abs. 3 BGB beseitigt werden, der für einen Widerruf nach fehlender Belehrung eine Maximalfrist von sechs Monaten vorsah. Die neu eingeführte Vorschrift des § 355 Abs. 3 S. 3 BGB sieht seither eine unbefristete Widerrufsmöglichkeit vor[774].

Durch Art. 25 Abs. 1 OLGVertrÄndG wurde die Ausnahmeregelung des § 491 Abs. 3 Nr. 1 BGB n.F. für grundpfandrechtlich gesicherte Kredite mit Wirkung vom 1. August 2002 aufgehoben. Nach der Überleitungsvorschrift des Art. 229 § 9 EGBGB sind die Vorschriften über Verbraucherdarlehen gemäß § 495 Abs. 1 BGB n.F. anwendbar auf Haustürgeschäfte, die nach dem 1. August 2002 abgeschlossen wurden (Art. 229 § 9 Abs. 1 S. 1 Nr. 1 EGBGB) und auf sonstige Verbraucherdarlehensverträge, die nach dem 1. November 2002 entstanden sind (Art. 229 § 9 Abs. 1 S. 1 Nr. 2 EGBGB).

Nach neuer Gesetzeslage seit der Schuldrechtsreform ist gemäß §§ 312, 312a BGB n.F. der Vorrang des Widerrufsrechts für Verbraucherdarlehensverträge vor dem Widerrufsrecht für Haustürgeschäfte auch weiterhin – wie auch schon bei § 5 Abs. 2 HWiG – zu beachten. Jedoch beschränkt die Neuformulierung des § 312a BGB n.F. den Vorrang des Verbraucherkreditrechts nun auf den Fall, daß dem Verbraucher aus diesem ein Widerrufsrecht auch tatsächlich zusteht. Das Entstehen mehrerer Widerrufs- und Rückgaberechte wird dadurch vermieden[775].

---

773 Dies prophezeiten bereits HABERSACK/MAYER unmittelbar nach Erlaß der Heininger-Entscheidung durch den EuGH; vgl.: HABERSACK/MAYER, Widerruf von Haustürgeschäften, WM 2002, 253 (259).

774 TONNER verweist auch auf die in § 355 Abs. 2 S. 2 BGB neu eingeführte Nachbelehrungsfrist von einem Monat und die damit zusammenhängenden komplizierten Übergangsvorschriften. Vor allem aber macht TONNER auf eine mögliche Gemeinschaftsrechtswidrigkeit dieser Nachbelehrungsmöglichkeit aufmerksam, da nach Art. 4 der Haustürgeschäfterichtlinie eine verspätete Belehrung wie eine fehlende Belehrung zu behandeln sei. Eine nachträgliche Belehrung könne das Widerrufsrecht nicht auslösen, da das Gemeinschaftsrecht den Begriff der Nachbelehrung nicht kenne; vgl.: TONNER, BKR 2002, 856 (857 f.). Der verbliebene Anwendungsbereich von § 355 Abs. 3 S. 1 und 2 BGB n.F. erfaßt die Fälle, in denen ein Verbraucher zwar über sein Wderrufsrecht belehrt wurde, jedoch i.Ü. nicht ausreichend informiert worden ist. Dann beginnt die 14tägige Widerrufsfrist nicht zu laufen, das Widerrufsrecht erlischt dann erst nach 6 Monaten; vgl.: SCHMIDT-KESSEL, Ausweitung, ZGS 2002, 311 (312).

775 Eine teleologische Reduktion ist nun nicht mehr notwendig; vgl.: ARTZ, BKR 2002, 603 (607). Sowie: KOCH, NZM 2002, 801 (803).

Die Zurechnung einer Haustürsituation spielt also auch nach aktueller Rechtslage nur dann eine Rolle, wenn die Schutzvorschriften für Verbraucherdarlehen nicht anwendbar sind, beispielsweise nach § 419 Abs. 2 BGB n.F.[776].

(3) Reaktion des Bundesgerichtshof auf die Heininger-Entscheidung

Die Heininger-Entscheidung des EuGH entfaltet natürlich auch für den BGH Bindungswirkung. Um das nationale Recht richtlinienkonform interpretieren zu können, müssen grundsätzlich zwei Voraussetzungen erfüllt sein: Die Auslegung muß verfassungsrechtlich zulässig und methodisch möglich sein. Ansonsten bleibt dem Verbraucher nur der Weg, die Bundesrepublik Deutschland wegen unzureichender Transformation der Haustürgeschäfterichtlinie über eine Staatshaftungsklage in Anspruch zu nehmen[777]. Im Ergebnis hat der BGH in den darauf folgenden Entscheidungen diese zwei Voraussetzungen bejaht:

(a) Anwendbarkeit des Haustürwiderrufsgesetzes

Nach der Heininger-Entscheidung des EuGH mußte zunächst auch der XI. Zivilsenat des BGH bei Haustürgeschäften, in denen Anleger zum Abschluß der Kreditverträge zwecks Finanzierung einer Eigentumswohnung in einer Haustürsituation bewogen worden waren, einlenken. Am 9. April 2002 entschied der XI. Zivilsenat des BGH in seiner Entscheidung XI ZR 91/99[778], daß die Vorschrift des § 5 HWiG richtlinienkonform dahingehend einschränkend auszulegen sei, daß das VerbrKrG nicht anzuwenden ist, wenn es keinen gleichwertigen Schutz des Verbrauchers gewährt, wie das HWiG:

> *„Kreditverträge gehören danach insoweit nicht zu den Geschäften, die im Sinne des § 5 Abs. 2 HWiG die Voraussetzungen eines Geschäfts nach dem Verbraucherschutzgesetz erfüllen, als das Verbrauchergesetz kein gleich weit reichendes Widerrufsrecht einräumt wie das Haustürwiderrufsgesetz.“*[779]

Eine solche Auslegung würde weder durch den Wortlaut des § 5 Abs. 2 HWiG noch den des § 3 Abs. 2 Nr. 2 VerbrKrG ausgeschlossen. Vielmehr sei die Vorschrift des § 5 Abs. 2 HWiG auslegungsfähig, da dessen Gesetzeswortlaut nicht

---

776 BARNERT, Kreditgebende Bank, WM 2004, 2002 (2009).

777 STAUDINGER Ansgar, Drum prüfe, wer sich ewig an Immobilien bindet JuS 2002, 953 (954). Hierzu auch: HABERSACK/MAYER mit Verweis auf die Rechtsprechung des EuGH in Sachen Staatshaftung, *„Brasserie du Pecheur“* und *„Factortame“*, EuGH Slg. 1996, I-1029; vgl.: HABERSACK/MAYER, Widerruf von Haustürgeschäften, WM 2002, 253 (258).

778 BGH vom 09.04.2002 – XI ZR 91/99 – BB 2002, 1221 (1221 ff.).

779 BGH vom 09.04.2002 – XI ZR 91/99 – BB 2002, 1221 (1221).

eindeutig sei. Insbesondere sei in § 5 Abs. 2 HWiG nicht genauer geregelt, wann *„die Voraussetzungen eines Geschäfts nach dem Verbraucherkreditgesetz"* vorliegen und die Subsidiaritätsklausel eingreift[780].

Nach der bisher von der überwiegenden Meinung in Rechtsprechung und Literatur vertretenen weiten Auslegung würde durch § 5 Abs. 2 HWiG das Haustürwiderrufsgesetz durch das speziellere Verbraucherkreditgesetz für den Bereich der Realkredite vollkommen verdrängt, sobald der Anwendungsbereich des Verbraucherkreditgesetzes überhaupt eröffnet war. Eine bedeutsame Mindermeinung in der Literatur sei jedoch auch schon vor der Heininger-Entscheidung des EuGH mit Hinblick auf die Gesetzesmaterialien der Ansicht gewesen, daß § 5 Abs. 2 HWiG die Anwendbarkeit des Haustürwiderrufsgesetzes nur dann verdränge, wenn das vorrangig anzuwendende Verbraucherkreditgesetz den gleichen effektiven Schutz biete[781]. Danach sollte nach Sinn und Zweck des § 5 Abs. 2 HWiG das sachnähere Gesetz anwendbar sein, solange dieses einen dem Haustürwiderrufsgesetz vergleichbaren Schutz gewährleiste. Da bei Realkreditverträgen wegen § 3 Abs. 2 Nr. 2 VerbrKrG dem Verbraucher ein Widerrufsrecht nicht zusteht und das Verbrauchergesetz damit ohne ersichtlichen Grund hinter dem durch das Haustürwiderrufsgesetz bezweckten Schutz zurückbleibt, sei § 5 Abs. 2 HWiG dementsprechend eng auszulegen[782].

Darüber hinaus würde auch der Wille des Gesetzgebers bei Erlaß des Verbraucherkreditgesetzes diese Auslegung nicht hindern, da diesem nicht unterstellt werden könne, er habe mit Erlaß des § 5 Abs. 2 HWiG sehenden Auges einen Richtlinienverstoß in Kauf nehmen wollen. Auch der Gesichtspunkt des Vertrauensschutzes stünde einer solchen richtlinienkonformen Auslegung nicht entgegen, da zum einen gerichtliche Entscheidungen zur Auslegung einer Vorschrift auf noch nicht abgeschlossene Sachverhalte einer Rechtsprechungsänderung nicht entgegenstünden, zum anderen das Vertrauen der Betroffenen aufgrund der auch schon vor Erlaß des Heininger-Entscheidung umstrittenen Rechtslage um die Auslegung der streitgegenständlichen Vorschrift nicht schutzwürdig gewesen sei[783].

Ferner sei im Rahmen der richtlinienkonformen Auslegung des § 5 Abs. 2 HWiG ein Rückgriff auf das Haustürwiderrufsgesetz auch nach dem nationalen

---

780 BGH vom 09.04.2002 – XI ZR 91/99 – BB 2002, 1221 (1222 f.).

781 Auch zu den methodischen und verfassungsrechtlichen Bedenken dieses durch den BGH gefundenen Auslegungsergebnisses, insbesondere hinsichtlich des Vertrauensschutzes des Bürgers in eine gesetzliche Regelung, die durch die Entscheidung des BGH ausgehebelt wurde: WOLF, BKR 2002, 614 (616 f.).

782 BGH vom 09.04.2002 – XI ZR 91/99 – BB 2002, 1221 (1222 f.).

783 BGH vom 09.04.2002 – XI ZR 91/99 – BB 2002, 1221 (1223 f.).

deutschen Recht systemwidrig, da die richtlinienkonforme Auslegung nicht auf Realkreditverträge beschränkt bleibe, sondern auf Personalkreditverträge zu erstrecken sei. Eine derartige Unterscheidung zwischen Real- und Personalkreditverträgen ließe sich aufgrund der allein relevanten Tatsache, ob der Vertrag in einer Haustürsituation abgeschlossen wurde, dem EuGH-Urteil nicht entnehmen. Auch führe eine derartige richtlinienkonforme Auslegung des § 5 Abs. 2 HWiG nicht zu einer methodisch bedenklichen Sinnentleerung bzw. zu einer Derogation des § 5 Abs. 2 HWiG, da für diese Vorschrift nach wie vor ein Anwendungsbereich erhalten bleibe. Zum einen versperre § 5 Abs. 2 HWiG den Rückgriff auf § 7 VerbrKrG, zum anderen komme die richtlinienkonforme Auslegung nur dann zum Zug, wenn ein Widerrufsrecht nach dem Verbraucherkreditgesetz ausgeschlossen oder bereits erloschen ist. Schließlich begründe eine richtlinienkonforme Auslegung keine horizontale Direktwirkung der Richtlinie, da eine richtlinienkonforme Auslegung im Rahmen des vom nationalen Recht eingeräumten Beurteilungsspielraums möglich sei. Die Richtlinienkonformität des deutschen Rechts ließe sich auf andere Weise nicht besser erreichen[784].

Danach konnten die nicht ordnungsgemäß über ihr Widerrufsrecht belehrten Anleger im Urteil des XI. Senats ihre Kreditverträge gegenüber der Bank widerrufen. Denn die Auslegung der Vorrangregelung des § 5 Abs. 2 HWiG dürfe, wie eben ausgeführt, nicht nur nach dem Wortlaut erfolgen. Diese Rechtsprechung wurde vom XI. Zivilsenat des BGH bestätigt in seiner Entscheidung XI ZR 47/01 vom 12. November 2002[785].

(b) Umfang der Rückabwicklung

Weitaus interessanter und für die Anleger überraschender war jedoch die Antwort, die der XI. Zivilsenat auf die Frage der Art und des Umfangs der Rückabwicklung gefunden hatte.

(i) Grundsatz: Einzelfallentscheidung

Für die Frage, welche Leistungen im Rahmen eines Rückgewährschuldverhältnisses nach § 3 HWiG zurückzugewähren sind, ist im Grundsatz immer auf die konkreten Umstände des Einzelfalls abzustellen. Bis zum Zeitpunkt des Widerrufs ist gemäß § 3 Abs. 3 HWiG für die Überlassung des Gebrauchs einer Sache

---

784 BGH vom 09.04.2002 – XI ZR 91/99 – BB 2002, 1221 (1224). Daß einer Richtlinie im horizontalen Verhältnis keine unmittelbare Drittwirkung unter den Privatrechtssubjekten untereinander zukommt, stellen auch HABERSACK/MAYER mit Verweis auf die Entscheidungen des EuGH in Sachen „*Marleasing*", „*Dori*" und „*Francovich*" fest; vgl.: HABERSACK/MAYER, Überschießende Umsetzung, JZ 1999, 913 (914).

785 BGH vom 12.11.2002 – XI ZR 47/01 – BB 2003, 224 (224 ff.).

oder deren Benutzung sowie auch für sonstige Leistungen deren Wert zu vergüten[786].

Der BGH hat also in seinen Entscheidungen XI ZR 91/99 vom 9. April 2002 und XI ZR 47/01 vom 12. November 2002 den Anlegern einen Anspruch auf die auf das Darlehen erbrachten Zins- und Tilgungsleistungen zugesprochen. Konsequenterweise hat er jedoch auch – und dies stellt wiederum den für die Anleger ungünstigsten Punkt dieser Entscheidungen dar – bei der Zurückverweisung an das Berufungsgericht obiter dictum darauf hingewiesen, daß ein verbundenes Geschäft nicht vorliege und deshalb der Widerruf des Kreditvertrags im Grundsatz nicht die Wirksamkeit des rechtlich selbständigen Kaufvertrags über die Eigentumswohnung berühre. Eine einheitliche Rückabwicklung wurde damit ausgeschlossen, vielmehr sei der Kreditvertrag hiernach auch weiterhin isoliert abzuwickeln. Der Verbraucher müsse also den noch nicht getilgten Kredit, der nach erfolgtem Widerruf sofort fällig sei, an die Bank zurückzahlen. Die Bank hätte im Gegenzug einen Anspruch gegen die Anleger auf Erstattung des ausgezahlten Nettokreditbetrags sowie auf dessen marktübliche Verzinsung gemäß § 3 Abs. 1 und 3 HWiG (bzw. auf eine Verzinsung in der vertraglich vereinbarten Höhe gemäß §§ 357, 346 Abs. 2 BGB n.F.). Dieser Anspruch bestehe nach dem Widerruf des Darlehensvertrags – mangels Vorliegens einer Ratenzahlungsvereinbarung – grundsätzlich sofort und in voller Höhe[787]. Der Käufer blieb damit auf seiner (wertlosen) Immobilie sitzen.

Der XI. Senat ging in diesen Entscheidungen davon aus, daß der Darlehensbetrag von den Anlegern zweckbestimmt zum Erwerb der Immobilien als Leistung i.S.d. § 3 Abs. 1 S. 1 HWiG empfangen worden ist. Der Darlehensbetrag gelte hiernach auch dann als empfangen, wenn er den Anlegern nicht unmittelbar zugeflossen, sondern von der Bank direkt auf ein Treuhandkonto überwiesen wurde, da die Frage des *„Empfangs“* i.d.S. zur Vermeidung von Wertungswidersprüchen wie auch bei § 607 Abs. 1 BGB und bei § 7 Abs. 3 VerbrKrG beant-

---

786 BGH vom 12.11.2002 – XI ZR 47/01 – NJW 2003, 422 (423). Dies sieht im Übrigen auch der II. Zivilsenat in seinen Entscheidungen vom 14. Juni 2004 so; vgl.: BGH vom 14.06.2004 – II ZR 395/01 – BB 2004, 1644 (1646). Vorab ist jedoch an dieser Stelle festzuhalten, daß die Darlehensnehmer in den Urteilen vom 14.06.2004 beim Beitritt zur Fondsgesellschaft eine dem Nominalwert entsprechende Geldsumme erhalten haben, so daß es ihnen insofern bereits verwehrt war, sich auf fehlende Leistungsfähigkeit zu berufen. Für den Widerruf einer Fondsanlage gelten zusätzlich Besonderheiten, da hier – wie oben bereits ausführlich dargelegt – die Grundsätze der fehlerhaften Gesellschaft zur Geltung kommen. Der Widerruf des Darlehensvertrags läßt somit die Gesellschafterstellung des widerrufenden Anlegers grundsätzlich unberührt. Umgekehrt ändert ein Widerruf des Fondsbeitritts nichts an den Verpflichtungen des Darlehensvertrags; vgl.: WALLNER, BKR 2003, 92 (93 f.).

787 BGH vom 12.11.2002 – XI ZR 47/01 – NJW 2003, 422 (422 f.).

wortet werden müsse: Nach der höchstrichterlichen Rechtsprechung zu § 607 Abs. 1 BGB setze der Darlehensempfang voraus, daß der Darlehensgegenstand aus dem Vermögen des Darlehensgebers ausgeschieden und dem Vermögen des Darlehensnehmers in der vereinbarten Form endgültig zugeführt wird. Dies könne auch dadurch geschehen, daß auf Weisung des Darlehensnehmers die Darlehensvaluta an einen Dritten ausbezahlt wird, wenn dieser Dritte das Geld vom Darlehensgeber empfangen hat und nicht als *„verlängerter Arm"* des Darlehensgebers agiert hat[788].

(ii) Kein Verbundgeschäft zwischen Realkreditvertrag und finanziertem Grundstücksgeschäft

Eine andere Beurteilung sei zwar auch nach Ansicht des XI. Senats dann geboten, wenn zwischen der Bank und dem Geschäftspartner des Verbrauchers eine über den bloßen Zahlungsfluß hinausgehende Verbindung besteht, wenn etwa – wie in den vorliegenden Fällen – die Banken sich der Vertriebsorganisation der Immobilienfondsbetreiber bedienten und damit innerhalb des Anwendungsbereichs des § 9 VerbrKrG ein verbundenes Geschäft zwischen dem Darlehensvertrag und der finanzierten Beteiligung an einem Immobilienfonds vorläge. Nur dann würde der Widerruf des Darlehensvertrags zugleich der Wirksamkeit des finanzierten Geschäfts entgegenstehen[789].

Gerade das Vorliegen eines verbundenen Geschäfts zwischen dem Realkreditvertrag und dem finanzierten Grundstücksgeschäft hat der XI. Senat jedoch in den Entscheidungen XI ZR 91/99 und XI ZR 47/01 verneint, so daß sich ein Widerruf für den widerrufenden Anleger wirtschaftlich wertlos darstellte[790]. Denn auf Realkreditverträge ist § 9 VerbrKrG nach Ansicht des XI. Zivilsenats aufgrund des eindeutigen Wortlauts des § 3 Abs. 2 Nr. 2 VerbrKrG nicht anzuwenden[791]. Der BGH hatte den Kreditnehmern also zwar den Widerruf eines Haustürgeschäftes ermöglicht. Jedoch wendete er die Grundsätze über verbundene Geschäfte nach wie vor auf diese Fälle nicht an. So hatten also auch die Darlehensgeber im Fall eines wirksamen Widerrufs des Realkreditvertrags einen Anspruch auf Erstattung des ausgezahlten Nettokreditbetrags und dessen marktübliche Verzinsung, unabhängig davon, ob die Darlehensvaluta unmittelbar dem

---

788 BGH vom 12.11.2002 – XI ZR 47/01 – NJW 2003, 422 (423) m.w.N. Dem stimmt auch LINDNER zu, da dies auch der bereicherungsrechtlichen Bewertung von Leistung und Gegenleistung entspreche; vgl.: LINDNER, ZIP 2003, 67 (67 f.).

789 BGH vom 12.11.2002 – XI ZR 47/01 – NJW 2003, 422 (423).

790 FRISCH, Zur aktuellen Rechtsprechung, ZGS 2003, 333 (334).

791 BGH vom 12.11.2002 – XI ZR 47/01 – NJW 2003, 422 (423). Dies entspricht der ständigen Rechtsprechung des BGH, auch in den Entscheidungen nach dem Urteil des EuGH vom 13.12.2001; vgl.: LG Bochum vom 29.07.2003 – 1 O 795/02 – NJW 2003, 2612 (2614) m.w.N.

Darlehensnehmer oder weisungsgemäß auf ein Treuhänderkonto überwiesen worden ist.

Der BGH stellte also fest, daß § 9 VerbrKrG[792] gemäß § 3 Abs. 2 Nr. 2 VerbrKrG auf Realkreditverträge im Sinne dieser Vorschrift nicht angewendet werden könne. Denn der Realkreditvertrag und das damit finanzierte Grundstücksgeschäft seien *„grundsätzlich nicht als zu einer wirtschaftlichen Einheit verbundene Geschäfte anzusehen"*[793]. Dies begründete der XI. Senat damit, daß auch ein rechtsunkundiger und geschäftsunerfahrener Laie bei einem Immobilienkauf wisse, daß es sich beim Kreditgeber und beim Immobilienverkäufer in der Regel um verschiedene Personen handelt. Dem hätte der Gesetzgeber dadurch Rechnung getragen, daß er mit § 3 Abs. 2 Nr. 2 VerbrKrG bestimmt hat, daß die Regelungen über verbundene Geschäfte gemäß § 9 VerbrKrG auf Realkredite i.S.d. § 3 Abs. 2 Nr. 2 VerbrKrG nicht angewendet werden können. Deswegen berühre ein Widerruf des Realkreditvertrages nicht die Rechtswirksamkeit des Kaufvertrages über die Immobilie[794]. Die europarechtlich gebotene richtlinienkonforme Auslegung des § 5 Abs. 2 HWiG ändere an diesem Ergebnis nichts[795]. Diese Rechtsansicht bestätigte der XI. Senat in der Entscheidung XI ZR 151/99 vom 10. September 2002[796]. In der Entscheidung XI ZR 47/01 vom 12. November 2002 kam der Senat bei dem Beteiligungserwerb von Anteilen an einem geschlossenen Immobilienfonds zum gleichen Ergebnis. Hierfür spreche auch der neu eingefügte § 358 Abs. 3 S. 3 BGB (siehe Punkt B.1.b)(3)(a)(iii) oben). Daneben bestehe gemäß § 3 HWiG ein Anspruch der Bank gegen den Anleger auf eine marktübliche Verzinsung des ausgezahlten Nettokreditbetrags, hingegen kein Anspruch auf Bearbeitungskosten oder Disagio[797].

---

792 § 9 VerbrKrG in der bis zum 30.9.2000 geltenden Fassung.

793 BGH vom 09.04.2002 – XI ZR 91/99 – BB 2002, 1221 (1225). Nach ULMER überzeugt dieses *„Heininger II"*-Urteil in allen wesentlichen Teilen; vor allem werde dadurch die vom EuGH vorgegebene Interpretation der Haustürgeschäfterichtlinie mustergültig in deutsches Recht umgesetzt; vgl.: ULMER, Anmerkung zu BGH, ZIP 2002, 1080 (1080). Dem ist zuzustimmen.

794 SAUER, BB 2003, 213 (213).

795 BGH vom 09.04.2002 – XI ZR 91/99 – BB 2002, 1221 (1225). Diese Entscheidung des BGH hat nicht nur die Berufungsinstanz, an die der Rechtsstreit zurückverwiesen wurde, gebunden, sondern als höchstinstanzliche Entscheidung mittelbar auch alle übrigen deutschen Zivilgerichte, wenn sie solche Sachverhalte zu entscheiden hatten; vgl.: Stellungnahme der Europäischen Kommission zur Vorlage des LG Bochum beim EuGH, ZGS 2004, 98 (100).

796 BGH vom 10.09.2002 – XI ZR 151/99 – BB 2002, 2572 (2572 ff.). Sowie: SAUER, BB 2003, 213 (213).

797 BGH vom 12.11.2002 – XI ZR 47/01 – NJW 2003, 422 (422 ff.).

Damit war ein Anleger bzw. Kreditnehmer auf Grundlage der Rechtsprechung des XI. Zivilsenats im Rahmen der Rückabwicklung weiterhin verpflichtet, den Darlehensbetrag verzinst an die kreditgebende Bank zurückzuzahlen, auch wenn er den Darlehensbetrag nicht selbst erhalten hatte, sondern dieser unmittelbar an den Bauträger oder Treuhänder geflossen war.

(iii) Steine statt Brot: Frühzeitiger Rückzahlungsanspruch der Kreditgeber

Diese im Anschluß an die Heininger-Entscheidung des EuGH folgenden Entscheidungen des XI. Zivilsenats des BGH zur Rückabwicklung gescheiterter Immobilienanlagen gaben dem Anleger damit wiederum nur „*Steine statt Brot*". Das Widerrufsrecht nach dem HWiG allein half den geschädigten Anlegern nicht weiter, da diese in der Regel die jeweilige Immobilie wieder loswerden und möglichst ihre geleisteten Kreditraten zurückerhalten wollten. Helfen würde den geschädigten Anlegern nur, wenn das Immobilien- und das Kreditgeschäft als zu einer wirtschaftlichen Einheit verbundene Geschäfte anzusehen wären. Dann könnten die wertlosen Immobilien an die Bank zurückgegeben werden und im Gegenzug hätte die Bank die geleisteten Kreditraten abzüglich vereinnahmter Erträgnisse und Steuervorteile zurückzuzahlen. Einer solchen Vorgehensweise hat der XI. Zivilsenat des BGH im Heininger Urteil jedoch – wie soeben dargestellt – vorbeugend eine Absage erteilt. Aufgrund der sofortigen Rückzahlungspflicht der Anleger hinsichtlich der Darlehensvaluta standen die Anleger damit nach einem erfolgten Widerruf nach den Regelungen des Haustürwiderrufsgesetzes schlechter als vorher.

Zwar sah der XI. Senat diese Problematik, als er feststellte, daß „*ein Widerruf der Darlehensvertragserklärung für viele Darlehensnehmer wirtschaftlich wenig oder nicht interessant ist*"[798]. Dies beruhe jedoch auf einer bewußten Entscheidung des Gesetzgebers. Denn es sei kein vernünftiger Grund ersichtlich, den Darlehensnehmer, der in einer Haustürsituation zur Abgabe seiner Vertragserklärung veranlaßt worden ist, bei der bereicherungsrechtlichen Rückabwicklung besser zu stellen als denjenigen, der durch eine arglistige Täuschung dazu bestimmt worden ist[799].

Der BGH hat also bei Realkreditverträgen, die der Finanzierung von Eigentumswohnungen dienten, in mehreren Entscheidungen die Ansicht vertreten, daß ein Kreditnehmer selbst bei Vorliegen eines Widerrufsrechts nach dem HWiG die Darlehensvaluta zurückzahlen müsse[800]. Der Kreditnehmer wurde durch den

---

798 BGH vom 12.11.2002 – XI ZR 47/01 – NJW 2003, 422 (423 f.).
799 BGH vom 12.11.2002 – XI ZR 47/01 – NJW 2003, 422 (423 f.).
800 EDELMANN, Kommentar II ZR 395/01, BB 2004, 1648 (1648).

Widerruf also lediglich von der Zahlung einer Vorfälligkeitsentschädigung für die vorzeitige Beendigung des Darlehensvertrags, von der Zahlung eines Disagios und von der Zahlung der Bearbeitungskosten befreit[801]. Insbesondere hatte der erkennende Senat klargestellt, daß der Darlehensnehmer auch in diesen Fällen das wirtschaftliche Kapitalanlagerisiko, das von ihm zur Erzielung von Steuervorteilen eingegangen worden war, nicht durch einen Widerruf nach dem Haustürwiderrufsgesetz auf die Bank abwälzen könne. Dies sei nicht Gesetzeszweck des Widerrufsrechts nach dem Haustürwiderrufsgesetz; dessen Schutzzweck werde dadurch auch nicht verfehlt[802].

(iv) Folgen dieser Rechtsprechung

Obwohl der EuGH die im Vorlagebeschluß des BGH vom 30. November 1999[803] vorgetragenen, auf der Entstehungsgeschichte beruhenden Argumente in dem darauf ergangenen Heininger-Urteil[804] nicht teilte, gelang es dem XI. Senat trotzdem, zwar einerseits der Vorgabe des EuGH zu folgen, jedoch die Rechtsfolgen und vor allem den der Entscheidung folgenden Schaden der Banken überschaubar zu halten. Der BGH hat dabei einen Spagat vollzogen, da er sich an die vom Luxemburger Urteil aufgestellten Rechtssätze hielt, jedoch die sich aus dem Haustürwiderrufsgesetz a.F. für die Banken ergebende Sanktion, die sich nach dem nationalen Recht richtete[805], trotzdem zugunsten der Banken entschieden hat[806].

Einige Stimmen im Schrifttum gingen deshalb so weit, hier einen potentiellen Ansatzpunkt für die Haftung des Rechtsanwalts eines Darlehensnehmers bzw. Anlegers zu sehen, wenn dieser seinem Mandanten dazu rät, einen Widerruf nach dem Haustürwiderrufsgesetz a.F. eventuell verfrüht zu erklären. Denn ein solcher Widerruf führte nach Ansicht des XI. Senats zu Ansprüchen auf Rückzahlung der vollen Darlehensvaluta gegen die Anleger ab Erklärung des Widerrufs, denn die Darlehensrückzahlung in Raten wurde ja ebenfalls vom Widerruf miterfaßt.

Die den Banken drohenden Verluste wurden jedenfalls durch die Rechtsprechung des XI. Zivilsenats in Grenzen gehalten, denn nach einem Widerruf ent-

---

801 EDELMANN, Rückabwicklung, BKR 2004, 172 (172).

802 Diese Argumentation vertritt der BGH jedenfalls in seiner Entscheidung vom 27.01.2004 – XI ZR 37/03 – BB 2004, 738 (740). In diese Richtung auch schon: BGH vom 12.11.2002 – XI ZR 47/01 – NJW 2003, 422 (422 ff.).

803 BGH vom 30.11.1999 – XI ZR 91/99 – NJW 2000, 521 (521 ff.).

804 EuGH vom 13.12.2001 – C-481/99 [Heininger] – BB 2002, 9 (9 ff.).

805 EuGH vom 13.12.2001 – C-481/99 [Heininger] – BB 2002, 9 (10).

806 FRISCH, Zur aktuellen Rechtsprechung, ZGS 2003, 333 (334).

fielen allenfalls die Ansprüche der finanzierenden Kreditinstitute auf Vorfälligkeitsentschädigung, Bearbeitungsgebühren oder Disagio[807].

(4) Reaktionen der Vorinstanzen

Diese Rechtsprechung des XI. Zivilsenats wurde von mehreren vorinstanzlichen Gerichten nicht geteilt. Nachdem die Heininger-Entscheidung des BGH ergangen war, entschieden das OLG Oldenburg mit seiner Entscheidung 2 U 65/02 vom 19. Juni 2002[808], das LG Bremen mit seiner Entscheidung 8 O 2420/00 vom 2. Juli 2002[809] und das OLG Karlsruhe mit seiner Entscheidung 4 U 23/02 vom 17. September 2002[810] gegen die soeben dargestellte Rechtsprechung des XI. Zivilsenats und verweigerten dem BGH aufgrund seiner *„faktischen Widerrufsblockade"*[811] die Gefolgschaft. Das OLG Karlsruhe beispielsweise ermöglichte in der eben genannten Entscheidung bei Vorliegen einer wirtschaftlichen Einheit zwischen Darlehens- und Beteiligungsvertrag an einem Immobilienfonds die Rückabwicklung im Wege der Durchgriffskondiktion unmittelbar zwischen der kreditgebenden Bank und dem Partner des finanzierten Geschäfts als Zahlungsempfänger. Mit dem pauschalen Verweis auf die richtlinienkonforme Auslegung der Vorschrift des § 5 Abs. 2 HWiG und mit dem Hinweis, daß hier dem Verbraucherschutz der Vorrang vor dem Vertrauensschutz des Kreditgebers einzuräumen sei, unterlägen auch Realkreditverträge nach der höchstrichterlichen Rechtsprechung dem Anwendungsbereich des Haustürwiderrufsgesetzes, *„ungeachtet der Bestimmungen der § 5 Abs. 2 HWiG, § 3 Abs. 2 Nr. 2 VerbrKrG"*[812].

In der Folgezeit gestand auch der XI. Zivilsenat diesbezüglich zu, daß die Subsidiaritätsklausel des § 5 Abs. 2 HWiG die Anwendbarkeit der Vorschriften des Haustürwiderrufsgesetzes nur dann verdränge, wenn ein Widerrufsrecht durch das Verbraucherkreditgesetz auch tatsächlich gewährt wird. Da bei Realkreditverträgen das Verbraucherkreditgesetz aufgrund seines § 3 Abs. 2 Nr. 2 nicht angewendet wird, komme hier der Ausschlußtatbestand nicht zur Geltung[813].

---

807 FRISCH, Zur aktuellen Rechtsprechung, ZGS 2003, 333 (334).

808 OLG Oldenburg vom 19.06.2002 – 2 U 65/02 – BKR 2003, 28 (28 ff.).

809 LG Bremen vom 02.07.2002 – 8 O 2420/00 – WM 2002, 1450 (1450 ff.).

810 OLG Karlsruhe vom 17.09.2002 – 4 U 23/02 – BKR 2003, 26 (26 ff.).

811 FISCHER, Warnschuß, NJW 2004, Heft 11, III mit Verweis auf: LG Bremen vom 02.07.2002 – 8 O 2420/00 – WM 2002, 1450 (1450 ff.).

812 OLG Karlsruhe vom 17.09.2002 – 4 U 23/02 – BKR 2003, 26 (26).

813 BGH vom 21.01.2003 – XI ZR 125/02 – NJW 2003, 1390 (1391).

(5) Entscheidungen des Bundesgerichtshofs bei Immobilienfonds

(a) Anwendbarkeit des Haustürwiderrufsgesetzes

Was die Anwendbarkeit des Haustürwiderrufsgesetzes und das daraus resultierende Widerrufsrecht betrifft, hat sich der II. Zivilsenat in seinen Entscheidungen vom 14. Juni 2004 der Auslegung des XI. Zivilsenats des BGH im Urteil vom 9. April 2002 angeschlossen. Als Argumente dafür führte der II. Senat an, daß nur eine solche Auslegung nach Sinn und Zweck der Regelungen dem Grundsatz der Gemeinschaftstreue gemäß Art. 10 EG und dem Gebot der Umsetzung des Gemeinschaftsrechts in nationales Recht (Art. 249 Abs. 3 EG) entspreche. Des Weiteren überschreite diese Auslegung nicht die Grenzen, die von der Rechtsprechung bei der Auslegung von Gesetzen zu beachten seien[814].

Nach dieser Auslegung würden die beiden Haustürsituationen, d.h. die Abgabe einer Vertragserklärung in einer Haustürsituation einerseits – dann gelte die Haustürgeschäfterichtlinie – und die bloße Anbahnung des Vertragsschlußes in einer Haustürsituation andererseits – dann gelte aufgrund der richtlinienüberschießenden Umsetzung allein das Haustürwiderrufsgesetz, nicht aber die Haustürgeschäfterichtlinie – gleichbehandelt[815]. Aufgrund dessen könnten die Vorschriften des Haustürwiderrufsgesetzes trotz der Regelung des § 5 Abs. 2 HWiG angewendet werden.

(b) Ausübung des Widerrufs

In den BGH-Entscheidungen vom 14. Juni 2004 wurden sowohl der Darlehensvertrag als auch der Fondsbeitritt in einer Haustürsituation angebahnt. Schließlich wurde auch der Widerruf des Beitritts- und des Darlehensvertrags nach dem Haustürwiderrufsgesetz ausdrücklich von den Anlegern erklärt[816]. Diese Voraussetzungen waren in den hier zu untersuchenden Fällen also problemlos erfüllt.

(c) Umfang der Rückabwicklung

Ein weiterer wesentlicher Punkt, der neben der Anwendbarkeit des Haustürwiderrufsgesetzes bei diesen Fällen geklärt werden mußte, ist die Frage nach der Art und dem Umfang der einem Widerruf folgenden Rückabwicklung.

---

814 BGH vom 14.06.2004 – II ZR 395/01 – BB 2004, 1644 (1645).

815 BGH vom 14.06.2004 – II ZR 395/01 – BB 2004, 1644 (1645).

816 BGH vom 14.06.2004 – II ZR 385/02 – 2004, 1527 (1528). Sowie: BGH vom 14.06.2004 – II ZR 395/01 – BB 2004, 1644 (1644).

Der Widerruf nach den Vorschriften des Haustürwiderrufsgesetzes führt nach dessen § 3 Abs. 1 S. 1 (§ 346 Abs. 1 i.V.m. 357 Abs. 1 S. 1 BGB in der seit dem 1. Januar 2002 geltenden Fassung) – wie bereits im Rahmen des Widerrufs beim Immobilienerwerb ausführlich (bei Punkt (3)(b) oben) dargelegt – zur Rückabwicklung und zur Rückgewähr der gegenseitig empfangenen Leistungen. Dabei gelten dieselben Grundsätze wie bei der Rückabwicklung der Darlehensverträge aufgrund von Verstößen gegen Vorschriften des Rechtsberatungsgesetzes und des Verbraucherkreditgesetzes. Mit Zugang der Widerrufserklärung wurde der Darlehensvertrag inhaltlich umgestaltet und in ein Rückgewährschuldverhältnis umgewandelt[817]. Anleger und Banken sind demzufolge verpflichtet, sich einander die empfangenen Leistungen zurückzugewähren[818]. Die Ausgangsposition ist also auch beim Erwerb von Anteilen an geschlossenen Immobilienfonds im Vergleich zu den Fällen der Nichtigkeit dieselbe.

(i) Ansprüche der Anleger

In diesem Rahmen hätten nach Ansicht des II. Senats die Banken den Anlegern nach einem erfolgten Widerruf die von den Anlegern getätigten Zahlungen wie auch die Kreditzinsen zurückzuerstatten.

Jedoch sei diese Rückerstattungspflicht der Banken nach Ansicht des II. Zivilsenats wiederum beschränkt auf solche Leistungen, die von den Anlegern ursprünglich aus ihrem eigenen, von der Gesellschaftsbeteiligung unabhängigen Vermögen erbracht worden sind. Sofern nur die aus der Gesellschaftsbeteiligung resultierenden Vermögensvorteile zur Tilgung an die Banken weitergeleitet wurden, bestehe diesbezüglich keine Rückzahlungspflicht der Banken. Ansonsten würden die Anleger nach einem Widerruf nach dem Haustürwiderrufsgesetz besser stehen als sie ohne den Erwerb der Fondsbeteiligung gestanden hätten[819]. Des Weiteren bestehe eine Pflicht der Banken zur Rückübertragung der Rechte aus den Lebensversicherungen an die Anleger[820].

(ii) Ansprüche der Kreditinstitute

Problematischer gestaltet sich auch hier wieder die Rechtslage bei den Pflichten der Anleger. Hier betrat der II. Zivilsenat in seinen Entscheidungen vom 14. Juni 2004 Neuland. Ein Anleger sei demnach nicht verpflichtet, der Bank das Darlehen zurückzuzahlen, da es sich nach Ansicht des II. Zivilsenats hier um ein

---

[817] PALANDT/PUTZO, 57. Aufl., § 3 HWiG Rn. 1.
[818] BGH vom 14.06.2004 – II ZR 395/01 – BB 2004, 1644 (1646).
[819] BGH vom 14.06.2004 – II ZR 395/01 – BB 2004, 1644 (1646).
[820] BGH vom 14.06.2004 – II ZR 395/01 – BB 2004, 1644 (1646).

verbundenes Geschäft handele[821]. Hier spielte wiederum der Umstand des verbundenen Geschäfts zwischen Fondsbeitritt und Beitrittsfinanzierung die entscheidende Rolle. Die oben angesprochene Wirkungserstreckung des § 9 Abs. 2 S. 1 VerbrKrG (mittlerweile § 358 Abs. 2 S. 1 BGB) wurde vom II. Zivilsenat des BGH in den hier analysierten Entscheidungen vom 14. Juni 2004 aufgrund des Schutzzwecks des Haustürwiderrufsgesetzes auch für einen Widerruf nach § 3 HWiG angewendet. Da bei einem Darlehen zur Finanzierung der Beteiligung an einer Anlagegesellschaft ein verbundenes Geschäft vorliege und somit gemäß § 9 Abs. 4 VerbrKrG die Vorschriften des § 9 Abs. 1 – 3 VerbrKrG Anwendung fänden, bestünde in den vorliegenden Fällen keine Verpflichtung der Anleger zur Rückzahlung der Darlehensvaluta.

Im Ergebnis kann damit festgestellt werden, daß der Bank ein Anspruch auf Rückzahlung der Darlehensvaluta nicht zugesprochen wurde, dafür aber ein Anspruch auf Übertragung der Rechte aus dem fehlerhaften Gesellschaftsbeitritt der Anleger. Nur der Fondsanteil sei von den Anlegern herauszugeben bzw. zu übertragen, da nur dieser den Anlegern im Rahmen des finanzierten Fondsbeitritts zugeflossen sei[822]. Im Urteil II ZR 385/02 hat der BGH des Weiteren entschieden, daß etwaige Steuervorteile im Rahmen einer Vorteilsausgleichung nur im Rahmen von Schadensersatzansprüchen zu berücksichtigen sind, *„nicht dagegen auch bei der Rückabwicklung nach § 3 HWiG“*[823].

Im Wesentlichen erreicht der II. Senat damit, daß die Folgen aus einem Einwendungs- und Rückforderungsdurchgriff mit den verbraucherschutzrechtlichen Konsequenzen nach einem derartigen Haustürwiderruf - zumindest wenn man seiner Rechtsauffassung folgt – identisch sind[824].

(d) Kritik

Auch diese Rechtsprechung des II. Zivilsenats ist erheblicher Kritik ausgesetzt. Hierzu im Einzelnen:

(i) Vorrang des Gesellschaftsrechts und der Lehre vom fehlerhaften Gesellschaftsbeitritt

Zunächst zeigt sich hier sehr deutlich, daß der II. Zivilsenat von seiner bisherigen Rechtsprechungslinie abgewichen ist. Bisher kam auch in derartigen Situa-

---

821 BGH vom 14.06.2004 – II ZR 395/01 – BB 2004, 1644 (1646). In diese Richtung bereits: BGH vom 17.09.1996 – XI ZR 164/94 – NJW 1996, 3414 (3415 f.).

822 BGH vom 14.06.2004 – II ZR 395/01 – BB 2004, 1644 (1646).

823 BGH vom 14.06.2004 – II ZR 385/02 – WM 2004, 1527 (1529).

824 DOEHNER/HOFFMANN, ZIP 2004, 1884 (1890).

tionen – wie auch bei der Unwirksamkeit der Treuhänderverträge wegen Verstößen gegen das Rechtsberatungsgesetz und gegen das Verbraucherkreditgesetz (Punkte C.1 oben und C.2 oben) – der Vorrang des Gesellschaftsrechts und die Lehre vom fehlerhaften Gesellschaftsbeitritt zur Geltung, die grundsätzlich den Interessen der Gesellschafter am Bestand der Gesellschaft und an der Erhaltung des Rechtssubjekts und den Interessen der Gläubiger an der Erhaltung der Haftungsmasse den Vorrang einräumen vor den Interessen der Öffentlichkeit an der Auflösung nichtiger Geschäfte und den Interessen der Gesellschafter, die aus der Gesellschaft ausscheiden wollen[825].

Die Lehre vom fehlerhaften Gesellschaftsbeitritt ist mittlerweile – insbesondere nach Ansicht des II. Zivilsenats des BGH – ein gesicherter Bestandteil des Gesellschaftsrechts[826]. Noch in der Entscheidung II ZR 304/00 vom 2. Juli 2001 bezeichnete es der II. Senat als seine eigene ständige Rechtsprechung, daß nicht einmal dann, wenn ein Beitritt eines Anlegers zu einer Publikumsgesellschaft durch arglistige Täuschung gemäß § 123 BGB veranlaßt wurde, die bürgerlichrechtlichen Anfechtungsvorschriften zur Anwendung kämen. Vor allem komme es dann nicht zu einer Beendigung der gesellschaftlichen Stellung ex tunc gemäß § 142 BGB und auch eine Rückgewähr der bereits vom Anleger gezahlten Einlagen scheide dann aus. Sobald eine Gesellschaft in Vollzug gesetzt ist, bestehe für einen getäuschten Anleger lediglich die Möglichkeit, seine Mitgliedschaft in der Gesellschaft durch seinen – nur ex nunc wirkenden – Austritt zu beenden. In diesem Fall habe der Anleger dann den Anspruch auf sein Auseinandersetzungsguthaben als sog. „*Sozialverbindlichkeit*“ gemäß § 738 BGB, und zwar Zug um Zug gegen Übertragung seiner Beteiligung an der Gesellschaft[827].

Der II. Senat stellte in seiner Entscheidung II ZR 304/00 weiterhin sogar ausdrücklich fest, daß im Grundsatz nichts anderes gelten könne, wenn die Mitgliedschaft in einer Publikumsgesellschaft durch Ausübung des Widerrufsrechts nach dem Haustürwiderrufsgesetz beendet wird. Er begründete dies sowohl mit dem Argument des Gläubigerschutzes als auch mit dem ebenfalls zu beachtenden Gleichheitsgrundsatz. Denn wenn die Gesellschaft in Vollzug gesetzt ist, dürften diejenigen Mitgesellschafter, die das Widerrufsrecht nicht ausüben, nicht schlechter gestellt werden als der das Widerrufsrecht ausübende Gesellschafter[828]. Auch dieses Urteil entsprach den oben genannten Grundsätzen des fehlerhaften Gesellschaftsbeitritts. Denn eine ex tunc Rückabwicklung einer Gesellschaftsbeteiligung war in der Rechtsprechung nur in absoluten Ausnahmefällen bei Vorliegen von vorrangigen Schutzinteressen Dritter anerkannt. Die abschlie-

---

825 LOUVEN, BB 2001, 1806 (1808).

826 BGH vom 02.07.2001 – II ZR 304/00 – BB 2001, 1652 (1652 ff.).

827 BGH vom 02.07.2001 – II ZR 304/00 – BB 2001, 1652 (1654).

828 BGH vom 02.07.2001 – II ZR 304/00 – BB 2001, 1652 (1654).

ßenden Fallgruppen, in denen vorrangige Schutzinteressen Dritter berührt waren, betrafen aber nur die Fälle der nicht ordnungsgemäßen Vertretung nicht voll Geschäftsfähiger und den Verstoß des Gesellschaftszwecks gegen ein gesetzliches Verbot oder gegen die guten Sitten[829]. Der II. Senat selbst stellte in seiner Entscheidung II ZR 109/01 vom 16. Dezember 2002 noch fest, daß eine solche Ausnahme von den Grundsätzen des fehlerhaften Gesellschaftsbeitritts dann greift, wenn

> *„dem fehlerhaften Beitritt gewichtige Interessen der Allgemeinheit oder bestimmter schutzwürdiger Personen entgegenstehen, also in der Regel, wenn der Gesellschaftsvertrag wegen § 134 BGB nichtig ist"*[830].

Hingegen gelten keine Ausnahmen von den Grundsätzen der fehlerhaften Gesellschaft, wenn eine arglistige Täuschung oder eine rechtswidrige Drohung zum Gesellschaftsbeitritt geführt haben. Eine entsprechende Schutzwürdigkeit ist dann nicht gegeben[831]. A maiore ad minus kann der Gesellschaftsbeitritt, der auf eine Haustürsituation zurückgeht, erst recht die Lehre vom fehlerhaften Gesellschaftsbeitritt nicht durchbrechen[832].

In der Entscheidung II ZR 304/00 vom 02.07.2001 hat der BGH zwar ausnahmsweise eine Rückabwicklung losgelöst von den Grundsätzen der fehlerhaften Gesellschaft zugelassen, weil in diesem Sonderfall die betreffende Fondsgesellschaft ganz offensichtlich aufgrund einer bestimmungsgemäßen und erfolgreichen Finanzmittelverwendung finanziell gesund und die Gefahr der Gesellschaftsgläubigerschädigung oder der Ungleichbehandlung der Mitgesellschafter

---

829 LOUVEN, BB 2001, 1806 (1808 f.).

830 BGH vom 16.12.2002 – II ZR 109/01 – NJW 2003, 1252 (1254).

831 BGH vom 06.02.1958 – II ZR 210/56 - BGHZ 26, 330 (334 f.) sowie BGH vom 19.12.1974 – II ZR 27/73 – BGHZ 63, 338 (344 ff.) für den Fall eines fehlerhaften Gesellschaftsbeitritts zu einer KG. Sowie: BGH vom 13.03.1975 – II ZR 154/73 – BB 1975, 758 (759). Sowie: LOUVEN, BB 2001, 1806 (1809).

832 LOUVEN, BB 2001, 1806 (1809). Der II. Zivilsenat entschied am 29.11.2004 schließlich wieder, daß auch auf einen nichtigen oder anfechtbaren Vertrag über die Gründung einer stillen Gesellschaft die Grundsätze über die fehlerhafte Gesellschaft anwendbar sind. Dies gelte auch bei einem Widerruf nach dem Haustürwiderrufsgesetz. Ausnahmen von den Grundsätzen der fehlerhaften Gesellschaft lasse die Rechtsprechung nur dann zu, wenn gewichtige Interessen der Allgemeinheit oder einzelner schutzwürdiger Personen der rechtlichen Anerkennung einer fehlerhaften Gesellschaft entgegenstünden. Das sei jedoch noch nicht der Fall, wenn ein Widerrufsrecht nach dem Haustürwiderrufsgesetz besteht, da ein solcher Anleger, der aufgrund einer Haustürsituation einen Gesellschaftsvertrag abgeschlossen hat, nicht schutzwürdiger als etwa derjenige sei, der außerhalb einer solchen Situation durch eine arglistige Täuschung zu dem Vertragsschluß veranlaßt worden ist. Auch in diesem Fall sind die Grundsätze über die fehlerhafte Gesellschaft anwendbar; vgl.: BGH vom 29.11.2004 – II ZR 6/03 – BB 2005, 348 (348).

ganz offensichtlich nicht gegeben war. Aufgrund der bestimmungsgemäßen und erfolgreichen Verwendung der ihr anvertrauten Gelder bestand "*die Gefahr einer Schädigung der Gesellschaftsgläubiger oder einer Ungleichbehandlung der Mitgesellschafter des Klägers nicht*"[833]. Das dem Anleger zustehende Auseinandersetzungsguthaben war nicht geringer als der von ihm eingeklagte Anspruch[834]. Dieser Fall stellte jedoch, wie der BGH zutreffend formulierte, den absoluten Ausnahmefall dar.

Das Abweichen des II. Senats von diesen grundlegenden und gefestigten Strukturen des GbR-Rechts und von den Grundsätzen der fehlerhaften Gesellschaft kann aber nicht alleine mit Erwägungen des Verbraucherschutzes begründet werden. In den Entscheidungen vom 14. Juni 2004 sind keinerlei Gründe ersichtlich, warum die zum Schutz der Gesellschaftsgläubiger und zum Schutz der übrigen Mitgesellschafter entwickelten gesellschaftsrechtlichen Grundsätze nun auf einmal nachrangig sein sollten hinter einem effektiven Schutz des konkreten Verbrauchers und weshalb dies eine direkte Rückabwicklung zwischen der Bank und der Gesellschaft rechtfertige, ohne hieran den Verbraucher zu beteiligen[835]. Denn – wie in den meisten Fällen – handelte es sich bei den streitgegenständlichen Immobilienfonds sämtlich um Gesellschaften, die sich zumindest in der Liquiditätskrise befanden. Zusammenfassend läßt sich sagen, daß auch hier die Fondsbeteiligung der Anleger nach gesellschaftsrechtlichen Grundsätzen ex nunc hätte erfolgen müssen.

(ii) Unvereinbarkeit mit dem Gesetzestext

Schließlich ist auch darauf hinzuweisen, daß diese Rechtsprechung des II. Senats schlicht und einfach mit dem Gesetzeswortlaut unvereinbar war. Denn das Haustürwiderrufsgesetz nimmt an keiner Stelle auch nur im Ansatz Bezug auf das Verbundgeschäft. Auch hier konnte man wiederum nicht damit rechnen, daß der BGH ein Verbundgeschäft bei einem Widerruf nach dem Haustürwiderrufsgeschäft anwendet. Deshalb darf diese Rechtsprechung aus Vertrauensschutzgesichtspunkten als mißglückt bezeichnet werden[836].

(6) Erneute Vorabentscheidungsverfahren

Aufgrund der dargestellten Rechtsprechung des XI. Zivilsenats und der dadurch für einen nach dem Haustürwiderrufsgesetz widerrufenden Verbraucher herbei-

---

833 BGH vom 02.07.2001 – II ZR 304/00 – BB 2001, 1652 (1654).
834 BGH vom 02.07.2001 – II ZR 304/00 – BB 2001, 1652 (1654).
835 In diesem Sinne auch: OLG Stuttgart vom 09.03.2004 – 6 U 166/03 (n.r.) – ZIP 2004, 891 (897).
836 LWOWSKI/WUNDERLICH, Rechtsfragen Teil I, ZInsO 2005, 5 (12).

geführten Rechtsfolgen – also dadurch, daß der Widerruf des Kreditgeschäfts nicht auch den Kaufvertrag erfaßte und das Gestaltungsrecht faktisch entwertet wurde[837] – kam es zu neuen Vorabentscheidungsersuchen des LG Bochum[838] und des OLG Bremen[839] an den Europäischen Gerichtshof, wobei Fragen bezüglich der zulässigen Rechtsfolgen eines Widerrufs von Haustürgeschäften geklärt werden sollten[840].

(a) Vorabentscheidungsersuchen des LG Bochum

Das LG Bochum richtete mit dem Beschluß 1 O 795/02 vom 29. Juli 2003 im Fall „*Schulte*“ [841] erneut ein Vorabentscheidungsersuchen an den EuGH. Auch hier sah das streitgegenständliche Anlagemodell die vollständige Fremdfinanzierung einer erworbenen fremdgenutzten Eigentumswohnung vor. Durch die Vorlage sollten die gemeinschaftsrechtlichen Vorgaben für die Rückabwicklung von Realkreditverträgen bei einem Widerruf nach dem Haustürwiderrufsgesetz geklärt werden. Im Einzelnen wurden dem EuGH folgende Fragen zur Entscheidung vorgelegt:

- Werden von Art. 3 Abs. 2 lit. a der Haustürgeschäfterichtlinie auch solche Immobilienkaufverträge erfaßt, die lediglich Bestandteil eines kreditfinanzierten Kapitalanlagemodells anzusehen sind und bei denen sämtliche zum Vertragsabschluß führenden Vertragsverhandlungen in einer Haustürsituation i.S.d. § 1 HWiG abgeschlossen wurden?[842]

- Entspricht eine nationale Rechtsordnung bzw. deren Auslegung, welche die Rechtsfolgen eines Haustürwiderrufs bei solchen verbundenen Geschäften im Rahmen dieser Kapitalanlagemodelle lediglich auf die Rückabwicklung beschränkt, den Anforderungen des Gebotes des hohen Schutzniveaus auf dem Gebiet des Verbraucherschutzes sowie der durch die Haustürgeschäfterichtlinie gewährleisteten Effektivität des Verbraucherschutzes?[843]

- Genügt eine nationale Regelung der Rechtsfolge eines widerrufenen Darlehensvertrags, die den Verbraucher zur Rückzahlung der Darlehensvaluta

---

837 STAUDINGER Ansgar, Anmerkung zu LG Bochum, GPR 2003, 21 (22).

838 LG Bochum vom 29.07.2003 – 1 O 795/02 – NJW 2003, 2612 (2612 ff.).

839 OLG Bremen vom 27.05.2004 – 2 U 20/02 – ZIP 2004, 1253 (1253 ff.).

840 Hingegen folgten andere Gerichte dem XI. Zivilsenat und verpflichteten die Parteien zur Rückgewähr und Verzinsung der empfangenen Leistungen, so beispielsweise: OLG Dresden vom 15.11.2002 – 8 U 2987/01 – VuR 2003, 70 (70 ff.).

841 LG Bochum vom 29.07.2003 – 1 O 795/02 – NJW 2003, 2612 (2612 ff.).

842 LG Bochum vom 29.07.2003 – 1 O 795/02 – NJW 2003, 2612 (2612).

843 LG Bochum vom 29.07.2003 – 1 O 795/02 – NJW 2003, 2612 (2612).

verpflichtet, obwohl das Darlehen nach dem Kapitalanlagemodell unmittelbar an den Immobilienverkäufer ausbezahlt wird, dem Schutzzweck der Widerrufsregelung in Art. 5 Abs. 2[844] der Haustürgeschäfterichtlinie?[845]

- Verstößt eine nationale Rechtsfolge des Widerrufs, die den Verbraucher zur sofortigen Rückzahlung der bisher noch nicht getilgten Darlehensvaluta nebst marktüblicher Verzinsung verpflichtet, gegen das Gebot des hohen Schutzniveaus des Verbraucherschutzes gemäß § 95 Abs. 3 EG und gegen den in der Haustürgeschäfterichtlinie verankerten Grundsatz der Effektivität des Verbraucherschutzes?[846]

Diese vier Fragen drehten sich also im Kern um die Problematik, ob bei den hier im Streit stehenden kreditfinanzierten und in einer Haustürsituation angebahnten Immobilienerwerbsgeschäften der Haustürwiderruf des Darlehensvertrages auf den Kaufvertrag durchschlägt[847]. Die Fragen stellten sich dem LG Bochum deswegen, weil die Rechtsfolge eines sofortigen Darlehensrückzahlungsanspruchs der Bank gegen den Verbraucher gemäß § 3 HWiG dem Schutzzweck des Widerrufsrechts nicht gerecht werde. Als erstes zog das LG Bochum die Tatsache in Zweifel, daß der Verbraucher das Darlehen überhaupt empfangen hat. Insbesondere müsse hierbei unterschieden werden, ob die Darlehensvaluta an den Verbraucher oder an einen von diesem bestimmten Dritten ausbezahlt wurde. Zudem solle die Darlehensvaluta nach dem Erwerbs- und Finanzierungsmodell ausschließlich der Finanzierung der Immobilie dienen. Hinzu komme, daß die Bank erheblichen Einfluß auf die Ausgestaltung des Immobilienkaufvertrags gehabt habe und überhaupt bei dem zur Steuerminimierung verwendeten Anlagemodell eine enge Abstimmung zwischen Verkäufer und Darlehensgeber und deswegen auch bei der Ausgestaltung von Immobilienkaufvertrag und Darlehensvertrag vorgelegen habe[848].

---

844 Art. 5 der Haustürgeschäfterichtlinie lautet: „*(1) Der Verbraucher besitzt das Recht, von der eingegangenen Verpflichtung zurückzutreten, indem er dies innerhalb von mindestens sieben Tagen nach dem Zeitpunkt, zu dem ihm die in Artikel 4 genannte Belehrung erteilt wurde, entsprechend dem Verfahren und unter Beachtung der Bedingungen, die im einzelstaatlichen Recht festgelegt sind, anzeigt. Die Frist gilt als gewahrt, wenn die Anzeige vor Fristablauf abgesandt wird. (2) Die Anzeige bewirkt, daß der Verbraucher aus allen aus dem widerrufenen Vertrag erwachsenden Verpflichtungen entlassen ist.*“; vgl.: ABl. EG 1985 Nr. L 372 vom 31.12.1985, 31 (31 ff.).

845 LG Bochum vom 29.07.2003 – 1 O 795/02 – NJW 2003, 2612 (2612). Der Wortlaut des Art. 5 Abs. 2 der Haustürgeschäfterichtlinie lautet wie folgt: „*Die Anzeige bewirkt, daß der Verbraucher aus allen aus dem widerrufenen Vertrag erwachsenden Verpflichtungen entlassen ist.*“; vgl.: ABl. EG 1985 Nr. L 372 vom 31.12.1985, 31 (31 ff.).

846 LG Bochum vom 29.07.2003 – 1 O 795/02 – NJW 2003, 2612 (2612).

847 STAUDINGER Ansgar, Anmerkung zu LG Bochum, GPR 2003, 21 (22).

848 LG Bochum vom 29.07.2003 – 1 O 795/02 – NJW 2003, 2612 (2614).

Weiterhin müsse selbst dann, wenn man dieser Argumentation nicht folgt, der in § 9 VerbrKrG enthaltene Rechtsgedanke im Rahmen des Schutzzwecks der Widerrufsregelung Berücksichtigung finden, obwohl der eindeutige Wortlaut des § 3 Abs. 2 Nr. 2 VerbrKrG dies eigentlich ausschließt. Trotz der Tatsache, daß bei Immobiliengeschäften Darlehensgeber und Immobilienverkäufer regelmäßig keine enge Verbindung miteinander haben, sei der Sachverhalt hier deswegen anders zu beurteilen, weil die mit dem Anlagemodell bezweckte Steuerersparnis nur mit einer Abstimmung zwischen Erwerb und Finanzierung erreicht werden könnte. Ansonsten würden die nationalen Regelungen dem Gebot der Effektivität des Verbraucherschutzes widersprechen. Jedenfalls stelle die aus § 3 Abs. 1 HWiG folgende Rückzahlungsverpflichtung den Verbraucher schlechter als bei Fortbestand des Darlehensvertrags. Diese nationale Rechtslage stelle keine geeignete Maßnahme der Bundesrepublik Deutschland dar, die dem Verbraucherschutz effektiv diene. Die konkrete Ausgestaltung der rechtlichen und wirtschaftlichen Auswirkungen und die Festlegung des durch die nationale Rechtsordnung gewährleisteten Mindeststandards sei dem EuGH anvertraut[849].

Dieser Vorlagebeschluß des LG Bochum mußte sich jedoch vor allem vom Schrifttum erhebliche berechtigte Kritik entgegenhalten lassen, da die Erforderlichkeit und die schlüssige Begründung der teleologischen Reduktion des Art. 3 Abs. 2 lit. a der Haustürgeschäfterichtlinie erhebliche Probleme aufwirft:

Zunächst ist in diesem Zusammenhang festzuhalten, daß alleine das Bestehen einer unbefristeten Widerrufsmöglichkeit eine drakonische Sanktion und damit eine geeignete Maßnahme für den Fall darstellt, daß nicht oder nicht ordnungsgemäß über das Bestehen eines Widerrufsrechts aufgeklärt wurde. Diese Sanktion trifft beide Parteien, also neben dem Verbraucher auch das finanzierende Kreditinstitut[850].

---

849 LG Bochum vom 29.07.2003 – 1 O 795/02 – NJW 2003, 2612 (2614 f.).

850 In diesem Zusammenhang ist auch darauf hinzuweisen, daß sich trotz der Rückzahlungsverpflichtung der Verbraucher im Falle eines Widerrufs durch den Widerruf für den betroffenen Darlehensnehmer erhebliche Vorteile ergeben können, wenn der Kreditvertrag in einer Hochzinsphase geschlossen wurde. Denn in der Niedrigzinsphase der letzten Jahre bis zum jetzigen Zeitpunkt ist ein Abschluß zu günstigeren Zinsbedingungen möglich. Als Beispiel führt STICKELBROCK einen Kreditvertrag über DM 200.000,00 an, der 1992 zu einem Zinssatz von 9% abgeschlossen und nach zehn Jahren widerrufen wurde. Bei diesem Vertrag entfiel der überwiegende Teil der gezahlten DM 100.000,00 auf die Zinsen, wenn man von einer anfänglichen Tilgung von 1 % jährlich ausgeht. Aufgrund der Aufrechnungsmöglichkeit des Darlehensnehmers gegen den Anspruch auf Rückzahlung der Darlehensvaluta mit dem Anspruch auf Rückzahlung der Zinsen verringert sich durch den Widerruf die Darlehensbelastung erheblich, wenn er den noch verbleibenden Rückzahlungsbetrag zu einem günstigeren Zinssatz neu finanziert. Der Widerruf kann also wegen des jetzigen günstigeren Zinsniveaus auf Seiten des

Die Unwirksamkeit des Darlehensvertrags aufgrund des Widerrufs darf auch aus einem anderen Grund nicht auf den rechtlich selbständigen Immobilienkaufvertrag durchschlagen. Denn nach Art. 3 Abs. 2 lit. a) der Haustürgeschäfterichtlinie unterfällt der Kauf einer Immobilie nicht dem sachlichen Anwendungsbereich des Sekundärrechtsakts. Damit verstößt das bundesdeutsche Haustürwiderrufsgesetz bereits auf den ersten Blick nicht gegen die Vorgaben der Haustürgeschäfterichtlinie. Denn gemeinschaftsrechtlich bleibt ein Verbraucher auch im Falle des Widerrufs des Kreditvertrags an den Kaufvertrag gebunden. Das europäische Recht trifft damit eine klare und unzweideutige Aussage darüber, daß die Vorschriften über den Widerruf von Haustürgeschäften nicht als *„Vehikel für die Kaufreue“* bei Immobiliengeschäften dienen sollen. Die Versuche zahlreicher Kritiker der BGH-Rechtsprechung, die einen Widerspruch der deutschen Rechtsprechung zum europäischen Recht behaupten bzw. konstruieren wollen, sind damit von vornherein zum Scheitern verurteilt[851]. Weder die Haustürgeschäfte- noch die Verbraucherkreditrichtlinie enthalten eine ausdrückliche Rechtsgrundlage dafür, einen Realkreditvertrag und den mit diesem finanzierten Immobilienkaufvertrag als ein verbundenes Geschäft zu behandeln.

Es stellte nämlich eine nicht zu rechtfertigende Besserstellung des kreditfinanzierenden Immobilienerwerbers dar, wenn bei diesem der Widerruf des Darlehensvertrages auch den Kauf infiziert, also wenn der Schutz beim verbundenen Geschäft weiterreichender wäre als es der Gemeinschaftsgesetzgeber beim isolierten Immobilienkauf vorgesehen hat[852].

Auch bei einem Vergleich mit anderen Verbraucherschutzinstrumenten, insbesondere mit anderen Richtlinien, ergibt sich nichts anderes. Zwar finden sich beispielsweise auch in der Verbraucherkreditrichtlinie[853], der Timesharingrichtlinie[854], oder der Fernabsatzrichtlinie[855] Regelungen zur Frage des verbundenen

---

widerrufenden Anlegers zu erheblichen Einsparungen führen; vgl.: STICKELBROCK, ZGS 2002, 225 (227 ff.).

851 BUNGEROTH, WM 2004, 1505 (1510).

852 STAUDINGER Ansgar, Anmerkung zu LG Bochum, GPR 2003, 21 (23).

853 Richtlinie 87/102/EWG des Europäischen Rates vom 22.12.1986 zu Angleichung der Rechts- und Verwaltungsvorschriften der Mitgliedstaaten über den Verbraucherkredit, ABl. EG 1987 Nr. L 42, 48 (48 ff.) in der Fassung der Änderungsrichtlinie 90/88/EWG des Rates vom 22.02.1990, ABl. EG Nr. L 61, 14 (14 ff.).

854 Richtlinie 94747/EG des Europäischen Parlaments und des Rates der Europäischen Gemeinschaften zum Schutz der Erwerber im Hinblick auf bestimmte Aspekte von Verträgen über den Erwerb von Teilzeitnutzungsrechten vom 26.10.1994, ABl. EG 1994, Nr. L 280, S. 83; vgl. dort Art. 7.

855 Richtlinie 97/7 des Europäischen Parlaments und des Rates vom 20.05.1997 über den Verbraucherschutz bei Vertragsabschlüssen im Fernabsatz, ABl. EG 1997, Nr. L 144, S. 19; siehe dort Art. 6 Abs.4, der den umgekehrten Fall erfaßt: Der Kreditvertrag wird

Geschäfts. Die Regelungen in den anderen Richtlinien sind jedoch vielfältig und unterschiedlich ausgestaltet. Der hier vom LG Bochum vorgelegte Fall ist hiervon zu unterscheiden, da die Regelungen in den Richtlinien nicht bestimmen, daß der Widerruf des Kreditvertrags auf das finanzierte Geschäft durchschlägt. Außerdem befürwortet der Gemeinschaftsgesetzgeber ein Durchschlagen des Widerrufs nur dann, wenn eine (Rahmen)-Vereinbarung z.B. zwischen Kreditgeber und Warenlieferant die beiden rechtlich selbstständigen Verträge hinreichend verklammert. Dazu ausreichend ist jedoch nicht alleine die wirtschaftliche Einheit zweier Geschäfte wie im Vorlagebeschluß des LG Bochum. Die Vorschriften der § 9 VerbrKrG bzw. § 358 BGB n.F. gehen also schon über den Schutzstandard hinaus. Ein Durchschlagen des Widerrufs des Finanzierungsgeschäfts auf den Immobilienkaufvertrag nur aufgrund eines wirtschaftlichen – also nicht vertraglich vereinbarten, sondern lediglich faktischen – Zusammenhangs zwischen beiden Geschäften würde also dazu führen, daß in diesen Fällen ein weitergehender Schutz gewährt würde *„als in denjenigen Rechtsakten, in denen der Gemeinschaftsgesetzgeber ausdrücklich einen Teilbereich des verbundenen Geschäfts kodifiziert hat“*[856]. Es gibt demnach keinen allgemeinen gemeinschaftsrechtlichen Grundsatz, nach dem man verbundene Geschäfte bei der Rückabwicklung immer einheitlich behandeln müßte.

Darüber hinaus betrifft der vom LG Bochum vorgelegte Fall keinesfalls eine Sonderkonstellation. Denn es gibt keine Immobilienfinanzierung, die ohne den Immobilienerwerb zustande kommt. Außerdem fließt in nahezu allen Immobilienfinanzierungsfällen die Darlehensvaluta nicht an den Darlehensnehmer, sondern an den Verkäufer. Aufgrund dessen können diese beiden Umstände nicht dazu verwendet werden, einen Darlehensnehmer von seiner Rückzahlungspflicht gegenüber dem Kreditinstitut zu befreien[857].

Auch der Zweck der Haustürgeschäfterichtlinie spricht dagegen, Art. 3 Abs. 2 lit. a der Haustürgeschäfterichtlinie teleologisch zu reduzieren. Denn ein Widerrufsrecht in der Haustürgeschäfterichtlinie ist deswegen nicht erforderlich, weil die einzelnen nationalen Rechtsordnungen eigene Formen des Übereilungsschutzes vorsehen, wenn es um den Abschluß von Immobilienkaufverträgen geht. So ist in Deutschland die notarielle Beurkundung der Willenserklärung erforderlich.

---

entschädigungsfrei aufgelöst, falls der Verbraucher von seinem Widerrufsrecht bezüglich des Warenlieferungsvertrags Gebrauch macht.

856 STAUDINGER Ansgar, Anmerkung zu LG Bochum, GPR 2003, 21 (23 f.). Sowie: SCHLACHTER, Verbraucherschutz, RIW 2004, 655 (659).

857 EDELMANN, Rückabwicklung, BKR 2004, 172 (174).

Des Weiteren ist es dem EuGH durch eine rechtsfortbildende und lückenschließende Tätigkeit nicht erlaubt, in die Kompetenzverteilung zwischen nationaler und supranationaler Ebene einzugreifen. Eine solche Verteilung enthält jedoch Art. 7 der Haustürgeschäfterichtlinie. Auch im Verhältnis zum Gemeinschaftsgesetzgeber ist richterliche Zurückhaltung geboten. Denn eine übergreifende systematische Betrachtung ergibt, daß das Schweigen des Gemeinschaftsgesetzgebers in der Haustürgeschäfterichtlinie seinem Gesamtplan entspricht, daß bei einem Verbundsgeschäft zwischen einem Immobilienerwerb und einem Kreditgeschäft als bloßem Annex kein Durchschlagen des auf den Kredit bezogenen Lösungsrechts vorgeschrieben ist. Eine planwidrige Regelungslücke liegt damit auch auf Gemeinschaftsrechtsebene gar nicht vor. Es muß jedem Mitgliedstaat unbenommen bleiben, ein Mehr an Schutz zu gewähren, da alle Verbraucherschutzinstrumente ausschließlich Mindeststandards vorschreiben[858].

Andere Literaturstimmen begrüßten die Kritik im Vorlagebeschluß des LG Bochum im Grundsatz deshalb, weil die *„Heininger-Fälle"* anders gelagert seien als die Fälle des Verbraucherkreditrechts. Denn nicht die Finanzierung, sondern das finanzierte Geschäft sei der anrüchige Punkt. Deswegen müßten die Anforderungen für eine Verantwortung der Bank strenger sein. Daß der Widerruf des Darlehensvertrags nicht auf den Immobilienkaufvertrag durchschlägt, beruhe auf einer vom europäischen wie vom nationalen Gesetzgeber rechtspolitisch gewollten Lücke, nämlich der Unwiderruflichkeit von Grundstücksgeschäften. Anders sei dies nur, wenn die Bank so sehr im Lager des Verkäufers steht, daß sie selbst als *„böser Bube"* einzuordnen sei[859].

(b) Vorabentscheidungsersuchen des OLG Bremen

Auch das OLG Bremen stellte dem EuGH mit dem Beschluß 2 U 20/02 vom 27. Mai 2004 in der Rechtssache *„Crailsheimer Volksbank"*[860] vier Vorlagefragen zum selben Themenkomplex. Jedoch wich lediglich die erste Vorlagefrage von den bereits im Vorlageverfahren des LG Bremen gestellten Fragen ab. Das hanseatische Oberlandesgericht legte dem EuGH zusätzlich folgende Frage zur Vorabentscheidung vor:

- Ist es mit der Haustürgeschäfterichtlinie vereinbar, eine Haustürsituation von zusätzlichen Kriterien abhängig zu machen?[861]

---

858 STAUDINGER Ansgar, Anmerkung zu LG Bochum, GPR 2003, 21 (24).
859 SCHMIDT-KESSEL, ZGS 2003, 321 (321).
860 OLG Bremen vom 27.05.2004 – 2 U 20/02 – ZIP 2004, 1253 (1253 ff.).
861 OLG Bremen vom 27.05.2004 – 2 U 20/02 – ZIP 2004, 1253 (1253).

Diese Frage stellte sich dem OLG Bremen deshalb, weil die Haustürgeschäfterichtlinie lediglich an eine Haustürwiderrufssituation anknüpfe und deshalb keinen Ansatzpunkt für eine Beschränkung des Widerrufsrechts dahingehend enthielte, daß die Haustürsituation nach § 123 Abs. 2 BGB zugerechnet werden müßte[862]. Bezüglich der anderen Fragen vom OLG Bremen dem EuGH vorgelegten Fragen kann auf die obigen Ausführungen zum Vorlagebeschluß des LG Bochum verwiesen werden[863].

(c) Schlußanträge und Stellungnahmen

(i) Schlußanträge des Generalanwalts beim EuGH

Der Generalanwalt beim EuGH, Herr Philippe Léger, sah in seiner Stellungnahme zum Vorlagebeschluß des LG Bochum die Banken nicht in der Haftung. Ein Widerruf nach dem Haustürwiderrufsgesetz käme nach Meinung des EU-Generalanwalts mangels Geltung der EU-Richtlinie bei Immobilienkäufen nicht in Betracht. Dies gelte auch dann, wenn Kaufvertrag und Darlehensvertrag ein einheitliches Finanzgeschäft bildeten[864]. Danach könnten Anleger ein fehlgeschlagenes Immobiliengeschäft nicht zu Lasten der Kreditinstitute stornieren[865].

Im Entscheidungsvorschlag des Generalanwalts[866] nimmt dieser zunächst zum Anwendungsbereich der Haustürgeschäfterichtlinie Stellung. Dies betrifft Art. 3 Abs. 2 lit. a der Richtlinie, der *„Verträge über den Bau, den Verkauf und die Miete von Immobilien“* vom Anwendungsbereich der Richtlinie ausschließt. Dieser Ausschluß sei gerechtfertigt unter dem Aspekt der Schutzrichtung der Haustürgeschäfterichtlinie. Denn die Richtlinie wolle einen Verbraucher vor dem mit einem Haustürgeschäft typischerweise verbundenen Überraschungsmoment schützen. Ein solcher Überrumpelungseffekt sei bei Immobilienverträgen und Immobilienkaufverträgen wegen der mit ihnen verbundenen Förmlichkeiten – in Deutschland die notarielle Beurkundung – jedoch nicht vorhanden, weswegen solche Geschäfte zu Recht aus dem Anwendungsbereich der Richtli-

---

862 OLG Bremen vom 27.05.2004 – 2 U 20/02 – ZIP 2004, 1253 (1254 f.).

863 OLG Bremen vom 27.05.2004 – 2 U 20/02 – ZIP 2004, 1253 (1256).

864 REICHE, Geprellte Anleger hoffen noch, www.manager-magazin.de/Geld/Artikel, zuletzt abgerufen am 30.09.2004.

865 STEINBEIS, Handelsblatt, o.Nr. vom 29.09.2004, o.S.

866 Der Generalanwalt Léger hielt die Vorlage an den EuGH bereits für unzulässig, da das LG Bochum nicht geklärt habe, ob der streitgegenständliche Kreditvertrag in einer Haustürsituation geschlossen worden sei und damit die Haustürgeschäfterichtlinie auf diesen Fall überhaupt anwendbar ist. Die Prüfung erfolgte deswegen im Folgenden nur hilfsweise; vgl. auch im Übrigen: EuGH GA (Generalanwalt Philippe Léger), Schlußanträge vom 28.09.2004 – C-350/03 – ZIP 2004, 1946 (1946 ff.).

nie ausgeschlossen seien. Und zwar gelte der Ausschluß auch dann, wenn der Immobilienkaufvertrag zu einem einheitlichen Finanzgeschäft gehört[867].

Weiterhin äußerte sich der Generalanwalt zum Einfluß des Widerrufs auf den Immobilienkaufvertrag. Der Generalanwalt hat dem EuGH auf die zweite Vorlagefrage des LG Bochum vorgeschlagen, daß der Widerruf des Realkreditvertrags nicht auch den Widerruf des Immobilienkaufvertrags zur Folge habe. Dabei sei vor allem Art. 95 Abs. 3 des Vertrags zur Gründung der Europäischen Gemeinschaft[868] zu beachten. Diese Vorschrift richte sich nicht an die Mitgliedstaaten, sondern an die am Rechtsetzungsverfahren beteiligten Organe, so daß die deutschen Behörden auf diese Weise nicht zur richtigen und effektiven Umsetzung einer EU-Richtlinie verpflichtet werden könnten. Des Weiteren sei gemäß § 7 der Haustürgeschäfterichtlinie die Bestimmung der Folgen eines in Art. 5 der Richtlinie geregelten Widerrufsrechts den Mitgliedstaaten überlassen, so daß sich die Rechtsfolgen nach einzelstaatlichem Recht regelten. Dies habe der EuGH auch im Urteil der Rechtssache Heininger so festgestellt. Die Einwände des LG Bochum, der Kläger und der Kommission, daß der Ausübung dieser Befugnis durch das Gemeinschaftsrecht Grenzen gesetzt würden, seien nicht haltbar. Die Verweise auf die Begriffe der „*praktischen Wirksamkeit*" oder der „*Effektivität*" (einer Widerrufsmöglichkeit) seien im vorliegenden Fall im Hinblick auf den absolut klaren und eindeutigen Wortlaut der Vorschrift des Art. 3 Abs. 2 lit. a der Richtlinie verfehlt. Für eine solche teleologische und finalistische Auslegung sei deswegen kein Raum. Dies gelte auch, wenn der Wortlaut der Vorschrift dem Zweck der Richtlinie, zu der sie gehört, zuwiderläuft[869]. Daß der Verbraucherschutz als Zweck der Richtlinie dem Wortlaut, der Immobilienkaufverträge vom Anwendungsbereich der Richtlinie ausnimmt, zuwiderläuft, könne daran nichts ändern, da dieser Widerspruch im Licht des fundamentalen Grundsatzes der Rechtssicherheit zu lösen sei. Aufgrund dessen müsse man sich an die durch den Wortlaut vorgegebene Auslegung halten, da nur so die gemeinschafts-

---

867 EuGH GA (Generalanwalt Philippe Léger), Schlußanträge vom 28.09.2004 – C-350/03 – ZIP 2004, 1946 (1947 f.).

868 Art. 95 Abs. 3 EG lautet folgendermaßen: „*Die Kommission geht in ihren Vorschlägen [für Richtlinien] in den Bereichen Gesundheit, Sicherheit, Umweltschutz und Verbraucherschutz von einem hohen Schutzniveau aus und berücksichtigt dabei insbesondere alle auf wissenschaftliche Ergebnisse gestützten neuen Entwicklungen. Im Rahmen ihrer jeweiligen Befugnisse streben das Europäische Parlament und der Rat dieses Ziel ebenfalls an.*"

869 EuGH GA (Generalanwalt Philippe Léger), Schlußanträge vom 28.09.2004 – C-350/03 – ZIP 2004, 1946 (1949 f.). Dies ist auch die Ansicht des XI. Zivilsenats des BGH, vgl.: BGH vom 20.01.1997 – II ZR 105/96 – NJW 1997, 1069 (1070).

rechtlichen Vorschriften klar und ihre Anwendung für alle Betroffenen vorhersehbar sei[870].

Bei den letzten beiden Vorlagefragen des LG Bochum, also betreffend der Auswirkungen des Widerrufs auf den Kreditvertrag, war Generalanwalt Léger der Auffassung, daß dem EuGH nicht alle notwendigen Angaben vorlägen, um diese Fragen zu entscheiden, jedenfalls habe das LG Bochum schon nicht dargelegt, weshalb die Folgen einer Rückzahlungspflicht des Verbrauchers im Fall eines Widerrufs dem Gemeinschaftsrecht zuwiderlaufen sollten[871].

Von Seiten der Generalanwaltschaft wurde daher eine Rückzahlungsverpflichtung bezüglich der Darlehensvaluta durch den Kreditnehmer beim Immobilienkauf nicht verworfen, der Widerruf solle nach dem geltenden Recht in seiner Wirkung nicht auf das finanzierte Geschäft erstreckt werden[872]. Durch die Stellungnahme des Generalanwalts wurden die Schwächen des Vorlagebeschlusses des LG Bochum aufgedeckt[873].

An dieser Stelle sei mit BUNGEROTH noch ausgeführt, daß der Versuch zahlreicher Kritiker, die Regelung in Art. 7 der Haustürgeschäfterichtlinie mit dem Hinweis auf die Pflicht der Mitgliedstaaten zur wirkungsvollen Umsetzung von europäischen Richtlinien, dem sog. „*effet utile*", zu überspielen schon deshalb verfehlt ist, weil diese Pflicht nicht weiter gehen kann als der Anwendungsbereich und die Zielsetzung der Richtlinie selbst. Es ist in der Haustürgeschäfterichtlinie in Bezug auf verbundene Geschäfte nichts vorhanden, dem zu praktischer Wirksamkeit verholfen werden müßte oder was leer laufen könnte. Die Haustürgeschäfterichtlinie darf deshalb gerade nicht Zwecken dienstbar gemacht werden, für die sie gar nicht geschaffen wurde. Eine der Auslegung zugängliche Norm, für die der Effektivitätsgrundsatz überhaupt erst gelten würde, liegt also schon nicht vor[874].

In diesem Zusammenhang ist auch darauf hinzuweisen, daß sich Art. 95 Abs. 3 EG auf das Rechtsetzungsverfahren bezieht und als Adressaten dieser Vorschrift

---

870 EuGH GA (Generalanwalt Philippe Léger), Schlußanträge vom 28.09.2004 – C-350/03 – ZIP 2004, 1946 (1950).

871 EuGH GA (Generalanwalt Philippe Léger), Schlußanträge vom 28.09.2004 – C-350/03 – ZIP 2004, 1946 (1950 f.).

872 KONZEN, FS SCHIRMER, 319 (320).

873 FRISCH, Kurzkommentar zu Art. 3 RL 85/577/EWG, EWiR 2005, 131 (132).

874 BUNGEROTH, WM 2004, 1505 (1510). Auch EHRIKE weist völlig zu Recht darauf hin, daß die nationalen Gerichte zunächst einmal das Ziel, also Sinn und Schutzzweck der Haustürgeschäfterichtlinie herausarbeiten müßten, um dem effet utile überhaupt gerecht werden zu können; vgl.: ARTZ/BALZER, WM 2005, 1451 (1452).

lediglich die Europäische Kommission, der Europäische Rat und das Europäische Parlament genannt sind, nicht jedoch nationale Organe[875].

Was das Vorlageverfahren des OLG Bremen anbetrifft, so hat der Generalanwalt einen Kompromiß für die Fälle vorgeschlagen, in denen Immobilien in einer Haustürsituation erworben wurden: Zur ersten vom OLG Bremen gestellten Frage schlug der Generalanwalt vor, die Haustürsituation von keinerlei anderen als den in Art. 1 der Haustürgeschäfterichtlinie genannten Kriterien abhängig zu machen.

Zur zweiten, dritten und vierten Vorlagefrage des OLG Bremen schlug der Generalanwalt vor, daß ein widerrufender Darlehensnehmer zwar zur sofortigen Rückzahlung der Darlehensvaluta verpflichtet sei. Diese Verpflichtung hält der Generalanwalt für europarechtlich unbedenklich[876]. Jedoch bestünde keine Verpflichtung des Verbrauchers, Zinsen hierfür zu zahlen, wenn ihn die Bank über sein Widerrufsrecht nicht oder nicht richtig belehrt hat[877].

(ii) Stellungnahme der Europäischen Kommission

Auch die Europäische Kommission hatte zur Vorlage des LG Bochum vor der Entscheidung des EuGH eine Stellungnahme abgegeben, die sich relativ eindeutig für eine Gemeinschaftswidrigkeit der Rechtsprechung des BGH in den sog. *„Heininger-Fällen"* aussprach. Die Kommission stellte sich auf die Anlegerseite und erteilte der Rechtsprechung des BGH eine klare Absage[878]. Die Kommission warf dem BGH vor, die Rechtsprechung des EuGH durch eine Auslegung der nationalen Vorschriften, die die Wirkungen des Gemeinschaftsrechts ignoriere, in einer nicht hinnehmbaren Weise zu neutralisieren. Insbesondere verstoße dessen Auslegung zwar nicht gegen den Wortlaut des Art. 5 Abs. 2 der Haustürgeschäfterichtlinie, jedoch gegen deren Sinn, was die Richtlinie ihres Zwecks und ihrer Wirkung beraube[879]. Hierzu im Einzelnen:

Die erste vom LG Bochum vorgelegten Vorlagefrage sei auch nach Ansicht der Europäischen Kommission zu bejahen, da man bei nüchterner juristischer Analyse um ein solches Ergebnis nicht umhinkomme, selbst wenn ein rechtspolitisches Bedürfnis bestehen sollte, sie im Sinne des Vorlagebeschlusses zu vernei-

---

875 Darauf weist beispielsweise EHRIKE hin; vgl.: ARTZ/BALZER, WM 2005, 1451 (1453).

876 SCHULTE-NÖLKE, EuGH-Generalanwalt: Schlußanträge, ZGS 2005, 247 (247).

877 EuGH GA (Generalanwalt Philippe Léger), Schlußanträge vom 02.06.2005 – C-229/04 – ZIP 2005, 1026 (1026).

878 Stellungnahme der Europäischen Kommission zur Vorlage des LG Bochum beim EuGH, ZGS 2004, 98 (98 ff.).

879 SCHULTE-NÖLKE, Warten auf den EuGH, ZGS 2004, 81 (81).

nen. Zu diesem Ergebnis müsse der eindeutige Wortlaut des § 3 Abs. 2 lit. a der Haustürgeschäfterichtlinie führen. Daß Verträge über Immobilien nicht von der Richtlinie erfaßt sind, könne auch dadurch nicht geändert werden, daß ein solcher Vertrag mit einem Darlehensvertrag verbunden ist. Eine einschränkende und gegen den Wortlaut der Richtlinie gerichtete Auslegung sei aufgrund der Formerfordernisse für Immobiliengeschäfte in den Mitgliedstaaten nicht geboten, zumal das LG Bochum schon gar keine Argumente für eine derartige Auslegung anführe[880].

Die zweite, dritte und vierte Vorlagefrage des LG Bochum beantwortete die Kommission zusammenhängend, da sich die dazugehörigen Argumente überschneiden würden. Die Kommission griff die Linie des XI. Zivilsenats des BGH und insbesondere die Anwendung der deutschen Vorschriften über das Rücktrittsrecht und die Rückabwicklung des Kreditvertrags als *„formal und mechanisch"* an. Die Gesetzesanwendung werde ohne jegliche Ausrichtung an den Gründen des Verbraucherschutzes, die den Rücktritt ausgelöst haben, vorgenommen. Die Rückabwicklung eines derart widerrufenen Darlehensvertrags müsse danach so vollzogen werden, daß sie dem Verbraucher ermöglicht, sich ohne einen Schaden von dem Vertrag zu lösen. Insbesondere dürfe dem Verbraucher nicht das Risiko der vollen Rückabwicklung aufgebürdet werden, ohne daß ihn ein Verschulden an der fehlenden Belehrung treffe. Der nationalen Rechtsprechung komme u.a. aufgrund allgemeiner Bestimmungen des Gemeinschaftsrechts, z.B. das in Art. 95 EG angestrebte hohe Schutzniveau des Verbraucherschutzes, das nationale Recht im Lichte der Zielsetzungen und der rechtlichen Vorgaben des Gemeinschaftsrechts auszulegen. An einer solchen Auslegung sei der BGH einfach vorbeigegangen und habe eine die Wirksamkeit der Richtlinie ignorierende Auslegung gewählt und deren Wirkung deshalb neutralisiert. Die Kommission schlug deshalb vor, die zweite, dritte und vierte Vorlagefrage des LG Bochum so zu beantworten, daß sowohl der Gesetzgeber beim Erlaß als auch die Rechtsprechung bei der Auslegung der gesetzlichen Bestimmungen größtmöglichen Einklang mit Wortlaut, Ziel und Zweckrichtung der Bestimmungen der Haustürgeschäfterichtlinie erzielen. Insbesondere habe ein nationaler Richter solche nationalen Bestimmungen ggf. unbeachtet zu lassen, die der vollen Wirksamkeit des Gemeinschaftsrechts entgegenstünden[881].

Kritiker hielten dem entgegen, daß diese Stellungnahme der Kommission den zu beurteilenden Sachverhalt in tatsächlicher Hinsicht falsch und unvollständig wiedergebe. Die Kommission stütze ihre Überlegungen auf die ihnen von

---

[880] Stellungnahme der Europäischen Kommission zur Vorlage des LG Bochum beim EuGH, ZGS 2004, 98 (101 f.).

[881] Stellungnahme der Europäischen Kommission zur Vorlage des LG Bochum beim EuGH, ZGS 2004, 98 (102 f.).

Verbraucherseite als angeblich wahr und typisch vorgetragenen Sachverhalte, ohne diese Angaben selbst zu überprüfen. In Wirklichkeit lägen nicht hunderttausende vergleichbarer Fälle vor. Vielmehr gäbe es eine erhebliche Anzahl von Fällen, in denen sich Bürger aus Steuerspargesichtspunkten erfolgreich an solchen Immobiliengeschäften beteiligt hätten. Daß die Stellungnahme der Kommission darüber hinaus in rechtlicher Hinsicht wenig ergiebig sei, zeige sich vor allem an der Tatsache, daß sich die Kommission anmaße, das deutsche Recht ohne großen Begründungsaufwand in einer bisher noch nie da gewesenen Art und Weise auszulegen und darüber hinaus dem BGH in einer ebensolch anmaßenden Art und Weise schwere Vorwürfe mache[882].

(iii) Stellungnahme der Deutschen Bundesregierung

Die Stellungnahme der deutschen Bundesregierung zur Vorlage des LG Bochum stellte in einer überzeugenden Art und Weise dar, daß *„weder die Haustürgeschäfte-Richtlinie noch die Verbraucherkredit-Richtlinie noch die Effektivität sowie das hohe Schutzniveau auf dem Gebiet des Verbraucherschutzes nach Art. 95 EG"* die Argumentation und die bisherige Herangehensweise des XI. Zivilsenats des BGH ernsthaft in Frage zu stellen vermögen[883]. Dies käme einer vollständigen Aushebelung von Regelungen in eindeutig gefaßten Normen gleich. Im Großen und Ganzen verteidigte die Bundesregierung die Rechtsprechung des Bundesgerichtshofs und stellte in abgewogenen Formulierungen die Vereinbarkeit der deutschen höchstrichterlichen Rechtsprechung mit den Vorgaben des europäischen Rechts dar[884]. Hierzu im Einzelnen:

Die erste Vorlagefrage des LG Bochum beantwortete die deutsche Bundesregierung dahingehend, daß Immobilienkaufverträge nach dem eindeutigen Wortlaut der Haustürgeschäfterichtlinie ohne Einschränkung von deren Anwendungsbereich ausgenommen sind. Diese würden schon vom Schutzzweck dieser Richtlinie nicht erfaßt, da bereits das nationale Recht der Mitgliedsstaaten ausreichende Schutzvorschriften zugunsten des Verbrauchers vor einer Überrumpelungssituation vorsehe, wie z.B. in Deutschland die Vorschriften des § 313 BGB a.F. oder des § 13 BeurkG. Hieran ändere auch die Verbundenheit von Immobilienkaufvertrag und Darlehensvertrag innerhalb eines Kapitalanlagemodells nichts. Neben der mangelnden Klarheit der Umstände, an welche das Vorlagegericht diese Verbundenheit anknüpfen will, bleibe insoweit festzuhalten, daß das rechtliche Schicksal des Darlehensvertrags getrennt von dem des Immobilienkaufvertrags

---

882 EDELMANN, Rückabwicklung, BKR 2004, 172 (173).

883 Stellungnahme der Bundesregierung zur Vorlage des LG Bochum beim EuGH – C-350/03 – ZBB 2004, 161 (161 ff.). Sowie: EDELMANN, Rückabwicklung, BKR 2004, 172 (173).

884 BUNGEROTH, WM 2004, 1505 (1505).

betrachtet werden müsse. Dies folge zum einen aus dem Wortlaut der Richtlinie, der keine Regelung über verbundene Geschäfte enthält. Zum anderen könne auch eine Auslegung zu keinem anderen Ergebnis führen. Soweit das deutsche Recht ausnahmsweise eine Wirkungserstreckung des Darlehensvertrags auf den Immobilienkaufvertrag zulasse, handele es sich um eine autonome, nicht durch Gemeinschaftsrecht bedingte Regelung[885].

Auf die zweite Vorlagefrage antwortete die Bundesregierung, daß die Ausnahme des Art. 3 Abs. 2 lit. a der Haustürgeschäfterichtlinie nicht umgangen werden dürfe, da dies der vom Gesetzgeber getroffenen Regelung in Art. 3 Abs. 2 lit. a der Richtlinie ihre Wirksamkeit nehmen würde. Die Richtlinie enthalte schon gar keine inhaltliche Regelung für die Rechtsfolgen des Widerrufs. Vielmehr spreche deren Wortlaut gerade für das gegenteilige Ergebnis. Auch eine Ausdehnung des Regelungsgehalts der Haustürgeschäfterichtlinie aufgrund des Schutzzwecks – Effektivität des Verbraucherschutzes – lehnte die Bundesregierung ab, da der Schutzzweck der Richtlinie auch nur in ihrem Regelungsbereich zur Anwendung kommen könne. Dieser sei jedoch gerade nicht eröffnet. Auch eine Ausdehnung aufgrund von Art. 95 Abs. 3 EG mit dem Hinweis auf das hohe Schutzniveau auf dem Gebiet des Verbraucherschutzes komme nicht in Betracht, da dieser bei Erlaß der Richtlinie noch gar nicht anwendbar war. Weiterhin sei das von dieser Vorschrift verlangte hohe Schutzniveau keinesfalls gleichzusetzen mit dem höchstmöglichen Schutzniveau. Bei der Bestimmung des Schutzniveaus seien immer auch wirtschaftliche Zumutbarkeitserwägungen und schutzwürdige Interessen anderer Beteiligter mit einzubeziehen[886].

Auf die dritte Vorlagefrage antwortete die deutsche Bundesregierung, daß die nationale Regelung der Widerrufsfolgen in § 3 Abs. 1 HWiG – mit der Folge der sofortigen Rückzahlungspflicht der Darlehensvaluta an die Bank – mit dem Gemeinschaftsrecht in Einklang stehe, da dieses keine inhaltlichen Vorgaben für das Rückabwicklungsverhältnis treffe. Dies gelte auch dann, wenn die Darlehensvaluta weisungsgemäß direkt von der Bank an den Verkäufer der Immobilie gezahlt wurde. Hierin liege nur eine Abkürzung der Zahlungswege. Außerdem

---

885 Stellungnahme der Bundesregierung zur Vorlage des LG Bochum beim EuGH – C-350/03 – ZBB 2004, 161 (162 ff.).

886 Hierfür spreche insbesondere auch die Existenz der Öffnungsklausel des Art. 95 Abs. 4 ff. EG, der strengere Vorschriften im nationalen Recht gerade erlaubt. Diese Vorschrift ergebe nur Sinn, wenn das Gemeinschaftsrecht nicht bereits das höchste Schutzniveau gewährleistet; vgl.: Stellungnahme der Bundesregierung zur Vorlage des LG Bochum beim EuGH – C-350/03 – ZBB 2004, 161 (165).

stehe der Auszahlung an den Verkäufer der Eigentumserwerb auf Seiten des Anlegers gegenüber[887].

Die vierte Frage des LG Bochum beantwortete die Bundesregierung dahingehend, daß die Haustürgeschäfterichtlinie keine Anforderungen enthielte, die einer sofortigen Rückzahlungspflicht sowie einer Verzinsung der Darlehensvaluta entgegenstünden. Durch eine solche Regelung würde der Schutzzweck der Haustürgeschäfterichtlinie nicht vereitelt. Die Widerrufsfolge in Form der Darlehensrückzahlung folge aus den Besonderheiten des Darlehensvertrags und könne keine andere Beurteilung rechtfertigen. Ansonsten käme es zu einer Besserstellung des Anlegers, wenn diesem das Darlehen zinslos überlassen worden wäre. Schließlich seien ja auch nur die am objektiven Maßstab ausgerichteten marktüblichen und nicht die vertraglich vereinbarten Zinsen zu zahlen[888].

(iv) Weitere Stimmen vor der Entscheidung des Europäischen Gerichtshofs

Bereits vor der Entscheidung des EuGH wurde davor gewarnt, hier das Vorliegen eines verbundenen Geschäfts zu bejahen, bei dem eine Rückabwicklung möglich sei. Es wurde befürchtet, daß dann der Bundesrepublik Deutschland eventuell eine Staatshaftung für judikatives Unrecht drohe aufgrund einer unzureichenden Umsetzung der Haustürgeschäfterichtlinie in bundesdeutsches Recht.

Denn die Haustürgeschäfterichtlinie hat unbestreitbar die Verleihung von Rechten an Bürger zum Ziel[889].

Des Weiteren wurde bereits vor der Entscheidung des EuGH prognostiziert, daß die gemeinschaftsrechtlichen Einflußfaktoren nur schwer zu fassen seien. Wenn der EuGH in der Rechtssache Schulte als Folge der Vorschrift des Art. 5 Abs. 2 der Haustürgeschäfte-Richtlinie den Verbrauchern trotz des den Mitgliedstaaten in Art. 7 der Richtlinie eingeräumten Regelungsermessens eine vollständige Entlassung aus allen Verpflichtungen gewähre, müsse man über die Vereinbarkeit des Gemeinschaftsrechts mit den Grundsätzen des fehlerhaften Gesellschaftsbeitritts, welche vor allem beim Beitritt zu einem geschlossenen Immobilienfonds zu beachten sind, in jedem Fall neu nachdenken[890]. CARTANO und EDELMANN

---

[887] Stellungnahme der Bundesregierung zur Vorlage des LG Bochum beim EuGH – C-350/03 – ZBB 2004, 161 (166).

[888] Stellungnahme der Bundesregierung zur Vorlage des LG Bochum beim EuGH – C-350/03 – ZBB 2004, 161 (166 f.).

[889] EuGH vom 14.07.1994 – C-91/92 [Paola Faccini Dori / Recreb Srl] – NJW 1994, 2473 (2474). Sowie: FRISCH, Zur aktuellen Rechtsprechung, ZGS 2003, 333 (337).

[890] DOEHNER/HOFFMANN, ZIP 2004, 1884 (1889).

faßten ihre Kritik dahingehend zusammen, daß das bisher als „*BGH-fest*" geltende deutsche Recht anläßlich eines u.U. falsch verstandenen Verbraucherschutzes unter Rückgriff auf europarechtliche Vorgaben keine Rolle mehr spielen würde[891].

(d) Entscheidungen des Europäischen Gerichtshofs

Der EuGH hat daraufhin die beiden Vorlageverfahren des LG Bochum und des OLG Bremen mit zwei Urteilen vom 25. Oktober 2005 wie folgt entschieden:

(i) Rechtssache „*Schulte*"

In der Rechtssache „*Schulte*" stellte der EuGH auf die erste Vorlagefrage des LG Bochum zunächst fest, daß der Ausschlußtatbestand des Art. 3 Abs. 2 lit. a der Haustürgeschäfterichtlinie auch für Immobilienkäufe innerhalb eines kreditfinanzierten Kapitalanlagemodells gelte[892]. Dies ergebe sich schon eindeutig aus dem Wortlaut der Haustürgeschäfterichtlinie, da dieser in Art. 3 Abs. 2 lit. a Verträge über den Verkauf von Immobilien ausdrücklich und unmißverständlich vom Anwendungsbereich ausnehme; dies, obwohl andere Richtlinien Vorschriften über verbundene Verträge enthalten. Der EuGH lehnte auch die Vergleichbarkeit mit der Rechtssache „*Travel Vac*"[893] ab. Im vorliegenden Verfahren handele es sich nicht um einen einzigen Vertrag aus dinglichen Rechten und Dienstleistungen (wie in der Rechtssache Travel Vac), sondern um zwei rechtlich getrennte Rechtsgeschäfte mit zwei prinzipiell unterschiedlichen Zielsetzungen. Die Haustürgeschäfterichtlinie ermögliche lediglich eine nationale Regelung über verbundene Geschäfte, schreibe eine solche aber nicht vor[894].

Auf die zweite Vorlagefrage hin hat der EuGH entschieden, daß die Haustürgeschäfterichtlinie auch nationalen Vorschriften nicht entgegenstehe, welche die Rückabwicklung in derartigen Kapitalanlagemodellen auf den Darlehensvertrag beschränken[895]. Diesbezüglich und auch hinsichtlich der vierten Vorlagefrage stellte der EuGH klar, daß die vom LG Bochum zur Begründung herangezogene Vorschrift des Art. 95 Abs. 3 EG aus zwei Erwägungen nicht als unmittelbare

---

891 CARTANO/EDELMANN, WM 2004, 775 (775).

892 Vorab hat der EuGH zunächst die Zulässigkeit dieses Vorabentscheidungsverfahrens trotz der oben beschriebenen Bedenken des Generalanwalts bejaht, da die Vorlagefragen im Zusammenhang mit der Realität und dem Gegenstand des Ausgangsrechtsstreits stünden. Näher setzte sich der EuGH mit der Zulässigkeit jedoch nicht auseinander; vgl.: EuGH vom 25.10.2005 – C-350/03 [Schulte] – ZIP 2005, 1959 (1959).

893 EuGH vom 22.04.1999 – C-423/97 [Travel Vac] – Slg. 1999, I-2195.

894 Diese Ausführungen des EuGH erfolgten auch zur Beantwortung der zweiten Vorlagefrage; vgl.: EuGH vom 25.10.2005 – C-350/03 [Schulte] – ZIP 2005, 1959 (1962 f.).

895 EuGH vom 25.10.2005 – C-350/03 [Schulte] – ZIP 2005, 1959 (1959).

Grundlage für die Verpflichtung eines Mitgliedsstaats herangezogen werden könne: Zum einen wurde Art. 95 Abs. 3 EG erst im Jahr 1986 durch die Einheitliche Europäische Akte in den EG-Vertrag eingefügt. Da die Haustürgeschäfterichtlinie jedoch schon im Jahr 1985 erlassen wurde, könne die später erlassene Vorschrift aus dem EG-Vertrag hier keine Anwendung finden. Zum anderen richte sich die Vorschrift selbst bei unterstellter Anwendbarkeit lediglich an die am Rechtssetzungsverfahren beteiligten Gemeinschaftsorgane, begründe jedoch keine unmittelbare Verpflichtung für die Mitgliedsstaaten und könne deshalb allenfalls als Auslegungskriterium bei der Auslegung der Richtlinie herangezogen werden[896]. Dies bedeute, daß nach dem Gemeinschaftsrecht die Widerrufswirkungen nicht zwingend auf einen mit dem Kreditvertrag verbundenen Immobilienkaufvertrag durchschlagen müßten.

Die dritte und vierte Vorlagefrage beantwortete der EuGH dahingehend, daß die Haustürgeschäfterichtlinie einer sofortigen Rückzahlungsverpflichtung der widerrufenden Verbraucher sowie deren Verpflichtung zur Entrichtung der marktüblichen Zinsen hierfür auch bei solchen Kapitalanlagemodellen wie in dem zu entscheidenden Fall nicht entgegenstehe[897]. Ein Rückschluß derart, daß die Verbraucher die Darlehensvaluta deswegen nicht erhalten hätten, weil diese unmittelbar vom Kreditinstitut an den Immobilienverkäufer floß, könne deswegen nicht gezogen werden, da die Bank auf Weisung der Verbraucher gehandelt habe und die Verbraucher im Gegenzug das Eigentum an der Immobilie erwerben konnten. Die Richtlinie stünde einer sofortigen Rückzahlungsverpflichtung der Verbraucher auch deswegen nicht entgegen, weil die Wirkung des Art. 5 Abs. 2 der Richtlinie – die Entlassung des Verbrauchers aus sämtlichen Verpflichtungen aus dem widerrufenen Vertrag – nicht nur für den Verbraucher, sondern auch für die Bank die Wiederherstellung der ursprünglichen Situation bedeute. Hieraus folge auch die Verpflichtung des Verbrauchers zur gleichzeitigen marktüblichen Verzinsung der zurückzuzahlenden Darlehensvaluta[898]. Bis zu diesem Punkt wurde die Rechtsprechung des XI. Zivilsenats durch den EuGH in vollem Umfang bestätigt[899].

Allerdings wich der EuGH am Ende seiner Entscheidung von dieser Linie ab, als er Ausführungen für die Fälle machte, in denen Verbraucher nicht über ihr

---

[896] EuGH vom 25.10.2005 – C-350/03 [Schulte] – ZIP 2005, 1959 (1961).

[897] EuGH vom 25.10.2005 – C-350/03 [Schulte] – ZIP 2005, 1959 (1959).

[898] EuGH vom 25.10.2005 – C-350/03 [Schulte] – ZIP 2005, 1959 (1963 f.).

[899] Nach HOFFMANN relativiert sich dadurch zwar die scharfe Kritik, die vor allem die Kommission in ihrer Stellungnahme (dazu siehe Punkt IV.D.4.c)(6)(c)(ii) oben) an den XI. Senat richtete; jedoch liege weiterhin ein Verstoß gegen die Vorlagepflicht nach Art. 234 EG vor; vgl.: HOFFMANN, ZIP 2005, 1985 (1986).

Widerrufsrecht belehrt worden sind[900]. Dann sei die Situation aufgrund der Verpflichtung der Mitgliedstaaten nach Art. 4 Abs. 3 der Richtlinie – die Schaffung nationaler Vorschriften, welche geeignete Schutzvorschriften zugunsten von Verbrauchern vorsehen – eine andere. Bei fehlender Belehrung über ein Recht zum Haustürwiderruf, wie dies auch im Vorlageverfahren der Fall war, unterstellte der EuGH nunmehr, daß die Verbraucher bei einer möglichen Ausübung des Widerrufsrechts für den Kreditvertrag auch den Kaufvertrag nicht abgeschlossen hätten[901]. Bei einer Rückzahlungsverpflichtung, wie sie der BGH bei unterbliebener Belehrung vorsehe, trage der Verbraucher die mit Kapitalanlagen verbundenen Risiken, insbesondere daß eine Immobilie zu teuer gekauft wird und sich deshalb nicht zu den veranschlagten Preisen vermieten läßt. Diese Risiken hätte der Verbraucher aber durch einen Widerruf vermeiden können. Daher folge aus der Haustürgeschäfterichtlinie die Verpflichtung der Mitgliedsstaaten, mit geeigneten Maßnahmen dafür zu sorgen, daß die Kreditinstitute die Folgen der Verwirklichung dieser Risiken tragen, damit so dem Verbraucherschutz genügt wird. Zur Erreichung dieses Ergebnisses sei es

> *„Sache der nationalen Gerichte, die nationale Regelung so weit wie möglich auszulegen, daß das (...) Ergebnis erzielt wird“*[902].

(ii) Rechtssache „*Crailsheimer Volksbank*“

In der Rechtssache „*Crailsheimer Volksbank*“ beschränkte sich der EuGH im Wesentlichen zunächst darauf, auf die in der Rechtssache „*Schulte*“ gemachten Ausführungen zu verweisen. Sodann beantwortete der EuGH die vom OLG Bremen zusätzlich gestellte Frage nach der Notwendigkeit einer Zurechnung der Haustürsituation an den Kreditgeber dahingehend, daß es einer solchen Zurechnung nicht bedürfe. Die Kenntnis oder das Kennenmüssen des Gewerbetreibenden von dem Vertragsschluß in einer Haustürsituation durch einen für diesen tätigen Dritten sei nicht erforderlich[903]. An der Anwendung des § 123 Abs. 2 BGB kann hiernach nicht festgehalten werden[904].

---

900 HOFFMANN kritisiert hieran schon, daß das LG Bochum hiernach gar nicht gefragt hätte; die Vorlagefragen beträfen vielmehr lediglich die Rechtsfolgen des Widerrufs, weshalb es sich bei diesen Ausführungen des EuGH um ein obiter dictum handle; vgl.: HOFFMANN, ZIP 2005, 1985 (1986).

901 Dabei handelt es sich wohl um eine widerlegliche Vermutung, nicht lediglich um einen Anscheinsbeweis. Den Banken stünde dann die Möglichkeit offen, darzulegen und zu beweisen, daß ein Verbraucher auch im Falle der rechtzeitigen und ordnungsgemäßen Belehrung an den beiden Geschäften festgehalten hätten; vgl.: STAUDINGER Ansgar, Zukunft der Schrottimmobilien, NJW 2005, 3521 (3523).

902 EuGH vom 25.10.2005 – C-350/03 [Schulte] – ZIP 2005, 1959 (1964).

903 EuGH vom 25.10.2005 – C-229/04 [Crailsheimer Volksbank] – ZIP 2005, 1965 (1965).

904 HOFFMANN, ZIP 2005, 1985 (1987). Hierzu siehe auch Punkt IV.D.5.h).

Einem solchen Zurechnungserfordernis stünde wiederum der Wortlaut der Richtlinie entgegen, da dieser für eine solche zusätzliche Voraussetzung keine Grundlage böte. Eine solche Zusatzvoraussetzung würde des Weiteren der Zielsetzung der Richtlinie – Schutz des Verbrauchers vor dem mit der Haustürsituation verbundenen Überraschungsmoment – zuwiderlaufen. Der EuGH verweist außerdem auf die Rechtssache „*Travel Vac*", in der das Widerrufsrechts ebenfalls lediglich vom Vorliegen des objektiven Tatbestands des Art. 1 der Richtlinie abhing, jedoch nicht von einer Beeinflussung oder von einer Manipulation des Verbrauchers durch den Gewerbetreibenden[905].

(iii) Reaktion der deutschen Gerichte im Jahr 2006

Nach Erlaß dieser EuGH-Entscheidungen blieb zunächst abzuwarten, wie die deutschen Gerichte diese Entscheidungen umsetzen würden.

Zunächst hat das OLG Bremen mit Urteil vom 2. März 2006[906] die Entscheidungen des EuGH erstmals in deutsches Recht umgesetzt. Hiernach wurde das Überraschungsmoment der Haustürsituation durch die beim Immobilienerwerb erforderliche notarielle Beurkundung nur für die beurkundete Willenserklärung (den Treuhandvertrag), nicht jedoch generell unterbrochen[907]. Aufgrund der Tatsache, daß der Kreditvertrag zwingende Folge der Kaufentscheidung sei, wirke die Überrumpelungssituation auf den Darlehensvertragsschluß fort. Eine Anwendbarkeit des § 9 VerbrKrG auf den zu entscheidenden Sachverhalt hat das OLG Bremen mit Hinweis auf die Vorschriften der §§ 3 Abs. 2 Nr. 2, 9 VerbrKrG zwar abgelehnt, sowohl direkt als auch analog. Jedoch löse die fehlende Belehrung einen Schadensersatzanspruch des Verbrauchers wegen Verschuldens bei Vertragsschluß aus, da die Belehrung des Verbrauchers nun nicht mehr bloß als Obliegenheit, sondern als echte Vertragspflicht des Kreditgebers angesehen werde. Des Weiteren bestehe eine verschuldensunabhängige Haftung, da die Haustürgeschäfterichtlinie eine objektive Haftung bestimme. Dem stehe § 276 BGB a.F. nicht entgegen, da diese Norm den Vorbehalt enthielt, daß der

---

905 Ein bestimmtes Verhalten oder eine Manipulationsabsicht des Gewerbetreibenden seien hiernach nicht erforderlich; vgl.: EuGH vom 22.04.1999 – C-423/97 [Travel Vac] – Slg. 1999, I-2195. Bezüglich der weiteren vom OLG Bremen gestellten Fragen verweist der EuGH übereinstimmend mit der Volksbank, den Verbrauchern, der deutschen und der französischen Regierung sowie der Europäischen Kommission auf die Ausführungen in der Rechtssache Schulte; vgl.: EuGH vom 25.10.2005 – C-229/04 [Crailsheimer Volksbank] – ZIP 2005, 1965 (1965 f.).

906 OLG Bremen vom 02.03.2006 – 2 U 20/02 (n.r.) – NJW 2006, 1210 (1210 ff.). Sowie: HOPPE, EWiR 2006, 241 (241 f.).

907 Im entschiedenen Fall fand die notarielle Beurkundung „*nur einen Tag nach der Haustürsituation und damit noch unter dem unmittelbaren Eindruck dieses Gesprächs statt*"; vgl.: OLG Bremen vom 02.03.2006 – 2 U 20/02 (n.r.) – NJW 2006, 1210 (1211).

Schuldner Vorsatz und Fahrlässigkeit zu vertreten habe, *„sofern nicht ein anderes bestimmt ist“*[908]. Der Widerruf durch den Verbraucher wurde dabei richtlinienkonform unterstellt. Allerdings sei der Immobilienerwerb nur dann kausal durch das Fehlen der Widerrufsbelehrung verursacht, wenn der Kreditvertrag zeitlich vor dem Kaufvertrag geschlossen worden ist. Rechtsfolge sei dadurch ein Entfallen des Anspruchs des Kreditgebers auf Darlehensrückzahlung. Dieser wandle sich in einen Anspruch auf Übertragung der Immobilie um[909].

Auch das OLG München hat am 27. April 2006 die Vorgaben des EuGH umzusetzen versucht und ebenfalls in der Nichtbelehrung nach dem Haustürwiderrufsgesetz eine objektive vorvertragliche Pflichtverletzung der Bank gesehen, welche Schadensersatzansprüche auslösen könne. Jedoch komme ein solcher Schadensersatzanspruch nach dem OLG München nur dann in Betracht, wenn der Kreditvertrag zeitlich vor dem Erwerbsvertrag geschlossen wurde. Darüber hinaus käme dem Anleger eine Vermutung für ein *„belehrungsrichtiges Verhalten“* (daß er im Falle einer Belehrung von seinem Widerrufsrecht auch tatsächlich Gebrauch gemacht hätte) nicht zustatten[910]. In diese Richtung hat auch das OLG Celle am 03. April entschieden[911].

Sodann stand noch die Frage offen, ob der XI. Senat seine Linie angesichts der deutlichen Worte des EuGH so beibehalten würde. In seiner Entscheidung vom 16. Mai 2006 hat der XI. Senat zum ersten Mal die Entscheidungen des EuGH vom 25. Oktober 2005 umgesetzt. Dabei hat er Konfrontationsbereitschaft gezeigt[912]. Er hielt an seiner Rechtsprechung und an der Rechtsfolge fest, daß der Verbraucher nach Widerruf des Darlehensvertrags zur Darlehensrückzahlung samt Verzinsung verpflichtet sei. Auch wenn die Mitgliedstaaten nach Art. 4 der Haustürgeschäfterichtlinie den Schutz der Verbraucher vor den Risiken einer kreditfinanzierten Kapitalanlage schützen müßten, so sei auch dann eine anderslautende richtlinienkonforme Auslegung des § 3 HWiG nicht möglich[913]. Außerdem könnten sich Anleger bei einem institutionalisierten Zusammenwirken von kreditgebender Bank mit dem Verkäufer bzw. Vertreiber des finanzierten Objekts unter erleichterten Voraussetzungen *„mit Erfolg auf einen die Aufklärungspflicht auslösenden konkreten Wissensvorsprung der finanzierten Bank im Zusammenhang mit einer arglistigen Täuschung des Anlegers durch unrichtige Angaben der Vermittler, Verkäufer oder Fondsinitiatoren bzw. des Fondspros-*

---

908 OLG Bremen vom 02.03.2006 – 2 U 20/02 (n.r.) – NJW 2006, 1210 (1214).

909 OLG Bremen vom 02.03.2006 – 2 U 20/02 (n.r.) – NJW 2006, 1210 (1210 ff.). Sowie: HOPPE, EWiR 2006, 241 (241 f.).

910 OLG München vom 27.04.2006 – 19 U 3717/04 (n.r.) – NJW 2006, 1811 (1811 ff.).

911 OLG Celle vom 03.04.2006 – 3 W 35/06 – NJW 2006, 1817 (1817 ff.).

912 OECHSLER, NJW 2006, 2451 (2451).

913 BGH vom 16.05.2006 – XI ZR 6/04 – NJW 2006, 2099 (2101 ff.).

pekts über das Anlageprojekt berufen"[914]. Der XI. Senat begibt sich mit dem Erfordernis des „*institutionellen Zusammenwirkens*" systematisch in die Nähe zum Einwendungsdurchgriff[915].

Schließlich hat der BGH am 25. April 2006 in insgesamt vier Entscheidungen die Vorgaben des EuGH umgesetzt. Nunmehr hat auch nach Ansicht des XI. Zivilsenats des Bundesgerichtshofs der Widerruf des in einer Haustürsituation geschlossenen Darlehensvertrags durch den Anleger zur Folge, daß bei Vorliegen eines Verbundgeschäfts zwischen Darlehensvertrag und finanziertem Fondsbeitritt dem Darlehensgeber kein Rückzahlungsanspruch mehr gegen den Darlehensnehmer zusteht und die Rückabwicklung unmittelbar zwischen dem Kreditgeber und dem Partner des finanzierten Geschäfts zu erfolgen hat. Dies erfordere der Zweck der gesetzlichen Widerrufsregelung[916].

Der Grundsatz, daß ein Darlehensnehmer im Fall eines Widerrufs die Darlehensvaluta zurückzahlen müsse gelte dann ausnahmsweise nicht, wenn der Darlehensnehmer den Kredit nicht empfangen hat oder wenn der Darlehensvertrag und das finanzierte Geschäft ein Verbundgeschäft bilden. In diesem Fall sei dann eine andere Beurteilung geboten mit der Folge, daß der Widerruf des Darlehensvertrags auch auf das finanzierte Geschäft durchschlage. Nur so könne gewährleistet werden, daß der Verbraucher sein Widerrufsrecht frei und ohne Furcht vor finanziellen Nachteilen ausüben kann[917]. Die hierfür erforderliche wirtschaftliche Einheit würde nach § 9 Abs. 1 S. 2 VerbrKrG unwiderleglich vermutet, wenn der Kreditvertrag deshalb zustande kommt, weil der Vertriebsbeauftragte des Anlagevertreibers dem Interessenten nicht nur die Anlageunterlagen überreicht hat, sondern auch einen Kreditantrag einer Bank, die sich bereits zuvor zur Finanzierung bereit erklärt hatte[918] (hierzu siehe Punkt B.1.b)(3)(b)(iii) oben).

Dem stünde auch nicht entgegen, daß der notariell beurkundete Fondsbeitritt nach § 1 Abs. 2 Nr. 3 HWiG (bzw. § 312 Abs. 3 Hs. 2 Nr. 3 BGB n.F.) isoliert nicht widerrufbar wäre. Denn auch hier bedürfe es aufgrund der Verbundenheit der beiden Verträge hinsichtlich des nicht notariell beurkundeten Darlehensver-

---

914 BGH vom 16.05.2006 – XI ZR 6/04 – NJW 2006, 2099 (2099 ff.).

915 Dies entbehrt nach OECHSLER nicht einer gewissen Ironie, da der XI. Senat in einem anderen Zusammenhang – nämlich daß die Grundsätze der Schulte-Entscheidung mittels Einwendungsdurchgriffs vom Kauf- in den Darlehensvertrag umgesetzt werden können; vgl.: OECHSLER, NJW 2006, 2451 (2451). Auch nach Ansicht von HÄUBLEIN überzeugt die Umsetzung der EuGH-Urteile durch das OLG Bremen nicht durchweg; vgl.: HÄUBLEIN, Rechtsfolgen unterlassener Belehrung, NJW 2006, 1553 (1553 ff.).

916 BGH vom 25.04.2006 – XI ZR 193/04 – NJW 2006, 1788 (1788).

917 BGH vom 25.04.2006 – XI ZR 193/04 – NJW 2006, 1788 (1788).

918 BGH vom 25.04.2006 – XI ZR 193/04 – NJW 2006, 1788 (1789).

trags des hinter dem Haustürwiderrufsrecht stehenden Zwecks des Übereilungsschutzes[919]. Der Bundesgerichtshof muß sich für diese Begründung eine dogmatische Ungenauigkeit vorwerfen lassen. Denn für die *„Erstreckung der Widerrufsfolgen auf das finanzierte Geschäft kommt es (...) gerade nicht auf dessen isolierte Widerruflichkeit an“*, da nach dem Widerruf eines Darlehensvertrags gemäß § 9 Abs. 2 S. 1 VerbrKrG (§ 358 Abs. 2 S. 1 BGB n.F.) auch der den zum Verbundgeschäft gehörende Fondsbeitritt als widerrufen gilt.

Auch die Grundsätze zur fehlerhaften Gesellschaft stünden der Verbundlösung nicht entgegen, da der Zweck dieser Grundsätze – nämlich die Erhaltung einer Haftungsgrundlage im Interesse des Rechtsverkehrs und Bestandsschutz für die Bewahrung geschaffener Werte der Gesellschaft für die Vergangenheit im Interesse der Gesellschafter – bei einem Widerruf des den Gesellschaftsbeitritt finanzierenden Darlehensvertrags nicht tangiert sei. Die Lehre von der fehlerhaften Gesellschaft finde in einem solchen Fall keine Anwendung. Damit konnten die Anleger von den Banken verlangen, daß die abgetretenen Lebensversicherungen Zug um Zug gegen Übertragung der Rechte aus der Gesellschaftsbeteiligung zurückübertragen werden. Darlehensansprüche bestünden keine mehr. Die Anleger waren lediglich dazu verpflichtet, ihre Ansprüche gegen den Fonds und dessen Verantwortliche nach § 255 BGB an die Bank abzutreten unter Anrechnung der Steuervorteile[920]. Ebensowenig stünde einer solchen Vorgehensweise im Hinblick auf die Erstreckung der Folgen des Haustürwiderrufs auf das verbundene Geschäft die Widerrufsbelehrung gemäß § 2 HWiG (bzw. §§ 312, 355 Abs. 2 BGB n.F.) entgegen. Diese müsse auch nicht die Rechtsfolgen umfassen, was aus dem insoweit eindeutigen Gesetzeswortlaut hervorgehe[921].

(e) Stellungnahme

Die Reaktionen auf die beiden, teils als innovativ[922] bezeichneten Entscheidungen des EuGH vom 25. Oktober 2005 können als gemischt bezeichnet werden. Welche Konsequenzen diese Urteile für die Beteiligten und für andere Anleger und Banken haben, kann derzeit noch nicht abgeschätzt werden. Angesichts der Entscheidungen des Bundesgerichtshofs vom 25. April 2006 scheint jedoch nunmehr klar zu sein, daß auch der BGH dieser Linie folgt.

---

919 BGH vom 25.04.2006 – XI ZR 193/04 – NJW 2006, 1788 (1789).

920 BGH vom 25.04.2006 – XI ZR 193/04 – NJW 2006, 1788 (1789 f.). In diese Richtung auch: OLG Karlsruhe vom 29.12.2005 – 17 U 43/05 (n.r.) – ZIP 2006, 1128 (1128 ff.). Hierzu siehe auch: MADAUS, EWiR 2006, 519 (519 f.).

921 BGH vom 25.04.2006 – XI ZR 193/04 – NJW 2006, 1788 (1789 f.). So auch schon: BGH vom 13.03.2006 – XI ZR 432/04 – ZIP 2006, 1626 (1630). Bei Nichtvorliegen eines verbundenen Geschäfts bleibt es bei den Grundsätzen des fehlerhaften Gesellschaftsbeitritts; vgl.: BGH vom 27.06.2006 – II ZR 218/04 – ZIP 2006, 1388 (1388).

922 DERLEDER, Kurzkommentar zu Art. 1 RL 85/577/EWG, 01/05, EWiR 2005, 835 (836).

Nach den Aussagen des EuGH zur Risikoabwälzung bei fehlender Widerrufsbelehrung werden die Kreditinstitute jedenfalls verpflichtet, sowohl die wirtschaftlichen Risiken aus dem Finanzierungsgeschäft als auch die Risiken der Kapitalanlage zu tragen. Der EuGH stellte auch klar, daß die genannten Risiken – wie das Risiko, daß die erworbene Wohnung zum Vertragsschluß zu hoch bewertet wurde oder sich insgesamt als unrentable Anlage erweist – nicht abschließend sind (dies ergibt sich aus der Verwendung des Ausdrucks *„insbesondere“*). Damit überträgt der EuGH alle den Verbraucher belastenden, aus dem Kaufvertrag resultierenden wirtschaftlichen Folgen auf die Kreditinstitute, ohne diese Überwälzung an das Vorliegen eines verbundenen Geschäfts zu knüpfen. Wirtschaftlich gewährte der EuGH Anlegern hierdurch jedoch einen nicht im Widerrufsrecht verankerten Schutz, der weitgehend der Rechtsfolge eines Verbundgeschäfts entspricht[923].

Daß der EuGH weder ein verbundenes Geschäft angenommen noch eine vermeintliche Lückenschließung der Richtlinie vorgenommen hat, hat seine Berechtigung. Eine solche Vorgehensweise steht im Widerspruch zum aquis communitaire (hierzu siehe bereits Punkt B.1.c)(3) oben) und greift in das austarierte Kompetenzgefüge zwischen Richtliniengeber und EuGH und zwischen gemeinschaftsweiter und nationaler Regelungsmacht ein, was auch im Lichte des effet utile nicht zu rechtfertigen ist[924]. Vielmehr hat der EuGH dieses Problem anhand einer Verklammerung von Kauf- und Kreditvertrag mittels einer unterstellten Kausalität gelöst; d.h. der EuGH unterstellte dem Anleger, daß dieser das Kreditgeschäft widerrufen und vom Immobilienerwerb Abstand genommen hätte, wenn er rechtzeitig und ordnungsgemäß über sein Widerrufsrecht belehrt worden wäre. Es ist daher davon auszugehen, daß es sich dabei nicht lediglich um einen Anscheinsbeweis, sondern um eine widerlegliche Vermutung handelt, so daß der Bank die Darlegungs- und Beweislast obliegt, daß der Anleger auch bei ordnungsgemäßer Belehrung an beiden Geschäften festgehalten hätte[925] (weitere Ausführungen zur Risikoabwälzung finden sich sogleich bei Punkt 6.a)(5) unten). Daß sich der EuGH darüber im Klaren gewesen sei, daß er durch diese Entscheidungen einen neuartigen Schutzmechanismus fordert, erschließe sich insbesondere aus der Formulierung im Urteil der Rechtssache Schulte, wonach es Sache der nationalen Gerichte ist, die nationale Regelung so weit wie möglich so auszulegen, um zu erreichen, daß die genannten Risiken nicht die Verbraucher treffen. Problematisch sei zusätzlich, daß Umsetzungsvorschriften fehlen

---

923 Durch diese Risikoabwälzung werden das Wert-, das Rendite- und das Wertentwicklungsrisiko auf den Darlehensgeber übertragen; vgl.: HOFFMANN, ZIP 2005, 1985 (1986 f., 1990).

924 STAUDINGER Ansgar, Zukunft der Schrottimmobilien, NJW 2005, 3521 (3523).

925 STAUDINGER Ansgar, Zukunft der Schrottimmobilien, NJW 2005, 3521 (3523).

und der EuGH zu den Möglichkeiten einer Umsetzung auch keinerlei Vorgaben macht, sondern nur deren Notwendigkeit betont[926].

Kritiker dieser Entscheidungen hielten dem EuGH insbesondere vor, es könne methodisch nicht überzeugen, daß der Rückzahlungsanspruch der Bank mit der in einer Haustürsituation abgegebenen Auszahlungsanweisung des Kreditnehmers an die Bank begründet wird[927].

Nichtsdestotrotz ist das von vielen Anlegern erhoffte „*Machtwort*“ des EuGH ausgeblieben. Einen Durchbruch im „*Kampf*“ der Anleger gegen die Banken hat die Rechtsprechung des EuGH jedenfalls nicht zur Folge[928]. Immerhin können sich die Banken nun nicht mehr darauf berufen, die Vermittler der Kreditverträge hätten sich die Vordrucke der Kreditinstitute ohne deren Wissen selbständig besorgt. Hieraus erwächst eine Kontrollpflicht für die Kreditinstitute hinsichtlich des Vertriebs ihrer Darlehensverträge, woran auch der BGH seine Rechtsprechung orientieren muß[929].

Während nach einer Literaturansicht sowohl dem XI. Zivilsenat des BGH als auch dem Bundesjustizministerium durch die beiden Urteile eine „*überraschend heftige Ohrfeige erteilt*“ worden sei[930], wird nach anderer Ansicht zutreffend festgestellt, daß der EuGH dem XI. Zivilsenat rechtspolitisch eine Brücke geschlagen hat, indem er dessen Judikatur bestätigte – abgesehen von der Risikoverlagerung bei Verletzung der Belehrungspflicht[931]. Trotzdem legen die Entscheidungen die konkreten Folgen, welche die angesprochene Haftung der Banken hat, nicht dar. Zwar verpflichtete der EuGH die Banken dazu, bei fehlender Belehrung nach dem Haustürwiderrufsgesetz die aus dem Finanzierungsgeschäft resultierenden Risiken zu tragen. Und eine ratenweise Rückzahlungsverpflichtung der Verbraucher mit marktüblicher Verzinsung verstößt wohl gegen die Vorgaben der Richtlinie. Jedoch gilt Anderes bei finanziellen Nachteilen, die aus dem Kaufvertrag resultieren. Da das Gemeinschaftsrecht den Verbraucher lediglich vor wirtschaftlichen Nachteilen schützen, diesen jedoch nicht bereichern oder privilegieren will, müssen verbrauchergünstige Einnahmen wie bei-

---

926 HOFFMANN, ZIP 2005, 1985 (1990 f.).

927 DERLEDER, Kurzkommentar zu Art. 1 RL 85/577/EWG, 01/05, EWiR 2005, 835 (836).

928 So auch: ÖCHSNER, Süddeutsche Zeitung 247, 19 (19).

929 DERLEDER, Kurzkommentar zu Art. 1 RL 85/577/EWG, 02/05, EWiR 2005, 837 (838).

930 Das Bundesjustizministerium habe – hierzu siehe bereits oben – plump und völlig einseitig die Argumente der Geldinstitute übernommen; vgl.: ÖCHSNER, Süddeutsche Zeitung 247, 19 (19). Jedoch kann dies angesichts der Tatsache, daß der EuGH die Verzinsungspflicht sowie die Verpflichtung zur sofortigen Rückzahlung mit dem Gemeinschaftsrecht vereinbar hält, so in seiner Gänze nicht aufrecht erhalten werden; vgl.: HOFFMANN, ZIP 2005, 1985 (1985).

931 DERLEDER, Kurzkommentar zu Art. 1 RL 85/577/EWG, 01/05, EWiR 2005, 835 (836).

spielsweise Mieteinnahmen oder eingetretene Steuervorteile in die wirtschaftliche Gesamtbetrachtung mit einfließen[932].

Befürworter dieser Entscheidungen rechtfertigen den hierdurch geschaffenen hypertrophen Verbraucherschutz zu Lasten der Banken damit, daß die den Banken drohenden immensen wirtschaftlichen Folgen die Banken dazu anhalten sollen, rechtzeitig und ordnungsgemäß zu belehren. Die überschießende Sanktion hätte abschreckenden Charakter[933]. Angesichts der Tatsache, daß es bis zur Heininger-Entscheidung des EuGH vom 13. Dezember 2001 noch gefestigte bundesdeutsche Rechtsprechung war, daß in solchen Fällen den Verbrauchern ein Widerrufsrecht nach dem Haustürwiderrufsgesetz gar nicht zustand und die Banken auf diese Rechtsprechung angesichts des eindeutigen Gesetzeswortlauts der einschlägigen deutschen Gesetze – insbesondere des § 5 Abs. 2 HWiG – hierauf auch vertrauen durften, ist es schon fraglich, welches Verhalten der Bank überhaupt sanktioniert werden soll.

Allerdings wird man davon ausgehen können, daß jedenfalls die anlegerfreundliche Rechtsprechung des II. Zivilsenats in seinen Urteilen vom 14. Juni 2004 durch die beiden Entscheidungen des EuGH vom 25.10.2005 bestätigt wird, wenn das Kreditinstitut bei fehlender Belehrung über ein Haustürwiderrufsrecht die dadurch entstandenen Risiken einer Kapitalanlage zu tragen hat. Der XI. Zivilsenat des BGH jedenfalls ist diesen Entscheidungen gefolgt und hat seine Rechtsprechung hiernach ausgerichtet[934].

5. Kritik am Haustürwiderruf bei geschlossenen Immobilienfonds

Dennoch hat sich die Rechtsprechung des Bundesgerichtshofs, bei der eine Rückabwicklung nach einem Haustürwiderruf ermöglicht wird, erheblicher Kritik ausgesetzt. Aufgrund der dem geschlossenen Immobilienfonds typischen gesellschaftsrechtlichen Besonderheiten existieren hier noch weitere Ansatzpunkte für eine kritische Betrachtung im Gegensatz zum eben dargestellten kreditfinanzierten Immobilienkauf. Dies gilt unabhängig davon, daß der Bundesgerichtshof mittlerweile in seinen Entscheidungen vom 25. April 2006 ebenfalls einen Haustürwiderruf unter Bejahung des Verbundgeschäfts zugelassen hat.

a) Vorrangigkeit der Grundsätze der fehlerhaften Gesellschaft

Zunächst ist darauf hinzuweisen, daß bei Fällen, in denen der Beitritt zu einem geschlossenen Immobilienfonds in einer Haustürsituation erklärt wurde, zu-

---

932 STAUDINGER Ansgar, Zukunft der Schrottimmobilien, NJW 2005, 3521 (3523 f.).
933 STAUDINGER Ansgar, Zukunft der Schrottimmobilien, NJW 2005, 3521 (3523).
934 BGH vom 25.04.2006 – XI ZR 193/04 – NJW 2006, 1788 (1790).

nächst die Grundsätze der fehlerhaften Gesellschaft vorrangig zu beachten sind. Denn diese Grundsätze müssen Vorrang auch vor solchen Gesetzen haben, die zum Verbraucherschutz erlassen wurden[935]. Die bloße Widerruflichkeit der in einer Haustürsituation gezeichneten Aufnahmeerklärung des Kapitalanlegers vermag die Grundsätze des fehlerhaften Gesellschaftsbeitritts also grundsätzlich nicht zu durchbrechen[936], da sich der Verbraucherschutz nur auf schuldrechtliche Vermögensgeschäfte, nicht aber auf personenrechtliche Organisationsgeschäfte und ihre möglichen Fehlergründe bezieht. Die Nichteinhaltung der verbraucherschutzrechtlichen Schutzvorschriften macht daher den Aufnahmevertrag weder anfechtbar noch nichtig[937]. Außerdem kennt das BGB keinen generellen Verbraucherschutz. Dieser kommt lediglich in bestimmten Situationen zum tragen, beispielsweise beim Haustürgeschäft oder bei der Fremdfinanzierung einer Beteiligung. Man könnte es nicht rechtfertigen, wenn man in diesen Sonderfällen eine Ausnahme von den Grundsätzen der fehlerhaften Gesellschaft machen und dies mit dem Gesichtspunkt des Verbraucherschutzes rechtfertigen würde, jedoch keine Ausnahme für die Fälle zulassen würde, in denen ein Verbraucher vor dem Gesellschaftsbeitritt einer arglistigen Täuschung zum Opfer gefallen wäre[938].

Dies sieht auch der II. Zivilsenat in der Entscheidung II ZR 310/03 des BGH vom 21.03.2005 in der Sache „*Göttinger Gruppe*“. Dort heißt es:

Denn „*schließlich rechtfertigt auch ein Widerruf nach dem Haustürwiderrufsgesetz keine Ausnahme von den Regeln über die fehlerhafte Gesellschaft*“[939].

Gleichwohl hat der XI. Senat in seinen Entscheidungen vom 25. April 2006 festgestellt, daß die Grundsätze der fehlerhaften Gesellschaft einer Freistellung des Anlegers von Rückzahlungsansprüchen der Bank nicht entgegenstehen, weil in diesen Fällen die Sicherung des Bestandsschutzes nicht beeinträchtigt sei, wenn der Gesellschafter nicht den Beitritt zum Immobilienfonds, sondern den diesen finanzierenden Kreditvertrag widerruft. Der XI. Senat folgte dabei inso-

---

935 EDELMANN, Rückzahlungspflicht, BKR 2002, 801 (803).

936 Nach OLG Hamm vom 30.08.2004 – 8 U 15/04 – OLGR Hamm 2004, 383 (383 ff) führt der Widerruf ebenfalls zur Anwendung der Regeln über den fehlerhaften Gesellschaftsbeitritt mit der Folge einer gesellschaftsrechtlichen Auseinandersetzung; dem Anleger steht lediglich das Auseinandersetzungsguthaben zu.

937 Der XI. Zivilsenat hat erst jüngst wieder entschieden, daß es offen bleiben könne, ob die Beitrittserklärung zu einem geschlossenen Immobilienfonds nach dem Haustürwiderrufsgesetz widerruflich ist, „*weil auch insoweit jedenfalls die Regeln über die fehlerhafte Gesellschaft zur Anwendung kommen*“; vgl.: BGH vom 15.02.2005 – XI ZR 396/03 – ZIP 2005, 1361 (1364). Sowie: MÜNCHENER HANDBUCH/BÄLZ, § 101 Rn. 93.

938 GEIBEL BB 2005, 1009 (1011 f.).

939 BGH vom 21.03.2005 – II ZR 310/03 – NJW 2005, 1784 (1786).

weit dem II. Senat, als der Anleger nur zur Übertragung des finanzierten Gesellschaftsanteils an die Bank verpflichtet ist, jedoch nicht zur Rückzahlung des Finanzierungskredits[940].

b) Fehlender Anwendungsbereich des Haustürwiderrufsgesetzes

Des Weiteren ist festzuhalten, daß das Haustürwiderrufsgesetz für die vorliegenden Fälle nicht anwendbar war. Auf die Frage, ob es sich bei den in der Haustürsituation abgeschlossenen Treuhandverträgen und bei den Beitritten zu den geschlossenen Immobilienfonds um Verträge über eine entgeltliche Leistung i. S. v. § 1 Abs. 1 HWiG handelte, ging der II. Zivilsenat in den Entscheidungen vom 14. Juni 2004[941] gar nicht erst näher ein. Zum einen wurden bereits bei der Anwendbarkeit des Verbraucherkreditgesetzes Ausführungen zur vermeintlichen Entgeltlichkeit eines Treuhandvertrages gemacht, zum anderen bleibt sich der II. Senat treu, wenn er in einer derartigen Situation die Regelung des § 1 HWiG anwendet. Denn nach der ständigen Rechtsprechung des BGH fehle für eine diesbezügliche Einschränkung des Widerrufsrechts nach § 1 HWiG jegliche gesetzliche Grundlage[942]. Schon in der Entscheidung XI ZR 164/95 vom 17. September 1996 stellte der BGH klar, daß die Absicht von Anlegern, durch eine Beteiligung an einem geschlossenen Immobilienfonds Steuervorteile zu erlangen, die Rechte aus dem Haustürwiderrufsgesetz nicht zu schmälern vermöge[943]. Auch in seinem Urteil II ZR 304/00 vom 2. Juli 2001 sah der erkennende Senat einen Treuhandvertrag, der im Zusammenhang mit dem Beitritt zu einem geschlossenen Immobilienfonds geschlossen wurde, als einen Vertrag über eine entgeltliche Leistung an. Denn auch dort war der Anleger eine von der Hoffnung auf Gewinnerzielung getragene Verpflichtung zur Entgeltzahlung für den Erwerb eines vom Treuhänder zu haltenden Gesellschaftsanteils eingegangen[944].

In Fällen, in denen Anleger mittelbar über einen Treuhänder einer Anlagegesellschaft beitreten oder die Beteiligung an einer Publikumsgesellschaft erwerben, lägen entgeltliche Verträge i.S.d. § 1 Abs. 1 HWiG bzw. § 312 Abs. 1 S. 1 BGB

---

940 BGH vom 25.04.2006 – XI ZR 193/04 – NJW 2006, 1788 (1789). Sowie: FISCHER, Ende der Rechtsprechungsdivergenz, DB 2006, 1415 (1415).

941 BGH vom 14.06.2004 – II ZR 385/02 – WM 2004, 1527 (1528 f.). Sowie: BGH vom 14.06.2004 – II ZR 395/01 – BB 2004, 1644 (1645).

942 Der Beitritt zu einem Fonds stellt jedenfalls dann einen Vertrag über eine entgeltliche Leistung i.S.d. § 1 HWiG dar, soweit die Gesellschafterbeiträge geleistet werden, um aus der Gesellschaftsbeteiligung später einmal Gewinne zu erwirtschaften; vgl.: DOEHNER/HOFFMANN, ZIP 2004, 1884 (1888) m.w.N.

943 BGH vom 17.09.1996 – XI ZR 164/94 – NJW 1996, 3414 (3415 f.).

944 BGH vom 02.07.2001 – II ZR 304/00 – BB 2001, 1652 (1652).

in der seit dem 1. Januar 2002 geltenden Fassung vor[945]. Im Übrigen wird zum Begriff der Entgeltlichkeit auf die zur Frage der Anwendbarkeit des Verbraucherkreditgesetzes (hierzu siehe Punkt B.1.b)(1)(b) oben) gemachten Ausführungen verwiesen.

Obwohl der II. Senat in seinen Entscheidungen vom 14. Juni 2004 nicht den Haustürwiderruf bezüglich des Beitritts zu den Fondsgesellschaften, sondern den Widerruf der Darlehensverträge zuläßt, muß auch hier berücksichtigt werden, daß er über die von ihm gewählte Berücksichtigung des verbundenen Geschäfts innerhalb der Rückabwicklung nach Haustürwiderruf – also über diese Analogie – die Wirkungen des Haustürwiderrufsgesetzes auch auf gesellschafterliche Beteiligungen erstreckt. Dies läßt sich jedoch weder mit dem Gesetzeswortlaut, noch mit dem Gesetzeszweck oder der Gesetzeshistorie des Haustürwiderrufsgesetzes in Einklang bringen[946].

Es bestehen schon Zweifel, ob überhaupt der persönliche Anwendungsbereich des Haustürwiderrufsgesetzes bzw. der Haustürgeschäfterichtlinie eröffnet ist, ob es sich bei einem Kapitalanleger also um einen Verbraucher handelt[947]. Nach der Gesetzesfassung des § 13 BGB ist dies unproblematisch der Fall, wenn eine Kapitalanlage nicht der Berufstätigkeit des Anlegers zuzuordnen ist[948]. Der BGH hat für die Vorgängervorschrift des § 1 Abs. 1 S. 1 HWiG entschieden, daß der Beitrittsvertrag einem Vertrag über eine entgeltliche Leistung zumindest dann gleichzustellen ist, wenn der Zweck des Gesellschaftsbeitritts vorrangig in der Anlage von Kapital besteht und nicht darin, Mitglied der Gesellschaft zu werden[949]. Die bloße Gewinnerzielungsabsicht des Anlegers macht diesen nicht zum Gewerbetreibenden, solange er nicht wie ein persönlich haftender Gesellschafter oder ein Inhaber einer Sperrminorität eine unternehmerische Stellung in der Gesellschaft innehat[950]. Auch die Tatsache, daß dem Verbraucher, wenn er

---

945 PALANDT/PUTZO, 57. Aufl., Vorb. zu § 1 HWiG Rn. 5 ff. Sowie: PALANDT/HEINRICHS, 64. Aufl., § 312 Rn. 7.

946 WAGNER Klaus-R, Ausstieg, NZG 2000, 169 (172).

947 Art. 2 der Haustürgeschäfterichtlinie regelt Folgendes: „Im Sinne dieser Richtlinie bedeutet *„Verbraucher" eine natürliche Person, die bei den von dieser Richtlinie erfaßten Geschäften zu einem Zweck handelt, der nicht ihrer beruflichen oder gewerblichen Tätigkeit zugerechnet werden kann.*“; vgl.: ABl. EG 1985 Nr. L 372 vom 31.12.1985, 31 (31 ff.).

948 ARMBRÜSTER, Kapitalanleger als Verbraucher, ZIP 2006, 406 (407).

949 BGH vom 18.10.2004 – II ZR 352/02 – BB 2004, 2711 (2712).

950 Daß Kapitalanleger allgemein vom persönlichen Anwendungsbereich umfaßt sind, zeigt beispielsweise auch der Ausschluß von Wertpapieren in Art. 3 Abs. 2 lit. e der Haustürgeschäfterichtlinie sowie auf nationaler Ebene der Ausschlußtatbestand des § 491 Abs. 3 Nr. 2 BGB n.F.; vgl.: ARMBRÜSTER, Kapitalanleger als Verbraucher, ZIP 2006, 406 (407).

den Beitrittsvertrag nicht mit der Gesellschaft, sondern mit sämtlichen bisherigen Gesellschaftern – die ja ebenfalls Verbraucher sind – abschließt, kein Unternehmer als Vertragspartner gegenübersteht, vermag nichts daran zu ändern, daß es sich hier um einen Verbrauchervertrag handelt. Denn jedenfalls der Fondsinitiator oder ein mit diesem verbundenes Unternehmen hat bei der Gründung der Gesellschaft als Unternehmer i.S.d. § 14 BGB gehandelt. Zudem nimmt die Beteiligung weiterer Verbraucher an einem Beitrittsvertrag diesem nicht das typische Gepräge, daß der Verbraucher einem Unternehmer gegenübersteht[951].

Erst recht bestehen erhebliche Zweifel, ob der sachliche Anwendungsbereich für einen Haustürwiderruf eröffnet ist, ob es sich bei einer Beteiligung an einem geschlossenem Immobilienfonds also um eine entgeltliche Leistung und damit um ein Verbrauchergeschäft i.S.d. § 312 Abs. 1 S. 1 BGB n.F. handelt. Während beispielsweise das Teilzeitwohnrechtegesetz in seinem § 1 Abs. 2 S. 2 regelt, daß auch die Gesellschaftsbeteiligung erfaßt wird, fehlt sowohl im Haustürwiderrufsgesetz als auch in § 312 BGB eine derartige Vorschrift. Die Frage nach dem sachlichen Anwendungsbereich betrifft eine Grundsatzfrage des Gesellschaftsrechts und ist in Rechtsprechung und Schrifttum umstritten[952]. Denn wenn der Anleger eine Fondsbeteiligung erwirbt, wird er Mitglied einer Personengesellschaft. Wie oben bereits ausgeführt, kann man nicht davon ausgehen, daß die hierfür erforderliche Entgeltlichkeit vorliegt (siehe Punkt B.1.b)(1)(b) oben). Die Beteiligung an einer Immobilienkapitalanlage über einen geschlossenen Immobilienfonds ist keine zum privaten Verbrauch bestimmte Ware, sie stellt auch keine entsprechende Dienstleistung dar. Für den Verbraucherbegriff ist hierbei die Maßgeblichkeit der jeweiligen Geschäfte von Bedeutung. Bei den streitgegenständlichen Beteiligungen an geschlossenen Immobilienfonds handelt es sich demnach nicht um ein Verbrauchergeschäft i.S.d. Haustürwiderrufsgesetzes. Erstreckt man die Wirkungen des Haustürwiderrufsgesetzes entgegen Gesetzeswortlaut, Gesetzeszweck und Gesetzeshistorie über eine Analogie auf gesellschafterliche Beteiligungen, verstößt man gegen das Gebot zur richtlinienkonformen Auslegung[953].

Es handelt sich beim Beitritt zu einem geschlossenen Immobilienfonds schon nicht um ein auf eine entgeltliche Leistung gerichtetes vermögensrechtliches Schuldgeschäft i.S.d. § 1 Abs. 1 HWiG bzw. § 312 Abs. 1 S. 1 BGB in der seit

---

951 Im Übrigen finden neu beitretende Verbraucher ein fertiges Fondskonzept vor, welches in der Regel eine Bevollmächtigung der Gründungsgesellschafter enthält, weitere Anleger aufzunehmen; vgl.: ARMBRÜSTER, Kapitalanleger als Verbraucher, ZIP 2006, 406 (407 f.).

952 ARMBRÜSTER, Kapitalanleger als Verbraucher, ZIP 2006, 406 (408).

953 WAGNER Klaus-R, Ausstieg, NZG 2000, 169 (171 f.).

dem 1. Januar 2002 geltenden Fassung. Daran vermag auch die Tatsache nichts zu ändern, daß der Beitritt sowohl zu einem Gesellschaftsanteil des Neugesellschafters führt als auch eine personenrechtliche Einlagepflicht des Gesellschafters entstehen läßt[954]. Insbesondere gibt weder der Wortlaut des § 1 Abs. 1 Hs. 1 HWiG noch die Entstehungsgeschichte dieses Gesetzes eine Rechtfertigung dafür, das Begründen oder den Erwerb mittelbarer oder unmittelbarer gesellschafterlicher Beteiligungen an geschlossenen Immobilienfonds als Willenserklärung aufzufassen, die auf eine entgeltliche Leistung i.d.S. gerichtet ist. Es zwingt die richtlinienkonforme Auslegung des Haustürwiderrufsgesetzes vielmehr dazu, daß dasjenige nicht Gegenstand des Haustürwiderrufsgesetzes sein kann, was durch Art. 3 Abs. 2 lit. a der Haustürgeschäfterichtlinie von deren Anwendungsbereich ausgenommen ist[955].

Eine teleologische Auslegung des § 312 BGB kommt ebenfalls nicht in Betracht. Eine solche würde voraussetzen, daß manche Kapitalanleger den Schutz vor Überrumpelung durch ein Haustürgeschäft, den § 312 BGB gewährt, gebrauchen können. Nachvollziehbar wäre dies, wenn man bedenkt, daß die Mindestbeteiligungssummen bei derartigen Kapitalanlagemodellen ständig gesunken sind, oft eine Finanzierung der Einlageleistung angeboten wird und dadurch weniger finanzkräftige Kundenkreise erreicht werden. Allerdings muß man – ausgehend vom ehernen Privatrechtsgrundsatz „*pacta sunt servanda*" – das Schutzbedürfnis solcher Kapitalanleger, die ein vorhandenes aber nicht benötigtes Vermögen vermehren wollen, wesentlich niedriger ansetzen als bei Verbrauchern, die flüchtige Konsumgüter an der Haustüre kaufen. Denn solchen Kapitalanlegern würde man dann z.B. einen Widerruf dann ermöglichen, wenn sie kurz nach ihrem Fondsbeitritt eine noch lukrativere Geldanlage gefunden haben. Solche Investoren und Spekulanten sind von vornherein weniger schutzwürdig, da sie bewußt ein Engagement mit Chancen und Risiken eingehen[956].

Für dieses Ergebnis sprechen auch die jüngsten Entwicklungen im europäischen Verbraucherschutzrecht. Denn auch dort hat sich nicht nur dessen Stellenwert verändert. Auch dessen inhaltliche Akzente sind eine Entwicklung durchlaufen – weg vom sozialstaatlichen Gebot, den wirtschaftlich, strukturell und intellektuell Schwächeren zu schützen, hin zur Marktbezogenheit des europäischen Verbraucherschutzrechts: Der Verbraucher soll in die Lage versetzt werden, eigenverantwortlich am Markt teilzunehmen. Das Treffen marktbezogener Entscheidun-

---

954 MÜNCHENER HANDBUCH/BÄLZ, § 101 Rn. 93.

955 WAGNER Klaus-R, Ausstieg, NZG 2000, 169 (171). HADDING/NOBBE/HABERSACK sieht den Erwerb einer Mitgliedschaft an einer Fondsgesellschaft allenfalls auf der Grundlage des Umgehungsverbots des § 5 Abs. 1 HWiG im Schutzbereich des Haustürwiderrufsgesetzes; vgl.: HADDING/NOBBE/HABERSACK, 250.

956 ARMBRÜSTER, Kapitalanleger als Verbraucher, ZIP 2006, 406 (408 f.).

gen soll vor allem durch gestärkte Informationsrechte ermöglicht werden. Hierdurch wird der eigenverantwortlich handelnde Bürger als Marktteilnehmer in den Mittelpunkt gerückt, vom Leitbild des strukturell grundsätzlich schutzbedürftigen Verbrauchers ist man abgerückt[957]. Diese Eigenverantwortung des Kapitalanlegers bringt es auch mit sich, die ihm zur Verfügung gestellten Informationen zu nutzen. Es geht hier also um die Grenze zwischen Anlegerschutz und Eigenverantwortung. Diese Frage kann jedoch bei Bejahung umfangreicher Informationspflichten nicht dahingehend beantwortet werden, daß dem Verbraucher die Eigenverantwortung abgeschnitten wird. Die läuft auch der europäischen Verbraucherschutzentwicklung zuwider.

c) Verstoß gegen den Vertrauensschutz der Bank

Weiterhin werfen Kritiker einer Zurechnung der Haustürsituation an die Banken – bzw. nunmehr, nach Erlaß der beiden EuGH-Entscheidungen vom 25. Oktober 2005 die Tatsache, daß eine Zurechnung schon gar nicht mehr notwendig sei – vor, daß die Banken zum Zeitpunkt der Abschlüsse der Kreditverträge noch gar nicht an eine Anwendbarkeit des Haustürwiderrufsgesetz denken mußten. MEDICUS weist zutreffend darauf hin, daß selbst bei einer unterstellten Anwendung des § 123 Abs. 2 BGB das nötige Verschulden fehlen würde. Im Hinblick auf die problematische Rückwirkung von Gerichtsentscheidungen könne man von der Bank nicht verlangen, klüger zu sein, als der BGH[958]. Denn in dem hier maßgeblichen Zeitpunkt, in welchem die Banken ihre Darlehensvertragsformulare aus der Hand gaben und die Kreditverträge geschlossen wurden, wurde noch nicht die Rechtsauffassung vertreten, daß sowohl eine Widerrufsbelehrung nach dem Verbraucherkreditgesetz als auch eine solche nach dem Haustürwiderrufsgesetz erforderlich sei. Die Belehrung der Banken über ein zum damaligen maßgeblichen Zeitpunkt alleine in Frage kommendes Widerrufsrecht nach dem Verbraucherkreditgesetz war ausreichend[959] – jedenfalls zum Zeitpunkt der Vertragsabschlüsse. Ein gesetzeswidriges Verhalten der Banken lag mithin nicht vor, weswegen eine Zurechnung der Haustürsituation nach jetziger Rechtslage dem Vertrauensschutz, der der Bank zusteht, nicht gerecht wird. Dies ist trotz der oben genannten Entscheidungen des EuGH vom 25. Oktober 2005 auch weiterhin zu bedenken[960].

---

957 ARMBRÜSTER, Kapitalanleger als Verbraucher, ZIP 2006, 406 (410 f.).

958 MEDICUS, Kurzkommentar zu § 5 HWiG, EWiR 2005, 893 (894).

959 EDELMANN, Kommentar II ZR 395/01, BB 2004, 1648 (1649).

960 Dem wird sogar vom XI. Senat entgegengehalten, daß sich der BGH bereits in seiner Entscheidung XI ZR 91/99 vom 09.04.2002 mit der Zunichtemachunng des Vertrauensschutzarguments auseinandergesetzt habe. Dort führt der BGH aus, daß es der Zulässigkeit einer Rechtsprechungsänderung noch nicht einmal dann entgegenstünde, daß Gerichtsentscheidungen zur Auslegung einer Rechtsnorm Auswirkungen auf Sachverhalte haben, die in der Vergangenheit liegen, aber noch nicht abgeschlossen sind. Des Weite-

d) Unanwendbarkeit des Verbundgeschäfts im Rahmen des Haustürwiderrufsgesetzes

Es ist außerdem nicht erklärbar, aus welchen Gründen im Rahmen der Vorschriften des Haustürwiderrufsgesetzes die Grundsätze über das die Wirkungserstreckung enthaltene Verbundgeschäft angewendet werden sollten. Mit der Gesetzessystematik ist ein solches Vorgehen unvereinbar. Eine derartige Erstreckung ist nicht nur im Haustürwiderrufsgesetz nicht vorgesehen, sondern sie ist auch dem europäischen Recht, namentlich der Haustürgeschäfterichtlinie fremd. Nach EDELMANN kommt der BGH seiner Pflicht, diese Gesetzesanwendung ausreichend zu begründen, nicht nach. Alleine die Berufung auf den Schutzzweck des Haustürwiderrufsgesetzes ist zugegebenermaßen etwas dürftig, zumal es nicht Ziel des Haustürwiderrufsgesetzes ist, das grundsätzlich vom Kreditnehmer zu tragende Anlagerisiko auf das finanzierende Kreditinstitut abzuwälzen[961].

Die Entscheidungen des EuGH vom 25. Oktober 2005 stellen hierzu fest, daß ein verbundenes Geschäft insoweit nicht vorliegt. Auch hat der EuGH eine vermeintliche Lückenschließung der Richtlinie nicht vorgenommen. Dies veranschaulicht, daß die Bejahung bzw. die Berücksichtigung des Verbundgeschäfts in derartigen Fallgestaltungen nicht mehr begründbar ist, nachdem hierzu auch vom EuGH eine Absage erteilt wurde.

e) Notwendigkeit der Gleichstellung von Verbraucherkredit- und Haustürwiderrufsgesetz

Es kann auch nicht angehen, daß bei der vom II. Senat vorgenommenen Übertragung der Grundsätze des Verbundgeschäfts auf das Haustürwiderrufsgesetz eine Besserstellung des Verbrauchers nach sich zieht. Der Verbraucher stünde besser, als dies im Verbraucherkreditgesetz der Fall wäre. Denn im Anwendungsbereich des Verbraucherkreditgesetzes könnte die Mitgliedschaft in der Fondsgesellschaft lediglich für die Zukunft gekündigt werden. Anerkanntermaßen können die Rechte aus § 9 Abs. 3 VerbrKrG jedoch erst geltend gemacht werden, wenn der Anleger seine Fondsbeteiligung bereits gekündigt oder widerrufen hat. Im Bereich des Haustürwiderrufsgesetzes kann und darf nichts anderes gelten. Es grenzt wieder an eine Rosinentheorie, wenn man sich zugunsten des Verbrauchers zwar des Verbundgeschäfts aus dem Verbraucherkreditgesetz

---

ren sei in derartigen Fällen nicht von einem schützenswerten Vertrauen auszugehen, da die Auslegung des § 5 Abs. 2 HWiG seit langem umstritten gewesen sei; vgl.: BGH vom 09.04.2002 – XI ZR 91/99 – BB 2002, 1221 (1224).

961 EDELMANN, Rückzahlungspflicht, BKR 2002, 801 (804). Sowie: EDELMANN, Kommentar II ZR 395/01, BB 2004, 1648 (1649).

bedient, jedoch dann nicht konsequent die auch im Verbraucherkreditgesetz geregelten bzw. anerkannten Rechtsfolgen anwendet. Insoweit müssen sowohl das Verbraucherkredit- als auch das Haustürwiderrufsgesetz gleichbehandelt, d.h. an dieselben Rechtsfolgen geknüpft werden. Dies ist offensichtlich auch vom Gesetzgeber so gewollt, da dieser mit der Verweisung in § 7 Abs. 4 VerbrKrG auf die Vorschrift des § 3 HWiG (entspricht § 361a Abs. 2 BGB n.F. bzw. § 357 Abs. 1 BGB n.F.) von der Gleichbehandlung der Widerrufsfolgen nach beiden Gesetzen ausging[962].

f) Einwand der Verwirkung

Ein weiterer Kritikpunkt liegt im Rechtsinstitut der Verwirkung. Zwar unterliegt das Widerrufsrecht nach dem Haustürwiderrufsgesetz als Gestaltungsrecht nicht der Verjährung[963]. Und obwohl für dieses Recht weder nach alter Rechtslage in den bis zum 31. Dezember 2001 geltenden Regelungen des Haustürwiderrufsgesetzes noch nach neuer Rechtslage in den seit dem 1. Januar 2002 geltenden §§ 312, 312a BGB eine Ausschlußfrist für dessen Geltendmachung vorgesehen ist, kann man hier mit guten Argumenten die Auffassung vertreten, daß in den vom II. Zivilsenat entschiedenen Sachverhalten der Einwand der Verwirkung der Geltendmachung des Widerrufsrechts entgegengestanden hätte[964].

Die Verwirkung eines Rechts setzt grundsätzlich voraus, daß sowohl das sog. Zeitmoment als auch das sog. Umstandsmoment vorliegen. Der Berechtigte muß also das jeweilige Recht über einen längeren Zeitraum hindurch nicht geltend gemacht haben (Zeitmoment) und aufgrund dessen muß sich der Verpflichtete darauf eingerichtet haben – und durfte dies nach dem gesamten Verhalten des Berechtigten auch tun – daß der Berechtigte das Recht auch in Zukunft nicht mehr geltend machen würde (Umstandsmoment). Die illoyale Verspätung der

---

962 EDELMANN, Rückzahlungspflicht, BKR 2002, 801 (803 f.).

963 PALANDT/HEINRICHS, 64. Aufl., § 194 Rn. 3. Die Verjährung der gegenseitigen Rückabwicklungsansprüche nach § 3 HWiG richtet sich nach einer Auffassung im Schrifttum ab dem Zeitpunkt des Entstehens des Rückabwicklungsanspruchs nach der ab dem 01.01.2003 auf Darlehensverträge uneingeschränkt geltenden Vorschrift des § 497 Abs. 3 S. 3 BGB und verjährt in zehn Jahren nach seiner Entstehung. Nach einer anderen Auffassung soll auch hier nach dem Vorrang der kürzeren Verjährung gemäß Art. 229 §§ 5 f. EGBGB die Verjährung der vor dem 01.01.2002 entstandenen und zu diesem Zeitpunkt noch nicht verjährten Ansprüche am 31.12.2004 eingetreten sein; vgl.: CARTANO/EDELMANN, WM 2004, 775 (776, 779).

964 OLG Karlsruhe vom 28.08.2002 – 6 U 14/02 – WM 2003, 1218 (1223). So auch: SCHMIDT-KESSEL, Ausweitung, ZGS 2002, 311 (313).

Rechtsausübung ist unzulässig und stellt einen Verstoß gegen Treu und Glauben dar[965].

(1) Zeitmoment

Gerade im Anwendungsbereich des Haustürwiderrufsgesetzes sind an das Vorliegen der Verwirkung strenge Anforderungen zu stellen. Denn grundsätzlich hat hier der Geschäftspartner des Verbrauchers die Nachteile zu tragen, die durch eine unterlassene oder nicht ordnungsgemäße Widerrufsbelehrung veranlaßt sind[966]. Alleine die Tatsache, daß die Anleger die durch den Beitritt zum Immobilienfonds begründeten Vertragsverhältnisse jahrelang vollzogen haben, führt zunächst nur dazu, daß das für die Verwirkung erforderliche Zeitmoment vorliegt. Denn in den vorliegenden Fällen ist durchweg festzustellen, daß die Anleger meist über viele Jahre hinweg die aus der Gesellschaftsbeteiligung resultierenden Vorteile wie Steuerersparnisse oder auch die Ausschüttungen der Mieterträge ausgenutzt und in Anspruch genommen haben. Die Ausübung des Widerrufsrechts erfolgte in der Regel wegen Liquiditätsengpässen bis hin zum wirtschaftlichen Zusammenbruch der Fondsgesellschaften.

(2) Umstandsmoment

Bei der Beurteilung, ob das Umstandsmoment in den am 14. Juni 2004 entschiedenen Fällen vorlag, ist jedenfalls zu beachten, daß das Institut der Verwirkung grundsätzlich die Möglichkeit einer flexiblen und einzelfallorientierten zeitlichen Begrenzung des Widerrufsrechts außerhalb der gesetzlichen Regelung des § 7 Abs. 2 S. 3 VerbrKrG (in seiner Fassung bis zum 30.9.2000) bietet[967]. Und nachdem die Anleger, die Anteile an einem geschlossenen Immobilienfonds erworben haben, jahrelang Zeit hatten, ihren damaligen Entschluß zu reflektieren, war nicht unbedingt mehr damit zu rechnen, daß sie die damals abgeschlossenen Verträge widerrufen würden. Jedenfalls kann das Umstandsmoment dann erfüllt sein, wenn der Verpflichtete durch die späte Rechtsausübung in wirtschaftliche Schwierigkeiten gerät, obgleich dessen Verhalten bei einer rechtzeitigen Geltendmachung des Rechts hätte angepaßt werden können. Das tatsächliche Vorliegen des Umstandsmoments liegt bei der Ausübung eines Widerrufsrechts und den für die Fondsgesellschaft durch die Rückforderungen plötzlich entstehenden Zahlungsverpflichtungen zumindest prinzipiell nahe[968]. Noch deutlicher wird

---

965 STAUDINGER/LOOSCHELDERS, § 242 Rn. 306 ff. Sowie: PALANDT/HEINRICHS, 64. Aufl., § 242 Rn. 87.

966 BGH vom 18.10.2004 – II ZR 352/02 – BB 2004, 2711 (2713).

967 Obiter dictum des OLG Hamm vom 18.01.1999 – 31 U 146/98 – WM 1999, 1057 (1059). Sowie: LOUVEN, BB 2001, 1806 (1808).

968 LOUVEN, BB 2001, 1806 (1808).

diesbezüglich das OLG Hamm in seiner Entscheidung 31 U 146/98 vom 18. Januar 1999. Hiernach könne einem Verbraucher das Widerrufsrecht nach dem Haustürwiderrufsgesetz nicht "*ad calendas Graecas*" offen gehalten werden. Das OLG Hamm hat folglich die Jahresfrist des § 7 Abs. 2 Satz 3 VerbrKrG als einen „*maßgeblichen Toleranz-Zeitraum*" angewendet. Nach Ablauf dieses Zeitraums sei ein ehemals vorhandenes Widerrufsrecht als verwirkt anzusehen[969]. Nach zutreffender Ansicht des OLG Karlsruhe ist bei der Diskussion, ob Verwirkung vorliegt, außerdem zu berücksichtigen, ob überhaupt eine Widerrufsbelehrung erteilt wurde, sei es auch eine solche nach dem Verbraucherkreditgesetz. Denn in einem solchen Fall ist der Verbraucher ja gerade über ein Widerrufsrecht belehrt worden, mag die Belehrung auch nicht in allen Belangen den Anforderungen des Haustürwiderrufsgesetzes voll entsprochen haben[970].

Der Widerruf wurde in den Entscheidungen vom 14. Juni 2004 von den Anlegern also aus „*völlig sachfremden Gesichtspunkten, deren Schutz gerade das HWiG nicht bezweckt*"[971], vorgenommen. Demnach könnte vom BGH auch an dieser Stelle eine am Sinn und Zweck des aus einer Haustürsituation resultierenden Widerrufsrechts orientierte Auslegung erwartet werden. Insbesondere unter Berücksichtigung der Tatsache, daß nach einem erfolgten Widerruf etwaige durch den Verbraucher erzielte Steuervorteile bei der Rückabwicklung nach § 3 HWiG im Rahmen einer Vorteilsausgleichung nach Ansicht des II. Zivilsenats nicht zu berücksichtigen sind[972], ließe sich hier der Einwand der Verwirkung mit guten Argumenten vertreten. Daß der II. Senat vorrangig die Banken in Anspruch nimmt, kann daran jedenfalls nichts ändern. Denn auch für die Kreditinstitute stellt das späte Widerrufsrecht eine unvorhersehbare Zahlungsverpflichtung dar.

g) Fehlende Kausalität

Es muß weiterhin berücksichtigt werden, daß zwischen einer Verhandlung in einer Haustürsituation i.S.d. § 1 Abs. 1 HWiG und dem späteren Vertragsschluß ein erheblicher Zeitraum liegen kann. Dies war zwar in den am 14. Juni 2004

---

969 OLG Hamm vom 18.01.1999 – 31 U 146/98 – WM 1999, 1057 (1059).

970 OLG Karlsruhe vom 28.08.2002 – 6 U 14/02 – WM 2003, 1218 (1223).

971 Diesen Aspekt berücksichtigen auch: OLG Hamm vom 18.01.1999 – 31 U 146/98 – WM 1999, 1057 (1059). Sowie: LG Hamburg vom 24.09.1986 – 4 S 35/86 – WM 1986, 1504 (1505) in einem Fall, in dem die Berufung des Käufers eines PKWs auf die fehlende Belehrung über ein Widerrufsrecht nach dem damals noch geltenden Abzahlungsgesetz nach Treu und Glauben ausgeschlossen war, weil der Käufer einen Widerruf zunächst nicht beabsichtigte und das gekaufte Fahrzeug jahrelang nutzte. Sowie: EDELMANN, Kommentar XI ZR 137/98, BB 2004, 1455 (1456).

972 BGH vom 14.06.2004 – II ZR 385/02 – WM 2004, 1527 (1529). Sowie: BGH vom 18.10.2004 – II ZR 352/02 – BB 2004, 2711 (2714).

vom BGH entschiedenen Fällen nicht so. Jedoch spielt die rechtliche Behandlung eines solchen Umstands auch hier eine Rolle. Denn obwohl ein enger zeitlicher Zusammenhang zwischen der mündlichen Verhandlung in einer Haustürsituation und der Vertragserklärung von den Vorschriften des Haustürwiderrufsgesetzes nicht gefordert wird, entfällt die Indizwirkung für die Kausalität bei zunehmendem zeitlichem Abstand[973]. Denn je weiter der Vertragsschluß von der Verhandlung in der Haustürsituation zeitlich entfernt ist, desto weniger ist davon auszugehen, daß ein Verbraucher durch die Haustürsituation in seiner Entschließungsfreiheit beim Vertragsschluß beeinträchtigt wurde[974]. Bei einem zeitlichen Abstand von drei Wochen zwischen den Besuch des Vermittlers im Rahmen der Haustürsituation und der Unterzeichnung des Darlehensvertrags kann die Kausalität bereits fehlen[975].

Da auch hier die gesetzliche Wertung und die Schutzbedürftigkeit des Verbrauchers eine entscheidende Rolle spielen, muß dieser Maßstab auch an vergleichbare Sachverhalte angelegt werden. Obwohl bei Verstößen gegen das Haustürwiderrufsgesetz nicht mehr – wie noch im Rahmen der früheren Rechtsprechung zu § 134 BGB i.V.m. § 56 Abs. 1 Nr. 6 GewO und beim Einwendungsdurchgriff nach § 242 BGB – von einem eingeschränkten Schutzbedürfnis besserverdienender Kapitalanleger bei Kapitalanlagen zur Steuerersparnis ausgegangen

---

973 OLG Stuttgart vom 09.03.2004 – 6 U 166/03 (n.r.) – ZIP 2004, 891 (895). Dem Verbraucher kommt zwar für die von § 1 Abs. 1 HWiG bzw. § 312 Abs. 1 BGB n.F. geforderte Kausalität zwischen Haustürsituation und Vertragsschluß ein Prima facie Beweis zu. Jedoch ist hierfür regelmäßig kein Raum, wenn zwischen den Verhandlungen an der Haustür und der Willenserklärung des Verbrauchers eine Frist von über einer Woche liegt; vgl.: MÜNCHKOMM/ULMER, § 312 Rn. 31 ff. und 89. Nach anderer Auffassung kann in solchen Fällen schon nicht mehr von einer Haustürsituation ausgegangen werden. Dies hat das OLG Frankfurt/Main in einem Fall entschieden, in dem der Vertragsschluß sieben Monate nach der eigentlichen Haustürsituation stattfand. Das Fortwirken der Überrumpelungssituation müsse in einem solchen Fall vom Widerrufsberechtigten bewiesen werden; vgl.: OLG Frankfurt/Main vom 15.12.2004 – 9 U 56/03 – OLGR Frankfurt 2005, 307 (307 ff.). OLG Jena vom 28.03.2006 – 5 U 742/05 (n.r.) – ZIP 2006, 946 (946 ff.) geht davon aus, daß zumindest mit der notariellen Beurkundung eines fremdfinanzierten Beitritts zu einem Immobilienfonds die Kausalität einer Haustürsituation für den Vertragsschluß unterbrochen ist. Des Weiteren ist dann § 312 Abs. 3 Nr. 3 BGB zu beachten, der ein Haustürwiderrufsrecht im Fall einer notariellen Beurkundung ausschließt.

974 KG vom 21.12.2004 – 4 U 9/04 – http://www.jurion.de/archiv/urteile/2004/12/21.html, zuletzt abgerufen am 05.12.2005. Sowie: KG vom 05.04.2005 – 4 U 91/04 – http://www.brakonlinefortbildung.de, zuletzt abgerufen am 05.12.2005. Sowie: BGH vom 18.03.2003 – XI ZR 188/02 – NJW 2003, 2088 (2089 f.).

975 OLG Stuttgart vom 09.03.2004 – 6 U 166/03 (n.r.) – ZIP 2004, 891 (895).

wird[976], kann es keinen Unterschied machen, ob das Widerrufsrecht nach dem Haustürwiderrufsgesetz deswegen ausgeschlossen ist, weil die Entschließungsfreiheit nicht mehr beeinträchtigt wird, oder deswegen, weil der Widerruf Jahre nach dem Vertragsschluß aus völlig gesetzesfremden Motiven erfolgt. Der Zeitfaktor muß auch hier Berücksichtigung finden.

h) Haustürsituation des Vertreters entscheidend

Ein weiterer Kritikpunkt an den Entscheidungen vom 14. Juni 2004 ist die Tatsache, daß der II. Zivilsenat dort für die Bestimmung der Tatsache, ob eine Haustürsituation vorliegt, auf die Person des Vertretenen abstellte. Es komme nicht darauf an, ob die Unterzeichnung der Darlehensvertragserklärung durch den Vertreter in einer Haustürsituation stattgefunden habe. Entscheidend sei allein, daß die Anleger in einer Haustürsituation zu einer Bevollmächtigung bestimmt worden seien[977]. Dem stehen jedoch, wie sogleich zu zeigen sein wird, gewichtige Bedenken entgegen.

Denn bei derartigen Sachverhalten ist grundsätzlich auf die Situation des Vertreters, also in aller Regel auf diejenige des von den Anlegern beauftragten Treuhänders abzustellen. So vertrat der XI. Zivilsenat des BGH in seiner Entscheidung vom 26. Oktober 2004[978] die Auffassung, ein Haustürwiderrufsrecht stünde einem Anleger in einer derartigen Situation nicht zu. Denn grundsätzlich sei die Situation des Vertreters maßgeblich dafür, ob eine Haustürsituation i.S.d. § 1 HWiG vorliege oder nicht. Auf die Person des Vertretenen bei der Vollmachtserteilung könne man hier nicht abstellen. Dadurch liege auch keine Umgehung des Haustürwiderrufsgesetzes gemäß § 5 HWiG vor[979]. In der Entscheidung XI ZR 134/02 vom 14. Oktober 2003 führte der XI. Senat bereits aus, daß etwas anderes nur dann gelte, wenn sich ein Anleger über einen Treuhänder nur mittelbar an einer Publikums-GbR beteiligt. In einer solchen Situation, in der der als Mittler eingeschaltete Treuhänder als Vertreter des Anlegers einen Vertrag mit der Fondsgesellschaft schließt, könne deshalb nur auf die bei Abschluß

---

976 Der gesetzgeberische Zweck der Neuregelungen des HWiG schließt eine Schlechterstellung desjenigen Kapitalanlegers, der durch eine solche Vertragsgestaltung steuerliche Vorteile erstrebt, aus; vgl.: OLG Stuttgart vom 29.06.1999 – 6 U 169/98 – WM 1999, 2310 (2312). Im Übrigen wurde in diesem Bereich generell auf die Schutzbedürftigkeit des Anlegers abgestellt, der bei Darlehensverträgen beispielsweise zur Finanzierung des Beitritts zu einer Abschreibungsgesellschaft nicht gegeben war; vgl.: HABERSACK, Drittfinanzierter Immobilien- und Beteiligungserwerb, ZHR 156, 45 (49).

977 BGH vom 14.06.2004 – II ZR 395/01 – BB 2004, 1644 (1645).

978 BGH vom 26.10.2004 – XI ZR 255/03 – ZIP 2005, 69 (69 ff.).

979 BGH vom 26.10.2004 – XI ZR 255/03 – ZIP 2005, 69 (75). Dies stellt die konsequente Fortführung seiner bisherigen Rechtsprechungslinie dar; vgl.: BGH vom 25.03.2003 – XI ZR 227/02 – NJW 2003, 2091 (2091).

des Beteiligungsvertrags durch den Anleger vorliegende Haustürsituation abgestellt werden[980]. Grund dafür sei, daß das Haustürwiderrufsgesetz selbst in § 1 Abs. 1 Nr. 1 nicht regelt, ob eine Verhandlungssituation i.d.S. bei Abschluß eines Vertrags durch einen Vertreter für den Vertreter oder für den Vertretenen vorliegen muß. Aus der Gleichsetzung des „*Erklärenden*" mit dem „*Kunden*" in der Legaldefinition des § 1 Abs. 1 Hs. 1 HWiG sei nicht zu folgern, daß auch dann, wenn ein Vertreter die Vertragserklärung abgibt, darauf abzustellen ist, ob für den Vertretenen eine Haustürsituation vorgelegen hat. In diesem Zusammenhang lege der Begriff des „*Kunden*" nur fest, wen die rechtlichen Folgen der Vertragserklärung treffen[981]. Für die in diesem Zusammenhang entscheidende Frage, ob bei Mängeln der Vertragserklärung auf die Person des Vertreters oder auf die des Vertretenen abzustellen ist, sei nicht § 164 BGB, sondern § 166 Abs. 1 BGB entscheidend. Nach § 166 Abs. 1 BGB kommt es bei Willensmängeln auf die Person des Vertreters an. Dies beruht darauf, daß der Vertreter eine eigene Willenserklärung abgibt und trägt dem Verkehrsschutz Rechnung. Da § 1 HWiG allerdings keinen Willensmangel i.S.d. § 166 Abs. 1 BGB voraussetzt, sondern einen situativen Übereilungsschutz gewähren will, und grundsätzlich bei einem Vertretergeschäft nur der Vertreter der Einflußnahme des Vertragspartners oder eines Dritten ausgesetzt ist, da auch nur der Vertreter mit dem Vertragspartner verhandelt und die Willenserklärung abgibt, ist nach der h.M. in Rechtsprechung und Literatur für die situationsbezogenen Voraussetzungen des Haustürwiderrufsrechts alleine die Person des Vertreters maßgebend[982].

Auch BARNERT stellte zutreffend fest, daß es der wirksamen Ausübung eines solchen Widerrufsrechts entgegensteht, wenn auf Seiten des Anlegers ein Stellvertreter eingeschaltet wird , da es dann nicht auf die Haustürsituation des Vertretenen bei der Vollmachterteilung, sondern auf die des Vertreters beim Abschluß des Darlehensvertrags selbst ankommt. Der Abschluß des Darlehensvertrags wird nicht dadurch zum Haustürgeschäft, daß alleine die Vollmacht in einer Haustürsituation erteilt wird. Denn eine gesetzlich zulässige Stellvertre-

---

980 BGH vom 14.10.2003 – XI ZR 134/02 – NJW 2004, 154 (155).

981 BGH vom 02.05.2000 – XI ZR 150/99 – NZM 2000, 773 (773).

982 § 164 BGB regelt demgegenüber nur die Zurechnung der Rechtsfolgen einer von einem Vertreter im Rahmen seiner Vertretungsmacht für einen anderen abgegebenen Willenserklärung. Auch § 166 Abs. 2 BGB führt hier zu keinem anderen Ergebnis. Der Vertretene kann sich auf die Unkenntnis des Vertreters von solchen Umständen nicht berufen, die er selbst kannte. Dies gilt jedoch nur dann, wenn er dem Vertreter für den Abschluß des Rechtsgeschäfts bestimmte Weisungen erteilt hat. In den hier vorliegenden Fällen hatte der Vertretene dem Vertreter solche Weisungen jedoch nicht erteilt; vgl.: BGH vom 02.05.2000 – XI ZR 108/99 – NZM 2000, 775 (776). Sowie: BGH vom 02.05.2000 – XI ZR 150/99 – NZM 2000, 773 (773 f.). Sowie: BGH vom 02.05.2000 – XI ZR 243/99 – ZIP 2000, 1158 (1158 f.). Sowie: BGH vom 29.04. 2003 – XI ZR 201/02 – BKR 2003, 636 (638).

tung kann nicht als Umgehung der Vorschriften des Haustürwiderrufsgesetzes gewertet werden[983].

BUNGEROTH meinte hierzu, der Anwendungsbereich des Haustürwiderrufsgesetzes werde generell überschätzt. Zumindest spiele das Haustürwiderrufsgesetz in einem erheblichen Teil dieser Fälle von vornherein keine Rolle bzw. erweise es sich jedenfalls im Ergebnis als nicht anwendbar. Beispielhaft verweist BUNGEROTH diesbezüglich auf den Heininger-Fall, der mit der schlichten Feststellung des OLG München, daß eine Haustürsituation nicht vorgelegen habe, ein ruhmloses Ende gefunden habe. Denn die Anwendbarkeit des Haustürwiderrufsgesetzes scheitere oft daran, daß die Darlehensverträge von den umfassend bevollmächtigten Treuhändern abgeschlossen wurden. Diese Treuhänder seien aber in dieser Situation nicht in einer Haustürsituation gestanden. In der Regel könne auch die von den Mitarbeitern der Vertriebsgesellschaft geschaffene Haustürsituation dem Kreditinstitut nicht zugerechnet werden[984].

Dieser ablehnenden Ansicht ist zuzustimmen, da es für die Begründung einer solchen Zurechnung, wie sie der BGH in seinen Urteilen vom 14. Juni 2004 angenommen hat, nicht ausreichen kann, daß Banken ihre Darlehensvertragsformulare aus der Hand geben. Denn wenn diese Formulare einem Dritten übergeben werden, so spricht kein allgemeiner Erfahrungssatz dafür, daß der spätere Vertragsschluß in einer Haustürsituation stattfindet. Insbesondere zum damaligen Zeitpunkt mußte die Bank damit nicht rechnen[985].

Jedoch hat der EuGH die Frage der Zurechnung – wie bereits (bei Punkt 4.c)(6)(d)(ii) oben) ausgeführt – in der Entscheidung „*Crailsheimer Volksbank*“[986] dahingehend entschieden, daß es einer Notwendigkeit der Zurechnung der Haustürsituation an den Kreditgeber nicht bedürfe. Vielmehr reiche es hiernach aus, wenn objektiv eine Haustürsituation bestanden hat. Der Streit dürfte sich infolge dieser Entscheidung wohl erledigt haben. Daran wird sich nunmehr auch der BGH halten müssen, wenn es um die Haustürsituation beim Vertrieb geschlossener Immobilienfonds geht. Dies hat er auch bereits getan und das Zurechnungserfordernis nach § 123 Abs. 2 BGB im Zusammenhang mit einem Haustürwiderruf im Anschluß an die Entscheidungen des EuGH fallen gelassen[987]. Hingegen könne die Rechtsprechung nach einer Literaturmeinung zumindest in den Fällen anders entscheiden, in denen es an einer ständigen Ge-

---

983 Dies gilt auch für den seit 01.01.2002 geltenden § 312f S. 2 BGB; vgl.: BARNERT, Kreditgebende Bank, WM 2004, 2002 (2009).

984 BUNGEROTH, WM 2004, 1505 (1508).

985 LWOWSKI/WUNDERLICH, Rechtsfragen Teil II, ZInsO 2005, 57 (58).

986 EuGH vom 25.10.2005 – C-229/04 [Crailsheimer Volksbank] – ZIP 2005, 1965 (1965).

987 BGH vom 14.02.2006 – XI ZR 255/04 – ZIP 2006, 652 (652 ff.).

schäftsbeziehung zwischen Vermittler und Vertragspartner fehlt und der Vertragspartner deshalb den Eindruck gewinnen mußte, daß der Vermittler gerade im Auftrag des Verbrauchers tätig wird. Die Aussage des EuGH könne daher auf solche lediglich vom deutschen Haustürwiderrufsgesetz erfaßten Fälle nicht schematisch übertragen werden, so daß hier in der nationalen Rechtsprechung eine interessengerechte Lösung gefunden werden müsse[988].

Dem hat sich nunmehr auch der II. Zivilsenat des BGH für den Fall einer kreditfinanzierten Fondsbeteiligung in seiner Entscheidung II ZR 327/04 vom 12. Dezember 2005 ausdrücklich angeschlossen. Der II. Zivilsenat hat seine ständige Rechtsprechung zur entsprechenden Anwendbarkeit von § 123 Abs. 2 BGB im Rahmen von § 1 HWiG geändert und stellt alleine auf das objektive Vorliegen einer Haustürsituation ab. Unbeachtlich sei, ob der Vertragspartner, der nicht selbst die Verhandlungen führt, von der Haustürsituation Kenntnis hat oder ihm schuldhafte Unkenntnis vorzuwerfen ist[989].

i) Anforderungen an die Widerrufsbelehrung

Ein weiterer Kritikpunkt befaßt sich mit den Anforderungen der an die Anleger erteilten Widerrufsbelehrungen der Banken. Zwar vertritt auch der XI. Zivilsenat in der Entscheidung XI ZR 167/02 vom 8. Juni 2004 die Auffassung, daß selbst bei einer Kollision von Vorschriften des Verbraucherkreditgesetzes mit solchen des Haustürwiderrufsgesetzes die einwöchige Widerrufsfrist des § 1 Abs. 1 HWiG nur durch eine Widerrufsbelehrung in Gang gesetzt wird, die den Vorgaben des Haustürwiderrufsgesetzes entspricht[990]. Dieses Urteil eröffnet dem Darlehensnehmer auch noch nach Jahren die Möglichkeit, im Falle einer nicht ordnungsgemäßen Belehrung das Darlehen zu widerrufen, selbst wenn dem Verbraucher diese Möglichkeit nach dem Verbraucherkreditgesetz bereits versagt ist. Jedoch erging dieses Urteil des XI. Senats zeitlich vor den Entscheidungen des II. Zivilsenats vom 14. Juni 2004, also in Unkenntnis der aus diesen Urteilen resultierenden Rechtsfolgen. Während der XI. Senat von einer wechselseitigen Rückgewähr der Leistungen zwischen Banken und Anlegern ausging, verpflichten die Urteile vom 14. Juni 2004 die Anleger gerade nicht zur

---

988 HOFFMANN, ZIP 2005, 1985 (1988).

989 BGH vom 12.12.2005 – II ZR 327/04 – ZIP 2006, 221 (221 ff.). So mittlerweile auch: BGH vom 13.03.2006 – XI ZR 432/04 – ZIP 2006, 1626 (1628).

990 In diesem Urteil, das im Anschluß an das Urteil XI ZR 3/01 vom 12.11.2002 erging, ging der XI. Senat noch weiter und erklärte diese richtlinienkonforme Auslegung zur Vermeidung von untragbaren Wertungswidersprüchen sowohl geboten für Personal- als auch für Realkreditverträge; vgl.: BGH vom 08.06.2004 – XI ZR 167/02 – ZIP 2004, 1639 (1639 f.).

Rückgewähr der Darlehensvaluta. Dies hat massive wirtschaftliche Folgen in Form von finanziellen Nachteilen der Banken zur Konsequenz.

Die einseitige Benachteiligung der Banken muß jedoch auch aus Sicht des Anlegers beurteilt werden. Denn es ist mehr als fraglich, ob sich ein Darlehensnehmer, der den Darlehensvertrag mit der Bank in einer Haustürsituation abgeschlossen hat, beim Widerruf des Darlehensvertrags darüber Gedanken macht, ob sich der Widerruf nach dem Verbraucherkreditgesetz oder dem Haustürwiderrufsgesetz richtet. Denn die Widerrufsbelehrung nach dem Verbraucherkreditgesetz würde den Verbraucher zur Rückzahlung des Darlehens verpflichten. Nur aufgrund des Umstandes, daß der Zusatz der Rückzahlungsverpflichtung in der Widerrufsbelehrung nicht enthalten sein darf, beschert dem Verbraucher dann auch ein Widerrufsrecht nach dem Haustürwiderrufsgesetz. Deshalb bestünde die Gefahr, daß der Verbraucher nicht mehr wissen könnte, ob ihm nun ein Widerrufsrecht zusteht oder nicht. Um dies zu vermeiden, wird dem Verbraucher ein Widerrufsrecht auch nach dem Haustürwiderrufsgesetz gewährt[991].

j) Auswirkungen auf die Zwangsvollstreckung vorheriger Urteile

Interessant ist an dieser Stelle auch ein Blick auf die zwangsvollstreckungsrechtliche Seite im Hinblick auf diejenigen Verbraucher, die unter Heranziehung des Zurechnungserfordernisses nach § 123 Abs. 2 BGB in der Vergangenheit kein Widerrufsrecht zugesprochen bekommen haben. Es bestünde mitunter die Möglichkeit, gegen diese mittlerweile rechtskräftigen Entscheidungen richtlinienkonform vorzugehen. Möglich wäre dies im Rahmen des § 767 ZPO, indem diese Norm entsprechend angewendet wird. Dies kann – wie in den vorliegenden Fällen – dann relevant werden, wenn der Vollstreckungsschuldner die rechtlich relevanten Maßstäbe bei der Auslegung des einfachen Rechts deshalb nicht einwenden kann, weil sie erst nach Abschluß des Erkenntnisverfahrens entwickelt worden sind. Der nationale Auslegungsspielraum gibt den Organen der Mitgliedsstaaten einen Interpretationsspielraum, welchen diese gemäß Art. 243 Abs. 3 i.V.m. Art. 10 EG zur Herstellung eines richtlinienkonformen Zustands des nationalen Rechts nutzen können[992]. Ob der EuGH jedoch nationalen Behörden die Rücknahme rechtskräftiger Entscheidungen aufgeben kann, darf bezweifelt werden, da die Möglichkeiten hierfür im deutschen Recht nur sehr eingeschränkt bestehen (beispielsweise die Beseitigung der Rechtskraft mittels Vorgehens nach § 826 BGB in krassen Ausnahmefällen).

---

991 ALLMENDINGER, Kurzkommentar zu § 1 HWiG a.F., EWiR 2005, 79 (80).
992 HÄUBLEIN, Kurzkommentar zu § 1 HWiG, EWiR 2006, 243 (244).

k) Kreditverwendungsrisiko des Darlehensnehmers

(1) Vergleich mit anderen Nichtigkeitsgründen

An dieser Stelle muß außerdem ein Vergleich gezogen werden zu anderen Fällen, in denen Nichtigkeitsgründe vorliegen. Solche Fälle, bei denen in die Rechte eines Darlehensnehmers weitaus stärker eingegriffen wird als bei einem in einer Haustürsituation geschlossenen Kreditvertrag, liegen beispielsweise vor bei Nichtigkeit eines Kreditvertrags aufgrund Wuchers oder nach Anfechtung wegen arglistiger Täuschung. Die Pflicht zur vollständigen Darlehensrückzahlung bleibt jedoch auch in diesen Fällen bestehen. Denn die Kenntnis des Darlehensnehmers von der Tatsache, daß ihm das von der Bank überlassene Kapital nur zur zeitweisen Nutzung überlassen ist, verhindert auch die Möglichkeit, sich im Falle des Untergangs der Darlehensvaluta die Einrede der Entreicherung gemäß § 818 Abs. 3 BGB zu erheben. Diese Kenntnis des Darlehensnehmers, daß er die ihm überlassene Darlehensvaluta nicht auf Dauer behalten darf sondern zur Rückzahlung verpflichtet ist, steht nach ständiger BGH-Rechtsprechung der Kenntnis vom Mangel eines Rechtsgrundes gleich. Dies hat zur Folge, daß der Darlehensnehmer verschärft haftet gemäß § 819 Abs. 1 BGB i.V.m. § 818 Abs. 4 BGB. Dem bösgläubigen Empfänger einer rechtsgrundlos erhaltenen Leistung ist es danach nicht gestattet, sich darauf zu berufen, nicht mehr bereichert zu sein[993]. Auch bei der Rückabwicklung kommen diese Grundsätze zum Tragen[994].

(2) Geltung auch für Haustürwiderruf a maiore ad minus: Keine Abwälzung des Kreditverwendungsrisikos auf die Bank

Wenn sogar in anderen Fällen, in denen in die Rechte eines Darlehensnehmers weitaus stärker eingegriffen wird als bei einem in einer Haustürsituation geschlossenen Kreditvertrag, der Darlehensnehmer weiterhin das Verwendungsrisiko trägt, so muß dieser Grundsatz – a maiore ad minus – auch hier Geltung behalten. Denn auch im Falle eines wirksamen Widerrufs gemäß § 1 Abs. 1 HWiG ist beim Darlehensnehmer die Kenntnis von der nur zeitweiligen Nutzungsmöglichkeit der Darlehensvaluta vorhanden. Denn der Rückgewähran-

---

993 BGH vom 25.03.1982 – VII ZR 60/81 - BGHZ 83, 293 (295 ff.). Sowie: BGH vom 08.10.1991 – XI ZR 259/90 – BGHZ 115, 268 (270 f.). Sowie: BGH vom 17.01.1995 – XI ZR 225/93 – NJW 1995, 1152 (1153). Sowie: BGH vom 27.01.2004 – XI ZR 37/03 – BB 2004, 738 (740).

994 BGH vom 02.02.1999 – XI ZR 74/98 – NJW 1999, 1636 (1637). Sowie: MÜNCHKOMM/ULMER, § 3 HWiG Rn. 8. Zum gleichen Ergebnis wird man auch bei Verbraucherdarlehensverträgen kommen müssen, die nach dem 01.01.2002 abgeschlossen worden sind. Für deren Widerruf verweist § 357 Abs. 1 BGB auf den gesetzlichen Rücktritt; vgl.: STICKELBROCK, ZGS 2002, 225 (227).

spruch nach § 3 Abs. 1 HWiG ist im Kern nichts anderes als ein Herausgabeanspruch des rechtsgrundlos Erlangten, also eine besondere Ausprägung des allgemeinen Bereicherungsanspruchs.

Auch die Vorschrift des § 3 Abs. 1 S. 3 HWiG ändert nichts an der verschärften Haftung des § 819 Abs. 1 BGB. Die Regelung des § 3 Abs. 1 S. 3 HWiG regelt nur die Gefahrtragung des Geschäftspartners im Falle des zufälligen Untergangs oder einer nicht zu vertretenden Verschlechterung der Sachleistung, die zum endgültigen Verbleib im Vermögen des Kunden erbracht wurde. Davon zu unterscheiden ist das Kreditverwendungsrisiko, das mit dem Risiko der Verschlechterung oder des Untergangs nichts zu tun hat[995].

Des Weiteren ist auch hier zu beachten, daß durch die Möglichkeit eines Widerrufs nach dem Haustürwiderrufsgesetz und insbesondere durch den vom II. Senat eingeschlagenen Weg, sich als Darlehensnehmer von der Rückzahlung der Darlehensvaluta dadurch zu befreien, daß man die Bank auf die erworbene Immobilie verweist, die für Anlagegeschäfts grundsätzlich geltende Risikoverteilung auch an dieser Stelle aus ihren Angeln gehoben wird. Bei solch einem Vorgehen könnte der Darlehensnehmer das Verwendungsrisiko des empfangenen Darlehens zu Unrecht auf die Bank als Kreditgeber abwälzen[996].

(3) Zinsanspruch nach Haustürwiderruf

Ebenso unverständlich sind die Entscheidungen des II. Senats vom 14. Juni 2004 auch deswegen, weil es fast einhelliger Ansicht entspricht, daß das Darlehenskapital bis zur fristgerechten Rückgewähr vom Verbraucher nach § 3 Abs. 3 HWiG zu verzinsen ist. Streit besteht dabei lediglich über die Frage, ob dabei der Vertrags- oder der Marktzins geschuldet wird[997].

Die teilweise vorgebrachten Bedenken, Art. 5 Abs. 2 der Haustürgeschäfte-Richtlinie könnte der Pflicht zur Zahlung marktüblicher Zinsen entgegenste-

---

995 BGH vom 27.01.2004 – XI ZR 37/03 – BB 2004, 738 (740). Sowie: BGH vom 02.02.1999 – XI ZR 74/98 – NJW 1999, 1636 (1637).

996 BGH vom 27.01.2004 – XI ZR 37/03 – BB 2004, 738 (740). Da der Schuldner für seine finanzielle Leistungsfähigkeit ohnehin immer einzustehen hat, muß das Verwendungsrisiko hinsichtlich der Darlehensvaluta auch im Falle eines Widerrufs des Darlehensvertrags grundsätzlich beim Darlehensnehmer verbleiben; vgl.: BUNGEROTH, WM 2004, 1505 (1509).

997 BGH vom 02.02.1999 – XI ZR 74/98 – NJW 1999, 1636 (1637). Nach ULMER richtet sich die Zinshöhe nicht nach dem vertraglich vereinbarten Zinssatz, sondern nach dem Marktzins; vgl.: MÜNCHKOMM/ULMER, § 7 VerbrKrG Rn. 68 bzw. § 3 HWiG Rn. 12.

hen[998], können angesichts des eindeutigen Wortlauts des § 3 Abs. 3 HWiG nicht durchgreifen. Der XI. Zivilsenat gesteht zwar zu, daß der in einer Haustürsituation überrumpelte Darlehensnehmer damit erheblich schlechter gestellt wird, als er vor Inkrafttreten des Haustürwiderrufsgesetzes gestanden hätte. Dies beruhe jedoch auf einer

> *„bewußten Entscheidung des Gesetzgebers, für die sich anführen läßt, daß kein vernünftiger Grund ersichtlich ist, den Darlehensnehmer, der in einer Haustürsituation zur Abgabe seiner Vertragserklärung veranlaßt worden ist, bei einer bereicherungsrechtlichen Rückabwicklung besser zu stellen als denjenigen, der dazu durch arglistige Täuschung bestimmt worden ist“*[999].

Auch der EuGH hat in der Entscheidung vom 25. Oktober 2005 in der Rechtssache „Schulte“ entschieden, daß die Haustürgeschäfterichtlinie einer Verpflichtung der rückzahlenden Verbraucher zur Entrichtung der marktüblichen Zinsen nicht entgegensteht[1000]. Dies muß auch beim Erwerb bzw. bei der Rückabwicklung von Anteilen an geschlossenen Immobilienfonds gelten.

(4) Schutzzweck des Haustürwiderrufsgesetzes

Auch teleologische Erwägungen sprechen gegen ein vom II. Zivilsenat in seinen Entscheidungen vom 14. Juni 2004 praktiziertes Vorgehen. Denn der Einwendungsdurchgriff nach dem Verbraucherkreditgesetz dient anderen Zielen als das Widerrufsrecht nach dem Haustürwiderrufsgesetz. Der Schutzzweck des Haustürwiderrufsgesetzes besteht darin, die Entscheidungsfreiheit eines Verbrauchers in einer Haustürsituation, d.h. den Verbraucher vor übereilten Vertragsabschlüssen und der Überrumpelungssituation zu schützen[1001]. In dem mit der Haustürsituation typischerweise verbundenen Überraschungsmoment soll dem Verbraucher nach § 1 Abs. 1 HWiG die Möglichkeit gegeben werden, sich wieder vom Vertrag zu lösen. Dahingegen ist der Einwendungsdurchgriff dazu konzipiert worden, die aus einer künstlichen Aufspaltung eines einheitlichen Lebensvorgangs resultierenden Nachteile zu kompensieren[1002].

Das Widerrufsrecht bei einem Darlehensvertrag/Verbraucherkreditvertrag dient gerade nicht dazu, das Kreditverwendungsrisiko auf die Bank abzuwälzen. Das

---

998 BGH vom 02.07.2001 – II ZR 304/00 – BB 2001, 1652 (1654). Sowie auch: PFEIFFER, EWiR 2005, 159 (160).

999 BGH vom 12.11.2002 – XI ZR 47/01 – NJW 2003, 422 (423 f.).

1000 EuGH vom 25.10.2005 – C-350/03 [Schulte] – ZIP 2005, 1959 (1959).

1001 OLG Stuttgart vom 09.03.2004 – 6 U 166/03 (n.r.) – ZIP 2004, 891 (895).

1002 EDELMANN, Rückzahlungspflicht, BKR 2002, 801 (804).

wirtschaftliche Risiko der Darlehensverwendung muß beim Darlehensnehmer verbleiben. Ansonsten wäre damit eine nicht zu rechtfertigende Besserstellung der kreditfinanzierenden Anleger verbunden im Gegensatz zu den Anlegern, die den Erwerb aus eigener Tasche zahlen. Außerdem könnte ansonsten mit einer solchen kreditfinanzierten Kapitalanlage zu Lasten der Bank spekuliert werden. Ein derartiges allgemeines Reuerecht für den widerrufenden Verbraucher sind sicherlich nicht vom Schutzzweck des Hautürwiderrufsgesetzes umfaßt[1003].

Aufgrund dessen bleibt ein Darlehensnehmer auch bei verlustreichen Geschäften zur Rückzahlung des Darlehensbetrags nach § 3 Abs. 1 HWiG verpflichtet[1004].

Darüber hinaus kann die Kritik an den BGH, der Widerruf eines Haustürgeschäfts bringe dem Verbraucher keine Vorteile, wenn man ihm die Verpflichtung zur Darlehensrückzahlung auferlegt, auch aus einem anderen Grund nicht fruchten: Wie bereits oben dargelegt, liegt es in der Natur der Sache, daß es dem Widerrufenden keine Vorteile bringen kann, wenn er ein nicht nachteiliges Geschäft widerruft. Damit steht auch fest, daß es sich beim Widerrufsrecht um ein „*zweischneidiges Schwert*[1005]" handelt. Denn aufgrund der Tatsache, daß das Wesen des Darlehens in der Überlassung der Darlehensvaluta auf Zeit besteht und der Darlehensnehmer dies auch weiß, muß er die Darlehensvaluta im Falle eines Widerrufs auch zurückgewähren. Ist er dazu nicht in der Lage, so muß er eben auf die Ausübung seines Widerrufsrechts verzichten. Dies ergebe sich nicht aus einem „*Versagen der Rechtsanwendung*", sondern aus den „*naturgegebenen Grenzen des Schutzes von Haustürgeschäften*"[1006].

6. Möglichkeiten der Rückabwicklung

Die Regelung des Art. 7 der Haustürgeschäfterichtlinie[1007] als auch die Entscheidungen des EuGH vom 25. Oktober 2005 überlassen es im Wesentlichen dem innerstaatlichen Recht, die Rechtsfolgen der Rückabwicklung, insbesondere hinsichtlich Rückerstattung und Rückgabe, zu regeln. Dabei ist der von Art. 5 der Richtlinie gesetzte Rahmen zu beachten. Es sollen im Folgenden kurz die Lösungsmöglichkeiten dargestellt werden, wie die Rückzahlung des noch nicht getilgten Kredits für eine kreditfinanzierte Fondsbeteiligung nach dem Haustürwiderruf ausgestaltet werden kann. Hierbei ist insbesondere zu beachten, daß nach den EuGH-Entscheidungen vom 25. Oktober 2005 bei fehlender Wider-

---

1003 EDELMANN, Rückzahlungspflicht, BKR 2002, 801 (804).

1004 BGH vom 02.02.1999 – XI ZR 74/98 – NJW 1999, 1636 (1637). Sowie: BGH vom 27.01.2004 – XI ZR 37/03 – BB 2004, 738 (740). Sowie: MÜNCHKOMM/ULMER, § 3 HWiG Rn. 8.

1005 BUNGEROTH, WM 2004, 1505 (1509).

1006 BUNGEROTH, WM 2004, 1505 (1509).

rufsbelehrung alleine die Kreditinstitute dazu verpflichtet werden, sowohl die wirtschaftlichen Risiken aus dem Finanzierungsgeschäft als auch die Risiken der Kapitalanlage zu tragen (hierzu siehe Punkt 4.c)(6)(d) oben). Es ist davon auszugehen, daß dies auch bei der Rückabwicklung von kreditfinanzierten Fondsbeteiligungen gilt.

Daß die Darlehensvaluta überhaupt zurückzuzahlen ist, stellt auch die Haustürgeschäfterichtlinie nicht in Frage. Da der EuGH jedoch nicht von einem verbundenen Geschäft ausgeht, sollen auch nur diejenigen Wege Berücksichtigung finden, die ihren Ausgangspunkt nicht in einem verbundenen Geschäft haben bzw. ein solches nicht voraussetzen. Dem Verbraucher ist nach einem erfolgten Widerruf nach Haustürwiderrufsgesetz am ehesten damit geholfen, wenn er die gesamte Darlehensvaluta nicht sofort zurückzahlen muß, sondern wenn die Rückzahlung hinausgezögert bzw. zeitlich gestreckt werden kann. Problematisch hierbei ist jedoch eine Begründung dieses Ansatzes ohne dogmatischen Bruch:

a) Rückzahlung

Die Verpflichtung der widerrufenden Darlehensnehmer zur Rückzahlung der Darlehensvaluta ließe sich jedenfalls auf der Rechtsfolgenseite auf verschiedene Weise modifizieren:

(1) Ergänzende Heranziehung der bereicherungsrechtlichen Grundsätze

Die erste Möglichkeit bestünde darin, durch richtlinienkonforme Auslegung der Vorschrift des § 3 HWiG oder in entsprechender Anwendung der Grundsätze des § 242 BGB, sowohl die Zahlung der Darlehensvaluta als auch die Zahlung etwaiger Zinsen am vertraglich vereinbarten Ratenzahlungsplan auszurichten. Denn nach einer Auffassung in der Literatur ist § 3 HWiG zwar wesengleich mit den §§ 346, 812 BGB, jedoch diesen gegenüber spezieller und abschließend. Damit können die Grundsätze des Bereicherungsrechts gemäß §§ 812 ff. BGB lediglich teilweise und nur modifiziert angewendet werden. Im Bereicherungsrecht beeinflussen jedoch Billigkeitserwägungen die Rechtsfolgenseite bei der Rückabwicklung, beispielsweise im Hinblick auf die Saldotheorie und ihre Aus-

---

[1007] Art. 7 der Haustürgeschäfterichtlinie lautet: *„Übt der Verbraucher sein Rücktrittsrecht aus, so regeln sich die Rechtsfolgen des Widerrufs nach einzelstaatlichem Recht, insbesondere bezüglich der Rückerstattung von Zahlungen für Waren oder Dienstleistungen und der Rückgabe empfangener Waren.“*; vgl.: ABl. EG 1985 Nr. L 372 vom 31.12.1985, 31 (31 ff.).

nahmen, wenn Minderjährige oder Geschäftsunfähige bei der Rückabwicklung beteiligt sind[1008].

Diese Wertungen müßten danach auch auf einen Verbraucher i.R.d. Rückabwicklung nach § 3 HWiG übertragen werden, da sich hier der Verbraucher – ähnlich wie Geschäftsunfähige bei der Saldotheorie – beim Verstoß der Bank gegen ihre Belehrungspflichten als schutzbedürftig erweise. Dies gelte jedenfalls hinsichtlich belehrungsspezifischer Risiken. Der Verbraucher stehe hiernach möglicherweise besser als ein arglistig Getäuschter. Dies begründe einen methodisch vertretbaren Weg, sich an der vertraglich vereinbarten Ratenzahlungsvereinbarung zu orientieren und die Verpflichtung zur sofortigen Rückzahlung des gesamten Darlehensbetrags zu beseitigen[1009].

Dieses Vorgehen müßte zudem an die Einnahmen aus der Immobilie geknüpft werden, indem die Verpflichtung des Verbrauchers zur Zahlung eines Nutzungsersatzes in Form eines marktüblichen Zinses kraft richtlinienkonformer Reduktion des § 3 Abs. 3 HWiG nur dann bestehe, wenn der Verbraucher tatsächlich Einnahmen erzielt hat. Dadurch kann das wirtschaftliche Risiko der Mietausfälle auf die Bank übergewälzt werden[1010], so wie es auch der EuGH fordert.

(2) Einzelfallbezogene Umstände

Die zweite Rückabwicklungsmöglichkeit bezüglich der Darlehensvaluta bestünde grundsätzlich darin, für die Rückabwicklung die in § 271 Abs. 1 BGB genannten „*Umstände*" heranzuziehen. Man könnte die Leistungszeit nach den vom Einzelfall abhängigen Umständen bestimmen. Jedoch birgt diese Möglichkeit ganz offensichtlich die Problematik, daß jede Betrachtung, die zu einer Abweichung von der sofortigen Fälligkeit führt, zu sehr von den Unwägbarkeiten des Einzelfalls abhängt und die Aufstellung allgemeiner Regeln gerade nicht zuläßt. Rechtssicherheit in diesem Bereich kann auf diesem Wege jedenfalls nicht hergestellt werden.

[1008] STAUDINGER Ansgar, Zukunft der Schrottimmobilien, NJW 2005, 3521 (3524 f.) m.w.N.

[1009] STAUDINGER Ansgar, Zukunft der Schrottimmobilien, NJW 2005, 3521 (3524).

[1010] STAUDINGER Ansgar, Zukunft der Schrottimmobilien, NJW 2005, 3521 (3524 f.).

(3) Orientierung an der vertraglichen Vereinbarung

Nach SCHULTE-NÖLKE könnte die Rückgewährpflicht auch dadurch modifiziert werden, daß ein Verbraucher gemäß § 242 BGB die Darlehensrückführung an der Tilgungsregelung des ursprünglichen Darlehensvertrags ausrichten darf[1011].

Diese Lösungsmöglichkeit wird jedoch dann gegen die EuGH-Rechtsprechung vom 25. Oktober 2005 verstoßen, wenn die vertraglich vereinbarte Tilgungsregelung sich wegen der derzeitigen Niedrigzinsphase für den Anleger ungünstiger darstellt als eine Novation. Der Verbraucher soll nach dem EuGH von den wirtschaftlichen Risiken ja gerade freigestellt werden.

(4) Parallele zum Bereicherungsrecht

Eine weitere Möglichkeit der Rückabwicklung besteht darin, hier eine Parallele zum Bereicherungsrecht, namentlich zu § 817 S. 2 BGB zu ziehen. Diese Vorschrift schließt die Rückforderung aufgrund einer Leistungskondiktion aus, wenn dem Leistenden ein Gesetzes- oder Sittenverstoß zur Last fällt.

Während in der Zeit vor dem Inkrafttreten des Haustürwiderrufsgesetzes Haustürkreditgeschäfte aufgrund der Wettbewerbsverbote in den Vorschriften der §§ 55, 56 Abs. 1 Nr. 6 GewO i.V.m. § 134 BGB nichtig waren, ist die Rückabwicklung dieser Darlehensverträge dennoch nicht an § 817 S. 2 BGB gescheitert. Denn diese Vorschrift stand nach wohl herrschender Ansicht Darlehensrückforderungsansprüchen nicht entgegen, weil dem Darlehensnehmer nur die zeitweilige Nutzung des Kapitals überlassen ist, jedoch nicht die endgültige Substanz der Darlehensvaluta. Die Entreicherungseinrede stand dem zur Rückzahlung Verpflichteten hinsichtlich der Darlehensvaluta daher nicht zu. Der Inhalt des nichtigen Darlehensvertrags bestimmte danach die Zeitfolge der Rückzahlungsverpflichtung. § 817 S. 2 BGB schließt in solchen Fällen also nur die vorzeitige Rückforderung aus[1012].

Zwar sind die Vorschriften des Haustürwiderrufsgesetzes kein Verbotsgesetz i.d.S. Ein Gesetzesverstoß, an den die Regelung des § 817 S. 2 BGB anknüpfen könnte, liegt deshalb nicht vor. Jedoch ist die Wirkung eines Haustürwiderrufs die gleiche, da auch hier die Wirksamkeit des Vertrags ex nunc beseitigt wird. Der oben (bei Punkt 1 oben) dargelegte Gesetzeszweck des Haustürwiderrufsgesetzes – der Schutz vor Überrumpelung in einer Haustürsituation – sowie die vom EuGH mit seinen Entscheidungen vom 25. Oktober 2005 in Fällen der fehlenden Widerrufsbelehrung verfolgte Überwälzung der wirtschaftlichen Risiken

---

1011 SCHULTE-NÖLKE, Warten auf den EuGH, ZGS 2004, 81 (81).
1012 PALANDT/SPRAU, 64. Aufl., § 817 Rn. 23 m.w.N.

auf die Banken machen es auch hier notwendig, eine sofortige Rückzahlungspflicht der Verbraucher zu verhindern. Da es keinen Unterschied machen kann, welche Gesetzesvorschrift diese Rechtsfolge auslöst, könnte man auch hier die Orientierung an der vertraglichen Rückzahlungsvereinbarung mit der soeben dargelegten einschränkenden Auslegung des § 817 S. 2 BGB begründen.

(5) Schadensersatzanspruch gegen die Bank

Schließlich bleibt die Möglichkeit, die Bank wegen Verstoßes gegen die Belehrungspflicht gemäß §§ 311 Abs. 2, 280 Abs. 1 BGB n.F. zum Schadensersatz zu verpflichten und nach § 249 Abs. 1 BGB Naturalrestitution zu fordern. Nach einer Ansicht in der Literatur wolle der EuGH diesen Weg in seinen Entscheidungen vom 25. Oktober 2005 gehen, weshalb sich die Darstellung an dieser Rechtsprechung orientieren soll. Dem EuGH komme es offensichtlich auf eine Risikoabwälzung auf die finanzierenden Banken im Falle einer unterbliebenen Belehrung nach dem Haustürwiderrufsgesetz an: Er unterstelle in diesen Entscheidungen einen Widerruf des Verbrauchers bei einer Belehrung über das Widerrufsrecht. Der dem entsprechende status quo ante könne in wirtschaftlicher Hinsicht durch eine Übertragung der Immobilie an die Bank hergestellt werden. Problematisch an diesem Weg sind insbesondere die Voraussetzungen und die Ausgestaltung der Risikoabwälzung[1013].

Nach dem Grundkonzept der genannten EuGH-Urteile muß zwischen der Ausübung des Widerrufsrechts einerseits und einer unterbliebenen Belehrung andrerseits unterschieden werden. Eine versäumte Widerrufsbelehrung kann danach als Pflichtverletzung des Unternehmers gegenüber dem Verbraucher angesehen werden[1014]. Bei der Frage der Kausalität der unterbliebenen Widerrufsbelehrung für die Bindung des Verbrauchers müssen zwei Fragen unterschieden werden: Bei der ersten Frage, ob der Verbraucher bei einer ordnungsgemäßen Belehrung widerrufen hätte, stützt der EuGH die Risikoabwälzung alleine darauf, daß der Verbraucher die Widerrufsmöglichkeit bei fehlender Belehrung hierüber verliert. Problematisch daran ist, daß nach dem Wortlaut dieses Urteils der Einwand, ein Widerruf wäre ohnehin nicht erklärt worden, irrelevant ist, was die Normierung zusätzlicher Kausalitätsvoraussetzungen durch die Mitgliedsstaaten

---

1013 HOFFMANN, ZIP 2005, 1985 (1988).

1014 HOFFMANN leitet dies auch aus der Terminologie verschiedener EuGH-Urteile her: Während diesbezüglich im Urteil „*Heininger*" noch von „*Obliegenheit*" die Rede war, wurde im Urteil „*Schulte*" bereits das Wort „*Verpflichtung*" gebraucht. Allerdings weist HOFFMANN auch darauf hin, daß die jeweilige englische Sprachfassung zwar die Begriffe „*duty*" bei „*Heininger*" und „*obligation*" bei „*Schulte*" verwendet, daß diese Begriffe jedoch beide eine Verpflichtung und nicht lediglich eine Obliegenheit bezeichneten; vgl.: HOFFMANN, ZIP 2005, 1985 (1987). Der Wortlaut taugt demnach nicht dazu, eine Rechtsprechungsänderung des BGH zu begründen.

ausschließt. HOFFMANN sieht darin den besonderen Sanktionscharakter bei unterlassener Widerrufserklärung[1015].

Die zweite Frage untersucht das Schicksal, das die Immobilie beim sofortigen Widerruf genommen hätte. Hier kommt es auf die rechtliche und tatsächliche Verbindung von Immobilienkaufvertrag und Darlehen an. Das Risiko ist nach der Entscheidung in der Sache „*Crailsheimer Volksbank*" nur dann auf die Bank abzuwälzen, wenn der Kaufvertrag nicht zustande gekommen wäre, weil der Verbraucher keine Widerrufsmöglichkeit hatte. Unproblematisch ist dies, wenn der Darlehensvertrag vor dem Immobilienkaufvertrag abgeschlossen wird, so wie im Fall „*Schulte*". Schwierigkeiten entstehen jedoch, wenn der Kreditvertrag erst nach dem Kaufvertrag abgeschlossen wird, wenn beispielsweise der Immobilienkaufvertrag im Hinblick auf eine Finanzierungszusage abgeschlossen wird. Denn in diesen Fällen bleibt der Verbraucher auch im Widerrufsfall an den Immobilienkauf gebunden. Allerdings kann man diese Situation dadurch lösen, indem man auf Schadensersatzansprüche des Immobilienverkäufers abstellt, die dem Immobilienkäufer drohen, wenn er den Darlehensvertrag widerruft und mit der Kaufpreiszahlung deshalb in Verzug gerät. Dann ist die Möglichkeit entscheidend, diese Situation zu vermeiden[1016].

Jedoch fällt es zugegebenermaßen in jedem Fall schwer, das für einen Schadensersatzanspruch erforderliche Verschulden der Bank zu begründen. Denn gemäß § 5 Abs. 2 HWiG war eine Belehrung nach dem Haustürwiderrufsgesetz gerade nicht erforderlich[1017], so daß die Banken insoweit Vertrauensschutz genießen. Angesichts des EuGH-Urteils in der Rechtssache „*Schulte*" vom 25. Oktober 2005, welches eine Haftung des Unternehmers zur Folge hat, kann diese Entscheidung als „*Meilenstein des Verbraucherschutzrechts*" bezeichnet werden[1018]. Denn der EuGH fordert überhaupt kein Verschulden des Kreditgebers für eine Risikoabwälzung; die objektive Verletzung der Belehrungspflicht reicht ihm insoweit aus. Nach HOFFMANN kann diese verschuldensunabhängige Haftung des Unternehmers im Rahmen des Wortlauts des § 280 Abs. 1 S. 2, § 276 Abs. 1 S. 2 Hs. 2 erreicht werden, indem man beim Vertretenmüssen i.d.S. darauf abstellt, daß hier nicht Verschulden erforderlich ist, sondern „*sich aus dem sonstigen Inhalt des Schuldverhältnisses*" eine strengere Haftung entnehmen läßt. Hierdurch könne über die richtlinienkonforme Auslegung den Unternehmer eine Garantiehaftung für die Erfüllung seiner Belehrungspflichten und auch für sonstige Informationspflichtverletzungen treffen[1019].

1015 HOFFMANN, ZIP 2005, 1985 (1989).

1016 HOFFMANN, ZIP 2005, 1985 (1989).

1017 STAUDINGER Ansgar, Zukunft der Schrottimmobilien, NJW 2005, 3521 (3524 f.).

1018 HOFFMANN, ZIP 2005, 1985 (1987, 1994).

1019 HOFFMANN, ZIP 2005, 1985 (1991).

b) Verzinsung

Obwohl der EuGH in seinen Entscheidungen vom 25. Oktober 2005 die Verpflichtung zur Verzinsung des zurückzuzahlenden Betrags bei kreditfinanzierten Immobilienkäufen nicht in Frage stellt, bleiben auch hier die Rückzahlungsmodalitäten dem nationalen Recht vorbehalten. Den widerrufenden Verbraucher trifft damit die Verpflichtung zur marktüblichen Verzinsung des Darlehensbetrags nach § 3 Abs. 3 HWiG für die bisherige Laufzeit des Kredits. Diese – auch vom EuGH beim Immobilienerwerb ausgesprochene – Verpflichtung zu marktüblichen Verzinsung kann jedoch auch dazu führen, daß der widerrufende Verbraucher hierdurch im Gegensatz zur vertraglichen Verzinsung des widerrufenden Darlehensvertrag benachteiligt wird. Dies ist namentlich dann der Fall, wenn der marktübliche Zins ausnahmsweise höher ist als der vertraglich vereinbarte – typischerweise in dem Zeitraum nach dem Übergang von einer Niedrigzinsphase in eine Hochzinsphase. In dieser Situation ist der Schutzzweck der Haustürgeschäfterichtlinie nicht erfüllt. Denn Art. 5 Abs. 2 der Haustürgeschäfterichtlinie steht sämtlichen finanziellen Verpflichtungen entgegen, die über die Rückzahlung des zugeflossenen Kreditbetrags hinausgehen. Denn vor diesen Verpflichtungen soll der Widerruf gerade schützen. Einem Verzicht auf jegliche Verzinsung stehen die Entscheidungen des EuGH vom 25. Oktober 2005 sowie der Wortlaut des § 3 Abs. 3 HWiG entgegen.

Nach der neuen Gesetzesfassung des § 346 Abs. 2 S. 2 BGB ist bei der Zinsberechnung die vertragliche Gegenleistung zugrunde zu legen. Nach dem zweiten Halbsatz dieser Vorschrift bleibt jedoch der Nachweis möglich, daß der Wert des Gebrauchsvorteils niedriger war. Eine Einrechnung des Wertverlusts der Immobilie in die Verzinsung kommt wohl nicht in Betracht, da dies ein verbundenes Geschäft voraussetzen würde, dem der EuGH jedoch gerade eine Absage erteilt hat. Diese Verpflichtung zur marktüblichen Verzinsung deckt sich insoweit mit den Entscheidungen des EuGH vom 25. Oktober 2005.

c) Berücksichtigung der Immobilie

Des Weiteren muß geklärt werden, wie der Anteil am Immobilienfonds – bzw. beim Immobilienkauf die Immobilie selbst – im Rahmen der Rückabwicklung zu berücksichtigen ist. Der II. Senat hat in seinen Entscheidungen vom 14. Juni 2004 den Verbraucher dadurch so gestellt, als hätte er den Fondsanteil nie erworben, daß der Verbraucher seinen Fondsanteil an die Bank abtreten und Aufhebung seiner Verbindlichkeiten verlangen konnte. Ein Vergleich mit der jüngsten Rechtsprechung des EuGH vom 25. Oktober 2005 zum kreditfinanzierten Immobilienerwerb legt eine solche Lösung jedoch nicht nahe. Denn der EuGH lehnt die Annahme eines verbundenen Geschäfts ja gerade ab. Also darf man auch die Rechtsfolgen nicht denen angleichen, die nur bei einem verbundenen

Geschäft eintreten. Es bestünde nach HOFFMANN beispielsweise die Möglichkeit, den Wert der Immobilie bei der Schadensberechnung als Abzugsposten zu saldieren. Dann stelle sich jedoch das Problem der Wertermittlung, insbesondere bei praktisch unveräußerlichen Objekten[1020]. Dieses Problem wird auch dadurch verkompliziert, daß hierfür zwei Abrechnungszeitpunkte in Frage kommen: Man kann entweder eine zeitliche Grenze dadurch setzen, daß man auf den Widerruf als maßgeblichen Zeitpunkt abstellt. Denn die Ausübung des Widerrufs bringt den Rückabwicklungsanspruch gerade erst zum Entstehen. Spekulationen des Verbrauchers zu Lasten der Bank werden dadurch ausgeschlossen. Außerdem kann die Bank etwaige Risiken durch die Nachholung der Widerrufsbelehrung begrenzen. Oder man setzt überhaupt keine zeitliche Grenze, weil der Verbraucher ja gerade so gestellt werden soll, als hätte er die Anlage nie erworben[1021]. Im Ergebnis wird deswegen der erstgenannten Alternative der Vorzug zu geben sein.

7. Fazit

Obwohl im Gegensatz zum Verbraucherkreditgesetz im Haustürwiderrufsgesetz keine Regelungen enthalten sind, die die Wirkungen des Widerrufs auf das finanzierte Geschäft erstrecken, hat der BGH auch hier eine solche zugelassen. Selbst in der Haustürgeschäfterichtlinie finden sich keine derartigen Regelungen. Dadurch wird den finanzierenden Banken das wirtschaftliche Risiko einer vom Kreditnehmer getroffenen Anlageentscheidung aufgebürdet[1022]. Zweck des Haustürwiderrufsgesetzes ist es jedoch, den Verbraucher vor den mit dem sog. Direktvertrieb verbundenen Gefahren zu schützen. Der Verbraucher soll vor Überrumpelung und darauf beruhenden übereilten Entscheidungen geschützt werden[1023].

Es darf jedoch nicht alleine auf die Situation und die alleinige Sichtweise des Verbrauchers abgestellt werden, und vor allem nicht auf die – zudem schwer feststellbare – innere Tatsache, ob sich ein Verbraucher über das Bestehen eines Widerrufsrechts und die daraus resultierenden Konsequenzen im Klaren ist. Vielmehr müßte hier aus Gründen der Rechtssicherheit auch gegenüber den Banken die zur Zeit des Vertragsschlußes geltende Gesetzes- und Rechtslage auf den jeweiligen Fall angewendet werden. Ob die Entscheidungen des BGH alleine mit dem Gedanken des Verbraucherschutzes gerechtfertigt werden können, ist deshalb fragwürdig, zumal auch der Vertrauensschutz der Banken in eine Abwägung miteinbezogen hätte werden müssen, was in den Urteilen vom 14.

1020 HOFFMANN, ZIP 2005, 1985 (1990).
1021 HOFFMANN, ZIP 2005, 1985 (1990).
1022 EDELMANN, Kommentar II ZR 395/01, BB 2004, 1648 (1649).
1023 PALANDT/PUTZO, 57. Aufl., Einl. HWiG Rn. 2.

Juni 2004 jedoch mit einer zu geringen Gewichtung bzw. gar nicht geschehen ist.

E. Folgeentscheidungen des Bundesgerichtshofs

1. Zunächst weitere Differenzierung zwischen den Senaten

a) Entscheidungen des II. Zivilsenats

Nach den Entscheidungen des BGH vom 14. Juni 2004 und den Entscheidungen des EuGH wichen der II. und der XI. Zivilsenat auch weiterhin voneinander ab.

So hat der II. Zivilsenat des BGH seine verbraucherfreundliche Linie auch in seinen darauf folgenden Entscheidungen beibehalten. Er entschied ähnliche Sachverhalte durchgehend mit im Wesentlichen den gleichen Argumenten und räumte den Anlegern die gleichen Rechte ein wie auch in den Entscheidungen vom 14. Juni 2004.

Beispielhaft seien hier die Entscheidungen

- II ZR 373/00[1024] vom 28. Juni 2004,
- II ZR 383/02[1025] vom 13. September 2004,
- II ZR 390/02[1026], II ZR 391/02[1027], II ZR 320/03[1028] und II ZR 321/03[1029], alle vom 27. September 2004,
- II ZR 373/01[1030] vom 25. Oktober 2004,
- II ZR 397/02[1031] vom 25. Oktober 2004,
- II ZR 344/03[1032] vom 15. November 2004,
- II ZR 375/02[1033] vom 15. November 2004

1024 BGH vom 28.06.2004 – II ZR 373/00 – BB 2004, 1875 (1875 f.).

1025 BGH vom 13.09.2004 – II ZR 383/02 – http://www.bundesgerichtshof.de, zuletzt abgerufen am 15.02.2005.

1026 BGH vom 27.09.2004 – II ZR 390/02 – http://www.bundesgerichtshof.de, zuletzt abgerufen am 27.02.2005.

1027 BGH vom 27.09.2004 – II ZR 391/02 – http://www.bundesgerichtshof.de, zuletzt abgerufen am 27.02.2005.

1028 BGH vom 27.09.2004 – II ZR 320/03 – IBR 2005, 1078 (1078 ff.).

1029 BGH vom 27.09.2004 – II ZR 321/03 – http://www.bundesgerichtshof.de, zuletzt abgerufen am 27.02.2005.

1030 BGH vom 25.10.2004 – II ZR 373/01 – BKR 2005, 73 (73 ff.).

1031 BGH vom 25.10.2004 – II ZR 397/02 – http://www.bundesgerichtshof.de, zuletzt abgerufen am 28.02.2005.

1032 BGH vom 15.11.2004 – II ZR 344/03 – http://www.bundesgerichtshof.de, zuletzt abgerufen am 01.03.2005.

- II ZR 200/03[1034] vom 31. Januar 2005
- II ZR 411/02[1035] vom 21. März 2005

genannt, in welchen sich der II. Senat treu blieb und auch hier den Anlegern einen Einwendungs- und Rückforderungsdurchgriff gegen die finanzierenden Banken bzw. den Anlegern einen Widerruf nach dem Haustürwiderrufsgesetz ermöglichte[1036].

In seinen Entscheidungen

- II ZR 410/02[1037] vom 15. November 2004
- II ZR 394/02[1038] vom 6. Dezember 2004

erachtete der II. Senat den Widerruf der Anleger nach dem Haustürwiderrufsgesetz für wirksam. Im Übrigen wird in den Urteilsgründen dieser Entscheidungen stets auf die Begründungen in den Urteilen vom 14. Juni 2004 verwiesen.

Im Urteil II ZR 373/00 vom 28. Juni 2004 ergänzte er seine Senatsentscheidungen II ZR 393/02 und II ZR 395/01 dahingehend, daß der kreditfinanzierte Beitritt zu einem Immobilienfonds und der dafür abgeschlossene Kreditvertrag auch dann ein verbundenes Geschäft i.S.d. § 9 VerbrKrG bildeten, *„wenn die Vermittlung der Finanzierung nicht durch den Anlagevermittler selbst, sondern durch einen in seinem Auftrag tätigen Finanzierungsvermittler erfolgt"*[1039].

Auch für den im Rahmen dieser Arbeit nicht genauer untersuchten Fall der Immobilienfondsgesellschaft in der Form einer Kommanditgesellschaft hat der BGH in seiner Entscheidung II ZR 352/02[1040] vom 18. Oktober 2004 den Anlegern ein Widerrufsrecht nach dem Haustürwiderrufsgesetz eingeräumt, das wiederum nicht auf ein Jahr seit Vertragsschluß befristet war. Eine gespaltene Aus-

---

1033 BGH vom 15.11.2004 – II ZR 375/02 – BB 2005, 178 (178 ff.).
1034 BGH vom 31.01.2005 – II ZR 200/03 – ZIP 2005, 565 (565 ff.).
1035 BGH vom 21.03.2005 – II ZR 411/02 – ZIP 2005, 750 (750 ff.)
1036 Dieser Rechtsprechung folgte beispielsweise auch: OLG Stuttgart vom 23.11.2004 – 6 U 76/04 – WM 2005, 981 (981 ff.). Sowie: OLG Stuttgart vom 26.09.2005 – 6 U 92/05 (n.r.) – ZIP 2005, 2152 (2152 ff.).
1037 BGH vom 15.11.2004 – II ZR 410/02 – VuR 2005, 47 (47 f.).
1038 BGH vom 06.12.2004 – II ZR 394/02 – ZIP 2005, 567 (567 ff.). JOSWIG hält dieser und ähnlichen Entscheidungen zu Recht insbesondere vor, sich mit der massiven Kritik an den Urteilen vom 14.06.2004 nicht ansatzweise auseinandergesetzt zu haben; vgl.: JOSWIG, EWiR 2005, 585 (586).
1039 BGH vom 28.06.2004 – II ZR 373/00 – BB 2004, 1875 (1875).
1040 BGH vom 18.10.2004 – II ZR 352/02 – BB 2004, 2711 (2711 ff.).

legung[1041] des Haustürwiderrufsgesetzes käme hiernach jedenfalls nicht in Betracht[1042].

b) Entscheidungen des XI. Zivilsenats

Hingegen verfolgte der XI. Zivilsenat des BGH in der Folgezeit weiterhin eine eher bankenfreundliche Linie, indem er der ausführlich dargelegten Argumentation des II. Zivilsenats weiterhin entschieden entgegentrat.

In seiner Entscheidung XI ZR 255/03 vom 26. Oktober 2004[1043] vertrat der XI. Senat auch weiterhin die Auffassung, daß sich die Wirksamkeit der Treuhändervollmacht aus Rechtsscheinsgesichtspunkten ergebe. Des Weiteren gestand der XI. Senat den Anlegern ein Widerrufsrecht nach dem Haustürwiderrufsgesetz nicht zu, weil es dabei auf die Haustürsituation des Vertreters, und nicht – wie der II. Senat meint – auf die des Vertretenen ankommt. Auch eine Unwirksamkeit des Darlehensvertrags wegen Fehlens der nach § 4 Abs. 1 S. 4 VerbrKrG vorgeschriebenen Mindestangaben sieht der XI. Senat nicht[1044].

Auch in der Entscheidung XI ZR 315/03 vom 9. November 2004[1045] erachtete der XI. Zivilsenat die Treuhändervollmacht als wirksam gemäß §§ 171, 172 BGB und nach den allgemeinen Grundsätzen über die Duldungs- und Anscheinsvollmacht, selbst bei einem Verstoß gegen das Rechtsberatungsgesetz. Dies begründet der XI. Senat mit dem – an anderer Stelle bereits ausführlich dargelegten – Vertrauensschutz der Banken. Des Weiteren stellte der erkennende Senat klar, daß im Jahre 1992 die finanzierende Bank den Mangel der Treuhändervollmacht wegen Verstoßes gegen das Rechtsberatungsgesetz nicht ken-

---

1041 Unter einer gespaltenen Auslegung i.d.S. versteht man „*eine Auslegung, die, wie insbesondere Realkreditverträge, nach dem Willen des deutschen Gesetzgebers an sich nicht in den Anwendungsbereich der Vorschriften über Haustürgeschäfte fallen sollen, für die jedoch die Haustürgeschäfterichtlinie ein Widerrufsrecht gebietet, das Widerrufsrecht von den Voraussetzungen des Art. 1 Abs. 1, 3 und 4 der Richtlinie und damit von einem Vertragsschluß oder der Abgabe eines Angebots des Verbrauchers „an der Haustüre" abhängig macht*". Durch diese Form der Auslegung konnte dem Willen des nationalen Gesetzgebers im Falle einer überschießenden Umsetzung von europäischen Richtlinien Rechnung getragen und das mit nationalem Recht kollidierende europäische Recht auf das unerläßliche Maß zurückgestutzt werden; vgl.: HABERSACK/MAYER, Widerruf von Haustürgeschäften, WM 2002, 253 (257).

1042 SCHULTE-NÖLKE, Widerrufsfrist, ZGS 2005, 6 (6).

1043 BGH vom 26.10.2004 – XI ZR 255/03 – ZIP 2005, 69 (69 ff.). Die einzelnen für diese Untersuchung relevanten Aspekte wurden bereits bei den jeweiligen Punkten aufgeführt.

1044 BGH vom 26.10.2004 – XI ZR 255/03 – ZIP 2005, 69 (71).

1045 BGH vom 09.11.2004 – II ZR 315/02 – NJW 2005, 668 (668 ff.).

nen mußte[1046]. Dies bestätigte der XI. Senat auch in der Entscheidung XI ZR 272/03 vom 11. Januar 2005[1047].

An diesen bereits oben dargelegten Grundsätzen hielt der XI. Senat *„auch unter Berücksichtigung der Entscheidungen des II. Zivilsenats vom 14. Juni 2004"* fest[1048].

2. Weitgehende Einigung der BGH-Senate im Jahr 2006

Am 25. April 2006 erließ der BGH insgesamt vier Urteile zu diesem Themenkomplex. In der Pressemitteilung auf der Homepage des Bundesgerichtshofs[1049] wurden diese Entscheidungen als Einigung der uneinigen Senate des BGH angekündigt[1050]. Die Entscheidungen waren insbesondere auch deshalb mit großer Spannung erwartet worden, weil bisher eine gewisse Rechtsunsicherheit und Rechtsungleichheit vor allem darin bestand, daß der für die Immobilienfondsbeteiligung zuständige II. Zivilsenat ein Verbundgeschäft bejahte, der für Immobiliendirekterwerb zuständige XI. Zivilsenat das Verbundgeschäft hingegen verneinte. In der Realität hing es jedoch häufig vom Zufall ab, für welches Anlagemodell der Verbraucher sich entschieden hat, da beide Anlagemodelle jedenfalls im Strukturvertrieb vermittelt worden sind[1051].

Die Entscheidungen basieren auf einer im Wesentlichen gleichen Sachverhaltskonstellation und weichen diesbezüglich von den Entscheidungen des II. Senats vom 14. Juni 2004 nur marginal ab. Der XI. Zivilsenat folgte in den Urteilen vom 25. April 2006 der sog. *„Verbundgeschäftslösung"*, die der EuGH in seinen beiden Urteilen vom 25. Oktober 2005 in den Sachen Schulte[1052] und Crailsheimer Volksbank[1053] gefunden hatte[1054] (hierzu siehe Punkt D.4.c)(6)(d) oben). Die Rückabwicklung einer kreditfinanzierten Immobilienfondsbeteiligung muß daher nun auch nach Ansicht des XI. Senats – in Umsetzung der jüngsten EuGH-Rechtsprechung – bei Vorliegen eines verbundenen Geschäfts i.S.d. § 9 Abs. 1 VerbrKrG (bzw. § 358 Abs. 3 BGB n.F.) alleine zwischen Anleger und kredit-

---

1046 BGH vom 09.11.2004 – II ZR 315/02 – NJW 2005, 668 (669 f.).

1047 BGH vom 11.01.2005 – XI ZR 272/03 – ZIP 2005, 521 (521 ff.).

1048 BGH vom 09.11.2004 – II ZR 315/02 – NJW 2005, 668 (669 f.).

1049 Die Pressemitteilung befand sich auf der Homepage www.Bundesgerichtshof.de.

1050 FISCHER, Ende der Rechtsprechungsdivergenz, DB 2006, 1415 (1415).

1051 FISCHER, Ende der Rechtsprechungsdivergenz, DB 2006, 1415 (1415). Der II. Senat hatte sich aus dem Komplex „Schrottimmobilien" weitgehend zurückgezogen; vgl.: HÄUBLEIN, Kurzkommentar zu § 4 VerbrKrG, EWiR 2006, 477 (478). So auch: KINDLER/LIBBERTZ, EWiR 2006, 351 (352).

1052 EuGH vom 25.10.2005 – C-350/03 [Schulte] – ZIP 2005, 1959 (1959).

1053 EuGH vom 25.10.2005 – C-229/04 [Crailsheimer Volksbank] – ZIP 2005, 1965 (1965).

1054 FISCHER, Ende der Rechtsprechungsdivergenz, DB 2006, 1415 (1416).

gebender Bank stattfinden, sofern der Ausnahmetatbestand nach § 3 Abs. 2 Nr. 2 VerbrKrG nicht eingreift. Im Einzelnen beinhalten die Entscheidungen folgende gemeinsame Schwerpunkte:

Der XI. Senat bejaht zunächst das Vorliegen eines Verbundgeschäfts sowie eine Rückabwicklung unmittelbar zwischen dem Kreditgeber und dem Partner des finanzierten Geschäfts aufgrund eines erklärten Widerrufs nach dem Haustürwiderrufsgesetz (hierzu siehe Punkt D.4.c)(6)(d)(iii) oben)[1055]. Insoweit ist eine deutliche Annäherung zwischen dem II. und dem XI. Zivilsenat zu verzeichnen[1056].

Der XI. Senat folgt dem II. Senat schließlich auch darin, daß die Grundsätze des fehlerhaften Gesellschaftsbeitritts auf diese Fälle keine Anwendung finden (siehe Punkt D.5.a) oben). Hingegen folgt der II. Senat dem XI. Senat bei der Heilungsmöglichkeit gemäß § 6 Abs. 2 VerbrKrG aufgrund fehlender Angabe des Gesamtbetrags gemäß § 4 Abs. 1 S. 4 Nr. 1 lit. b S. 1 VerbrKRG (hierzu siehe Punkt C.4.b) oben).

Die beiden BGH-Senat divergieren jedoch weiterhin zur Frage der Rechtsscheinsvollmacht gemäß den §§ 171, 172 BGB, da der XI. Senat auch weiterhin die in einem Zeichnungsschein enthaltene Vollmacht als gültig behandelt, solange bei Abschluß des Darlehensvertrags ein Zeichnungsschein vorgelegt wird (siehe Punkt C.1.g)(1)(d) oben).

Hingegen hält der II. Senat auch nicht mehr an einem ungeschmälerten Anspruch der Anleger auf Einlagenrückgewähr fest. Außerdem gehen der II. und der XI. Senat konform bei der Bejahung des Rechts der Anleger, die Darlehensrückzahlung gegenüber den Banken zu verweigern, sobald ein Anfechtungsrecht wegen arglistiger Täuschung besteht und ein verbundenes Geschäft vorliegt (siehe Punkt B.1.b)(2)(c)(v) oben und B.1.b)(2)(c)(vi) oben). Ebenso gewährt jetzt auch der XI. Senat den Anlegern einen Schadensersatzanspruch gegen die Banken aus c.i.c. und rechnet diesen das Verschulden der Vermittler ebenso wie bei der arglistigen Täuschung zu (hierzu Punkt B.2.a)(1)(b)(iv) oben).

Eine weitere Einigung gab es hinsichtlich der durch die EuGH-Entscheidungen vom 25. Oktober 2005 festgestellten fehlenden Notwendigkeit der subjektiven Zurechnung analog § 123 Abs. 2 BGB, da auch der XI. Senat nunmehr nicht mehr an einem solchen Erfordernis festhält[1057].

[1055] BGH vom 25.04.2006 – XI ZR 193/04 – NJW 2006, 1788 (1788).

[1056] FISCHER, Ende der Rechtsprechungsdivergenz, DB 2006, 1415 (1416).

[1057] BGH vom 25.04.2006 – XI ZR 193/04 – NJW 2006, 1788 (1792). Sowie: FISCHER, Ende der Rechtsprechungsdivergenz, DB 2006, 1415 (1419).

Es kam durch diese Urteile also zu einer weitgehenden Annäherung des II. und des XI. Zivilsenats des Bundesgerichtshofs, was zum einen die Vorlage an den Großen Senat gemäß § 132 GVG entbehrlich machte und zum anderen eine seit längerem bestehende Unsicherheit beseitigt hat[1058].

F. Zusammenfassende Kritik zur höchstrichterlichen Rechtsprechung bei geschlossenen Immobilienfonds

1. Befürworter

Insbesondere Verbraucherschützer stimmten dem II. Zivilsenat des Bundesgerichtshofs zu und halten seine Entscheidungen vom 14. Juni 2004 in der Sache für begründet[1059]. Die Urteile machten *„deutlich, daß der bankenfreundlichen Linie des XI. Zivilsenats selbst im eigenen Haus die Gefolgschaft verweigert wird“*[1060]. Denn während der XI. Senat den kreditgebenden Banken durch die Trennung des Erwerbs- vom Darlehensgeschäft die Einwendungen und Widerrufsnachteile fast gänzlich ersparte, setzte der II. Senat einen wesentlich stärkeren Akzent auf den Anlegerschutz[1061]. Es wurde dem XI. Zivilsenat von Verbraucherschützern außerdem vorgeworfen, er hätte mit seinen Urteilen zur rechtlichen Sanierung des Massengeschäfts der Hypothekenbanken beigetragen. Des Weiteren werde durch die Rechtsprechung des XI. Senats nicht zwischen *„schutzwürdigen Überrumpelungsopfern“* und *„nicht schutzbedürftigen spekulierenden Risikoanlegern“* differenziert[1062].

Auch Befürworter erkennen, daß der II. Senat in allen am 14. Juni 2004 entschiedenen Fällen der Rückabwicklung zu nahezu identischen Ergebnissen kommt, sei es aufgrund wirksamen, nichtigen oder widerruflichen Verträgen. Es resultiert aus den ursprünglich verschiedenen Abwicklungsregimen insgesamt eine gleichförmige Anwendung der Grundsätze über verbundene Geschäfte sowie ihrer Rechtsfolgen. Dies sei als Aufstellung allgemeiner Grundsätze für die Rückabwicklung fremdfinanzierter Fondsbeteiligungen zu werten, die wiederum im Kontext zu würdigen seien. Es ist damit nur entscheidend, ob zwischen Fi-

---

1058 AIGNER, Kurzkommentar zu § 3 VerbrKrG, EWiR 2006, 475 (476).

1059 FRISCH, Kurzkommentar zu § 1 HWiG, EWiR 2004, 857 (858). Es befürwortet beispielsweise SCHÄFER die Grundaussage der Urteile des II. Senats vom 14.06.2004 und deren Konzeption; vgl.: SCHÄFER, Anlegerschutz, BKR 2005, 98 (98 ff.).

1060 LANGE, EWiR 2004, 1057 (1058). In diese Richtung auch: FISCHER, Rückabwicklung, DB 2004, 1651 (1651 f.).

1061 DERLEDER, Kurzkommentar zu § 9 VerbrKrG, EWiR 2004, 1109 (1110).

1062 FRISCH, Zur aktuellen Rechtsprechung, ZGS 2003, 333 (333). Sowie: DERLEDER, Bankschaden, NJW 2003, 2064 (2066).

nanzierung und Fondsbeteiligung ein verbundenes Geschäft vorliegt. Auf die konkret betroffene Situation komme es hingegen nicht mehr an[1063].

2. Kritiker

Jedoch fanden sich auch zahlreiche Kritiker der Rechtsprechung vom 14. Juni 2004. Insbesondere die Banken reagierten auf diese Entscheidungen enttäuscht bis ablehnend[1064]. Denn der bisher bei Geld- und Kapitalanlagen geltende und anerkannte Grundsatz, daß der Anleger und damit im Falle einer kreditfinanzierten Kapitalanlage der Kreditnehmer das wirtschaftliche Risiko einer Anlageentscheidung zu tragen hat, sei durch die eben analysierten Entscheidungen des Bundesgerichtshofs vom 14. Juni 2004 zumindest aufgeweicht worden. Einige Stimmen aus der Literatur und der Praxis befürchteten, daß dieser Grundsatz durch die obergerichtliche Rechtsprechung nun gar nicht mehr gilt[1065].

Weitere Argumente gegen den II. Senat ließen sich vor allem aus dem Gesetzeswortlaut ziehen. Denn die Rechtsprechung des BGH hebelte unter Berufung auf den Verbraucherschutzgedanken den Inhalt deutscher Gesetze aus, wodurch eine einseitige Risikoverteilung zulasten der Banken erfolgte[1066].

Obgleich die wesentlichen Streitpunkte zwischen dem II. und dem XI. Senat in den Entscheidungen vom 25. April 2006 geklärt wurden, sollen die Kernpunkte der Kritik, welche gegen die Rechtsprechung vom 14. Juni 2004 vorgebracht wurden, nochmals zusammengefaßt werden:

a) Grundsätze des Vertrauensschutzes

Fest steht, daß der II. Senat zumeist allein unter Berufung auf den Begriff des Verbraucherschutzes gesetzliche Regelungen ausgehebelt hat, um unabhängig von der jeweiligen Fallkonstruktion zu dem gewünschten Ergebnis zu kommen. EDELMANN stellte zutreffend fest, daß eine Bank deswegen nicht mehr ohne weiteres auf den Inhalt deutscher Gesetze vertrauen kann, da diese wohl selbst dann ohne Bedeutung seien, wenn sie eindeutig und zwingend formuliert sind[1067].

1063 DOEHNER/HOFFMANN, ZIP 2004, 1884 (1891).

1064 FRISCH, Kurzkommentar zu § 1 HWiG, EWiR 2004, 857 (858).

1065 EDELMANN, Kommentar II ZR 395/01, BB 2004, 1648 (1648).

1066 EDELMANN, Kommentar II ZR 395/01, BB 2004, 1648 (1650).

1067 EDELMANN, Kommentar II ZR 395/01, BB 2004, 1648 (1650).

b) Dogmatischer Begründungsnotstand

SCHWAB formulierte vorbildlich die Kritik, die man dem II. Zivilsenat entgegenhalten konnte und auch mußte und überschrieb dieses Thema mit dem Titel *„Juristische Dogmatik versus rechtliche Wertung"*. Hiernach sei eine Haftung von Finanzierungsbanken für den Schaden der Scharen von Anlegern vielleicht rechtspolitisch wünschenswert, da diese Anleger oft ihre gesamten Ersparnisse durch die Mitgliedschaft in geschlossenen Immobilienfonds verloren haben. Allerdings könne dafür das Regelwerk des § 9 VerbrKrG nicht herangezogen werden, da es hierfür untauglich sei[1068]. Vielmehr sollte sich der II. Zivilsenat dogmatisch von den Regeln über verbundene Geschäfte lösen und statt dessen unter Offenlegung der rechtlichen und ökonomischen Wertungen ergebnisorientiert argumentieren und begründen, auf welche Weise und aus welchem Grund die Banken für das Scheitern der Kapitalanlage zur Verantwortung gezogen werden sollen. Genau die Fragen nach Haftungsgrund und Haftungsart würden aber mehr verdunkelt denn beantwortet, solange man *„den Schein rechtsdogmatischer Folgerichtigkeit zu wahren und die gewünschten Ergebnisse unter notfalls ausdehnender Auslegung des § 9 VerbrKrG zu gewinnen sucht"*[1069].

SCHWAB sah hier des Weiteren die Notwendigkeit, ein gänzlich neues Verhaltensregime für sich auf dem grauen Kapitalmarkt engagierende Banken zu entwickeln, anstatt den überflüssigen Umweg über die Dogmatik des verbundenen Geschäfts innerhalb des Gesellschaftsrechts zu gehen[1070].

Auch DOEHNER und HOFFMANN übten Kritik am Begründungsansatz des Bundesgerichtshofs, da die Voraussetzungen und Grenzen, *„die eine Einbeziehung Dritter in den Begriff des «Geschäftspartners» abschließend umreißen würden"* in den Entscheidungen vom 14. Juni 2004 nur schemenhaft erkennbar seien[1071]. Jedoch störten sie sich nicht daran, daß die Argumentation an der einen oder anderen Stelle nicht überzeugend scheint und kanzeln diesen Einwand ab als spitzfindige Differenzierung wertungsmäßig gleichgelagerter Fälle[1072]. Gerade dies zeigt, daß sehr wohl erkannt wurde, daß dem II. Senat in erster Linie eine ergebnisorientierte Argumentation gelungen war, die vor allem ein Gesamtbild im Auge behielt. Dabei mußte sich jedoch auch die höchstrichterliche Rechtsprechung an Recht und Gesetz halten.

1068 SCHWAB, ZGR 2004, 861 (884).

1069 SCHWAB, ZGR 2004, 861 (884 f.).

1070 SCHWAB, ZGR 2004, 861 (900).

1071 DOEHNER/HOFFMANN, ZIP 2004, 1884 (1888).

1072 DOEHNER/HOFFMANN, ZIP 2004, 1884 (1892).

WOLF und GROßERICHTER empfanden die Entscheidungsserie vom 14. Juni 2004 aus juristisch-methodischer Sicht als Sensation, da die Entscheidungsfindung durch das gewollte Ergebnis geleitet, jedoch mit der anerkannten Methodik unvereinbar sei. Sie stelle eine Abkehr von der „*dogmatischen*" Entscheidungsfindung dar und eine Hinwendung zu einer „*teleologischen*" Rechtsprechung[1073].

c) Risikoverteilung zu Lasten der Banken

(1) Träger des wirtschaftlichen Risikos der Anlageentscheidung

(a) Verbleiben der Steuervorteile beim Anleger

Insbesondere die Tatsache, daß in den hier analysierten Entscheidungen nach einer Rückabwicklung nach dem Haustürwiderrufsgesetz die durch den Immobilienfonds entstandenen Steuervorteile beim Kreditnehmer verbleiben, während er sämtliche an das Kreditinstitut bezahlten Beträge von diesem zurückverlangen kann[1074], führt zu einer Gewinnverteilung der Anleger zu Lasten der finanzierenden Banken[1075], die dadurch „*zu erheblichen Abschreibungen gezwungen werden*"[1076]. Das Anlagerisiko würde vollständig auf die Banken übertragen, unabhängig davon, ob es um die Rückabwicklung eines widerrufenen oder nichtigen Darlehensvertrags geht oder ob die Fondsbeteiligung wegen arglistiger Täuschung gekündigt wurde. Denn der Verbraucher hat nach dem oben Dargelegten Anspruch auf Ersatz aller von ihm erbrachten Leistungen (abzüglich der ihm aus der Fondsbeteiligung verbleibenden Vorteile), während er der Bank weder Darlehensvaluta noch Nutzungsersatzansprüche herauszugeben hat (es müssen lediglich die finanzierte Sache herausgegeben bzw. übereignet und vereinnahmte Gewinnzahlungen wie dauerhaft erzielte Steuervorteile herausgegeben werden)[1077].

(b) Träger des Kreditverwendungsrisikos

Der Grundsatz, daß ein Anleger grundsätzlich das von ihm bewußt eingegangene wirtschaftliche Risiko selbst tragen muß, scheint nun seit den Entscheidungen

---

1073 Die dogmatische Entscheidungsfindung hat im Normalfall zum Ziel, „*durch ein immer gleiches, rationales Verfahren der Auslegung und Subsumtion innerhalb des gesetzlichen Normgefüges vorurteilsfrei zu einem Ergebnis zu gelangen*"; vgl.: WOLF/GROßERICHTER, Ergebnis als Methode, WM 2004, 1993 (1993).

1074 Daran ändern i.Ü. auch die Entscheidungen des EuGH vom 25.10.2005 nichts. Etwaige Steuervorteile waren gar nicht erst Gegenstand der Vorlageverfahren.

1075 EDELMANN, Kommentar II ZR 395/01, BB 2004, 1648 (1648 f.).

1076 SCHLACHTER, Kommentar II ZR 395/01, RIW 2004, 708 (708). Sowie: HAUCH-FLECK, Die Zeit, Nr. 27 vom 24.06.2004, o.S.

1077 SCHÄFER, Revolutionäres aus Karlsruhe, DStR 2004, 1611 (1614 f.).

des BGH vom 14. Juni 2004 *„nicht mehr zu gelten“*[1078]. Sowohl bei der Unwirksamkeit der Darlehensverträge aufgrund von Verstößen gegen Vorschriften des Rechtsberatungsgesetzes und des Verbraucherkreditgesetzes als auch im Falle eines Widerrufs nach dem Haustürwiderrufsgesetz tragen nunmehr die Banken das aus der Verwendung der Darlehensvaluta resultierende Risiko. Was diese Konsequenz mit dem Schutzzweck des Verbraucherkreditgesetzes zu tun hat, vermag man bei einer wirtschaftlichen aber auch bei einer rein rechtlichen Betrachtungsweise nicht nachzuvollziehen.

(2) Mangelnde Selbstaufklärung der Anleger

Dies läßt zudem völlig unberücksichtigt, daß sich Anleger beim Erwerb der Beteiligungen an den Immobilienfonds oder beim Erwerb von Immobilien oft nur durch die erhoffte Steuerersparnis leiten ließen. Die Risiken einer Anlageentscheidung hängen mit den wirtschaftlichen Eckdaten der Immobilien, wie z.B. deren Lage, deren Konzeption, und deren Nutzungsmöglichkeiten zusammen, so daß diese Informationen vom Anleger genauso eingeholt, abgewogen und überprüft werden müssen, wie deren Preis oder Ausstattung[1079]. Die Nachlässigkeiten bei der Auswertung der risikotragenden Faktoren entstanden jedoch auch zu einem nicht zu vernachlässigenden Teil im Pflichtenkreis der Anleger. Wie bei jedem Beitritt zu einem geschlossenen Immobilienfonds haben Anleger hier diverse Risiken zu tragen: Das Substanzerhaltungsrisiko birgt die Gefahr, daß Wertsteigerungen an den Anlegern vorbeigeleitet werden und die Anlage so an Wert verliert. Auch das Informationsrisiko liegt regelmäßig bei den Anlegern, die auf entscheidungserhebliche Angaben von Initiatoren oder Dritten bei der Verwirklichung ihrer Anlagestrategie vertrauen müssen. Dazu kommt ein Abwicklungsrisiko dergestalt, daß zugesagte Vorgaben nicht erfüllt werden. Das Verwaltungsrisiko birgt die Gefahr, daß das Management der Fondsgesellschaft suboptimal geführt bzw. der Tatbestand der Untreue erfüllt wird. Schließlich tritt noch das Konditionenrisiko zu Tage, wenn ein Anleger die Tragweite bestimmter Vertragsklauseln erst im Nachhinein überblickt[1080].

Damit können nicht ausschließlich die Kreditinstitute, die erst im Rahmen der Finanzierung eingeschaltet werden, für eine fehlgeschlagene Geldanlage in die

---

1078 EDELMANN, Kommentar II ZR 395/01, BB 2004, 1648 (1648).

1079 Der Anleger hat nach LAUER sein Augenmerk auf folgende Faktoren zu richten: Standort, Baugenehmigung aufgrund der Planungssicherheit, Kostensicherheit inklusive Finanzierung, Altlastenproblematik, Fertigstellungs- und Ertragsrisiko, Bauqualität, Nutzungskonzeption, Sicherheit der Mieterträge, Drittverwendungsfähigkeit der Immobilie und Fungibilität, Absicherung bei Vorauszahlungen, Steuerrechtsänderungen, Zinsänderungsrisiken, Mix von Mietern, Lagen und Nutzungsarten; vgl.: LAUER, ZAP 1999, 313 (324).

1080 KING, 288 f.

Haftung genommen werden. Insbesondere haben betriebswirtschaftliche Untersuchungen ergeben, daß sich die deutschen Anlageinteressenten fast ausschließlich von den versprochenen hohen Steuervorteilen bei geringem Kapitaleinsatz leiten ließen und Aspekte wie Rendite, Sicherheit oder langfristige Gewinnerwartung in den Hintergrund rückten[1081].

Genau von dieser Risikoverteilung geht auch die Rechtsprechung aus, wenn sie eine Bankenhaftung aus c.i.c. insbesondere bei Steuersparmodellen besonders hohen Voraussetzungen unterwirft (siehe Punkt B.2.a)(1)(b) oben). Es besteht hier nämlich ein zu berücksichtigender Vertrauensschutz der Bank. Denn die Bank darf davon ausgehen, daß sich Anleger über die steuerlichen und wirtschaftlichen Konsequenzen regelmäßig bewußt sind, weil sie entweder selbst über das notwendige Know-how verfügen oder sich an fachkundige Dritte wenden. Soll nun am Ende genau dieses Risiko, daß von Anfang an bei den Anlegern liegt, nun auf einmal wieder auf die Banken abgewälzt werden, so verliert das Institut des Vertrauensschutzes erheblich an Bedeutung.

Auch im Rahmen des Rückforderungsdurchgriffs – bei der Geltendmachung von Schadensersatzansprüchen gegen Anlageberater oder -vermittler – ist zu berücksichtigen, daß auch die Anleger diverse Pflichten und Obliegenheiten treffen: Anleger müssen sich zunächst der Risiken, die einer Kapitalanlage innewohnen, bewußt sein. Darüber hinaus besteht jedoch vor allem eine eigene Prüfungs-, Rückfrage und Recherchepflicht und eine Obliegenheit, die erhaltenen Informationen der angebotenen Kapitalanlage zu hinterfragen, sog. Informationsverarbeitungspflicht, um dann eine bewußte und eigenverantwortliche Entscheidung zu treffen[1082]. Wenn der Anleger hierzu nicht in der Lage ist und dies erkennt, muß er sich schließlich eines unabhängigen Beraters bedienen. Bei Verletzung der letztgenannten Obliegenheit steht einem eventuellen Schadensersatzanspruch des Anlegers dann sein eigenes nach § 254 BGB von Amts wegen zu berücksichtigendes Mitverschulden entgegen[1083]. Der Anlegerschutz endet nämlich dort, „*wo die einer Kapitalanlage innewohnenden Risiken beginnen*“[1084]. Diese Pflichten der Anleger werden nach Ansicht von WAGNER im Rahmen der kapitalanlagerechtlichen Haftungsrechtsprechung nicht ausreichend berücksichtigt. Vielmehr wird zu Gunsten des Anlegers oftmals die haftungsbegründende Kausalität schlicht vermutet. Statt dessen sollen Pflichtverletzungen von Anlegern

---

[1081] Beispielsweise hat eine Untersuchung herausgefunden, daß das überwiegende Interesse der Anleger mit 80% auf den steuerlichen Komponenten beruht, wohingegen lediglich 41,3% des Interesses auf den allgemeinen Objektdaten beruht; vgl.: KING, 143 m.w.N.

[1082] WAGNER Klaus-R., Freier Kapitalanlagemarkt, DStR 2005, 1449 (1449 ff.).

[1083] WAGNER Klaus-R., Freier Kapitalanlagemarkt, DStR 2005, 1449 (1451).

[1084] WAGNER Klaus-R., Freier Kapitalanlagemarkt, DStR 2005, 1449 (1449 ff.) mit Verweis auf BGH vom 06.10.1980 – II ZR 60/80 – BGHZ 79, 337 (337 ff.).

als Anscheinsbeweis für einen Fall des haftungsbegrenzenden bzw. haftungsausschließenden Mitverschuldens gemäß § 254 Abs. 1 BGB gelten können[1085]. Ob dieser Forderung uneingeschränkt zu folgen ist, kann offen bleiben. Jedenfalls müssen die eigenen Pflichtverletzungen der Anleger und Verbraucher in der höchstrichterlichen Rechtsprechung stärker berücksichtigt werden. Jedenfalls der II. Senat scheint dies in seinen Entscheidungen vom 14. Juni 2004 nicht getan zu haben.

d) Bevorteilung der kreditfinanzierenden Anleger

Ein weiterer Aspekt, der zumindest Anlaß dazu gibt, an der Nachvollziehbarkeit und Richtigkeit des durch den Bundesgerichtshof ausgeweiteten Verbraucherschutzes zu zweifeln, ist die dadurch eintretende Bevorteilung derjenigen Anleger, die ihre Kapitalanlage nicht durch Eigenmittel, sondern durch einen Kredit finanzieren[1086]. Denn nur die fremdfinanzierenden Anleger können den Banken Einwendungen entgegenhalten bzw. über das Rechtsinstitut des Rückforderungsdurchgriffs gegen solvente Gegner vorgehen. Die aus Eigenmitteln finanzierenden Anleger hingegen sind darauf angewiesen, sich an die Gründungsgesellschafter und an die sonstigen Personen zu halten, die direkt im Zusammenhang mit dem Verkauf der Fondsanteile haften müßten. In diesen Fällen ist jedoch meist wegen bevorstehender oder schon eingetretener Insolvenz eine Rückzahlungs- oder Schadensersatzklage wenig zielführend. Dazu kommt, daß sich ein Vorgehen gegen die Initiatoren und die Verantwortlichen eines Anlagemodells aufgrund des oft undurchsichtigen Personen- und Firmengeflechts häufig als schwierig erweist[1087].

Noch in seiner Entscheidung II ZR 387/02 vom 21. Juli 2003 hatte der II. Zivilsenat selbst in den Urteilsgründen ausgeführt, daß kreditfinanzierende Anleger dadurch, daß ihre Ansprüche mit dem Anspruch der Bank auf Rückzahlung der Darlehensvaluta saldiert werden, *„gegenüber dem die Beteiligung aus eigenen Mitteln finanzierenden Gesellschafter nicht privilegiert werden“* sollten[1088]. Warum der II. Senat am 14. Juni 2004 in seinen Entscheidungen von diesem nachvollziehbaren Grundsatz abgewichen ist, ist insbesondere aus der Sicht derjenigen Anleger, die den Beitritt aus eigener Tasche finanzierten, nur schwer nachvollziehbar.

1085 WAGNER Klaus-R., Freier Kapitalanlagemarkt, DStR 2005, 1449 (1452). Kritisch zum Mitverschulden: BENEDICT, ZIP 2005, 2129 (2132).

1086 EDELMANN, Kommentar II ZR 395/01, BB 2004, 1648 (1648 f.).

1087 SPICKHOFF/PETERSHAGEN, BB 1999, 165 (165).

1088 BGH vom 21.07.2003 – II ZR 387/02 – BB 2003, 2089 (2091).

e) Abweichen von den Grundsätzen des fehlerhaften Gesellschaftsbeitritts

Einer der gewichtigsten Ansatzpunkte für massive Kritik an der Rechtsprechung des II. Zivilsenats des BGH ist jedoch das Abweichen von den Grundsätzen des fehlerhaften Gesellschaftsbeitritts, sowohl im Rahmen der Rückabwicklung nach dem Haustürwiderrufsgesetz, als auch infolge der Nichtigkeit des Treuhandvertrags durch Verstöße gegen Vorschriften des Rechtsberatungsgesetzes und des Verbraucherkreditgesetzes. Nicht nachvollziehbar ist diese Wandlung in der Rechtsprechung deshalb, weil der II. Senat bisher im Wesentlichen diese Grundsätze selbst vertrat, die Ausnahmen davon abschließend darstellte und dies zu Recht als gefestigte Rechtsprechung bezeichnete[1089]. Auch in der Literatur und in der Rechtsprechung findet die Lehre von der fehlerhaften Gesellschaft allgemein Anerkennung; teilweise wird vertreten, daß deren Kernbestand bereits den Rang von Gewohnheitsrecht haben soll[1090]. Denn die Entwicklung dieses Rechtsinstituts ist ein Resultat fortwährender höchstrichterlicher Rechtsprechung[1091].

Eine grundlegende Aussage, die durch die ständige Rechtsprechung zum fehlerhaften Gesellschaftsbeitritt immer wieder bestätigt wurde ist gerade der Bestandsschutz, den Gesellschafter verdienen, wenn sie willentlich einer Gesellschaft beigetreten sind und die Folgen dieses Beitritts vollumfänglich in Kauf nahmen, mit all ihren Vorteile und Nachteilen. Warum dieser Grundsatz nun auf einmal nicht mehr gelten soll, hat der II. Senat in seinen Entscheidungen vom 14. Juni 2004 gar nicht oder jedenfalls unzulänglich begründet. Denn der Gedanke des Verbraucherschutzes ist hiervon strikt zu trennen. Bei den ohnehin wenigen direkten Berührungspunkten, die es zwischen Gesellschaftsrecht und Verbraucherschutz gibt, kann der Konflikt im vorliegenden Fall schon allein aus Gründen der Rechtssicherheit nur zugunsten des Gesellschaftsrechts gelöst werden. Die durch die ständige Rechtsprechung in einem numerus clausus geregelten Ausnahmen von den Grundsätzen des fehlerhaften Gesellschaftsbeitritts müßten beachtet werden. Es bestehen damit erhebliche Bedenken, einen Verbraucher ähnlich oder gar noch stärker zu schützen wie einen nicht voll Geschäftsfähigen bzw. einen arglistig Getäuschten oder den Verbraucherschutz auf eine Stufe zu stellen mit den Fällen eines gesetzes- oder sittenwidrigen Gesellschaftszwecks[1092].

1089 BGH vom 02.07.2001 – II ZR 304/00 – BB 2001, 1652 (1652 ff.). Sowie: BGH vom 16.12.2002 – II ZR 109/01 – NJW 2003, 1252 (1254).

1090 MÜNCHKOMM/ULMER, §705 Rn. 325. Sowie: STAUDINGER/HABERMEIER, § 705 Rn. 63.

1091 MÜNCHKOMM/ULMER, §705 Rn. 347.

1092 EDELMANN, Kommentar XI ZR 174/99, BB 2000, 1855 (1856).

f) Gleichstellung mit Immobilienerwerb

Schließlich werden nach Ansicht MEDICUS` im Hinblick auf das den Entscheidungen vom 14. Juni 2004 folgende Urteil XI ZR 255/03 des XI. Senats vom 26. Oktober 2004[1093] einige Argumente des II. Senats derart erschüttert, „*daß auch der bankfinanzierte Beitritt zu Immobilienfonds neu bedacht werden sollte*“[1094]. Auch ist nach dieser Ansicht kein plausibler Grund dafür ersichtlich, warum diese Erwerber von Anteilen an geschlossenen Immobilienfonds besser gestellt werden sollten als Erwerber von Grundstücken[1095].

1093 BGH vom 26.10.2004 – XI ZR 255/03 – ZIP 2005, 69 (69 ff.).

1094 MEDICUS, Kurzkommentar zu § 3 VerbrKrG, EWiR 2005, 231 (232).

1095 MEDICUS, Kurzkommentar zu § 3 VerbrKrG, EWiR 2005, 231 (232).

V. Anwendbarkeit auf nicht-kreditfinanzierte Beteiligung an einem geschlossenen Immobilienfonds

Durch die Analyse der bisherigen höchstrichterlichen Rechtsprechung wird ein weiteres Problemfeld eröffnet: Es stellt sich nach dem bisherigen Ausführungen nämlich die Frage, ob sich die durch den Bundesgerichtshof entwickelten Grundsätze auch auf den nicht-kreditfinanzierten Erwerb einer Beteiligung an einem Immobilienfonds anwenden lassen oder ob es in solchen Fällen einer anderen rechtlichen Beurteilung bedarf. In concreto soll geklärt werden, ob diejenigen Anleger, die den Beitritt zu einem Immobilienfonds nicht über einen Kredit, sondern aus eigener Tasche finanziert haben, genauso *„leicht“* aus dem Fonds aussteigen und die bisher geleisteten Zahlungen rückabwickeln können, wenn die oben genannten Unwirksamkeitsgründe vorliegen, wie kreditfinanzierende Anleger. Fraglich ist insbesondere, ob auch in diesen Fällen die Nichtigkeit des Treuhandvertrags und der vom Treuhänder abgeschlossenen Darlehensverträge u. a. wegen Verstoßes gegen das Rechtsberatungsgesetz auch zugleich die Nichtigkeit des Beitritts des Anlegers zur Gesellschaft nach sich zieht. Diese Betrachtung ist insbesondere deswegen angebracht, weil zu untersuchen ist, ob die kreditfinanzierenden Anleger gegenüber den selbst finanzierenden übervorteilt werden. Man lehnt sich hierbei natürlich noch ein Stück weiter aus dem Fenster. Trotz der Bedenken, die man nach all der Kritik an der Rechtsprechung des II. Senats an einer solchen Frage haben muß, ist sie jedoch gerechtfertigt: Bleiben diejenigen Anleger, die für den Beitritt kein Darlehen aufnehmen mußten, auf ihrer (evtl. wertlosen) Beteiligung sitzen oder stehen auch ihnen die gleichen Rückabwicklungsmöglichkeiten wie kreditfinanzierenden Anlegern zu?

A. Problemstellung

Der BGH spricht in seinen Urteilen vom 14. Juni 2004 nur die Unwirksamkeitsgründe in Bezug auf den kreditfinanzierten Beitritt (im Folgenden: *„Beitrittsfinanzierung“* bzw. *„Außenfinanzierung“*) an. Die rechtliche Wirksamkeit der Darlehen zur Sanierung oder zur Errichtung der jeweiligen Immobilie (im Folgenden: *„Zwischenfinanzierungen“*) wurde nicht geprüft, weil sie in den Urteilen vom 14. Juni 2004 nicht entscheidungserheblich waren. Im Verhältnis zu diesen Zwischenfinanzierungen machen die Beitrittsfinanzierungen jedoch einen vergleichsweise kleinen Anteil aus. Das heißt, daß der einzelne Anleger oft durch die Verpflichtung aus den Zwischenfinanzierungsdarlehen genauso oder häufig weitaus mehr belastet wird oder werden kann als durch die Beitrittsfinanzierungsdarlehen. Ob auch hier der Gedanke des Verbraucherschutzes zugunsten der Anleger greifen kann, ist im Folgenden zu untersuchen.

B. Unterschiede im Sachverhalt

1. Eigenfinanzierung des Gesellschaftsbeitritts

Die Sachverhalte der hier zu untersuchenden Fälle weichen nur in der Beitrittsphase geringfügig von denjenigen Sachverhalten ab, auf denen die hier analysierten Urteile vom 14. Juni 2004 beruhen. Anleger, die bei den Kreditinstituten kein Darlehen aufnehmen mußten, um den Beitritt zu einem Immobilienfonds, also die Einlage, überhaupt erst finanzieren zu können, erwerben grundsätzlich wirksam eine Beteiligung an den Immobilienfonds. Die Entscheidungen des BGH vom 14. Juni 2004 erfassen diese Problematik nicht. Fraglich ist deswegen, ob Anleger, die den Beitritt zum Fonds „*aus eigener Tasche*" finanzieren ebenso wie die fremdfinanzierenden Anleger ggf. auch aus dem Fonds „*aussteigen*" und gegenüber den Banken Schadensersatzansprüche geltend machen können. Es soll also u.a. untersucht werden, ob für den Fall, daß die GbR (Fondsgesellschaft) einen Darlehensvertrag mit der Bank schließt und die Fondsgesellschafter hieraus verpflichtet werden, der einzelne Anleger der Bank oder dem Anspruchsinhaber Einwendungen entgegenhalten kann.

2. Gesellschaftsvertragliche Nachschußverpflichtung

Problematisch ist insbesondere die Tatsache, daß die Forderungen aus den für den Immobilienfonds abgeschlossenen Zwischenfinanzierungsdarlehen die Forderungen aus den Beitrittsfinanzierungen wertmäßig in der Regel übersteigen. Oft sind die Beträge, die sich aus der Umlage entsprechend der Fondsbeteiligung ergeben, weitaus höher als die Rückzahlung einer Beitrittsfinanzierung.

Den Anlegern erschlossen sich diese Gefahren und Zusammenhänge aufgrund der oft relativ wenig bis nichts sagenden Vertragsformulierungen in der Regel nicht oder nicht vollständig. Die Prospekte für einen Fondsbeitritt enthielten neben den Versprechungen erheblicher Wertsteigerungen beispielsweise eine Klausel, daß Anleger „*Dritten gegenüber nur in der Höhe verpflichtet werden können, die sich aus dem Verhältnis ihrer Beteiligung zu der Beteiligung der anderen Zertifikatinhaber ergibt*". Oft verbarg sich den Anlegern gegenüber das Risiko einer über die Einlage deutlich hinausgehenden Haftung – etwa durch Bagatellisierung im Prospekt oder durch die mündliche Zusicherung der Vertriebswerber[1096].

Daher stellt sich folgendes Problem: Die Anleger, die vermeintlich ein geringeres Risiko eingingen, und den Beitritt selbst finanzierten, um wenigstens diesbezüglich keinen Rückzahlungsansprüchen der Bank ausgesetzt zu sein und um die

---

[1096] ULMER, Anlegerhaftung, ZIP 2005, 1341 (1342).

Finanzierungsbelastung gering zu halten, haften nun voll durch die von ihnen dem Fonds gegenüber zu leistende Umlage. Insbesondere besteht die Nachschußpflicht nach § 735 BGB. Ob es hier auch eine Möglichkeit gibt, Einwendungen erfolgreich geltend zu machen bzw. eine Rückabwicklung ähnlich dem oben Ausgeführten zu erreichen, wird im Folgenden untersucht.

3. Haftung für Altverbindlichkeiten der BGB-Gesellschaft

Des Weiteren besteht für Gesellschafter, die nachträglich, also nach Gründung, in die Fondsgesellschaft eintreten, nach einem *„Wandel der höchstrichterlichen Rechtsprechung"*[1097] eine grundsätzliche Haftung entsprechend § 130 HGB. Daß neu eintretende GbR-Gesellschafter analog § 130 HGB auch für diejenigen Gesellschaftsschulden haften, die bereits vor ihrem Gesellschaftsbeitritt begründet wurden, ist mittlerweile durch den Bundesgerichtshof in einer Grundsatzentscheidung bestätigt worden[1098]. Dabei wird § 130 HGB als Gläubigerschutzvorschrift ungeachtet der bestehenden Zweifel an der rechtspolitischen Angemessenheit dieser Vorschrift entsprechend auf die neu eintretenden Gesellschafter angewendet, was neben § 735 BGB zu einer faktischen Nachschußpflicht führt[1099]. Die Gesellschafter einer GbR haften also mit ihrem Anteil am Fondsvermögen für Verbindlichkeiten des Immobilienfonds, die aus einem früher abgeschlossenen Darlehensvertrag stammen. Vertrauensschutz im Hinblick auf die bis noch vor einigen Jahren herrschende Rechtsprechung und im Hinblick auf die Doppelverpflichtungslehre können die Anleger in solchen Fällen nicht in Anspruch nehmen, solange es um den Anteil am Gesellschaftsvermögen geht, der mit dem Eintritt in die Fondsgesellschaft erworben wurde[1100].

1097 OLG Dresden vom 22.12.2004 – 8 U 1432/04 (n.r.) – ZIP 2005, 486 (489).

1098 Der Grundsatz der persönlichen Haftung des in eine GbR eintretenden Gesellschafters für Altverbindlichkeiten der Gesellschaft ist nach BGH aus Vertrauensschutzgesichtspunkten jedoch erst auf künftige Beitrittsfälle anzuwenden; vgl.: BGH vom 07.04.2003 – II ZR 56/02 – NJW 2003, 1803 (1804 f.). So auch: BGH vom 12.12.2005 – II ZR 283/03 – NJW 2006, 765 (765 f.), wo auf die Kenntnis oder das Kennenmüssen der Altverbindlichkeit bei Eintritt in die Gesellschaft abgestellt wird. Erhebliche Kritik erfährt die Haftung der GbR-Gesellschafter analog § 130 HGB durch die Literatur; vgl.: ARMBRÜSTER, Schranken der Gesellschafterhaftung, ZGR 2005, 34 (47 f.) mit Nachweisen zum Streitstand.

1099 KG vom 24.11.2004 – 26 U 38/04 (n.r.) – ZIP 2005, 1029 (1030 f.). sowie: ARMBRÜSTER, Schranken der Gesellschafterhaftung, ZGR 2005, 34 (50).

1100 OLG Dresden vom 22.12.2004 – 8 U 1432/04 (n.r.) – ZIP 2005, 486 (487).

C. Einwendungs- und Rückforderungsdurchgriff nach Treu und Glauben

1. Streit um Anwendbarkeit

Im Gegensatz zu dem seit dem 1. Januar 2002 gesetzlich geregelten Einwendungsdurchgriff nach § 359 BGB (bis 31. Dezember 2001 nach § 9 Abs. 3 VerbrKrG) – bei der Verbindung eines Darlehensvertrags mit einem Erwerbsgeschäft – könnten es die Grundsätze von Treu und Glauben nach einer Ansicht auch in anderen Fällen rechtfertigen, einen Einwendungsdurchgriff zuzulassen. Dies wird von Stimmen der Literatur und Rechtsprechung jedoch bestritten, weil die gesetzlichen Regelungen für Verbraucher abschließend seien und deshalb nicht mehr auf § 242 BGB zurückgegriffen werden könne[1101]. Der aus § 242 BGB begründete Einwendungsdurchgriff wurde vor Inkrafttreten des Verbraucherkreditgesetzes vornehmlich bei Abzahlungsgeschäften relevant[1102].

a) Eine Ansicht: Abschließende Regelung im Verbraucherkreditgesetz

Nach einer in der Literatur und in der Rechtsprechung vertretenen Ansicht stelle der Einwendungs- und Rückforderungsdurchgriff in § 9 Abs. 3 bzw. Abs. 2 S. 4 VerbrKrG eine abschließende Regelung dar, welche die Belange des Verbrauchers hinreichend wahrt[1103]. Eine Erweiterung über die Generalklausel des § 242 BGB würde dies konterkarieren[1104] und bewirken, daß beispielsweise die Sperre des § 3 Abs. 2 Nr. 2 VerbrKrG umgangen wird. Dies wird damit begründet, daß die Möglichkeit eines Einwendungsdurchgriffs nur für Verbraucherkreditverträge eröffnet sein soll. Bei anderen Verträgen, auf die das Verbraucherkreditgesetz nicht anwendbar ist, sei er ausgeschlossen[1105]. Ein nicht zu unterschätzendes Argument stellt dabei die Wertung des Verbraucherkreditgesetzes dar. Denn die darin enthaltenen Aufklärungspflichten der Kreditgeber – beispielsweise über das Widerrufsrecht gemäß § 7 VerbrKrG – aber auch die Höchstfrist für einen Widerruf nach § 7 Abs. 2 S. 3 VerbrKrG stellten zugleich Hürden und Korrelat für die Anwendbarkeit eines Einwendungsdurchgriffs dar[1106].

1101 PALANDT/HEINRICHS, 64. Aufl., Überbl. v. § 311 Rn. 18.

1102 SPICKHOFF/PETERSHAGEN, BB 1999, 165 (171).

1103 Dies gilt auch für § 359 BGB, der insoweit die Regelung des § 9 VerbrKrG ersetzt. Ein Rückgriff auf § 242 BGB soll danach auch nach der neuen Gesetzesfassung nicht in Betracht kommen; vgl.: PALANDT/HEINRICHS, 64. Aufl., § 358 Rn. 19

1104 LWOWSKI/WUNDERLICH, Rechtsfragen Teil I, ZInsO 2005, 5 (11).

1105 STAUDINGER/KESSAL-WULF, § 9 VerbrKrG Rn. 46.

1106 MÜNCHKOMM/HABERSACK, § 9 VerbrKrG Rn. 79. In diese Richtung auch: OLG Braunschweig vom 13.02.1997 – 2 U 117/96 – WM 1998, 1223 (1227 f.).

HABERSACK begrenzt den Anwendungsbereich des Einwendungsdurchgriffs ebenfalls auf das Verbraucherkreditgesetz und will einen auf § 242 BGB gestützten richterrechtlichen Einwendungsdurchgriff auch außerhalb des Anwendungsbereichs des Verbraucherkreditgesetzes nicht zulassen. Denn der Gesetzgeber habe dies mit Schaffung von Aufklärungspflichten des Kreditgebers im Verbraucherkreditgesetz mitberücksichtigt. Diese Wertung dürfe nicht umgangen werden[1107].

Die Grundsätze, die die Rechtsprechung zum finanzierten Abzahlungsgeschäft entwickelt hat und die später im Rahmen eines Einwendungsdurchgriffs gemäß § 242 BGB auf andere fremdfinanzierte Geschäfte erweitert wurden, könnten hier deshalb nicht greifen, da dem Gesetzgeber des § 9 VerbrKrG diese Rechtsprechung bekannt gewesen sei. Die amtliche Begründung des Regierungsentwurfs zum Verbraucherkreditgesetz[1108] zeige, daß mit der Vorschrift des § 9 VerbrKrG eine gesetzliche Regelung geschaffen werden sollte. Im Gesetzestext wurden die von der Rechtsprechung entwickelten Grundsätze jedoch nur teilweise mit aufgenommen[1109]. Beispielsweise fehlt im Gesetz die Formulierung, daß beim Einwendungsdurchgriff an objektive Umstände anzuknüpfen ist[1110]. Auch der Ausschluß von Realkrediten in den Fällen des § 3 Abs. 2 Nr. 2 VerbrKrG zeige, daß der Gesetzgeber die Vorschrift des § 9 VerbrKrG bewußt und in Kenntnis der bis dahin geltenden Rechtsprechung geschaffen habe[1111].

§ 9 Abs. 3 VerbrKrG solle demnach eine abschließende Regelung darstellen, die die Belange des Verbrauchers hinreichend wahrt[1112]. Die betreffende Risikolage sei dabei rein objektiv zu beurteilen. Über diese Vorschrift solle ein auf die Beseitigung des Aufspaltungsrisikos gerichteter Einwendungsdurchgriff ausschließlich für Verbraucherkredite eröffnet sein; außerhalb dessen sei er generell

---

1107 MÜNCHKOMM/HABERSACK, § 9 VerbrKrG Rn. 79. EMMERICH stellt dar, daß der Einwendungsdurchgriff jedenfalls dann nicht zugelassen worden sei, wenn die Fremdfinanzierung einer Vermögensanlage gerade der vollen Ausschöpfung steuerlicher Vorteile diente. Als Beispiele führt EMMERICH die Finanzierung von Beteiligungen an Abschreibungsgesellschaften sowie die Finanzierung von Ersterwerber- oder Bauherrenmodellen an; vgl.: WESTPHALEN/EMMERICH, § 9 Rn. 28 ff. m.w.N.

1108 BT-Drucks. 11/5462, 12, 23 f.

1109 BT-Drucks. 11/5462, 23

1110 WESTPHALEN/EMMERICH, § 9 Rn. 39 f.

1111 Der Gesetzgeber habe eine negative Entscheidung hinsichtlich Privatkonsumenten oder diesen vergleichbaren Personen, wie z.B. Kleingewerbetreibende, getroffen bezüglich deren geschäftlicher Kreditaufnahme. Von dieser Entscheidung kann § 9 VerbrKrG nicht willkürlich ausgenommen werden; vgl.: SCHOLZ, Rn. 377.

1112 In diesem Sinne auch: OLG Köln vom 20.06.2000 – 22 U 215/99 – WM 2000, 2139 (2145).

ausgeschlossen[1113]. Denn der Einwendungsdurchgriff, habe sich aufgrund allgemeiner Gerechtigkeitsvorstellungen herauskristallisiert. Diese Rechtslücke habe sich dann in einem Akt öffentlicher Rechtsfortbildung in Konsens von Rechtsprechung und Wissenschaft rechtsfortbildend geschlossen. Da der Gesetzgeber dann dieses Problem aufgegriffen und eine seinen Vorstellungen entsprechende Regelung mit einem bestimmten Anwendungsbereich getroffen habe, komme dieser Regelung dann abschließende Wirkung zu, wenn deren Anwendungsbereich – wie beim Einwendungsdurchgriff – sorgsam bedacht und ausdrücklich geregelt wurde[1114].

Im Übrigen verweisen auch die vor Inkrafttreten des Verbraucherkreditgesetzes ergangenen Entscheidungen in der Regel darauf, daß das Rechtsinstitut des Einwendungsdurchgriffs grundsätzlich subsidiär sei[1115].

b) Andere Ansicht: Einwendungsdurchgriff nach Treu und Glauben

Nach einer anderen weit verbreiteten und teilweise auch als herrschende Meinung bezeichneten Ansicht[1116] bestünde jedoch auch die Möglichkeit, die Gefahren, die aus der Aufspaltung eines wirtschaftlich einheitlichen Vorgangs in zwei rechtlich selbständige Verträge resultieren, durch einen auf Treu und Glauben nach § 242 BGB gestützten Einwendungs- und Rückforderungsdurchgriff außerhalb des Verbraucherkreditgesetzes zu überwinden. Eine Rückübertragung der Grundsätze des neu gefaßten § 358 Abs. 3 S. 3 BGB auf Fälle, die im zeitlichen Geltungsbereich des Verbraucherkreditgesetzes spielen, müsse man wohl ablehnen, selbst wenn die Bank bestimmte Funktionen des Veräußerers über-

---

1113 STAUDINGER/KESSAL-WULF, § 9 VerbrKrG Rn. 46. Sowie: TONNER, BKR 2002, 856 (859 f.).

1114 KNOTT, WM 2003, 49 (52). Das Weiterbestehen einer ausfüllungsbedürftigen Regelungslücke würde ansonsten *„zu einem merkwürdigen, den Primat des Gesetzgebers negierenden Wettlauf von Gesetzgeber und Rechtsprechung führen“*; vgl.: LIEB, WM 1991, 1533 (1541).

1115 So auch: BGH vom 20.11.1986 – III ZR 115/85 – NJW 1987, 1813 (1814).

1116 BGH vom 27.01.2004 – XI ZR 37/03 – BB 2004, 738 (740). OLG Hamm vom 21.11.1996 – 5 U 54/96 – WM 1998, 1230 (1233). Nach HADDING/HOPT/EMMERICH behalten bisherige Rechsprechungsgrundsätze über den Einwendungsdurchgriff ihre Gültigkeit. Der in § 9 Abs. 3 VerbrKrG geregelte Einwendungsdurchgriff sei deshalb nicht abschließend in dem Sinne, daß jenseits dieser Regelungen der Einwendungsdurchgriff trotz Geltung des Verbraucherkreditgesetzes abweichend von der früheren Rechtslage nunmehr generell ausgeschlossen wäre. EMMERICH verweist insbesondere auf die insofern vergleichbare österreichische Praxis und den dortigen vergleichbaren Erwägungen hinsichtlich des Konsumentenschutzgesetzes von 1979; vgl.: HADDING/HOPT/EMMERICH, 73. Sowie: PALANDT/PUTZO, 57. Aufl., § 9 VerbrKrG Rn. 2. Sowie: WESTPHALEN/EMMERICH, § 9 Rn. 28, wonach der Einwendungsdurchgriff im Grundsatz auch bei sonstigen finanzierten Verträgen zugelassen worden sei.

nimmt und deswegen über ihre eigentliche Rolle als Kreditgeberin hinausgeht. Dies gelte schon allein deswegen, weil der Gesetzgeber bei der Schaffung des § 358 Abs. 3 S. 3 BGB die Rechtsprechung zum verbundenen Geschäft und die Aufklärungspflichten vermengt und dadurch ein neues Haftungssystem entwickelt habe. Dieses könne schon aus Vertrauensschutzgesichtspunkten nicht auf in der Vergangenheit abgeschlossene Sachverhalte angewendet werden[1117].

Der Einwendungsdurchgriff nach den aus § 242 BGB hergeleiteten Grundsätzen der Rechtsprechung zum verbundenen Geschäft komme immer dann in Betracht, wenn dem Darlehensgeber bei einem finanzierten Kauf vom Käufer und Darlehensnehmer trotz der rechtlichen Selbständigkeit des Darlehensvertrags Einwendungen aus dem Kaufvertrag entgegengesetzt werden können. Dies setze voraus, daß andernfalls die Risiken des finanzierten Verkaufs nicht angemessen verteilt würden[1118]. Die Aufspaltung eines wirtschaftlich einheitlichen Vorgangs dürfe durch die Aufspaltung in zwei rechtlich selbständige Verträge nicht einseitig zu Lasten des Käufers, also des Kreditnehmers gehen[1119].

Jedenfalls könne bei Kleinunternehmen, auf die das HGB nicht anwendbar ist, ein Einwendungsdurchgriff auf § 242 BGB gestützt werden, wenn eine besonders enge Verbindung zwischen den beiden Verträgen vorliegt und außerdem besondere Umstände den Schutz des Darlehensnehmers erfordern[1120].

1117 Dieses Argument sehen LWOWSKI/WUNDERLICH, Rechtsfragen Teil I, ZInsO 2005, 5 (11) auch, kommen aber insgesamt zu einem anderen Ergebnis. Hingegen sieht HABERSACK, Das neue VerbrKrG, WM 1991, 1449 (1451) mit Hinweis auf ein Referat von EMMERICH durchaus Raum für die partielle Fortgeltung der früheren BGH-Rechtsprechung zum Durchgriff nach § 242 BGB. In diese Richtung auch: REINICKE/TIEDTKE, ZIP 1992, 217 (228).

1118 BGH vom 20.11.1986 – III ZR 115/85 – NJW 1987, 1813 (1814).

1119 BGH vom 20.03.1980 – III ZR 172/78 – NJW 1980, 1514 (1515 ff.) und BGH vom 25.03.1982 – III ZR 198/80 – NJW 1982, 1694 (1695) für Fälle, die lange vor Inkrafttreten des Verbraucherkreditgesetzes entschieden wurden. Sowie: BGH vom 19.05.2000 – V ZR 322/98 – NJW 2000, 3065 (3066). Sowie: BGH vom 20.11.1986 – III ZR 115/85 – NJW 1987, 1813 (1814). Sowie: BGH vom 05.05.1992 – XI ZR 242/91 – NJW 1992, 2560 (2562).

1120 CANARIS sieht den Einwendungsdurchgriff als allgemeines Rechtsinstitut, das abgesehen von den in § 9 Abs. 3 VerbrKrG formulierten Besonderheiten gemäß § 242 BGB jedermann zugute komme, unabhängig von seiner Verbrauchereigenschaft. Dies beruhe auf einem allgemeinen auf § 242 BGB wurzelnden Rechtsgedanken, der keine Beschränkung auf einen bestimmten Personenkreis vertrage; vgl.: CANARIS, Grundprobleme des Finanzierungsleasings, ZIP 1993, (401, 411). Sowie: PALANDT/HEINRICHS, 64. Aufl., Überbl. v. § 311 Rn. 18.

2. Voraussetzungen

Wenn man der Auffassung folgt, die einen auf § 242 BGB gestützten Durchgriff zuläßt, so knüpft dieser an folgende Voraussetzungen an:

a) Unanwendbarkeit des Verbraucherkreditgesetzes

Zunächst wird man wohl fordern müssen, daß ein auf § 242 BGB gestützter Einwendungs- und Rückforderungsdurchgriff nur dann überhaupt in Betracht kommt, wenn das Verbundgeschäfts außerhalb des Anwendungsbereichs des Verbraucherkreditgesetzes geschlossen wurde. Ansonsten wird man wohl von einer abschließenden Regelung der Vorschriften des Verbraucherkreditgesetzes ausgehen müssen. Nur wenn die GbR bei Abschluß des Darlehensvertrags mit der Bank nicht als Verbraucher i.S.d. § 1 Abs. 1 VerbrKrG gehandelt hat, wird man hier auf § 242 BGB zurückgreifen können[1121].

(1) Fondsgesellschaft als Darlehensvertragspartei

Im Gegensatz zu den vom BGH am 14. Juni 2004 entschiedenen Fällen wurden in den hier zu untersuchenden Fällen die Darlehensverträge nicht von den einzelnen Anlegern, sondern von der Fondsgesellschaft mit den Banken geschlossen. Daß die einzelnen Anleger dabei mit ihrer Einlage diesbezüglich der quotalen Haftung unterworfen sind, ändert insoweit nichts, da nach der Lehre von der Teilrechtsfähigkeit der GbR[1122] die Gesellschaft selbst Partei des mit der Bank abgeschlossenen Kreditvertrags wird.

(2) Verbrauchereigenschaft juristischer Personen

Die überwiegende Ansicht geht davon aus, daß die Verbrauchereigenschaft juristischen Personen immer, Personengesellschaften meistens verwehrt ist. Personengesellschaften wie die oHG, die KG oder die Partnerschaftsgesellschaft sind nach herrschender Meinung keine Verbraucher[1123].

Nicht so eindeutig ist dies bei der GbR. Nach der Rechtsprechung des II. Zivilsenats des BGH[1124] wird die dogmatische Konstruktion der GbR zwar auf ein neues Fundament gesetzt und der oHG weitgehend gleichgestellt. Danach besitzt die GbR Rechtsfähigkeit, *„soweit sie als Außengesellschaft durch*

1121 LWOWSKI/WUNDERLICH, Rechtsfragen Teil I, ZInsO 2005, 5 (11).

1122 STAUDINGER/HABERMEIER, § 705 Rn. 6. Dies resultiert im Wesentlichen aus folgender Entscheidung: BGH vom 29.01.2001 – II ZR 331/00 – BB 2001, 374 (374 ff.), dazu siehe Punkt II.B.2.e)(1) oben. Sowie: MÜNCHKOMM/ULMER, vor § 705 Rn. 10 ff.

1123 LWOWSKI/WUNDERLICH, Rechtsfragen Teil I, ZInsO 2005, 5 (9).

1124 BGH vom 18.02.2002 – II ZR 331/00 – NJW 2002, 1207 (1207 ff.).

Teilnahme am Rechtsverkehr eigene Rechte und Pflichten begründet". Es handelt sich jedoch bei der GbR nach wie vor nicht um eine juristische Person[1125], weshalb bei der GbR die Anwendbarkeit der Vorschriften des Verbraucherkreditgesetzes auch nicht von vornherein ausgeschlossen werden kann. Obwohl die Literatur teilweise die Verbrauchereigenschaft der GbR annimmt[1126], ist hier eine genaue Bestimmung des Kreditzwecks erforderlich. Nur so kann festgestellt werden, ob das einer GbR gewährte Darlehen ihrer gewerblichen oder selbständigen beruflichen Tätigkeit i.S.d. § 1 Abs. 2 VerbrKrG a.F. bzw. § 13 BGB n.F. dient. Entscheidend für diesen Kreditzweck sind hierbei nicht die von den jeweiligen Gesellschaftern verfolgten individuellen Zwecke, sondern die Verwendungsinteressen der GbR[1127].

(3) Verbrauchereigenschaft von Immobilienfondsgesellschaften

(a) Kreditzweck

Was die Verwendungsinteressen von Immobilienfondsgesellschaften anbetrifft, so war dies in den vom BGH am 14. Juni 2004 entschiedenen Fällen der Erwerb, die Bebauung und die wirtschaftliche Nutzung von bestimmten Immobilien[1128]. Es wurden in der Regel auch in anderen Fällen überwiegend entweder Immobilien zu Wohn- oder Gewerbezwecken errichtet oder erworben und anschließend vermietet. Inwiefern man hier der Fondsgesellschaft die Verbrauchereigenschaft unterstellen kann, ist hinsichtlich der meist professionellen Vertragsabwicklung und Durchführung problematisch. Zwar sind bei Zweifeln hinsichtlich des Verwendungszwecks die Vorschriften über den Verbraucherkredit jedenfalls anwendbar[1129]. Jedoch kann man diese Auslegungsregel nicht allein deswegen anwenden, weil es sich bei den einzelnen Gesellschaftern eines geschlossenen Immobilienfonds um Verbraucher i.S.d. Verbraucherkreditgesetzes handelt.

(b) Abstellen auf die dahinter stehende Organisation

Es ist davon auszugehen, daß bei Abschluß der Innenfinanzierungen Vertragspartner der Darlehensverträge neben den Banken nicht die einzelnen Anleger,

---

1125 MÜNCHKOMM/ULMER, vor § 705 Rn. 10 ff. Sowie: PALANDT/SPRAU, 64. Aufl., § 705 Rn. 24.

1126 So vertritt ARTZ unter Bezugnahme auf eine Entscheidung des BGH aus dem Jahre 2001, daß der BGH damals völlig zu Recht die Verbrauchereigenschaft der GbR angenommen hätte. Vgl.: ARTZ, BKR 2002, 603 (605).

1127 LWOWSKI/WUNDERLICH, Rechtsfragen Teil I, ZInsO 2005, 5 (9 f.).

1128 BGH vom 14.06.2004 – II ZR 392/01 – WM 2004, 1518 (1519). Sowie: BGH vom 14.06.2004 – II ZR 393/02 – BB 2004, 1587 (1587). Sowie: BGH vom 14.06.2004 – II ZR 407/02 – WM 2004, 1536 (1537).

1129 LWOWSKI/WUNDERLICH, Rechtsfragen Teil I, ZInsO 2005, 5 (10).

sondern die Fondsgesellschaften selbst waren[1130]. Man wird deswegen und angesichts der professionellen Vertragsabwicklung und Durchführung der anschließenden Verwaltung der Immobilienobjekte sowie der Tatsache, daß die für die Fondsgesellschaft tätigen Treuhandgesellschaften eine Gewinnerzielungsabsicht verfolgten, eine Verbrauchereigenschaft der Immobilienfonds-GbR sowie die Anwendbarkeit der Vorschriften des Verbraucherkreditgesetzes auf eine Fondsgesellschaft verneinen müssen.

Zwar kommt es in diesem Rahmen auf die Absicht einer Gewinnerzielung grundsätzlich nicht an[1131]. Und alleine die Verwaltung und die Anlage des eigenen Vermögens durch die Verbraucher erfüllen noch nicht den Begriff des Unternehmers. Jedoch ist im Zusammenhang mit einer Immobilienfondsgesellschaft richtigerweise nicht auf die einzelnen Anleger, sondern auf die dahinter stehende Organisation abzustellen. Denn bei den Trauhandgesellschaften, die im Wettbewerb mit anderen ihre Leistungen gegen Entgelt anbieten, wird man den Unternehmerbegriff bejahen müssen[1132]. Insofern ist auch die Schutzbedürftigkeit nicht mit der eines einzelnen Verbrauchers vergleichbar. Hier wurden die Darlehensverträge gerade nicht von den einzelnen Anlegern geschlossen, sondern von der Fondsgesellschaft. Da auch die seit dem 1. Januar 2002 geltende Legaldefinition des Unternehmers in § 14 Abs. 1 VerbrKrG juristische Personen und vor allem Personengesellschaften mitumfasst, kann auch die teilrechtsfähige GbR grundsätzlich Träger eines Unternehmens sein[1133].

Zusätzlich ist festzustellen, daß Verbraucherkredite regelmäßig aufgenommen werden, um „*die Daseinsvorsorge im Lebensbereich des „Verbrauchs" zu finanzieren*". Daher sollte das Verbraucherkreditgesetz solche Kreditverträge nicht erfassen, die für den Erwerb besonders hochwertiger Güter wie Grundstücke oder Wohnungseigentum, zur Baufinanzierung, zur Beteiligung an Vermögensanlagen oder für private Spekulationsgeschäfte abgeschlossen werden. Nach einer solchen gemeinschaftskonformen Auslegung des Verbraucherkreditgesetzes und von Art. 2 Abs. 1 lit. a der Verbraucherkreditrichtlinie[1134] fallen jedenfalls die von vermögensverwaltenden Immobilienfondsgesellschaften bürgerli-

---

1130 Vgl. hierzu: BGH vom 14.06.2004 – II ZR 393/02 – BB 2004, 1587 (1588).

1131 PALANDT/HEINRICHS, 64. Aufl., § 14 Rn. 2.

1132 PALANDT/HEINRICHS, 64. Aufl., § 14 Rn. 2.

1133 MÜNCHKOMM/ULMER, vor § 705 Rn. 10 ff. Sowie: PALANDT/HEINRICHS, 64. Aufl., § 14 Rn. 3.

1134 Richtlinie 87/102/EWG des Europäischen Rates vom 22.12.1986 zu Angleichung der Rechts- und Verwaltungsvorschriften der Mitgliedstaaten über den Verbraucherkredit, ABl. EG 1987 Nr. L 42, 48 (48 ff.) in der Fassung der Änderungsrichtlinie 90/88/EWG des Rates vom 22.02.1990, ABl. EG Nr. L 61, 14 (14 ff.).

chen Rechts geschlossenen Immobiliarkredite nicht unter den Anwendungsbereich des Verbraucherkreditgesetzes[1135].

Die Auslegungsregel bei Zweifeln hinsichtlich des Verwendungszwecks und die daran anknüpfende Anwendbarkeit der Vorschriften über den Verbraucherkredit kann deswegen zu keinem anderen Ergebnis führen, so daß der Weg zu einem Einwendungs- und Rückforderungsdurchgriff nach § 242 BGB prinzipiell eröffnet ist.

b) Bestehen einer Einwendung

Weiterhin erforderlich ist auch im Rahmen des Einwendungsdurchgriffs nach § 242 BGB das Bestehen einer Einwendung, die Ansprüchen der Banken entgegengehalten werden kann.

(1) Ansprüche gegen Gründungsgesellschafter und Fondsbetreiber

Wie bereits (bei Punkt IV.B.1.b)(2)(a) oben) dargestellt, könnten nach Ansicht des II. Zivilsenats des BGH grundsätzlich sämtliche Ansprüche gegen die Gründungsgesellschafter, Initiatoren, Manager und maßgeblichen Betreiber des Immobilienfonds sowie gegen die Prospektherausgeber und die sonst für den Anlageprospekt Verantwortlichen der Bank entgegengesetzt werden. Noch am einfachsten darzustellen sind in diesem Rahmen die Ansprüche, die den Anlegern gegen die Gründungsgesellschafter, Initiatoren, Manager und maßgeblichen Betreiber des Immobilienfonds sowie gegen die Prospektherausgeber und die sonst für den Anlageprospekt Verantwortlichen zustehen. Die bereits (bei Punkt IV.B.2.a)(1)(a) oben dargestellten) Ansprüche gegen diesen Personenkreis aufgrund von falschen, unvollständigen oder irrelevanten Angaben im Emissionsprospekt stehen sämtlichen Anlegern zu, unabhängig davon, ob der Beitritt kreditfinanziert oder aus eigener Tasche erbracht wurde.

(2) Anspruch auf Auseinandersetzungsguthaben

Ebenso unproblematisch besteht auch ein Anspruch der Anleger auf das Abfindungsguthaben gemäß § 738 BGB aus gesellschaftsrechtlicher Abwicklung. Folgt man dem II. Senat in seinen Entscheidungen vom 14. Juni 2004, so ist es dafür ausreichend, wenn die Anleger der Bank mitteilen, sie seien durch Täuschung zu dem Fondsbeitritt veranlaßt worden und ihr die Übernahme ihrer Geschäftsanteile anbieten. Folgt man dem XI. Senat, so ist hierfür eine Kündigung gegenüber der Fondsgesellschaft erforderlich. In jedem Fall taucht aber auch hier wieder das Problem auf, daß das Anlagerisiko auf die Seite der Kreditinsti-

---

[1135] WAGNER Klaus-R., Ausstieg, NZG 2000, 169 (173).

tute verlagert werden würde, wenn der Rückzahlungsanspruch des Anlegers nicht um die Verlustbeteiligung gemindert würde und der Höhe nach begrenzt wird auf das Abfindungsguthaben. Auch hier kann sinnvollerweise nur eine Saldierung des Anspruchs der Bank auf Rückzahlung der Darlehensvaluta mit dem Anspruch des Anlegers gegen die Bank auf Auszahlung des Abfindungsguthabens in Frage kommen[1136]. Ein Anspruch nach § 738 BGB hilft dem geprellten Anleger also nur, wenn tatsächlich noch ein Abfindungsguthaben vorhanden ist, das er als Einwendung dem Darlehensrückzahlungsanspruch der Bank entgegenhalten kann.

c) Vorliegen eines verbundenen Geschäfts

Unabdingbare Voraussetzung für einen Einwendungs- und Rückforderungsdurchgriff ist zusätzlich wiederum das Vorliegen eines verbundenen Geschäfts. Zugegebenermaßen fällt es in der vorliegenden Fallkonstellation ausgesprochen schwer, eine wirtschaftliche Identität zwischen dem vom Anleger selbst finanzierten Fondsbeitritt einerseits und den unwirksamen Zwischenfinanzierungsverträgen andererseits herzustellen. Das Problem ist also, ob die Zwischenfinanzierungen zwischen der Fondsgesellschaft und der Bank in den gleichen wirtschaftlichen Zusammenhang gesetzt werden können wie der Fondsbeitritt und der diesem zugrunde liegende Darlehensvertrag zur Finanzierung des Beitritts. Nur dann käme ein Einwendungs- bzw. Rückforderungsdurchgriff gegen die Ansprüche der Banken in Betracht und die Anleger könnten Rechte aus der Unwirksamkeit des Beitritts zum Immobilienfonds herleiten.

(1) Objektive und subjektive Voraussetzungen der wirtschaftlichen Einheit

(a) Subjektive Voraussetzungen

Das Vorliegen einer wirtschaftlichen Einheit zweier rechtlich selbständiger Geschäfte hängt sowohl von objektiven, als auch von subjektiven Voraussetzungen ab. Die Verbindungselemente, die im Folgenden zu erörtern sind, müssen grundsätzlich auch geeignet sein, dem Käufer bzw. dem Darlehensnehmer auch subjektiv den Eindruck zu vermitteln, die Bank und die Verkäuferfirma stünden ihm gemeinsam als Vertragspartner gegenüber[1137].

[1136] BGH vom 21.07.2003 – II ZR 387/02 – BB 2003, 2089 (2091). Sowie: SCHULTE-NÖLKE, Rückabwicklung Immobilienfonds, ZGS 2003, 323 (323).

[1137] BGH vom 25.03.1982 – III ZR 198/80 – NJW 1982, 1694 (1695). Sowie: BGH vom 20.11.1986 – III ZR 115/85 – NJW 1987, 1813 (1814).

Bei Grundstücksgeschäften fehlt in der Regel die subjektive Voraussetzung des Einwendungsdurchgriffs. Wie oben bereits ausgeführt, ist bei einem Grundstückserwerb aufgrund der Tragweite des Geschäfts klar, daß man es mit verschiedenen Geschäftspartnern zu tun hat. Selbst bei Vorliegen objektiver Verbindungselemente, wie etwa eines Vermittlungsvertrags oder einer Finanzierungszusage an den Verkäufer ist eine Schutzbedürftigkeit des Kunden deswegen weitgehend abgelehnt worden[1138].

Hingegen ist bei einem Beitritt zu einem Immobilienfonds die Schutzbedürftigkeit anhand der objektiven Voraussetzungen des Einwendungsdurchgriffs festzustellen:

(b) Objektive Voraussetzungen

Auch hier müssen grundsätzlich die objektiven Voraussetzungen für ein verbundenes Geschäft vorliegen. Wie auch beim kreditfinanzierten Beitritt ist es erforderlich, daß die beiden Geschäfte, also der Beitritt des Anlegers zur Fondsgesellschaft sowie die Aufnahme des Kredits durch die Fonds-GbR innerlich derart miteinander verbunden sind, daß keines ohne das andere geschlossen worden wäre. Dies muß einzelfallbezogen anhand objektiv bestimmbarer Umstände festgestellt werden[1139]. Aufgrund folgender Argumente besteht hier Diskussionsbedarf:

(c) Argumente für das Vorliegen eines verbundenen Geschäfts

(i) Auftreten der Treuhänder im Rahmen des Geschäftsbesorgungsvertrags

Beim kreditfinanzierten Beitritt zur Fondsgesellschaft wirkten – wie oben ausgeführt – aus der Sicht des Anlegers die Banken mit den Treuhändern, also den Geschäftsbesorgern, zusammen, sie traten also dem Anleger gegenüber als Geschäftspartner auf[1140]. Dies läßt sich in der Regel bei dem Fondsbeitritt und gleichzeitigen Abschluß des den Fondsbeitritt finanzierenden Darlehensvertrags leicht begründen, wenn – was die Regel ist – die Werbung von Anlegern und die Anbahnung der Darlehensverträge vom Geschäftsbesorger wahrgenommen werden. Aus Sicht der Anleger ist der Geschäftsbesorger daher in der Regel als in das Vertriebssystem der Bank eingebunden anzusehen. Die Verbundenheit der beiden Verträge kann so grundsätzlich begründet werden.

1138 SPICKHOFF/PETERSHAGEN, BB 1999, 165 (171).
1139 BGH vom 25.03.1982 – III ZR 198/80 – NJW 1982, 1694 (1695).
1140 PALANDT/HEINRICHS, 64. Aufl., § 358 Rn. 11 f.

Eine solche Argumentation ist aber bei dem Abschluß der Darlehensverträge für die Objektfinanzierung, den sog. Zwischenfinanzierungsdarlehen, nicht ohne weiteres möglich. Eine wesentliche Gemeinsamkeit, die sowohl die Beitrittsfinanzierungsverträge als auch die Zwischenfinanzierungsverträge aufweisen, ist die Tatsache, daß in beiden Fällen die Geschäftsbesorger aufgrund der umfassenden Vollmacht die Darlehensverträge mit den Banken geschlossen haben und daher immer wie ein Geschäftspartner der Banken gegenüber der Fondsgesellschaften aufgetreten sind.

(ii) Vorweggenommene Verpflichtung in der notariellen Vollmacht

Wie bereits erwähnt, konnten die Anleger, die Anteile an einem geschlossenen Immobilienfonds zeichnen wollten, oft mit nur einer Unterschrift auf einem Treuhandvertrag ihre Fondsbeteiligung erwerben und gingen dadurch sämtliche Verpflichtungen ein. Aufgrund dieser einen Unterschrift wurden schließlich im Namen der Anleger für die GbR auch Darlehen aufgenommen. In dieser Unterschrift könnte damit auch eine vorweggenommene Verpflichtung zur Aufnahme des Darlehens der GbR gesehen werden.

(2) Argumente gegen das Vorliegen eines verbundenen Geschäfts

Allerdings kann man dieser sehr wackliges Konstruktion sehr gewichtige Argumente entgegenhalten, die gegen ein verbundenes Geschäft sprechen. Schon die zeitliche Komponente spielt hier eine entscheidende Rolle. Denn nicht wie bei der Beitrittsfinanzierung wird ein Darlehen, das die GbR aufnimmt, in unmittelbarem zeitlichem Zusammenhang mit dem Fondsbeitritt aufgenommen. Der dazwischen liegende Zeitraum kann von den Gesellschaftern grundsätzlich dazu genutzt werden, sich gegen eine Darlehensaufnahme auszusprechen und eine solche im Namen der GbR nicht zu beschließen. Aufgrund der Möglichkeit, sich zur Darlehensaufnahme im Namens der GbR bereits im Beitrittsvertrag zu verpflichten, kann dem Gesellschafter jedoch eventuell ein solches Verhalten versagt sein.

Des Weiteren spricht die weitgehende zeitliche und inhaltliche Unbestimmtheit, d.h. wann, ob und in welcher Höhe die Zwischenfinanzierung aufgenommen wird, gegen eine vorweggenommene Verpflichtung bereits zum Zeitpunkt des Beitritts. Allerdings gilt auch hier, daß dies bereits in der Beitrittserklärung geregelt sein kann.

d) Schadensersatzansprüche der Anleger als Voraussetzung für einen Rückforderungsdurchgriff

(1) Haftung der Initiatoren und Gründungsgesellschafter

Die Haftung der Initiatoren und der Gründungsgesellschafter auf Schadensersatz wurde bereits dargestellt. Diese könnte auch im Rahmen eines Rückforderungsdurchgriffs relevant werden.

(2) Haftung der Banken wegen Verschuldens bei Vertragsschluß

Anders ist dies bei der Haftung der Kreditinstitute. Denn es ist zu beachten, daß im Gegensatz zur Finanzierung des Beitritts zu einem Immobilienfonds bei der Außenfinanzierung, bei dem der Darlehensvertrag zwischen dem einzelnen Anleger und der Bank geschlossen wird (siehe hierzu Punkt IV.B.2.a)(1)(b) oben), hier im Rahmen der Innenfinanzierung ein Vertragsverhältnis nur zwischen der Fondsgesellschaft und dem Kreditinstitut zustande kommt. Dies führt notwendigerweise dazu, daß eine Haftung der Bank gegenüber dem einzelnen Anleger auf Schadensersatz aus Verschulden bei Vertragsschluß mangels Bestehens einer Aufklärungs- oder Hinweispflicht gegenüber dem einzelnen Anleger von vornherein ausscheiden muß. Der Treuhänder, der als geschäftsführender Gesellschafter die einzelnen Anleger bei Abschluß des Darlehensvertrags zur Baufinanzierung oder Sanierung vertritt, ist in der Regel nicht aufklärungsbedürftig in diesem Sinne. Dessen Kenntnisse muß sich der einzelne Anleger nach § 166 Abs. 1 BGB zurechnen lassen[1141].

3. Grundsätze der fehlerhaften Gesellschaft

Einen Rückforderungsdurchgriff wird man jedoch wegen der Grundsätze des fehlerhaften Gesellschaftsbeitritts hier ablehnen müssen. Der einzelne Anleger und Gesellschafter muß für seine Verbindlichkeiten, die durch die GbR begründet wurden, einstehen. Ein anderes Ergebnis würde die Grundsätze der fehlerhaften Gesellschaft völlig aus den Angeln heben. Zudem kann ein anderes Ergebnis auch dogmatisch schon gar nicht begründet werden.

Selbst wenn man einen auf § 242 BGB gestützten Einwendungsdurchgriff von vornherein kategorisch ablehnt, bleibt für einen Anleger die Möglichkeit grundsätzlich bestehen, gegen den Kreditgeber wegen Verletzung von Aufklärungspflichten vorzugehen. Dies setzt dann voraus, daß die Aufklärungspflichten der Bank über das bloße Aufspaltungsrisiko hinausgehen. Ebenso kommt nach den oben dargestellten Grundsätzen eine Haftung der Bank in Betracht, wenn sie für

---

[1141] BGH vom 02.12.2003 – XI ZR 421/02 – InVo 2004, 337 (339).

die Richtigkeit und die Vollständigkeit von Angaben in Prospekten oder Verkaufsunterlagen einen besonderen persönlichen Vertrauenstatbestand geschaffen hat[1142]. Jedoch sind diese Ansprüche allgemeiner Art und haben nichts mit der Verbundenheit des Kreditvertrags mit dem Kauf von Anteilen an einem geschlossenen Immobilienfonds zu tun. Zu einer Überwindung des oben genannten Aufspaltungsrisikos können diese Ansprüche nichts beitragen.

D. Bereicherungsrechtliche Rückabwicklung wegen Unwirksamkeit der Innenfinanzierungen

Die (bei Punkt IV.C oben) bei der Außen- oder Beitrittsfinanzierung geprüften Unwirksamkeitsgründe greifen ebenfalls nur teilweise bei den abgeschlossenen Zwischenfinanzierungsverträgen im Rahmen der Innenfinanzierung.

1. Unwirksamkeit der Innenfinanzierungen wegen Verstoßes gegen Vorschriften des Rechtsberatungsgesetzes

a) Nichtigkeit des Treuhandvertrags und der Treuhändervollmacht

Bei den Vollmachten, die den Treuhändern für den Abschluß von Zwischenfinanzierungsdarlehen erteilt wurden, liegt grundsätzlich auch ein Verstoß gegen Art. 1 § 1 RBerG vor, der zu einer Nichtigkeit der Treuhändervollmacht bei Abschluß der Zwischenfinanzierungsverträge gemäß § 134 BGB führt. Denn die Anleger, die Anteile an einem geschlossenen Immobilienfonds erwarben, erteilten den Treuhändern in der Regel nur eine umfassende Vollmacht für Innen- und Außenfinanzierung[1143] (zur Unwirksamkeit der Treuhändervollmacht wegen Verstoßes gegen das Rechtsberatungsgesetz siehe Punkt IV.C.1 oben).

Jedoch ist hier zu beachten, daß die Darlehensverträge im Rahmen der Innenfinanzierung – anders als die Außenfinanzierungen – nicht von den einzelnen Anlegern, sondern vom Geschäftsbesorger als Treuhänder namens und für die Fondsgesellschaft abgeschlossen wurden. In concreto schlossen die Geschäftsbesorger in ihrer Eigenschaft als geschäftsführende Gesellschafter der Immobilienfonds-GbR mit den Banken einen Realkreditvertrag über eine oft sieben- bis achtstellige Summe zur Baufinanzierung ab. Innerhalb dieses Vertrags waren die Anlagegesellschafter den Banken gegenüber verpflichtet, die Darlehensverbindlichkeit in Höhe ihrer jeweiligen quotalen Haftung (entsprechend ihrer Beteiligung am Gesellschaftsvermögen) anzuerkennen. Des Weiteren mußten sie sich in dieser Höhe auch der sofortigen Zwangsvollstreckung in ihr persönliches Ver-

---

[1142] STAUDINGER/KESSAL-WULF, § 9 VerbrKrG Rn. 46 m.w.N.

[1143] BGH vom 02.12.2003 – XI ZR 421/02 – InVo 2004, 337 (338).

mögen unterwerfen[1144]. Die Wirksamkeit der von den Treuhändern geschlossenen Darlehensverträge scheitert also deshalb nicht an Vorschriften des Rechtsberatungsgesetzes, da sie bei Vertragsschluß für die GbR nicht rechtsberatend, sondern in ihrer Eigenschaft als Geschäftsführer tätig wurden. Es kommt deshalb nicht mehr darauf an, ob eine von den Anlegern unterzeichnete Vollstreckungsunterwerfungserklärung ebenfalls von einer – hier nicht vorliegenden Nichtigkeitsfolge – umfaßt wäre.

Aber auch wenn man hier einer anderen Ansicht folgt und von einer Nichtigkeit der Innenfinanzierungsverträge wegen Verstoßes gegen das Rechtsberatungsgesetz ausgeht, wird eine ex-tunc-Rückabwicklung nach Bereicherungsrecht durch die Grundsätze des fehlerhaften Gesellschaftsbeitritts ausgeschlossen.

b) Auswirkungen auf die Vollstreckungsunterwerfungserklärung

(1) Nichtigkeit auch der Prozeßvollmacht

Der XI. Zivilsenat hat sich bereits in seiner Entscheidung XI ZR 421/02 vom 2. Dezember 2003 mit der Wirksamkeit einer Vollstreckungsunterwerfungserklärung beschäftigt. Dort erfaßte die Nichtigkeit des Treuhandvertrags nach Art. 1 § 1 RBerG i.V.m. § 134 BGB auch die notarielle Vollmacht, die den Treuhändern von den Anlegern zur Abgabe von Vollstreckungsunterwerfungserklärungen erteilt wurde. Dies gelte unabhängig davon, daß diese Vollstreckungsunterwerfungserklärungen prozessualen Charakter haben und es sich bei dem diesbezüglichen Teil der Vollmacht um eine auf die Vorschriften der §§ 80 ff. ZPO gestützte Prozeßvollmacht handele[1145]. Andernfalls wären Sinn und Zweck des gesetzlichen Verbots nicht zu erreichen. Denn der Treugeber müsse vor der Wirksamkeit einer jeden Rechtshandlung geschützt werden, die der unerlaubt rechtsbesorgende Treuhänder für ihn vornimmt. Dies ist mitunter Ratio des Rechtsberatungsgesetzes. Die Nichtigkeitsfolge des § 134 BGB gilt insbesondere, wenn eine Erklärung des Treuhänders so schwerwiegende Folgen für den Treugeber auslösen kann wie eine Vollstreckungsunterwerfungserklärung gemäß § 794 Abs. 1 Nr. 5 ZPO[1146].

[1144] BGH vom 02.12.2003 – XI ZR 421/02 – InVo 2004, 337 (338).

[1145] BGH vom 26.03.2003 – IV ZR 222/02 – NJW 2003, 1594 (1595). Sowie: BGH vom 22.10.2003 – IV ZR 33/03 – DNotZ 2004, 308 (309 f.). Sowie: BGH vom 22.10.2003 – IV ZR 398/02 – NJW 2004, 59 (60 f.). Sowie: BGH vom 02.12.2003 – XI ZR 421/02 – InVo 2004, 337 (339 f.).

[1146] BGH vom 02.12.2003- XI ZR 421/02 – InVo 2004, 337 (337 f.).

(2) Keine Rechtsscheinshaftung im Rahmen der Prozeßvollmacht

Die Nichtigkeit dieser Erklärung kann nicht – auch nicht nach Ansicht des XI. Zivilsenats des BGH – in analoger Anwendung der Grundsätze der Rechtsscheinsvollmacht bzw. der Vorschriften der §§ 172 ff. BGB geheilt werden[1147]. Die Vorschriften der §§ 172 ff. BGB sollen den Geschäftsgegner und den Rechtsverkehr schützen und sind auf die materielle Vollmacht zugeschnitten. Auf die prozessuale Vollmacht eines Treuhänders, die wegen Art. 1 § 1 RBerG nichtig ist, sind sie nicht anwendbar. Diesbezüglich sind in den §§ 80 ff. ZPO abschließende Spezialvorschriften enthalten. Eine Rechtsscheinshaftung des Vollmachtgebers ist darin nicht vorgesehen. Grund dafür ist mitunter, daß den Regelungen der §§ 171 bis 173 BGB nicht ein allgemeines Stellvertretungsprinzip zugrunde liegt. Der Gedanke der Rechtsscheinshaftung wird im Rahmen der Prozeßvollmacht nicht berücksichtigt[1148].

(3) Keine Genehmigung durch Beitragszahlungen der Anleger

Eine Genehmigung der – weil ohne Vertretungsmacht vom Treuhänder abgegebenen – unwirksamen Vollstreckungsunterwerfungserklärung durch den Treugeber wird in der Regel auch nicht vorliegen. Eine solche Genehmigung käme ohnehin nur gemäß § 89 Abs. 2 ZPO in Betracht. Insbesondere können Beitragszahlungen von Anlegern an den Immobilienfonds über einen gewissen Zeitraum dazu nicht herangezogen werden, da eine Genehmigung immer die Kenntnis oder die Vermutung des Genehmigenden von der Unwirksamkeit voraussetzt. In dem Verhalten des Genehmigenden muß außerdem, wie bereits oben ausgeführt, nach ständiger Rechtsprechung der Ausdruck seines Willens zu sehen sein, „*das bisher als unverbindlich angesehene Geschäft verbindlich zu machen*“[1149]. Beide Voraussetzungen werden in der Regel nicht erfüllt sein. Es wird schon so gut wie nie vorkommen, daß ein Anleger die Unwirksamkeit der dem Treuhänder erteilten Vollmacht kennt bzw. mit ihr rechnet.

[1147] BGH vom 02.12.2003- XI ZR 421/02 – InVo 2004, 337 (340).

[1148] BGH vom 30.10.1986 – III ZR 262/85 – WM 1987, 307 (307 f.). Sowie: BGH vom 18.12.2002 – VIII ZR 72/02 – NJW 2003, 963 (964). Sowie: BGH vom 22.10.2003 – IV ZR 33/03 – DNotZ 2004, 308 (309 f.). Sowie: BGH vom 22.10.2003 – IV ZR 398/02 – NJW 2004, 59 (60 f.). Sowie: BGH vom 02.12.2003 – XI ZR 421/02 – InVo 2004, 337 (340). Sowie: BGH vom 15.02.2005 – XI ZR 396/03 – ZIP 2005, 1361 (1363). Sowie: AIGNER, EWiR 2005, 417 (418).

[1149] BGH vom 22.10.1996 – XI ZR 249/95 – NJW 1997, 312 (313). Sowie: BGH vom 14.05.2002 – XI ZR 155/01 – NJW 2002, 2325 (2327). Sowie: BGH vom 29.04.2003 – XI ZR 201/02 – BKR 2003, 636 (639). Sowie: BGH vom 16.09.2003 – XI ZR 74/02 – NJOZ 2003, 3231 (3235). Sowie: BGH vom 02.12.2003 – XI ZR 421/02 – InVo 2004, 337 (340); Gleiches gilt i.R.d. Prozeßvollmacht; vgl.: BGH vom 26.03.2003 – IV ZR 222/02 – NJW 2003, 1594 (1595)

(4) Treuwidrigkeit des Berufens auf die Nichtigkeit der notariellen Vollstreckungsunterwerfungserklärung – Akzessorische Haftung der Gesellschafter

Doch selbst wenn man die Rechtsauffassung des II. Senats vom 14. Juni 2004 teilt und eine Heilung nach den Grundsätzen der Duldungs- und Anscheinsvollmacht ausschließt[1150], so können sich die Anleger aus einem anderen Grund nicht auf die Nichtigkeit der notariellen Vollstreckungsunterwerfungserklärung und damit nicht auf das Nichtvorliegen eines wirksamen Vollstreckungstitels berufen.

Der BGH hat in seinem Urteil XI ZR 421/02 vom 2. Dezember 2003 festgestellt, daß aus der Nichterfüllung der Verpflichtung zur Rückzahlung der Darlehensvaluta grundsätzlich keine Vorteile gezogen werden dürfen. Insbesondere die Tatsache, daß die Zwangsvollstreckungserklärung von einem vollmachtlosen Vertreter abgegeben worden ist, führt nicht dazu, daß sich der Vertreten gegenüber der kreditgebenden Bank auf die – auf dem Verstoß gegen das Rechtsberatungsgesetz gemäß § 134 BGB nichtigen Vollmacht des Treuhänders beruhenden – Unwirksamkeit der Vollstreckungsunterwerfungserklärung berufen könnte. Dies gebieten die Grundsätze von Treu und Glauben nach § 242 BGB und das Verbot des venire contra factum proprium[1151].

Grund dafür ist, daß die Anleger eines in der Form einer GbR aufgebauten Immobilienfonds nach der neueren BGH-Rechtsprechung als Gesellschafter der GbR in analoger Anwendung der §§ 128 ff. HGB persönlich für die zulasten der Gesellschaft begründeten Darlehensverbindlichkeiten haften und sich diesbezüglich der sofortigen Zwangsvollstreckung in ihr gesamtes Privatvermögen unterwerfen[1152].

Denn bei Forderungen, die sich aus der Nachschußpflicht der einzelnen Gesellschafter ergeben, handelt es sich im Gegensatz zu den Forderungen aus dem kreditfinanzierten Beitritt der Gesellschafter nicht um eine isolierte Forderung gegen die einzelnen Gesellschafter direkt. Vielmehr finden hier die vom BGH entwickelten Grundsätze der GbR Anwendung, d.h. die einzelnen Gesellschafter

---

1150 BGH vom 14.06.2004 – II ZR 393/02 – BB 2004, 1587 (1588 f.).

1151 BGH vom 02.12.2003- XI ZR 421/02 – InVo 2004, 337 (339 f.). So zuletzt auch BGH vom 21.06.2005 – XI ZR 88/04 – ZIP 2005, 1357 (1359). Hierzu siehe auch: FRISCH, Kurzkommentar zu § 167 BGB, EWiR 2006, 39 (39 f.).

1152 BGH vom 27.09.1999 – II ZR 371/98 – BGHZ 142, 315 (318 f.). Sowie: BGH vom 29.01.2001 – II ZR 331/00 – BB 2001, 374 (375). Sowie: BGH vom 21.01.2002 – II ZR 2/00 – BGHZ 150, 1 (3). Sowie: BGH vom 24.02.2003 – II ZR 385/99 –NZG 2003, 428 (429). So auch: BGH vom 15.02.2005 – XI ZR 396/03 – ZIP 2005, 1361 (1363). Sowie: AIGNER, EWiR 2005, 417 (418).

haften für die von der Gesellschaft begründeten Darlehensschulden unmittelbar und persönlich, sog. „*akzessorische Haftung*" gemäß § 128 HGB analog[1153].

2. Keine Verstöße der Innenfinanzierungsverträge gegen Vorschriften des Verbraucherkreditgesetzes

Nach dem oben ausgeführten muß davon ausgegangen werden, daß die Vorschriften des Verbraucherkreditgesetzes mangels Verbrauchereigenschaft der GbR auf die Darlehensverträge, die zur Innenfinanzierung zwischen den Fondsgesellschaften und den Banken geschlossen wurden, nicht anwendbar sind. Diesbezügliche Verstöße gegen das Verbraucherkreditgesetz können deshalb nicht geltend gemacht werden.

E. Rückabwicklung nach dem Haustürwiderrufsgesetz

Selbst wenn man in Fällen des kreditfinanzierten Erwerbs eines Fondsanteils die Anwendbarkeit des Haustürwiderrufsgesetzes bejaht, so muß spätestens jetzt diese Vorgehensweise scheitern. Denn wenn die Gesellschafter nach den §§ 128 ff. HGB in ihrer Eigenschaft als Gesellschafter akzessorisch haften, so käme sicherlich niemand auf die Idee, nach jahrelang vollzogener Mitgliedschaft in der Gesellschaft hier ernsthaft einen Widerruf nach dem Haustürwiderrufsgesetz in Aussicht zu stellen. Gerade die vollzogene Gesellschaft ist der Hauptanwendungsfall der Grundsätze über den fehlerhaften Gesellschaftsbeitritt. Hier muß eine Rückabwicklung über Vorschriften des Haustürwiderrufsgesetzes denknotwendig ausscheiden[1154], selbst wenn nunmehr mangels Darlehensvertrags die Vorrangregelung des § 5 Abs. 2 HWiG nicht mehr greift und die Rückabwicklung nach dem Haustürwiderrufsgesetz eigentlich nicht mehr an der Subsidiarität scheitern kann.

F. Wegfall der Geschäftsgrundlage

Eine Vertragsanpassung durch die richterrechtlich entwickelten Grundsätze des Wegfalls der Geschäftsgrundlage, die seit dem 1. Januar 2002 in § 313 BGB als

---

[1153] Diese Vorgehensweise des XI. Zivilsenats setzt sich jedoch ebenfalls Kritik aus. Sie basieren zum einen auf der begrenzten Tragweite der akzessorischen Gesellschafterhaftung, aus der fehlenden Vertretungsmacht der Gesellschaftsorgane für die persönliche rechtsgeschäftliche Verpflichtung der Gesellschafter und aus dem Vertrauensschutz bezüglich der geänderten Rechtsprechung zur akzessorischen Haftung eines GbR-Gesellschafters und der zuvor geltenden Doppelverpflichtungstheorie; vgl.: ULMER, Anlegerhaftung, ZIP 2005, 1341 (1346). Hierzu auch: ALTMEPPEN, ZIP 2006, 1 (2). Sowie: MÜNCHKOMM/ULMER, § 714 Rn. 31 ff.

[1154] BGH vom 02.07.2001 – II ZR 304/00 – BB 2001, 1652 (1654). Sowie: BGH vom 02.12.2003 – XI ZR 421/02 – InVo 2004, 337 (341).

„Störung der Geschäftsgrundlage“ kodifiziert sind, kommt in diesen Fällen von vornherein nicht in Betracht. Denn in jedem Fall muß diese rechtliche Konstruktion aufgrund der Regelungen in § 9 VerbrKrG bzw. § 313 BGB ausgeschlossen sein, zumal schon unter Geltung des Verbraucherkreditgesetzes die *„Lehre von der Geschäftsgrundlage“* als Erklärung für die Existenz eines Einwendungsdurchgriffs herangezogen wurde[1155]. Da die Grundsätze des Wegfalls der Geschäftsgrundlage insbesondere in § 9 Abs. 3 VerbrKrG ihren Niederschlag gefunden haben, muß eine darüber hinausgehende Anwendung dieses Rechtsinstituts ausscheiden. Dies würde sonst eine klare Umgehung des Willens des Gesetzgebers darstellen.

G. Fazit

Im Ergebnis wird man wohl eine Konstruktion, die es auch denjenigen Anlegern erlaubt, einen Fondsbeitritt nach ähnlichen Grundsätzen rückabzuwickeln, nicht auf geltendes Recht stützen können. Jeder Versuch, hier ein verbundenes Geschäft zwischen dem Fondsbeitritt und der Darlehensaufnahme durch die Fondsgesellschaft zu konstruieren, wirkt im Ergebnis gekünstelt.

Dies führt zwangsläufig dazu, daß durch die Rechtsprechung vom 14. Juni 2004 nicht nur das geltende deutsche Recht vor dem Hintergrund der europarechtskonformen Auslegung inhaltslos zu werden droht, sondern auch diejenigen Anleger, die auf Nummer sicher gehen wollten, im Ergebnis leer ausgehen. Denn eine Rückabwicklung scheidet nach den oben genannten Grundsätzen aus, unabhängig, ob man der Ansicht des II. oder des XI. Zivilsenats folgt.

1155 MÜNCHKOMM/HABERSACK, § 9 VerbrKrG Rn. 77.

VI. Folgen und Ausblick

A. Erkundigungspflicht der Banken

Für die den Beitritt zu einer Fondsgesellschaft finanzierenden Banken besteht nach der neuen BGH-Rechtsprechung die Gefahr, daß sie als Beteiligte innerhalb der Vertriebsorganisation eines Immobilienfonds behandelt werden[1156] und damit einem Einwendungs- oder Rückforderungsdurchgriff der Darlehensnehmer ausgesetzt sind. Diese Gefahr besteht immer dann, wenn die Banken ihre Darlehensvertragsformulare aus der Hand geben haben und die Anbahnung der Kreditverträge durch die Vertriebsunternehmen oder die Treuhänder einer Fondsgesellschaft erfolgt ist. Dabei muß aus Bankensicht in Zukunft genau darauf geachtet werden, ob der Inhalt der eingereichten Darlehensantragsformulare auf eine Vertragsanbahnung hinweist, die in oder im Zusammenhang mit einer Haustürsituation stattgefunden hat. Es kann dabei auch notwendig werden, notfalls bei den Vermittlern diesbezüglich nachzufragen und Erkundigungen einzuholen[1157]. Nur so kann die Bank ihren Belehrungspflichten ausreichend nachkommen und das wirtschaftliche Risiko richtig einschätzen.

B. Verjährungsproblematik

Die analog zu den gesetzlich geregelten Prospekthaftungstatbeständen geltenden Grundsätze zur allgemeinen Prospekthaftung, die explizit auch auf Prospekthaftungsansprüche anwendbar sind, die in Zusammenhang mit dem Erwerb einer Beteiligung an einem geschlossenen Immobilienfonds stehen, sehen durchweg eine Verjährungsfrist von sechs Monaten nach Kenntnis des Anlegers vom Prospektfehler vor. Es gibt hierbei jedoch eine Höchstgrenze, so daß Verjährung spätestens drei Jahre nach dem Erwerb der Beteiligung eintritt[1158].

Ansprüche aus c.i.c. unterliegen, wie auch die anderen in Betracht kommenden Schadensersatzansprüche, nach § 195 BGB n.F. seit dem 1. Januar 2002 ebenfalls der regelmäßigen Verjährungsfrist von drei Jahren. Für diejenigen Anleger, die eine Beteiligung an einem Immobilienfonds bereits in den neunziger Jahren erworben haben, ist damit aufgrund der oben dargelegten Übergangsvorschriften regelmäßig bereits Ende des Jahres 2004 Verjährung eingetreten[1159].

1156 FRINGS, BB 2004, 2257 (2258).

1157 FRINGS, BB 2004, 2257 (2258).

1158 Dies ergebe sich daraus, daß sich bei dem richterrechtlich entwickelten Rechtsinstitut der allgemeinen Prospekthaftung die Verjährung analog nach den gesetzlichen Vorschriften richten müsse; vgl.: BGH vom 18.12.2000 – II ZR 84/99 – NZM 2001, 494 (495). Sowie: MEDICUS, Kurzkommentar zu § 195 BGB, EWiR 2001, 797 (797).

1159 Dies gilt jedenfalls entgegen einiger Meinungen im Schrifttum für die Mehrzahl der Fälle; vgl.: SCHULTE-NÖLKE/HAWXWELL, NJW 2005, 2117 (2117 ff.).

Im Hinblick auf § 9 Abs. 2 S. 4 VerbrKrG wird man wohl der überzeugenden Ansicht HOEPNERs folgen müssen, daß hierdurch keine privative Schuldübernahme in Form eines Schuldnerwechsels vorliegt, da die persönlich zum Schadensersatz verpflichteten Initiatoren der Immobilienfonds dann freigestellt würden. Vielmehr ist davon auszugehen, daß es sich hier um einen Schuldbeitritt handelt, so daß die Ansprüche innerhalb eines vermeintlichen Rückforderungsdurchgriffs neben die bereits bestehenden Ansprüche der Verbraucher gegen die Initiatoren treten. Da sich die Verjährung im Falle eines Schuldbeitritts innerhalb eines Gesamtschuldverhältnisses gemäß § 425 Abs. 2 BGB jedoch unabhängig von dem zugrunde liegenden Anspruch entwickeln kann und gemäß § 199 Abs. 1 Nr. 2 BGB n.F. erst die Kenntnis bzw. die grob fahrlässige Unkenntnis der Person des Schuldners die Verjährungsfrist in Gang setzt, wird man bei Ansprüchen gegen die Bank i.R.d. § 9 Abs. 2 S. 4 VerbrKrG den 14. Juni 2004 als maßgeblichen Verjährungsbeginn heranziehen müssen. Diese Ansprüche wären dann erst mit Ablauf des 31. Dezembers 2007 verjährt. Dann würde aber die Bank haften, obwohl Schadensersatzansprüche gegen die Initiatoren und Verantwortlichen des Immobilienfonds längst verjährt sind. Dem muß jedoch, wie HOEPNER richtig meint, § 242 BGB entgegenstehen, so daß Ansprüche gegen die Bank nur solange bestehen können, wie sie auch gegenüber den Initiatoren bestehen[1160]. Damit bleibt es auch hier beim oben gefundenen Ergebnis, Verjährungseintritt bleibt i.d.R. der 31. Dezember 2004.

C. Anlegerschutzverbesserungsgesetz

Gründungsgesellschafter und sonstige mit dem Vertrieb von Immobilienfonds beauftragte Personen haben sich künftig an die Anforderungen zu halten, die das Anlegerschutzverbesserungsgesetz an die Angebote von Anteilen an geschlossene Fonds stellt. Das Anlegerschutzverbesserungsgesetz ändert das Verkaufsprospektgesetz und wurde vom Bundestag in seiner 118. Sitzung am 1. Juli 2004 angenommen und endgültig beschlossen. Der Bundesrat hat das Gesetz am 24. September 2004 angenommen.

Das Gesetz enthält drei wesentliche Elemente: Die Umsetzung der EU-Marktmißbrauchsrichtlinie in deutsches Recht, die Einführung einer Prospektpflicht für nicht in Wertpapieren verbriefte Anlageformen und eine Flexibilisierung der Regelung zur Zusammensetzung des Börsenrates. Das Gesetz setzt also eine EU-Richtlinie gegen Marktmanipulation am Kapitalmarkt um und soll das Insiderrecht, das Recht der Ad-hoc-Publizität und die Regelungen zu Marktmanipulationen modernisieren und vereinheitlichen.

1160 ARTZ/BALZER, WM 2005, 1451 (1454 f.).

Es sieht auch die Einführung einer gesetzlichen Prospektpflicht für geschlossene Fonds vor, um Erwerbern eine bessere Abwägung von Chancen und Risiken des Produktes zu ermöglichen. Im Gesetz werden dadurch für sog. andere Vermögensanlagen, also insbesondere für geschlossene Immobilienfonds Rahmenbedingungen für eine Prospektpflicht für Verkaufsprospekte statuiert. Diese Prospektpflicht trat zum 1. Juli 2005 in Kraft. Die übrigen Teile des Gesetzes traten unmittelbar nach dessen Verkündung in Kraft (also am 30. Oktober 2004)[1161].

Durch das Anlegerschutzverbesserungsgesetz soll die Markttransparenz und das Anlegervertrauen entscheidend gestärkt werden. Durch die Einführung einer Prospektpflicht für nicht in Wertpapieren verbriefte Vermögensanlagen und durch entsprechende Haftungsvorschriften wird auf dem grauen Kapitalmarkt, der häufig kleineren und mittleren, nicht börsenfähigen Unternehmen zur Kapitalbeschaffung dient, und der oft ein hohes bis zum Totalverlust reichendes Schadensrisiko für die Anleger aufweist, der Anlegerschutz über mehr Produkttransparenz und gesetzliche Haftungsregeln verstärkt und die Funktionsfähigkeit dieses Marktes gesichert[1162].

Wenn man Stimmen aus der Literatur folgt, so sei bei den Urteilen des BGH vom 14. Juni 2004 der Umstand zu begrüßen, daß dadurch *„eindeutig und klar die Rolle der Finanzierungsinstitute im Rahmen der kreditfinanzierten Immobilienerwerbsgeschäfte im Strukturvertrieb dargestellt und berücksichtigt worden ist*“[1163]. So klar dieses Statement sein mag, so unklar bleibt die dieser *„Rolle*“ der Banken folgende Problematik. Denn unklar bleiben auch weiterhin die Auswirkungen solcher Haustürsituationen, in denen Anlageobjekte verkauft werden und Verbraucher sich zu immensen Zahlungen verpflichten. Denn wenn man das eigentliche Problem dieser Arbeit abstrahiert, so kommt man schnell zu der Erkenntnis, daß es hier um nichts anderes geht als um die Kollision zwischen den Grundsätzen des Verbraucherschutzes auf der einen Seite und der Privatautonomie eines jeden Verbrauchers oder Anlegers auf der anderen. Jedenfalls wird dem II. Senat auch vorgeworfen, durch seine Entscheidungen vom 14. Juni 2004

> *„in vorbildlicher Weise dafür gesorgt zu haben, daß der Anlegerschutz infolge der konsequenten Ausweitung des Rückforderungsdurchgriffs kaum mehr von der konkret betroffenen Konstellation, sondern nur noch davon*

1161 MORITZ/GRIMM, BB 2004, 1801 (1801 f.).

1162 KISSLER, Bundesrat beschließt Anlegerschutz-Gesetz, http://www.czerwensky.de/ czerwensky/news, zuletzt abgerufen am 10. August 2005.

1163 FRINGS, BB 2004, 2257 (2257).

abhängt, ob Finanzierung und Fondsbeitrag als verbundene Geschäfte anzusehen sind“[1164].

Die Möglichkeit, Anteile an Immobilienfonds oder ganze Immobilien mit nur geringem oder ohne eigenem Kapitaleinsatz zu erwerben geht eben mit dem Kapitalanlagerisiko einher. Viele dieser Anleger erlagen den verlockenden Angeboten teilweise unseriöser Anbieter und ließen beim Kauf die in solchen Fällen dringend erforderliche Sorgfalt und Vorsicht völlig außer Acht.

D. Allgemeine Folgen

Im Ergebnis werden Rechtsprechung und Literatur den aus der bisherigen Entscheidungspraxis des II. und XI. Zivilsenats des BGH resultierenden Gegensatz im Einzelnen abzuarbeiten haben, auch nach den Entscheidungen des XI. Senats vom 25. April 2006. Denn die Aufstellung allgemeiner Rechtsgrundsätze, die sämtliche der geschilderten Situationen interessengerecht löst[1165], ist dem BGH ganz offensichtlich nicht gelungen.

Ein sehr schönes Beispiel für die Reduzierung des eigentlichen Problems ist der oben genannte Vorwurf von Verbraucherschützern, der XI. Senat würde nicht zwischen „*schutzwürdigen Überrumpelungsopfern*“ und „*nicht schutzbedürftigen spekulierenden Risikoanlegern*“ differenzieren[1166]. Denn so provokant dieser Satz ist, so genau gibt er wieder, woran die deutsche Rechtsprechung krankt: Es kann nicht so einfach differenziert werden zwischen schutzwürdigen und nicht schutzwürdigen Kapitalanlegern, wie es notwendig wäre. Dies ist schon deshalb nicht möglich, weil sich die Schutzwürdigkeit eines jeden Einzelnen in einer derartigen Verkaufssituation – sei es an der Haustür oder auch sonst irgendwo – auch an Faktoren wie der persönlichen Vorbildung, des beruflichen Werdegangs und vor allem an den bereits auf dem Kapitalmarkt gemachten Erfahrungen orientiert. Hier ist aber nicht nur auf die Seite eines potentiellen Verkäufers abzustellen, ob dieser den Käufer überrumpelt, ob er ihn überrascht in einer Haustürsituation o.ä. Gerade hier ist es wichtig, beide Vertragspartner zu betrachten und nicht nur auf das formale Vorliegen etwa einer Haustürsituation abzustellen. Denn die Kritik von Verbraucherschützern, nicht genug nach der Schutzbedürftigkeit der Anleger zu differenzieren, kann auch als Postulat verstanden werden, dahingehend, eine Rückabwicklung nur im Einzelfall zuzulassen, wenn die Schutzbedürftigkeit gerade gegeben ist. Dies heißt im Umkehrschluß aber auch, daß dann nicht mehr jede Situation, die per Gesetz zu einem Widerrufsrecht füh-

---

1164 REUTER, FS KONZEN, *.

1165 DOEHNER/HOFFMANN, ZIP 2004, 1884 (1885).

1166 FRISCH, Zur aktuellen Rechtsprechung, ZGS 2003, 333 (333). Sowie: DERLEDER, Bankschaden, NJW 2003, 2064 (2066).

ren würde, auch tatsächlich einen Widerruf ermöglicht. Vielmehr wäre es dann z.B. möglich, hierfür das weitere Erfordernis der Schutzbedürftigkeit ins Gesetz aufzunehmen. Daß dies ein wenig gangbarer und sinnvoller Weg ist, liegt auf der Hand. Denn gerade dann geht die generelle Abstraktheit eines Gesetzes vollends verloren. Schließlich darf an dieser Stelle nicht vergessen werden, daß Verbraucher, denen aufgrund eventuell bestehender Informations- und Belehrungspflichten eine Vielzahl von Informationen erteilt wird, in den seltensten Fällen das ihnen zur Verfügung stehende Informationsmaterial nutzt bzw. überhaupt nutzen können.

Auch ein neues Haftungssystem der Banken kann nicht dadurch geschaffen werden, daß man bereits bestehende Regelungen über das gesetzlich zulässige Maß ausdehnt. Die zukünftige höchstrichterliche Rechtsprechung wird zeigen, wie sich der vom II. Senat eingeschlagene Weg fortentwickelt. Interessant wird auch zu beobachten sein, wie der Bundesgerichtshof die vom Europäischen Gerichtshof geforderten Rechtsfolgen aus seinen Entscheidungen vom 25. Oktober 2005 auch über den 25. April 2006 hinaus in deutsches Recht umsetzt.

Abschließend sei hinsichtlich einer Ausweitung von Schutzregeln mit ARMBRÜSTER[1167] darauf hingewiesen, daß alles seinen Preis hat. Während man dies im Arbeitsrecht beim Arbeitnehmerschutz längst begriffen hat, werden auch beim Verbraucherschutz letztlich alle Verbraucher für diese Schutzregeln die Kosten tragen, wenn Anbieter die aus der Rückabwicklung resultierenden Kosten bei der Preisbildung berücksichtigen.

1167 ARMBRÜSTER, Kapitalanleger als Verbraucher, ZIP 2006, 407 (414 f.).

VII. Ergebnisse

Am Ende dieser Untersuchung ist nochmals auf die oben gefundenen Ergebnisse zurückzukommen. Diese sind wie folgt zusammenzufassen:

A. Geschäftsmodell, rechtliche Konstruktion und steuerrechtliche Vorteile geschlossener Immobilienfonds

Bei geschlossenen Immobilienfonds in Form einer GbR besteht für Anleger potentiell die Gefahr, aufgrund der quotalen Haftung im Innenverhältnis erheblichen finanziellen Belastungen ausgesetzt zu sein. Die Motivation der Anleger, durch einen Fondsbeitritt Steuern zu sparen, konnte sich schon von vornherein bei vielen Anlegern alleine deshalb nicht erfüllen, weil diese schlichtweg nicht über ein Einkommen verfügten, bei dem ein Steuersparmodell überhaupt hätte sinnvoll greifen können. Dieser Tatsache verschlossen sich viele Anleger alleine im Gedanken an eine mögliche Steuerersparnis. Eventuelle Risiken wie die sich aus einer quotalen Haftung ergebenden Risiken wurden dabei anfangs in der Regel fast völlig vernachlässigt.

B. Interessenkonflikt von Privatautonomie und Verbraucherschutz

Im Hinblick auf den Interessenkonflikt zwischen Privatautonomie und Verbraucherschutz ist eine Störung der Vertragsparität nur in typisierten Fallgestaltungen allgemein zu erfassen, wobei im Verhältnis zwischen Unternehmer und Verbraucher eine solche strukturelle Ungleichgewichtslage vorliegt. Mit der überwiegenden Ansicht im Schrifttum ist aber ein allgemeines Sonderprivatrecht für Verbraucher abzulehnen, auch unter Geltung des Verbraucherkreditgesetzes. Insbesondere im Hinblick auf die unterschiedlichen persönlichen, situations- und vertragstypenbezogenen Anwendungsbereiche der Verbraucherschutzgesetze kann der geltenden Rechtsordnung ein solches Sonderprivatrecht nicht unterstellt werden.

Allerdings kann auch festgehalten werden, daß die Privatautonomie als zentrales Fundament des Bürgerlichen Rechts durch den immer weiter ausgedehnten Verbraucherschutz zumindest stark in Mitleidenschaft gezogen wird. Auch in der hier untersuchten Rechtsprechung des Bundesgerichtshofs wurde ein sozialer Ausgleich vorgenommen, der jedoch nur bei den tatsächlich Schutzbedürftigen und in Fällen einer strukturellen Ungleichgewichtslage gerechtfertigt ist. Diese typisierte Störungslage ist jedoch nicht schon immer dann anzunehmen, wenn die Parteien nicht gleich stark erscheinen oder sind. Die Gefahren dieser Typisierung bestehen darin, daß diese nur die typischen Fälle betrifft und die untypischen vernachlässigt. Dies kommt immer dann zum Tragen, wenn die Rollenverteilung zwischen den Parteien nicht dem typischen und vom Gesetz zugrunde gelegten Schutzbedürfnis entspricht, wenn also beispielsweise der typischerweise Schwächere ausnahmsweise der Stärkere ist oder umgekehrt. Eine Korrektur dieses nicht sachgerechten Ergebnisses ist lediglich auf zwei Arten möglich: Entweder korrigieren konkurrierende Normen, die mit Generalklauseln arbeiten und alle Besonderheiten des Falles berücksichtigen können, das Ergebnis. Oder man interpretiert den Gesetzeswortlaut teleologisch, also nach seinem Schutzzweck. Diese Auslegung läuft jedoch allzu oft auf eine Gesetzeskorrektur hinaus, zu der die Judikative jedoch nur ausnahmsweise berechtigt ist.

C. Höchstrichterliche Rechtsprechung zur Rückabwicklung von Beteiligungen an Schrottimmobilien

1. Einwendungsdurchgriff nach dem Verbraucherkreditgesetz

Der Einwendungsdurchgriff, den zunächst der II. Zivilsenat in seinen Entscheidungen vom 14. Juni 2004 den Anlegern gewährte, begegnete gewichtigen Bedenken. Schon die Einwendung gemäß § 738 BGB, die der II. Zivilsenat den Anlegern aus dem Anspruch auf das Auseinandersetzungsguthaben beim Ausscheiden eines Gesellschafters aus einer GbR zugesteht, stellte eine Wende in der Rechtsprechung des BGH dar, da es bisher gerade nicht ausreichte, wenn sich ein Verbraucher gegenüber der Bank auf einen durch Täuschung veranlaßten Gesellschaftsbeitritt berief. Nunmehr scheint dies auf einmal möglich zu sein, wobei dieser rechtlichen Konstruktion schwerwiegende Mängel vorgeworfen wurden. Insbesondere stehe einer solchen Konstruktion der Grundsatz der Akzessorietät von Einwendungen beim verbundenen Geschäft entgegen. Eine Austrittskündigung der Anleger, die sich auf die Fehlerhaftigkeit des Aufnahmevertrags stützt, müsse auch grundsätzlich gegenüber der Gesellschaft erfolgen. Eine Mitteilung gegenüber der Bank reiche hierzu gerade nicht aus. Auch eine Empfangszuständigkeit der Banken für Erklärungen, die der Verbraucher nach wie vor gegenüber seinem Vertragspartner des Hauptgeschäfts abgeben muß, ließe sich nicht begründen. Des Weiteren sei eine Einschränkung der Anwendung der Grundsätze über die fehlerhafte Gesellschaft nicht geboten. Weiterhin sei die Bank als Dritte mit schutzwürdigen Interessen zu behandeln, wenn die Anleger die Vorteile des Fonds jahrelang in Anspruch nehmen. Auch ein Schadensersatzanspruch gegenüber der Gesellschaft tauge nicht als Einwendung in diesem Sinne, da ein solcher an der fehlenden Zurechenbarkeit des pflichtwidrigen Verhaltens der Vermittler an die Immobilienfondsgesellschaft scheitern würde. Schließlich könnten Ansprüche der Anleger auf Schadensersatz gegen die Initiatoren der Fonds nicht als Einwendungen herangezogen werden, da bereits der Einwendungsdurchgriff selbst eine Ausnahme zum Verbot einer exceptio ex iure tertii darstelle, das beschränkt ist auf Einwendungen gegen den Partner des Hauptgeschäfts (die Fondsgesellschaft) und das nicht auf dessen

Partner (den Initiator) ausgeweitet werden darf. Auch die Rechtsinstitute des Verzichts und der Verwirkung hat der II. Zivilsenat in seinen Entscheidungen gänzlich unberücksichtigt gelassen.

Weiterhin muß sich der II. Senat vorhalten lassen, daß er mit seiner Entscheidungsserie vom 14. Juni 2004 einen Einwendungsdurchgriff contra legem mit solchen Einwendungen konstruiert, die nicht einmal aus dem verbundenen Geschäft stammen, da schon keine wirtschaftliche Einheit und damit kein verbundenes Geschäft zwischen Finanzierungsvertrag und Anteilserwerb vorliegt. Denn die finanzierenden Banken sind insbesondere nicht über ihre Rolle als Kreditgeberin hinausgegangen. Gegen ein verbundenes Geschäft spricht neben dem eindeutigen Gesetzeswortlaut des § 9 VerbrKrG auch dessen Teleologie und Normzweck sowie dessen wirtschaftliche Zielsetzung.

Aus dem Einwendungsdurchgriff, der bisher beim originären oder derivativen Erwerb von Anteilen an Personengesellschaften nur in Ausnahmefällen zugelassen wurde, dürfe auch nicht die Regel werden, da sich beim Erwerb von Gesellschaftsanteilen an einer Personengesellschaft nicht das Aufspaltungsrisiko, sondern lediglich der der Gesellschafterstellung anhaftende allgemeine Wagnis- und Risikocharakter verwirkliche. Hiergegen spreche auch die fehlende Schutzbedürftigkeit der Anleger, da die Aufspaltung von Fondsgesellschaft und finanzierender Bank in derartigen Fallkonstellationen nicht unnatürlich, sondern typisch und von allen Beteiligten so gewollt ist.

Auch eine Reduktion der Ausnahmevorschrift des § 3 Abs. 2 Nr. 2 VerbrKrG, der die Anwendbarkeit des § 9 VerbrKrG ausschließt, sei nicht gerechtfertigt. Hiergegen sprächen neben dem Gesetzeswortlaut vor allem die historische Auslegung der Norm sowie Aspekte der wirtschaftlichen Effizienz und die Auslegung der Verbraucherkreditrichtlinie. Auch die jüngste Rechtsprechung des EuGH führe zu keinem anderen Ergebnis.

Gleichwohl ist es jedoch am 25. April 2006 insoweit zu einer Einigung der BGH-Senate gekommen, als daß den Anlegern zwar der Einwendungs-, nicht aber der Rückforderungsdurchgriff gewährt wird. Im Falle einer arglistigen Täuschung durch den Anlagenvermittler sei der Anleger zur jederzeitigen fristlosen Kündigung der Fondsbeteiligung berechtigt und könne den Anspruch auf sein Abfindungsguthaben geltend machen. Bei Vorliegen eines verbundenen Geschäfts könne dieses Recht auch der Bank entgegengesetzt werden, so daß die Rückzahlung des Darlehensvertrags soweit verweigert werden kann, wie ein Abfindungsanspruch tatsächlich besteht.

2. Rückforderungsdurchgriff nach dem Verbraucherkreditgesetz

Deshalb muß man dem vom II. Zivilsenat konstruierten Rückforderungsdurchgriff noch kritischer gegenübertreten, da der II. Senat in seinen Entscheidungen eine bilaterale Abwicklung dergestalt ermöglichte, daß bei Vorliegen eines verbundenen Geschäfts zwischen Fondsbeitritt und Darlehensvertrag und nach einer Täuschung der Anleger beim Fondsbeitritt die den Anlegern gegen die Gründungsgesellschafter und die sonst für die Täuschung Verantwortlichen zustehenden Schadensersatzansprüche auch gegenüber den Kreditinstituten geltend gemacht werden könnten. Der II. Senat gewährte den Anlegern im Rahmen dieses Rückforderungsdurchgriffs Schadensersatzansprüche gegen die Initiatoren und Gründungsgesellschafter wegen Verschuldens bei Vertragsschluß und wegen Prospekthaftung sowie deliktsrechtliche Ansprüche wegen Kapitalanlagebetrugs. Auch die Banken hätten die Anleger aufgrund Verschuldens bei Vertragsschluß so zu stellen, als wären sie dem Immobilienfonds nicht beigetreten und als hätten sie den Kreditvertrag nicht abgeschlossen.

Jedoch hat der II. Zivilsenat mit dem erweiterten Einwendungs- und Rückforderungsdurchgriff außerhalb des geschriebenen Tatbestands contra legem neben § 9 Abs. 2 S. 4 VerbrKrG eine Norm geschaffen. Bei einem solchen Vorgehen sind im Ergebnis weder die Inhalte, noch die Grenzen des § 9 VerbrKrG zu erkennen. Die Begründung eines derartigen Rückforderungsdurchgriffs überzeugt nicht. Die verfassungskonforme Auslegung des II. Senats in seinen Entscheidungen vom 14. Juni 2004 tritt mit dem Wortlaut und dem klar erkennbaren Willen des Gesetzgebers in Widerspruch. Dogmatisch zu begründen ist ein Rückforderungsdurchgriff des Verbrauchers gegen die Bank jedenfalls nicht. Eine teleologische Reduktion des gesetzlichen Anwendungsverbots in § 3 Abs. 2 Nr. 2 VerbrKrG scheitert am entgegenstehenden gesetzgeberischen Willen, da der Gesetzgeber nicht nur den Einwendungsdurchgriff, sondern zugleich e contrario eine Rückforderungssperre normieren wollte. Auch eine analoge Anwendung des § 9 Abs. 3 VerbrKrG scheitert, da die Voraussetzungen einer Analogie mangels planwidriger ausfüllungsbedürftiger Regelungslücke fehlen. Gänzlich unbegründbar ist außerdem, daß der II. Zivilsenat Schadensersatzansprüche in den Einwendungs- und Rückforderungsdurchgriff miteinbezieht. Dieser Schadensersatzdurchgriff scheitert schon an der fehlenden Zurechenbarkeit und ist durch das Gesetz oder die diesem zugrunde liegenden Wertungen nicht erklärbar. Durch den Rückforderungsdurchgriff würde es außerdem zu einer nicht zu rechtfertigenden Besserstellung der Anleger kommen, da das Risiko, bereits erbrachte Leistungen im Rahmen eines gescheiterten verbundenen Vertrags vom insolventen Vertragspartner zurückzuerhalten, vom Rechtsgedanken des § 9 VerbrKrG nicht umfaßt ist. Des Weiteren liegt ein Widerrufsrecht nach

§ 9 Abs. 2 S. 4 VerbrKrG außerhalb der Sphäre des Kreditgebers und kann von diesem nicht eingeschränkt oder beeinflußt werden.

Schließlich fehlt es dadurch auch an einer interessengerechten Risikoverteilung zwischen den Anlegern und den Banken, da das Anlage- und das Insolvenzrisiko ohne ausreichende sachliche Rechtfertigung von den Anlegern auf die Banken verlagert wird. Das Anlagerisiko liegt alleine auf Seiten der Banken, die jedoch ohnehin schon mit dem Insolvenzrisiko der Fondsgesellschaft belastet sind. Anleger hätten hiernach Anspruch auf alle an die Banken geleisteten Zahlungen, die Banken demgegenüber müßten sich an die Fondsgesellschaften halten und gehen deswegen in der Regel leer aus. Es kommt auch zu einer Übervorteilung der Anleger, da sich für diese ein Aufspaltungsvorteil in Form der Verdoppelung der Haftungsmassen ergibt, ohne daß den Banken im Gegenzug Nutzungsentschädigungsansprüche gewährt werden. Ob diese nunmehr einseitige Risikoverteilung mit dem Gedanken der Privatautonomie in Einklang gebracht werden kann, scheint angesichts des – zumindest aus Bankensicht – drastischen Ergebnisses zweifelhaft. Bei Fällen, in denen die Kapitalanlage zum Nachteil der Anleger verlief, gesteht der II. Senat den Anlegern also zu, sich einfach an denjenigen zu halten, der in der Regel die nötige Solvenz aufweisen kann: Die Banken haben Fehlentscheidungen, die nicht ausschließlich durch die Gründungsgesellschafter und die Fondsbetreiber veranlaßt wurden, sondern zu einem nicht zu vernachlässigenden Anteil auch den Verbrauchern angelastet werden müßten, nach Ansicht des II. Senats nun alleine zu tragen. Auch der Zeitablauf zwischen dem Beitritt zur Fondsgesellschaft und der Geltendmachung des Einwendungs- oder Rückforderungsdurchgriffs wurde nicht oder jedenfalls nicht ausreichend berücksichtigt.

Schließlich blieben die Grundsätze des fehlerhaften Gesellschaftsbeitritts, die anderen schutzwürdigen Interessen Vorrang gegenüber einem Rückforderungsdurchgriff einräumen würde, gänzlich außen vor. Es ist nicht einzusehen oder nachvollziehbar zu begründen, warum dem Verbraucherschutz im Rahmen einer Interessenabwägung Vorrang einzuräumen wäre vor dem Interesse der Gesellschaft, der übrigen Gesellschafter und der Gesellschaftsgläubiger. Das Verbraucherkreditgesetz intendiert weder die Rechtsfolgen, die der II. Senat in seinen Entscheidungen vom 14. Juni 2004 postuliert, noch vermag es sie zu tragen. Diese rückwirkende Umgestaltung des Verbraucherkreditgesetzes ist weder methodisch begründbar noch führt sie zu Ergebnissen, die mit Sinn und Zweck der Regelungen und der Systematik vereinbar sind.

Ein solcher Rückforderungsdurchgriff wurde den Anlegern deshalb zu Recht auch in den zuletzt ergangenen Entscheidungen vom 25. April 2006 nicht zugesprochen.

3. Bereicherungsrechtliche Rückabwicklung wegen Nichtigkeit der Beitrittsfinanzierungen

Neben dem Rückforderungsdurchgriff hat der II. Zivilsenat den Anlegern auch bereicherungsrechtliche Rückabwicklungsansprüche wegen Nichtigkeit der Beitrittsfinanzierungen aufgrund von Verstößen gegen das Rechtsberatungsgesetz und das Verbraucherkreditgesetz zugesprochen.

a) Nichtigkeit der Darlehensverträge wegen Verstoßes gegen Vorschriften des Rechtsberatungsgesetzes

Die Nichtigkeit des Treuhandvertrags und der Treuhändervollmacht wegen Unwirksamkeit der Treuhänderverträge gemäß Art. 1 § 1 RBerG i.V.m. § 134 BGB kann man mit guten Argumenten vertreten. Der BGH hat in seinen Entscheidungen vom 14. Juni 2004 seine bisherige Rechtsprechung zur Unwirksamkeit der Vollmacht eines Treuhänders wegen Verstoßes gegen das Rechtsberatungsgesetz bekräftigt: Dabei handelt es sich um ständige höchstrichterliche Rechtsprechung. Jedoch hätten bei derartigen Sachverhalten die Grundsätze der §§ 171, 172 BGB und der Duldungs- und Anscheinsvollmacht aus Gründen des Vertrauensschutzes und zum Schutz des Rechtsverkehrs angewendet werden müssen. Deren Anwendbarkeit hatte der II. Senat wegen des Vorliegens eines verbundenen Geschäfts abgelehnt.

Jedoch steht der Berücksichtigung des verbundenen Geschäfts im Bereich der Rechtsscheinhaftung bereits die Gesetzessystematik entgegen. Die Vorschrift des § 9 Abs. 1 VerbrKrG hat systematisch in den Vorschriften der §§ 164 ff BGB nichts zu suchen, da hier allein das Vertretungsrecht mit seinen Regelungen einschlägig ist. Darauf durften die Banken auch vertrauen. Allgemeine Erwägungen des Verbraucherkreditrechts gehören nicht hierher. Auch darf es der Bank nicht verwehrt sein, sich in derartigen Fällen auf den Gutglaubensschutz der §§ 171 Abs. 1, 172 Abs. 1 BGB zu berufen, da auch die höchstrichterliche Rechtsprechung vor der Notarentscheidung im Jahr 2000 nicht von der Nichtigkeit des Geschäftsbesorgungsvertrags und der Vollmacht des Treuhänders gemäß Art. 1 § 1 RBerG ausgegangen ist. Solange der Bank eine notariell beurkundete Vollmacht vorgelegen hat, mußte sie die Nichtigkeit der Vollmacht nicht kennen. Alleine diese Lösung entspricht den Grundsätzen des Vertrauensschutzes. Weiterhin muß es auch hier bei dem Grundsatz bleiben, daß alleine der Darlehensnehmer das Kreditverwendungsrisiko zu tragen hat, da die Bank bereits mit dem Bonitätsrisiko des Darlehensnehmers belastet ist.

Der XI. Zivilsenat behandelte deshalb auch in seinen Entscheidungen vom 25. April 2006 eine unwirksame Vollmacht nach den §§ 171 f. BGB als gültig, wenn ein Zeichnungsschein vorgelegt wurde, der eine Vollmacht enthält, die nicht gegen das Rechtsberatungsgesetz verstößt.

b) Nichtigkeit der Darlehensverträge wegen Verstoßes gegen Vorschriften des Verbraucherkreditgesetzes

Der Bundesgerichtshof erklärte in der Vergangenheit die einen Fondsbeitritt finanzierenden Darlehensverträge auch wegen Verstöße der Treuhändervollmachten gegen Vorschriften des Verbraucherkreditgesetzes für nichtig, da die Vollmachten nicht alle vom Verbraucherkreditgesetz geforderten Mindestangaben enthielten. Obwohl dies seit der Schuldrechtsreform nunmehr explizit im Bürgerlichen Gesetzbuch geregelt ist, besteht der diesbezügliche Streit zwischen dem II. und dem XI. Zivilsenat auch weiterhin fort. Es besteht auch Streit darüber, ob die zur Nichtigkeit führenden Verstöße gegen das Verbraucherkreditgesetz durch den Empfang des Darlehens oder die Inanspruchnahme des Kredits durch den Verbraucher geheilt worden sind (§ 6 Abs. 2 S. 1 VerbrKrG bzw. § 494 Abs. 2 S. 1 BGB n.F.). Der II. Senat lehnt eine solche Lösung in seinen Urteilen vom 14. Juni 2004 jedenfalls ab. Jedoch bleibt insbesondere wegen der vom XI. Zivilsenat überzeugend begründeten Auffassung, daß ein verbundenes Geschäft aufgrund der Vorschrift des § 3 Abs. 2 Nr. 2 VerbrKrG nicht vorliegt, dennoch festzuhalten, daß gerade auch bei der Frage, ob möglicherweise eine Heilung der unwirksamen Darlehensverträge durch Auszahlung der Darlehensbeträge in Betracht kommt, durchaus eine andere Meinung mit guten Argumenten vertreten werden kann.

Auch die vom II. Senat vorgenommene Rückabwicklung muß sich erhebliche Kritik entgegenhalten lassen. Denn wenn sich der kondizierende Anleger bei der Bank an einen solventen Partner wenden kann, wird das wirtschaftliche Risiko seiner Anlageentscheidung, das der Anleger zur Erzielung von Steuervorteilen eingegangen ist, auf die Bank abgewälzt. Dies ist vom Gesetzeszweck weder des Rechtsberatungsgesetzes noch des Verbraucherkreditgesetzes gedeckt. Insbesondere muß der Empfang der Darlehensvaluta auch beim Verbundgeschäft Heilungswirkung haben. Dazu kommt, daß aufgrund der Nichtanwendung der Grundsätze des fehlerhaften Gesellschaftsbeitritts die Gefahr entsteht, daß Fondsgesellschaften durch eine Massenflucht in ernsthafte Liquiditätsschwierigkeiten geraten und dadurch die in der Fondsgesellschaft verbleibenden Gesellschafter sowie die Gläubiger der Gesellschaft erheblich belastet werden.

Der XI. Senat hat seine Rechtsprechung zur Heilung des Formmangels nach § 4 Abs. 1 S. 4 Nr. 1b S. 1 VerbrKrG gemäß § 6 Abs. 2 VerbrKrG durch Empfangnahme der Darlehensvaluta auch in seinen Entscheidungen vom 25. April 2006 aufrecht erhalten, da in diesen Fällen der Darlehensgeber vertragsgemäß die

Darlehensvaluta an die Treuhänderin bezahlt und damit der Anleger die Darlehensvaluta zweckbestimmt zum Anteilserwerb erhalten habe.

4. Rückabwicklung nach dem Haustürwiderrufsgesetz

Nach Ansicht des II. Zivilsenats waren die den Fondsanteilserwerb finanzierenden Darlehensverträge auch aufgrund Widerrufs nach dem Haustürwiderrufsgesetz unwirksam und wurden in Rückgewährschuldverhältnisse umgewandelt. Der II. Senat entband die Darlehensnehmer in seinen Entscheidungen vom 14. Juni 2004 von der Verpflichtung, den Banken die Darlehensvaluta zurückgewähren zu müssen, da der jeweilige Darlehensvertrag und der Vertrag über den Fondsbeitritt ein verbundenes Geschäft i.S.d. § 9 VerbrKrG darstellten. Die Anleger mußten den Banken lediglich die mit den Darlehen finanzierten Gesellschaftsanteile bzw. die Rechte aus den fehlgeschlagenen Gesellschaftsbeitritten übertragen und konnten dafür im Gegenzug als Kreditnehmer sämtliche in der Vergangenheit gezahlten Beträge zurückverlangen. Diese wegen des Schutzzwecks des Haustürwiderrufsgesetzes vorgenommene vermeintliche Wirkungserstreckung im Anwendungsbereich des § 9 VerbrKrG – daß der Widerruf des Darlehensvertrags nach verbraucherkreditgesetzlichen Regelungen auch zur Unwirksamkeit des finanzierten Geschäfts führt – kann jedoch ebenfalls nicht überzeugend begründet werden. Insbesondere bleibt, unabhängig von den Entscheidungen des Bundesgerichtshofs oder des Europäischen Gerichtshofs, festzuhalten, daß weder das deutsche noch das europäische Recht die Widerrufsbefugnis i.d.S. davon abhängig macht, daß der in bzw. aufgrund der Haustürsituation zustande gekommene Vertrag für den Betroffenen mit einem Nachteil verbunden ist. So begründet alleine die Haustürsituation das Widerrufsrecht, unabhängig davon, ob das Haustürgeschäft für den Betroffenen nützlich oder schädlich ist.

Das Kernproblem in diesen Fällen besteht jedoch sowohl beim Anteilserwerb von geschlossenen Immobilienfonds als auch beim Immobilienerwerb in der Vorrangregelung des § 5 Abs. 2 HWiG. Seit der Heininger-Entscheidung des Europäischen Gerichtshofs im Rahmen einer Vorlage nach Art. 234 EG ist es gefestigte höchstrichterliche Rechtsprechung, daß die Haustürgeschäfterichtlinie dahin auszulegen ist, daß sie auf einen Realkreditvertrag angewendet werden kann, so daß ein Haustürwiderrufsrecht besteht. Der XI. Senat des Bundesgerichtshofs hielt sich zwar an diese Vorgaben, verschaffte den Anlegern aber wiederum nur Steine statt Brot, indem er sie nach einem Haustürwiderruf zur vollständigen und sofortigen Rückzahlung der Darlehensvaluta verpflichtete. Der II. Senat hingegen begründete in seinen Entscheidungen vom 14. Juni 2004 keine Rückzahlungsverpflichtung der Anleger. Es reichte vielmehr aus, daß diese den Banken die Anteile an den Fondsgesellschaften übertragen. Die Anleger hingegen konnten nach einem erfolgten Widerruf die von ihnen getätigten Zahlungen sowie die Kreditzinsen von den Banken beanspruchen. Damit erreichte der II. Senat das gleiche Ergebnis wie beim Einwendungs- und Rückforderungsdurchgriff. Bereits dieses Vorgehen muß sich jedoch entgegenhalten lassen, daß dadurch die Grundsätze des fehlerhaften Gesellschaftsbeitritts faktisch umgangen werden und der Vorrang des Gesellschaftsrechts hier keine Beachtung findet. Eine gerechtfertigte Ausnahme von diesen Grundsätzen ist bei Haustürgeschäften jedoch nicht gerechtfertigt. Die Bezugnahme auf das verbundene Geschäft durch den II. Senat findet keine Stütze im Gesetzestext.

Auch in zwei weiteren Vorlageverfahren stellte der Europäische Gerichtshof am 25. Oktober 2005 fest, daß der Ausschlußtatbestand des Art. 3 Abs. 2 lit. a der Haustürgeschäfterichtlinie auch für Immobilienkäufe innerhalb eines kreditfinanzierten Kapitalanlagemodells gelte und deshalb bereits vom Wortlaut her Verträge über den Verkauf von Immobilien ausdrücklich und unmißverständlich vom Anwendungsbereich ausgenommen seien. Gleichzeitig machte der EuGH in diesen Entscheidungen aber auch klar, daß die Haustürgeschäfterichtlinie einer sofortigen Rückzahlungsverpflichtung der widerrufenden Verbraucher sowie deren Verpflichtung zur Entrichtung der marktüblichen Zinsen hierfür auch bei derartigen Kapitalanlagemodellen nicht entgegenstehe. Ein Rückschluß derart, daß die Verbraucher die Darlehensvaluta deswegen nicht erhalten hätten, weil diese unmittelbar vom Kreditinstitut an den Immobilienverkäufer floß, könne nicht gezogen werden. Jedoch folge in den Fällen, in denen Verbraucher nicht über ihr Widerrufsrecht belehrt worden sind, die Verpflichtung der Mitgliedsstaaten, mit geeigneten Maßnahmen dafür zu sorgen, daß die Kreditinstitute die Folgen der Verwirklichung dieser Risiken tragen, damit so dem Verbraucherschutz genügt wird. Dadurch kommt es zu einer Risikoabwälzung der wirtschaftlichen Risiken bei fehlender Widerrufsbelehrung auf die Kreditinstitute. Der EuGH knüpft diese Rechtsfolge allerdings ausdrücklich nicht an das Vorliegen eines verbundenen Geschäfts, sondern an eine Verklammerung von Kauf- und Kreditvertrag mittels einer unterstellten Kausalität, indem er dem Anleger unterstellt, daß dieser das Kreditgeschäft widerrufen und vom Immobilienerwerb Abstand genommen hätte, wenn er rechtzeitig und ordnungsgemäß über sein Widerrufsrecht belehrt worden wäre. Außerdem gesteht der EuGH den widerrufenden Verbrauchern ihr Widerrufsrecht zu, ohne dieses an das Vorliegen eventueller Zurechnungskriterien zu knüpfen wenn es darum geht, das Handeln der Kreditvermittler in einer Haustürsituation den Banken zuzurechnen. Jedoch legen diese jüngsten Entscheidungen des EuGH die konkreten Folgen der Bankenhaftung nicht dar. Insbesondere fehlen Hinweise zur Umsetzung dieser Rechtsprechung in nationales Recht.

Die Rechtsprechung des II. Senats vom 14. Juni 2004 jedenfalls muß sich insbesondere die Nichtbeachtung der Vorrangigkeit der Grundsätze der fehlerhaften Gesellschaft vorhalten lassen. Diese Grundsätze müssen Vorrang auch vor solchen Gesetzen haben, die zum Verbraucherschutz erlassen wurden. Die bloße Widerruflichkeit der in einer Haustürsituation gezeichneten Aufnahmeerklärung des Kapitalanlegers kann die Grundsätze des fehlerhaften Gesellschaftsbeitritts nicht durchbrechen. Auch kennt das BGB keinen generellen Verbraucherschutz. Des Weiteren sind berechtigte Kritikansätze vorhanden, soweit es um die Anwendbarkeit des Haustürwiderrufsgesetzes geht, namentlich ob es sich um eine entgeltliche Leistung i.d.S. handelt. Außerdem wäre zugunsten der Banken zu berücksichtigen, daß die Banken zum Zeitpunkt der Abschlüsse der Kreditverträge noch gar nicht an eine Anwendbarkeit des Haustürwiderrufsgesetzes denken mußten. Ein gesetzeswidriges Verhalten der Banken lag nicht vor, weswegen eine Zurechnung der Haustürsituation nach jetziger Rechtslage dem Vertrauensschutz, der der Bank zusteht, nicht gerecht wird. Dies gilt trotz der jüngsten Entscheidungen des EuGH. Schließlich ist außerdem nicht erklärbar, aus welchen Gründen im Rahmen der Vorschriften des Haustürwiderrufsgesetzes vom II. Zivilsenat des BGH die Grundsätze über das die Wirkungserstreckung enthaltene Verbundgeschäft angewendet werden sollten. Dem steht die Gesetzessystematik entgegen; das Europäische Recht sieht ein derartiges Vorgehen hier nicht vor, was auch der EuGH erst jüngst bestätigt hat. Die Rechtsprechung des II. Senats hat außerdem Aspekte wie das Rechtsinstitut der Verwirkung oder die eventuell fehlende Kausalität zwischen Haustürsituation und Vertragsschluß außer Acht gelassen und einen Widerruf aus sachfremden Gesichtspunkten, deren Schutz gerade das Haustürwiderrufsgesetz nicht bezweckt, vorgenommen.

Ein weiterer Kritikpunkt befaßt sich mit den Anforderungen der an die Anleger erteilten Widerrufsbelehrungen der Banken. Denn es erscheint mehr als fraglich, ob sich ein Darlehensnehmer, der den Darlehensvertrag mit der Bank in einer Haustürsituation abgeschlossen hat, beim Widerruf des Darlehensvertrags darüber Gedanken macht, ob sich der Widerruf nach dem Verbraucherkreditgesetz oder dem Haustürwiderrufsgesetz richtet. Denn die Widerrufsbelehrung nach dem Verbraucherkreditgesetz würde den Verbraucher zur Rückzahlung des Darlehens verpflichten. Nur der Umstand, daß der Zusatz der Rückzahlungsverpflichtung in der Widerrufsbelehrung nicht enthalten sein darf, beschert dem Verbraucher dann auch ein praktisch unbefristetes Widerrufsrecht nach dem Haustürwiderrufsgesetz. Auch das grundsätzlich vom Anleger zu tragende Kreditverwendungsrisiko wird sowohl nach der Rechtsprechung des II. Senats als auch durch die jüngste EuGH-Rechtsprechung völlig sachfremd auf die Banken übertragen. Eine Vergleichsbetrachtung mit anderen Unwirksamkeitsgründen zeigt, daß ein Anleger selbst nach einer arglistigen Täuschung die Darlehensvaluta zurückzahlen muß. Dies muß a maiore ad minus auch für die Rückabwicklung nach Haustürwiderruf gelten. Es ist auch nicht einzusehen, warum der widerrufende Verbraucher das von ihm zurückzuzahlende Kapital nicht verzinsen soll, wie der II. Senat es diesem zugesteht. Auch der EuGH geht von einer Verpflichtung zur Verzinsung aus. Teleologische Erwägungen sprechen ebenfalls gegen ein vom II. Senat praktiziertes Vorgehen, da der Einwendungsdurchgriff nach dem Verbraucherkreditgesetz anderen Zielen dient als das Widerrufsrecht nach dem Haustürwiderrufsgesetz.

Eine mögliche Rückzahlungsverpflichtung der widerrufenden Verbraucher ließe sich auf der Rechtsfolgenseite auf verschiedene Weise modifizieren, so daß man diese nicht mehr sofort und in voller Höhe judizieren müßte. Welche Rechtsfolgen die jüngsten EuGH-Urteile haben werden, bleibt jedoch abzuwarten. Wenn die Darlehensvaluta nicht mehr von den widerrufenden Anlegern an die Banken zurückbezahlt werden muß, ist seitens der Kreditinstitute jedenfalls mit einem immensen Schaden zu rechnen.

Der XI. Senat des BGH hat am 25. April 2006 die Vorgaben des EuGH umgesetzt. Hiernach hat der Widerruf des in einer Haustürsituation geschlossenen Darlehensvertrags durch den Anleger zur Folge, daß bei Vorliegen eines Verbundgeschäfts zwischen Darlehensvertrag und finanziertem Fondsbeitritt dem Darlehensgeber kein Rückzahlungsanspruch mehr gegen den Darlehensnehmer zusteht und die Rückabwicklung unmittelbar zwischen dem Kreditgeber und dem Partner des finanzierten Geschäfts zu erfolgen hat. Wenn der Darlehensnehmer den Kredit nicht empfangen hat oder wenn der Darlehensvertrag und das finanzierte Geschäft ein Verbundgeschäft bilden, sei eine andere Beurteilung geboten mit der Folge, daß der Widerruf des Darlehensvertrags auch auf das finanzierte Geschäft durchschlage, damit der Verbraucher sein Widerrufsrecht frei und ohne Furcht vor finanziellen Nachteilen ausüben könne. Dem stünden auch die Grundsätze zur fehlerhaften Gesellschaft nicht entgegen, da der Zweck dieser Grundsätze bei einem Widerruf des den Gesellschaftsbeitritt finanzierenden Darlehensvertrags nicht tangiert sei. Ebensowenig stünde einer solchen Vorgehensweise im Hinblick auf die Erstreckung der Folgen des Haustürwiderrufs auf das verbundene Geschäft die Widerrufsbelehrung entgegen. Diese müsse auch nicht die Rechtsfolgen umfassen, was aus dem insoweit eindeutigen Gesetzeswortlaut hervorgehe.

D. Anwendbarkeit auf nicht-kreditfinanzierte Beteiligung an einem geschlossenen Immobilienfonds

Die in dieser Untersuchung dargestellten Grundsätze können jedoch nicht auf einen nicht-kreditfinanzierten Erwerb einer Beteiligung an einem Immobilienfonds angewendet werden. Diejenigen Anleger, die den Beitritt zu einem Immobilienfonds nicht über einen Kredit, sondern aus eigener Tasche finanziert haben, können bei Vorliegen der hier dargestellten Unwirksamkeitsgründe nicht in derselben Weise aus dem Fonds aussteigen wie die kreditfinanzierenden Anleger. Im Ergebnis bleiben diese Anleger auf ihrer Beteiligung sitzen. Ein anderes Ergebnis ist dogmatisch nicht begründbar.

Die Entscheidungen des II. Senats vom 14. Juni 2004 und die im Rahmen dieser Untersuchung erfaßten Sachverhalte betreffen nicht die Fälle, in denen Anleger in der Beitrittsphase zum Immobilienfonds kein Darlehen zur Finanzierung des Beitritts aufnehmen mußten. Für diese Verbraucher stellte sich in der Regel das Problem, daß sie zwar ein vermeintlich geringeres Risiko eingingen, da sie zwar keinen Rückzahlungsansprüchen der Banken, jedoch ebenfalls der gesellschaftsvertraglichen Nachschußverpflichtung nach § 735 BGB ausgesetzt waren. Diese Beträge aus den Zwischenfinanzierungsdarlehen überstiegen die Forderungen aus den Beitrittsfinanzierungen in der Regel erheblich.

Ein Einwendungs- bzw. Rückforderungsdurchgriff nach Treu und Glauben gemäß § 242 BGB kann jedoch auf derartige Konstellationen erst recht nicht angewendet werden. Ein solcher kann zwar dann zur Anwendung kommen, wenn eine besonders enge Verbindung zwischen zwei Verträgen vorliegt und außerdem besondere Umstände den Schutz des Darlehensnehmers erfordern. Die Voraussetzungen dieser auf § 242 BGB gestützten Rechtsfigur scheinen in den betroffenen Fällen zunächst vorzuliegen, da das Verbundgeschäft außerhalb des Anwendungsbereichs des Verbraucherkreditgesetzes geschlossen wurde. Denn die GbR hat bei Abschluß des Darlehensvertrags mit der Bank nicht als Verbraucher i.S.d. § 1 Abs. 1 VerbrKrG gehandelt. Bei Immobilienfondsgesellschaften, die in der Rechtsform einer GbR organisiert sind, muß man neben dem Kreditzweck auf die hinter den einzelnen Anlegern stehende Organisation abstellen und den Unternehmerbegriff bejahen, da sie im Wettbewerb mit anderen ihre Leistungen gegen Entgelt anbieten.

Die weiterhin erforderliche Einwendung, die Ansprüchen der Banken entgegengehalten werden kann, besteht auch hier zum einen aus Ansprüchen, die den Anlegern gegen die Gründungsgesellschafter, Initiatoren, Manager und maßgeblichen Betreiber des Immobilienfonds sowie gegen die Prospektherausgeber und die sonst für den Anlageprospekt Verantwortlichen zustehen, unabhängig davon, ob der Beitritt kreditfinanziert oder aus eigener Tasche bezahlt wurde; zum anderen aus dem Anspruch auf das Abfindungsguthaben gemäß § 738 BGB aus gesellschaftsrechtlicher Abwicklung, zumindest dann, wenn tatsächlich noch ein Abfindungsguthaben vorhanden ist, das als Einwendung dem Darlehensrückzahlungsanspruch der Bank entgegenhalten werden kann.

Jedoch ist das Vorliegen eines verbundenen Geschäfts in Form einer wirtschaftlichen Identität zwischen dem vom Anleger selbst finanzierten Fondsbeitritt einerseits und den unwirksamen Zwischenfinanzierungsverträgen andererseits kaum zu begründen. Die Zwischenfinanzierungen zwischen der Fondsgesellschaft und der Bank können im Ergebnis nicht in den gleichen wirtschaftlichen Zusammenhang gesetzt werden wie der Fondsbeitritt und der diesem zugrunde liegende Darlehensvertrag zur Finanzierung des Beitritts. Hierfür fehlt es sowohl an den objektiven, als auch an den subjektiven Voraussetzungen. So spricht vor allem die weitgehende zeitliche und inhaltliche Unbestimmtheit, d.h. wann, ob und in welcher Höhe die Zwischenfinanzierung aufgenommen wird, gegen eine vorweggenommene Verpflichtung der Anleger bereits zum Zeitpunkt des Beitritts.

Ein Rückforderungsdurchgriff in den zu untersuchenden Konstellationen muß wegen der Grundsätze des fehlerhaften Gesellschaftsbeitritts abgelehnt werden. Der einzelne Anleger und Gesellschafter muß für seine Verbindlichkeiten, die durch die GbR begründet wurden, einstehen. Ein anderes Ergebnis würde die Grundsätze der fehlerhaften Gesellschaft völlig aus den Angeln heben und könnte dogmatisch schon gar nicht begründet werden.

Eine bereicherungsrechtliche Rückabwicklung aufgrund der Unwirksamkeit der Innenfinanzierungen wegen Verstoßes gegen Vorschriften des Rechtsberatungsgesetzes kommt zum einen deshalb nicht in Betracht, da die Wirksamkeit der von den Treuhändern geschlossenen Darlehensverträgen schon nicht an den Vorschriften des Rechtsberatungsgesetzes scheitert. Denn die Treuhänder wurden bei Vertragsschluß für die GbR nicht rechtsberatend, sondern in ihrer Eigenschaft als Geschäftsführer tätig. Zum anderen muß auch hier eine ex-tunc-Rückabwicklung nach Bereicherungsrecht durch die Grundsätze des fehlerhaften Gesellschaftsbeitritts ausgeschlossen sein.

Mangels Verbrauchereigenschaft der GbR können die Vorschriften des Verbraucherkreditgesetzes auf die Darlehensverträge, die zur Innenfinanzierung zwischen den Fondsgesellschaften und den Banken geschlossen wurden, nicht angewendet werden. Auch eine Rückabwicklung nach dem Haustürwiderrufsgesetz muß jedenfalls an der oft jahrelang vollzogenen Mitgliedschaft in der Gesellschaft scheitern. Gerade die vollzogene Gesellschaft ist der Hauptanwendungsfall der Grundsätze über den fehlerhaften Gesellschaftsbeitritt.

Im Ergebnis wird man eine Konstruktion, die es auch denjenigen Anlegern erlaubt, einen Fondsbeitritt nach ähnlichen Grundsätzen rückabzuwickeln, nicht auf geltendes Recht stützen können. Jeder Versuch, hier ein verbundenes Geschäft zwischen dem Fondsbeitritt und der Darlehensaufnahme durch die Fondsgesellschaft zu konstruieren, wirkt im Ergebnis gekünstelt.

Anhang 1: Literaturverzeichnis

AIGNER, Kathrin, Kurzkommentar zu § 3 VerbrKrG, EWiR 2006, 475 f. (Zit.: AIGNER, Kurzkommentar zu § 3 VerbrKrG).

DIES., Kurzkommentar zu § 242 BGB, EWiR 2005, 417 f. (Zit.: AIGNER, Kurzkommentar zu § 242 BGB).

ALLMENDINGER, Stefan, Kurzkommentar zu § 1 RBerG, EWiR 2005, 517 f. (Zit.: ALLMENDINGER, Kurzkommentar zu § 1 RBerG)

DERS., Kurzkommentar zu § 1 HWiG a.F., EWiR 2005, 79 f. (Zit.: ALLMENDINGER, Kurzkommentar zu § 1 HWiG a.F.)

ALTMEPPEN, Holger, Die Publikums-Fonds-Gesellschaft und das Rechtsberatungsgesetz, ZIP 2006, 1 ff.

ARMBRÜSTER, Christian, Kapitalanleger als Verbraucher? Zur Reichweite des europäischen Verbraucherschutzrechts, ZIP 2006, 406 ff. (Zit.: ARMBRÜSTER, Kapitalanleger als Verbraucher)

DERS., Die Schranken der »unbeschränkten« persönlichen Gesellschafterhaftung in der BGB-Gesellschaft, ZGR 2005, 34 ff. (Zit.: ARMBRÜSTER, Schranken der Gesellschafterhaftung)

ARTZ, Markus, Die Neuregelung des Widerrufsrechts bei Verbraucherverträgen, BKR 2002, 603 ff.

DERS. / BALZER, Peter, Verbraucherkredite, insbesondere für Immobilienanlagen; Forderungsübertragungen, insbesondere im Lichte von Bankgeheimnis und Datenschutz – Bericht über den Bankrechtstag am 1. Juli 2005 in Hamburg –, WM 2005, 1451 ff.

ASSMANN, Heinz-Dieter / SCHÜTZE, Rolf A. (Hrsg.), Handbuch des Kapitalanlagerechts, 2. Auflage (1997)
Zitierter Bearbeiter: ASSMANN, Heinz-Dieter

BARNERT, Thomas, Kurzkommentar zu § 242 BGB, EWiR 2005, 457 f.
(Zit.: BARNERT, Kurzkommentar zu § 242 BGB)

DERS., Die kreditgebende Bank in der Rechtsprechung des BGH zur Projektbeteiligungs- und Immobilienfinanzierung, WM 2004, 2002 ff.
(Zit.: BARNERT, Kreditgebende Bank)

BAUMBACH, Adolf (Begründer) / HOPT, Klaus, Handelsgesetzbuch, 31. Auflage (2003)
(Zit.: BAUMBACH/HOPT/BEARBEITER)
Zitierter Bearbeiter: HOPT, Klaus

BENEDICT, Jörg, Die Haftung des Anlagevermittlers – Von der Vertrags-, Vertrauens- und Garantiehaftung zu einer Berufshaftung?, ZIP 2005, 2129 ff.

BÖLTER, Hendrick H., Der geschlossene Immobilienfonds – Kapitalanlage, Finanzierungsinstrument und Banktyp (1986)

BROX, Hans, Allgemeiner Teil des BGB, 20. Aufl. (1996)

BUNGEROTH, Erhard, Die Rückabwicklung nach dem HWiG widerrufener Immobiliarkredite – einige Gedanken zu den Ungereimtheiten einer aktuellen Diskussion, WM 2004, 1505 ff.

CANARIS, Claus-Willhelm, Grundprobleme des Finanzierungsleasing im Lichte des Verbraucherkreditgesetzes, ZIP 1993, 401 ff.
(Zit.: CANARIS, Grundprobleme des Finanzierungsleasings)

DERS., Verfassungs- und europarechtliche Aspekte der Vertragsfreiheit in der Privatrechtsgesellschaft, in: BADURA, Peter / SCHOLZ, Rupert (Hrsg.), Wege und

	Verfahren des Verfassungslebens, Festschrift für Peter LERCHE (1993) (Zit.: CANARIS, FS LERCHE)
DERS.,	Verstöße gegen das verfassungsrechtliche Übermaßverbot im Recht der Geschäftsfähigkeit und im Schadensersatzrecht, JZ 1987, 993 ff. (Zit.: CANARIS, Verstöße gegen das Übermaßverbot)
DERS.,	Schranken der Privatautonomie zum Schutze des Kreditnehmers, ZIP 1980, 709 ff. (Zit.: CANARIS, Schranken der Privatautonomie)
CARTANO, Klaus / EDELMANN, Hervé,	Verjährung der Rückabwicklungsansprüche bei Darlehensverträgen nach Widerruf gemäß dem Haustürwiderrufsgesetz, WM 2004, 775 ff.
DAUNER-LIEB, Barbara / HEIDEL, Thomas / LEPA, Manfred / RING, Gerhard,	Das neue Schuldrecht (2002), (Zit.: DAUNER-LIEB/HEIDEL/LEPA/RING/BEARBEITER) Zitierter Bearbeiter: RING, Gerhard
DERLEDER, Peter,	Kurzkommentar zu Art. 1 RL 85/577/EWG, 02/05, EWiR 2005, 837 f. (Zit.: DERLEDER, Kurzkommentar zu Art. 1 RL 85/577/EWG, 02/05)
Ders.,	Kurzkommentar zu Art. 1 RL 85/577/EWG, 01/05, EWiR 2005, 835 f. (Zit.: DERLEDER, Kurzkommentar zu Art. 1 RL 85/577/EWG, 01/05)
DERS.,	Kurzkommentar zu § 9 VerbrKrG, EWiR 2004, 1109 f. (Zit.: DERLEDER, Kurzkommentar zu § 9 VerbrKrG)
DERS.,	Bankschaden und Bankrecht, NJW 2003, 2064 ff. (Zit.: DERLEDER, Bankschaden)

DOEHNER, Rupert / HOFFMANN, Jochen, Kreditfinanzierter Fondsbeitritt und Anlegerschutz, ZIP 2004, 1884 ff.

EDELMANN, Hervé, BB-Kommentar, BGH, Urteil vom 14. Juni 2004 – II ZR 395/01, BB 2004, 1648 ff.
(Zit.: EDELMANN, Kommentar II ZR 395/01)

DERS., Das Rechtsberatungsgesetz und der (mißverstandene) Verbraucherschutz bei den Treuhandimmobilienfällen, BKR 2004, 337 ff.
(Zit.: EDELMANN, Rechtsberatungsgesetz)

DERS., Zur Rückabwicklung kreditfinanzierter Immobiliengeschäfte im Lichte des Vorlagebeschlusses des Landgerichts Bochum, BKR 2004, 172 ff.
(Zit.: EDELMANN, Rückabwicklung)

DERS., Zur Rückzahlungspflicht des Darlehensnehmers trotz Widerruf des Darlehens bei Fondsbeteiligungen, BKR 2002, 801 ff.
(Zit.: EDELMANN, Rückzahlungspflicht)

DERS., BB-Kommentar, BGH, Urteil vom 27. Juni 2000 – XI ZR 174/99, BB 2000, 1855 f.
(Zit.: EDELMANN, Kommentar XI ZR 174/99)

DERS., BB-Kommentar, LG Mannheim, Urteil vom 29. Juli 1999 – 3 O 37/99, BB 1999, 2050 ff.
(Zit.: EDELMANN, Kommentar 3 O 37/99)

DERS., BB-Kommentar, BGH, Urteil vom 4. Mai 1999 – XI ZR 137/98, BB 1999, 1455 f.
(Zit.: EDELMANN, Kommentar XI ZR 137/98)

DERS. / HERTEL, Christian, Grenzen des Verbraucherschutzes und die Haftung der Banken bei Immobilienfinanzierung?, DStR 2000, 331 ff.

EMMERICH, Volker, Bürgerliches Recht – Anlegerschutz, JuS 2004, 917 ff.

ESCHE, Thomas, Der Kapitalanlegerschutz bei steuerorientierten Immobilien – Anlagegesellschaften in den USA, Frankreich und in der Bundesrepublik Deutschland (Diss. Hamburg, 1986)

FISCHER, Nikolaj, Ende der Rechtsprechungsdivergenz? - Entwicklung der jüngsten BGH-Judikatur zur Rückabwicklung von „Schrottimmobilien"-Geschäften, DB 2006, 1415 ff. (Zit.: FISCHER, Ende der Rechtsprechungsdivergenz)

DERS., Warnschuß aus Brüssel – Immobilienkredite und der Bundesgerichtshof, NJW 2004, Heft 11, III (Zit.: FISCHER, Warnschuß)

DERS., Rückabwicklung kreditfinanzierter Fondsbeteiligungen: Rückzahlungspflicht des Anlegers gegenüber der Bank?, DB 2004, 1651 f. (Zit.: FISCHER, Rückabwicklung)

FLUME, Werner, Rechtsgeschäft und Privatautonomie, in CAEMMERER, Ernst / FRIESENHAHN, Ernst / LANGE, Richard (Hrsg.), Festschrift zum hundertjährigen Bestehen des Deutschen Juristentages 1860-1960 (1960) (Zit.: FLUME, FS DJT)

FRINGS, Michael, Kreditfinanzierte Immobiliengeschäfte im Strukturvertrieb, BB 2004, 2257 f.

FRISCH, Stefan, Kurzkommentar zu § 167 BGB, EWiR 2006, 39 f. (Zit.: FRISCH, Kurzkommentar zu § 167 BGB)

DERS., Kurzkommentar zu Art. 3 RL 85/577/EWG, EWiR 2005, 131 f. (Zit.: FRISCH, Kurzkommentar zu Art. 3 RL 85/577/EWG)

DERS., Kurzkommentar zu § 1 HWiG a.F., EWiR 2004, 857 f. (Zit.: FRISCH, Kurzkommentar zu § 1 HWiG)

DERS., Zur aktuellen Rechtsprechung zu kreditfinanzierten Steuersparmodellen, ZGS 2003, 333 ff.
(Zit.: FRISCH, Zur aktuellen Rechtsprechung)

GAST, Gerald, Die Problematik der Fremdfinanzierung von Anteilen an geschlossenen Immobilienfonds (1997)

GEIBEL, Stefan J., Die Lehre von der fehlerhaften Gesellschaft als Beschränkung von Schadensersatzansprüchen?, BB 2005, 1009 ff.

GRIGOLEIT, Hans Christoph, Besondere Vertriebsformen im BGB, NJW 2002, 1151 ff.

GRUNSKY, Wolfgang, Vertragsfreiheit und Kräftegleichgewicht: Vortrag, gehalten vor der Juristischen Gesellschaft zu Berlin am 25. Januar 1995 (1995)

HABERSACK, Mathias, Verbraucherkredit- und Haustürgeschäfte nach der Schuldrechtsmodernisierung, in: BKR 2001, 72 ff.
(Zit.: HABERSACK, Verbraucherkredit- und Haustürgeschäfte)

DERS., Haustürgeschäfterichtlinie und Realkreditverträge, WM 2000, 981 ff.
(Zit.: HABERSACK, Haustürgeschäfterichtlinie)

DERS., Verbundene Geschäfte nach § 9 Verbraucherkreditgesetz – eine Zwischenbilanz, DStR 1994, 1853 ff.
(Zit.: HABERSACK, Verbundene Geschäfte)

DERS., Drittfinanzierter Immobilien- und Beteiligungserwerb unter Geltung des § 9 VerbrKrG, ZHR 156 (1992), 45 ff.
(Zit.: HABERSACK, Drittfinanzierter Immobilien- und Beteiligungserwerb)

DERS., Das neue Verbraucherkreditgesetz, WM 1991, 1449 ff.
(Zit.: HABERSACK, Das neue VerbrKrG)

DERS. / MAYER, Christian, | Der Widerruf von Haustürgeschäften nach der „Heininger"-Entscheidung des EuGH, WM 2002, 253 ff.
(Zit.: HABERSACK/MAYER, Widerruf von Haustürgeschäften)

DIES., | Die überschießende Umsetzung von Richtlinien – Normauslegung und Rechtsweg im Grenzbereich zwischen deutschem und europäischem Privatrecht, JZ 1999, 913 ff.
(Zit.: HABERSACK/MAYER, Überschießende Umsetzung)

HADDING, Walther / HOPT, Klaus J. (Hrsg.), | Das neue Verbraucherkreditgesetz (1991)
Zitierter Bearbeiter: EMMERICH, Volker

HADDING, Walther / NOBBE, GERD (Hrsg.), | Bankrecht 2000 (2000)
Zitierter Bearbeiter: HABERSACK, Mathias

HÄUBLEIN, Martin, | Rechtsfolgen unterlassener Belehrung über das Verbraucherwiderrufsrecht nach den Urteilen des EuGH vom 25.10.2005, NJW 2006, 1553 ff.
(Zit.: HÄUBLEIN, Rechtsfolgen unterlassener Belehrung)

DERS., | Kurzkommentar zu § 4 VerbrKrG, EWiR 2006, 477 f.
(Zit.: HÄUBLEIN, Kurzkommentar zu § 4 VerbrKrG)

DERS., | Kurzkommentar zu § 1 HWiG, EWiR 2006, 243 f.
(Zit.: HÄUBLEIN, Kurzkommentar zu § 1 HWiG)

DERS., | Kurzkommentar zu § 1 HWiG a.F., EWiR 2005, 395 f.
(Zit.: HÄUBLEIN, Kurzkommentar zu § 1 HWiG)

DERS., | Kurzkommentar zu § 9 VerbrKrG, EWiR 2004, 941 f.
(Zit.: Häublein, Kurzkommentar zu § 9 VerbrKrG)

HAUCH-FLECK, Marie-Luise, Wenn die Bank verliert – Ein überraschendes Gerichtsurteil hilft geprellten Immobilienfonds-Anlegern, Die Zeit, Nr. 27 vom 24.06.2004, o.S.

HEINRICH, Martin, Grundlagen und aktuelle Tendenzen des deutschen Schuldrechts (2003), www.Schuldrechtsmodernisierung.com, zuletzt abgerufen am 12.07.2005.

HERTEL, Christian, Kurzkommentar zu § 1 HWiG, EWiR 1999, 565 f.

HOCHLEITNER, Wolf-Dieter / WOLF, Manfred / GROßERICHTER, Helge, Teleologische Reduktion auf Null? – Zur Unzulässigkeit einer richtlinienkonformen „Auslegung“ des § 5 Abs. 2 HWiG in der Folge der „Heininger“-Entscheidung des EuGH –, WM 2002, 529 ff.

HOFFMANN, Jochen, Die EuGH-Entscheidungen „Schulte“ und „Crailsheimer Volksbank“: Ein Meilenstein für den Verbraucherschutz beim kreditfinanzierten Immobilienerwerb?, ZIP 2005, 1985 ff.

HOFMANN, Christian, Aufklärungspflichten des Kreditinstituts beim vollfinanzierten Immobilienerwerb durch mittellose Kleinverdiener („Schrottimmobilienfälle“), ZIP 2005, 688 ff.

HOMMELHOFF, Peter, Verbraucherschutz im System des deutschen und europäischen Privatrechts (1995)

HOPPE, Tilman, Kurzkommentar zu § 1 HWiG, EWiR 2006, 241 f.

HORN, Norbert / BALZER, Peter, Zur Anwendbarkeit des Verbraucherkreditgesetzes auf Kreditvollmachten im Rahmen des Anlegerschutzrechts, WM 2000, 333 ff.

JOSWIG, Dietrich, Kurzkommentar zu § 9 VerbrKrG, EWiR 2005, 585 f.

KIETHE, Kurt, Anlegerschädigung bei kreditfinanziertem Beitritt zu Immobilienfonds, DStR 2005, 1904 ff.

KING, Rudolf C., Real Estate Investment Trusts, offene und geschlossene deutsche Immobilienfonds (Diss. München, 1999)

KINDLER, Peter / LIBBERTZ, Simone, Kurzkommentar zu § 3 VerbrKrG, EWiR 2006, 351 f.

KISSLER, Andreas, Bundesrat beschließt Anlegerschutz-Gesetz, http://www.czerwensky.de/czerwensky/news, zuletzt abgerufen am 10. August 2005

KLEINE-COSACK, Michael, Rechtsberatungsgesetz und Treuhandauftrag – Fragwürdige Rechtsprechung zu Bauherrenmodellen, BB 2003, 1737 ff.
(Zit.: KLEINE-COSACK, Rechtsberatungsgesetz und Treuhandauftrag)

DERS., Restriktive Auslegung des Rechtsberatungsgesetzes – Abwägungsgebot als oberstes Auslegungsprinzip, NJW 2003, 3009 ff.
(Zit.: KLEINE-COSACK, Restriktive Auslegung)

DERS. / KLEINE-COSACK, Hiddemann Bahnemann, Kurzkommentar zu Art. 1 § 1 RBerG, EWiR 2005, 515 f.
(Zit.: KLEINE-COSACK/KLEINE-COSACK, Kurzkommentar zu Art. 1 § 1 RBerG)

KNOTT, Ursula, Die Rückabwicklung von Realkreditverträgen bei Widerruf nach dem Haustürwiderrufsgesetz, WM 2003, 49 ff.

KOCH, Robert, Immobilienvertrieb und –finanzierung nach „Heininger“ – Update der Schuldrechtsmodernisierung – auch für Makler, NZM 2002, 801 ff.

KOLLER, Ingo, Kurzkommentar zu § 9 VerbrKrG, EWiR 2004, 827 f.

KONZEN, Horst, Verbraucherschutz und Anlegerrisiko beim kreditfinanzierten Fondsbeitritt, in BIELEFELD, Thomas / MARLOW, Sven (Hrsg.), Ein Leben mit der Versicherungswissenschaft, Festschrift für Helmut SCHIRMER (2005)
(Zit.: KONZEN, FS SCHIRMER)

KROHN Angelika / SCHÄFER, Carsten, Haustürwiderrufsgesetz und der Beitritt zur Genossenschaft – Vorrang des Verbraucherschutzes gegenüber der Lehre vom fehlerhaften Beitritt? – WM 2000, 112 ff.

LANGE, Knut Werner, Kurzkommentar zu § 9 VerbrKrG, EWiR 2004, 1057 f.

LARENZ, Karl, Lehrbuch des Schuldrechts, Erster Band – Allgemeiner Teil, 14. Aufl. (1987)

LAUER, Jörg, Grundlagen für die anwaltliche Beratung bei geschlossenen Immobilienfonds, ZAP 1999, 313 ff.

LIEB, Manfred, Verbraucherkreditgesetz und Finanzierungsleasing, WM 1991, 1533 ff.

LINDNER, Richard, Anmerkung zum Urteil des BGH vom 12.11.2002 – XI ZR 47/01 (OLG Karlsruhe), ZIP 2003, 67 ff.

LOUVEN, Christoph, BB-Kommentar, BGH, Urteil vom 2. Juli 2001 – II ZR 304/00, BB 2001, 1806 ff.

LWOWSKI, Hans-Jürgen / WUNDERLICH, Nils-Christian, Ausgewählte Rechtsfragen bei Immobilienfinanzierungen, Teil I, ZInsO 2005, 5 ff.
(Zit.: LWOWSKI/WUNDERLICH, Rechtsfragen Teil I)

DIES., Ausgewählte Rechtsfragen bei Immobilienfinanzierungen (Teil II), ZInsO 2005, 57 ff.
(Zit.: LWOWSKI/WUNDERLICH, Rechtsfragen Teil II)

MADAUS, Stephan,	Kurzkommentar zu § 812 BGB, EWiR 2006, 519 f.
MEDICUS, Dieter,	Kurzkommentar zu § 6 VerbrKrG, EWiR 2006, 445 f. (Zit.: MEDICUS, Kurzkommentar zu § 6 VerbrKrG)
DERS.,	Kurzkommentar zu § 6 VerbrKrG, EWiR 2006, 283 f. (Zit.: MEDICUS, Kurzkommentar zu § 6 VerbrKrG)
DERS.,	Abschied von der Privatautonomie im Schuldrecht?: Erscheinungsformen, Gefahren, Abhilfen; [erweiterte und aktualisierte Fassung eines Vortrags vor der Juristischen Gesellschaft Köln am 25. Januar 1993] (1994) (Zit.: MEDICUS, Abschied von der Privatautonomie)
DERS.,	Kurzkommentar zu § 5 HWiG, EWiR 2005, 893 f. (Zit.: MEDICUS, Kurzkommentar zu § 5 HWiG)
DERS.,	Kurzkommentar zu § 3 VerbrKrG, EWiR 2005, 231 f. (Zit.: MEDICUS, Kurzkommentar zu § 3 VerbrKrG)
DERS.,	Kurzkommentar zu § 195 BGB, EWiR 2001, 797 f. (Zit.: MEDICUS, Kurzkommentar zu § 195 BGB)
DERS.,	Schutzbedürfnisse (insbesondere der Verbraucherschutz) und das Privatrecht, JuS 1996, 761 ff. (Zit.: MEDICUS, Schutzbedürfnisse)
MERZ, Hans,	Privatautonomie heute – Grundsatz und Rechtswirklichkeit: Vortrag, gehalten vor der Juristischen Studiengesellschaft in Karlsruhe am 20. April 1970 (1970)
MORITZ, Hans / GRIMM, Paul,	Die künftige Prospektpflicht für geschlossene Fonds, BB 2004, 1801 f.
MÜNCHENER HANDBUCH DES GESELLSCHAFTSRECHTS,	Band 1 – BGB-Gesellschaft, Offene Handelsgesellschaft, Partnerschaftsgesellschaft, Partnerreederei, EWIV, 2. Auflage (2004) Herausgeber: GUMMERT,

Hans
(Zit.: MÜNCHENER HANDBUCH/BEARBEITER)
Zitierte Bearbeiter: BÄLZ, Ulrich / INHESTER, Michael

MÜNCHENER KOMMENTAR ZUM BÜRGERLICHEN GESETZBUCH in 11/12 Bänden,
Herausgeber: REBMANN, Kurt / RIXECKER, Roland / SÄCKER, Franz Jürgen
(Zit.: MÜNCHKOMM/BEARBEITER)

Band 2a, Schuldrecht Allgemeiner Teil, §§ 241 – 432, 4. Auflage 2003
Zitierte Bearbeiter: EMMERICH, Volker / ULMER, Peter

Band 3, Schuldrecht Besonderer Teil I, §§ 433 – 606, VerbrKrG, HausTWG, MHG, 3. Auflage 1995
Zitierte Bearbeiter: HABERSACK, Mathias / ULMER, Peter

Band 5, Schuldrecht Besonderer Teil III, §§ 705-853 Partnerschaftsgesellschaftsgesetz, Produkthaftungsgesetz, 4. Auflage 2003
Zitierter Bearbeiter: ULMER, Peter

MUES, Jochen, Kurzkommentar zu § 172 BGB, EWiR 2005, 61 f.

OECHSLER, Jürgen, Schadensersatzanspruch des Immobilienanlegers wegen „institutionalisierten Zusammenwirkens“ von Bank und Verkäufer beim Vertrieb, NJW 2006, 2451 ff.

ÖCHSNER, Thomas, Ohrfeige für den Bundesgerichtshof, Süddeutsche Zeitung, Nr. 247 vom 26.10.2005, 19

OPITZ, Gerhard, Geschlossene Immobilienfonds: Wirtschaftliche, rechtliche und steuerliche Konzeptionen (1998)

PALANDT, Otto (Begründer), Bürgerliches Gesetzbuch, 57. Auflage (1998); (Zit.: PALANDT/BEARBEITER, 57. Aufl.) Zitierter Bearbeiter: PUTZO, Hans

DERS., Bürgerliches Gesetzbuch, 62. Auflage (2003); (Zit.: PALANDT/BEARBEITER, 62. Aufl.) Zitierter Bearbeiter: HEINRICHS, Helmut

DERS., Bürgerliches Gesetzbuch, 64. Auflage (2005); (Zit.: PALANDT/BEARBEITER, 64. Aufl.) Zitierte Bearbeiter: BASSENGE, Peter / HEINRICHS, Helmut / PUTZO, Hans / SPRAU, Hartwig

PFEIFFER, Thomas, Kurzkommentar zu § 358 BGB, EWiR 2005, 159 f.

REICHE, Lutz, Geprellte Anleger hoffen noch, www.manager-magazin.de/geld/artikel, zuletzt abgerufen am 30.09.2004

REINICKE, Dietrich / TIEDTKE, Klaus, Zweifelsfragen bei der Anwendung des Verbraucherkreditgesetzes, ZIP 1992, 217 ff.

REUTER, Dieter, Anleger- und Kreditgeberrisiko beim finanzierten Erwerb von Beteiligungen an geschlossenen Immobilienfonds, in Festschrift für Horst KONZEN (2006) (Zit.: REUTER, FS KONZEN)

RÖRIG, Ursula, Anmerkung zum Urteil des BGH vom 12.11.2002 – XI ZR 3/01 (OLG München), ZIP 2003, 26 ff.

RÖSLER, Patrick, Formbedürftigkeit der Vollmacht – Eine Darstellung nach Fallgruppen, NJW 1999, 1150 ff.

SAUER, Stefan, BB-Kommentar, BGH, Urteil vom 10. September 2002 – XI ZR 151/99, BB 2003, 213

DERS. / WITTEMANN, Frank, — Das Rechtsberatungsgesetz und die Wirksamkeit von Geschäftsbesorgungsverträgen – Vorgaben des Verfassungsrechts –, BKR 2003, 656 ff.

SCHÄFER, Carsten, — Anlegerschutz durch Rückforderungsdurchgriff beim finanzierten Fondsbeitritt – eine Zwischenbilanz, BKR 2005, 98 ff.
(Zit.: SCHÄFER, Anlegerschutz)

DERS., — Anmerkung zu BGH, Urteil vom 21.07.2003 – II ZR 287/02, JZ 2004, 258 ff.
(Zit.: SCHÄFER, Anmerkung zu BGH)

DERS., — Revolutionäres aus Karlsruhe zum finanzierten Fondsbeitritt – Einwendungs- und Rückforderungsdurchgriff des Immobilienanlegers, DStR 2004, 1611 ff.
(Zit.: SCHÄFER, Revolutionäres aus Karlsruhe)

SCHLACHTER, Monika, — RIW-Kommentar, BGH, Urteil vom 14. Juni 2004 – II ZR 395/01, RIW 2004, 708 f.
(Zit.: SCHLACHTER, Kommentar II ZR 395/01)

DIES., — Verbraucherschutz gegen Strukturvertriebsmodelle: Gemeinschaftsrechtliche Anforderungen an ein effektives Widerrufsrecht, RIW 2004, 655 ff.
(Zit.: SCHLACHTER, Verbraucherschutz)

SCHMIDT-KESSEL, Martin, — Heininger und kein Ende, ZGS 2003, 321
(Zit.: SCHMIDT-KESSEL, Heininger)

DERS., — Die gesetzliche Ausweitung der Widerrufsrechte nach Heininger. ZGS 2002, 311 ff.
(Zit.: SCHMIDT-KESSEL, Ausweitung)

SCHMIDT-RIMPLER, Walter, — Zum Vertragsproblem, in BAUR, Fritz / ESSER, Josef / KÜBLER, Friedrich / STEINDORFF, Ernst (Hrsg.), Funktionswandel der Privatrechtsinstitutionen, Festschrift für Ludwig Raiser zum 70. Geburtstag (1974) (Zit.: SCHMIDT-RIMPLER, FS RAISER)

DERS., Grundfragen einer Erneuerung des Vertragsrechts, AcP 147 (1941), 130 ff.
(Zit.: SCHMIDT-RIMPLER, Grundfragen)

SCHOLZ, Franz Josef, Verbraucherkreditverträge, 2. Auflage (1992)

SCHULTE-NÖLKE, Hans, EuGH-Generalanwalt: Schlußanträge zum Vorabentscheidungsersuchen des Hanseatischen OLG Bremen (Boarding House), ZGS 2005, 247
(Zit.: SCHULTE-NÖLKE, EuGH-Generalanwalt: Schlußanträge)

DERS., Widerrufsfrist bei einem in einer Haustürsituation erfolgten Fondsbeitritt ohne Widerrufsbelehrung, ZGS 2005, 6
(Zit.: SCHULTE-NÖLKE, Widerrufsfrist)

DERS., Warten auf den EuGH als letzte Hoffnung für Käufer von Schrottimmobilien, ZGS 2004, 81
(Zit.: SCHULTE-NÖLKE, Warten auf den EuGH)

DERS., Rechtsprechung aktuell: Rückabwicklung einer kreditfinanzierten Beteiligung an einem geschlossenen Immobilienfonds, ZGS 2003, 323
(Zit.: SCHULTE-NÖLKE, Rückabwicklung Immobilienfonds)

DERS. / HAWXWELL, Anne, Zur Verjährung von vor der Schuldrechtsreform entstandenen Ansprüchen, NJW 2005, 2117 ff.

SCHWAB, Martin, Einwendungsdurchgriff bei kreditfinanziertem Erwerb einer Gesellschaftsbeteiligung, ZGR 2004, 861 ff.

SOERGEL, Hans Theodor (Begründer), Bürgerliches Gesetzbuch mit Einführungsgesetz und Nebengesetzen, 12. Auflage (1990)
(Zit.: SOERGEL/Bearbeiter)

Band 2 – Schuldrecht I (§§ 241 – 432)
Zitierter Bearbeiter: WIEDEMANN, Herbert

SPICKHOFF, Andreas / PETERSHAGEN, Jörg, Bankenhaftung bei fehlgeschlagenen Immobilienerwerber-Treuhandmodellen, BB 1999, 165 ff.

STAUDINGER, Ansgar, Die Zukunft der „Schrottimmobilien" nach den EuGH-Entscheidungen vom 25.10.2005, NJW 2005, 3521 ff.
(Zit.: STAUDINGER Ansgar, Zukunft der Schrottimmobilien)

DERS., Kopernikanische Wende beim kreditfinanzierten Anteilserwerb an geschlossenen Immobilienfonds, ZGS 2004, 241
(Zit.: STAUDINGER Ansgar, Kopernikanische Wende)

DERS., Anmerkung zu LG Bochum, Beschl. v. 29. 7. 2003 – 1 O 795/02, GPR 2003, 21 ff.
(Zit.: STAUDINGER Ansgar, Anmerkung zu LG Bochum)

DERS., Drum prüfe, wer sich ewig an Immobilien bindet – BGH NJW 2002, 1881, JuS 2002, 953 ff.
(Zit.: STAUDINGER Ansgar, Drum prüfe, wer sich ewig an Immobilien bindet)

DERS., Der „Rückforderungsdurchgriff" bei drittfinanzierten Time-Sharing-Verträgen, NZM 2000, 689 ff.
(Zit.: STAUDINGER Ansgar, Rückforderungsdurchgriff)

STAUDINGER, Julius (Begründer), Kommentar zum Bürgerlichen Gesetzbuch mit Einführungsgesetz und Nebengesetzen in ca. 81 Bänden
(Zit.: STAUDINGER/BEARBEITER)

Buch I: Allgemeiner Teil des BGB, §§ 90 - 133; §§ 1 - 54, 63 Beurkundungsgesetz, 13. Bearb. 2003
Zitierte Bearbeiter: FINCKENSTEIN, Barbara / SINGER, Reinhard

Buch II: Recht der Schuldverhältnisse, §§ 241 – 243 (Einleitung zum Schuldrecht, Treu und Glauben), 13. Bearb. 2005
Zitierter Bearbeiter: LOOSCHELDERS, Dirk

Buch II: Recht der Schuldverhältnisse, §§ 705 – 740 (Gesellschaftsrecht), 13. Bearb. 2003
Zitierter Bearbeiter: HABERMEIER, Stefan

Verbraucherkreditgesetz, Haustürwiderrufsgesetz; § 13a UWG; Teilzeit-Wohnrechtegesetz, 13. Bearb. 2001
Zitierte Bearbeiterin: KESSAL-WULF, Sibylle

STEINBEIS, Maximilian, Geprellte Immobilienkäufer gehen leer aus, Handelsblatt, o.Nr. vom 29.09.2004, o.S.

STICKELBROCK, Barbara, Widerruf des Realkreditvertrages nach dem HWiG – Chancen und Risiken, ZGS 2002, 225 ff.

STROHN, Lutz, Anlegerschutz bei geschlossenen Immobilienfonds nach der Rechtsprechung des Bundesgerichtshofs, WM 2005, 1441 ff.

STÜSSER, Jörg, Bankenhaftung bei gescheiterten Immobilien-Treuhandmodellen, NJW 1999, 1586 ff.

TONNER, Klaus, Probleme des novellierten Widerrufsrechts: Nachbelehrung, verbundene Geschäfte, Übergangsvorschriften, BKR 2002, 856 ff.

ULMER, Peter, Zur Anlegerhaftung in geschlossenen (Alt-) Immobilienfonds, ZIP 2005, 1341 ff.
(Zit.: ULMER, Anlegerhaftung)

DERS., Anmerkung zum Urteil des BGH vom 09.04.2002 – XI ZR 91/99 (OLG München), ZIP 2002, 1080 ff.
(Zit.: ULMER, Anmerkung zu BGH)

VOGEL, Christian, Rechtsprechung aktuell: Rechte der Kreditnehmer gegenüber der Bank bei kreditfinanziertem Erwerb von Anteilen an einem geschlossenen Immobilienfonds, ZGS 2004, 243 f.

VOLLKOMMER, Max, Zum Rückforderungsdurchgriff beim verbundenen Geschäft, in GERHARD, Walter / HENCKEL, Wolfram /

	KILGER, Joachim / KREFT, Gerhart (Hrsg.), Festschrift für Franz Merz zum 65. Geburtstag am 3. Februar 1992 (1992) (Zit.: VOLLKOMMER, FS Merz)
VORDEMANN, Christian,	Schrottimmobilien: Frist läuft ab, Münchener Merkur, Nr. 287 vom 10.12.2004, 21
WAGNER, Gerhard,	Grundbuchfähigkeit der Gesellschaft bürgerlichen Rechts, ZIP 2005, 637 ff. (Zit.: WAGNER Gerhard)
WAGNER, Klaus-R.,	Freier Kapitalanlagemarkt: bewußte und eigenverantwortliche Entscheidung von Anlegern – Aus Anlaß des BGH-Urteils vom 26.10.2004, DStR 2005, 1449 ff. (Zit.: WAGNER Klaus-R., Freier Kapitalanlagemarkt)
DERS.,	Ausstieg aus fremdfinanzierten geschlossenen Immobilienfonds per HWiG, VerbrKrG, Anlageberatungshaftung und Prospekthaftung, NZG 2000, 169 ff. (Zit.: WAGNER Klaus-R., Ausstieg)
WALLNER, Franz X.,	Die Rückabwicklung von kreditfinanzierten Immobilienfondsanlagen, BKR 2003, 92 ff.
WEBER, Frank,	Keine Kenntnis des Mangels der Vertretungsmacht, BTR 2005, 37 (Zit.: WEBER Frank)
WEBER, Ralph / MADAUS, Stephan,	Kurzkommentar zu § 171 BGB, EWiR 2005, 531 f. (Zit.: WEBER/MADAUS)
WESTERMANN, Harm-Peter,	Sonderprivatrechtliche Sozialmodelle und das allgemeine Zivilrecht, AcP 178 (1978), 150 ff.
WESTPHALEN, Friedrich Graf von,	Im Klammergriff, ZGS 2003, 121 (Zit.: WESTPHALEN, Im Klammergriff)

DERS., Verbraucherkreditgesetz, 2. Auflage (1996)
Zitierter Bearbeiter: EMMERICH, Volker
(Zit.: WESTPHALEN/EMMERICH)

WIEACKER, Franz, Privatrechtsgeschichte der Neuzeit: unter besonderer Berücksichtigung der deutschen Entwicklung, 2. Auflage (1967)

WIEDENMANN, Kai-Udo, Verbraucherleitbilder und Verbraucherbegriff im deutschen und europäischen Privatrecht (2003)

WOLF, Manfred, Nicht „nur", sondern „auch", aber auch das „nicht immer" – Die „richtlinienkonforme Auslegung" des § 5 Abs. 2 HWiG durch den BGH, BKR 2002, 614 ff.

DERS. / GROßERICHTER, Helge, Ergebnis als Methode in der Bankenhaftung? – Zur Entscheidungsserie des II. Zivilsenats des BGH vom 14.6.04 und ihren Folgen für das finanzierte Anlagegeschäft, WM 2004, 1993 ff.
(Zit.: WOLF/GROßERICHTER, Ergebnis als Methode)

DIES., Zu rückwirkenden Umgestaltungen des Verbraucherkreditgesetzes und neuen Ungereimtheiten in der jüngsten Rechtsprechung des II. Zivilsenats des BGH, ZIP 2005, 2091 ff.
(Zit.: WOLF/GROßERICHTER, Zu rückwirkenden Umgestaltungen des VerbrKrG)

Anhang 2: Rechtsprechungs- und Fundstellenverzeichnis

Europarecht – die wichtigsten Quellen

Organ	Datum	Aktenzeichen	Fundstelle
EuGH	25.10.2005 [Schulte]	C-350/03	ZIP 2005, 1959 ff. NJW 2005, 3551 ff.
EuGH	25.10.2005 [Crailsheimer Volksbank]	C-229/04	ZIP 2005, 1965 f.
EuGH GA Generalanwalt Philippe Léger Schlußanträge	02.06.2005	C-229/04	ZIP 2005, 1026 ff.
EuGH GA Generalanwalt Philippe Léger Schlußanträge	28.09.2004	C-350/03	ZIP 2004, 1946 ff.
Bundesregierung Stellungnahme		C-350/03	ZBB 2004, 161 ff. ZfIR 2004, 354 ff.
Europäische Kommission Stellungnahme		C-350/03	ZGS 2004, 98 ff.
EuGH	13.12.2001 [Heininger]	C-481/99	BB 2002, 9 ff.
EuGH	22.04.1999 [Travel Vac]	C-423/97	Slg. 1999, I-2195
EuGH	14.07.1994 [Paola Faccini Dori / Recreb Srl]	C-91/92	NJW 1994, 2473 f.

Nationale Rechtsprechung

Gericht	**Datum**	**Aktenzeichen**	**Fundstelle**
BVerfG	19.10.1993	1 BvR 567/89	ZIP 1993, 1775 ff.
BGH	27.06.2006	II ZR 218/04	ZIP 2006, 1388 ff.
BGH	16.05.2006	XI ZR 6/04	NJW 2006, 2099 ff.
BGH	09.05.2006	XI ZR 119/05	ZIP 2006, 1238 ff.
BGH	25.04.2006	XI ZR 219/04	ZIP 2006, 1088 ff. NJW 2006, 1957 ff.
BGH	25.04.2006	XI ZR 193/04	NJW 2006, 1788 ff. ZIP 2006, 940 ff.
BGH	25.04.2006	XI ZR 106/05	ZIP 2006, 1084 ff. NJW 2006, 1955 ff.
BGH	25.04.2006	XI ZR 29/05	NJW 2006, 1952 ff. ZIP 2006, 987 ff.
BGH	28.03.2006	XI ZR 239/04	ZIP 2006, 843 ff.
BGH	21.03.2006	XI ZR 204/03	ZIP 2006, 846 ff.
BGH	13.03.2006	XI ZR 432/04	ZIP 2006, 1626 ff.
BGH	14.02.2006	XI ZR 255/04	ZIP 2006, 652 ff. NJW 2006, 1340 f.
BGH	06.02.2006	II ZR 329/04	ZIP 2006, 893 ff.
BGH	12.12.2005	II ZR 327/04	ZIP 2006, 221 ff. NJW 2006, 497 f.
BGH	12.12.2005	II ZR 283/03	NJW 2006, 765 f.

BGH	06.12.2005	XI ZR 139/05	ZIP 2006, 224 ff. NJW 2006, 681 ff. BB 2006, 682 ff. WM 2006, 217 ff.
BGH	25.10.2005	XI ZR 402/03	ZIP 2006, 121 ff.
BGH	28.07.2005	III ZR 290/04	ZIP 2005, 1599 ff.
BGH	21.06.2005	XI ZR 88/04	ZIP 2005, 1357 ff. NJW 2005, 2985 ff.
BGH	30.05.2005	II ZR 319/04	ZIP 2005, 1314 ff.
BGH	21.03.2005	II ZR 310/03	NJW 2005, 1784 ff.
BGH	21.03.2005	II ZR 411/02	ZIP 2005, 750 ff.
BGH	15.03.2005	XI ZR 135/04	ZIP 2005, 846 ff.
BGH	22.02.2005	XI ZR 41/04	NJW 2005, 1488 ff. WM 2005, 786 ff. ZIP 2005, 896 ff. DB 2005, 1104 ff.
BGH	15.02.2005	XI ZR 396/03	ZIP 2005, 1361 ff. BB 2005, 1701 ff.
BGH	31.01.2005	II ZR 200/03	ZIP 2005, 565 ff.
BGH	11.01.2005	XI ZR 272/03	ZIP 2005, 521 ff. NJW 2005, 1190 ff.
BGH	14.12.2004	XI ZR 142/03	http://www.bundes gerichtshof.de zuletzt abgerufen am 03.05.2005
BGH	06.12.2004	II ZR 394/02	ZIP 2005, 567 ff:

BGH	29.11.2004	II ZR 6/03	BB 2005, 348 ff.
BGH	15.11.2004	II ZR 410/02	VuR 2005, 47 f.
BGH	15.11.2004	II ZR 344/03	http://www.bundes gerichtshof.de, zuletzt abgerufen am 01.03.2005
BGH	15.11.2004	II ZR 375/02	BB 2005, 178 ff. ZIP 2005, 67 ff.
BGH	09.11.2004	XI ZR 315/03	NJW 2005, 668 ff. ZIP 2005, 110 ff.
BGH	26.10.2004	XI ZR 255/03	ZIP 2005, 69 ff.
BGH	25.10.2004	II ZR 373/01	BKR 2005, 73 ff.
BGH	25.10.2004	II ZR 397/02	http://www.bundes gerichtshof.de, zuletzt abgerufen am 28.02.2005
BGH	18.10.2004	II ZR 352/02	BB 2004, 2711 ff. ZIP 2004, 2319 ff. DStR 2004, 2159 ff.
BGH	08.10.2004	V ZR 18/04	BTR 2005, 36 ZIP 2005, 259 ZfIR 2005, 51 DNotZ 2005, 201 MDR 2005, 259 NJW 2005, 820 NZM 2005, 232 WM 2004, 2349 ZNotP 2005, 61
BGH	27.09.2004	II ZR 390/02	http://www.bundes gerichtshof.de,

			zuletzt abgerufen am 27.02.2005
BGH	27.09.2004	II ZR 391/02	http://www.bundes gerichtshof.de, zuletzt abgerufen am 27.02.2005
BGH	27.09.2004	II ZR 320/03	IBR 2005, 1078 ff.
BGH	27.09.2004	II ZR 321/03	http://www.bundes gerichtshof.de, zuletzt abgerufen am 27.02.2005
BGH	13.09.2004	II ZR 383/02	http://www.bundes-gerichtshof.de, zuletzt abgerufen am 15.02.2005
BGH	28.06.2004	II ZR 373/00	BB 2004, 1875 f.
BGH	14.06.2004	II ZR 407/02	WM 2004, 1536 ff.
BGH	14.06.2004	II ZR 395/01	BB 2004, 1644 ff.
BGH	14.06.2004	II ZR 393/02	BB 2004, 1587 ff. NJW 2004, 2736 ff.
BGH	14.06.2004	II ZR 392/01	WM 2004, 1518 ff.
BGH	14.06.2004	II ZR 385/02	WM 2004, 1527 ff.
BGH	14.06.2004	II ZR 374/02	ZIP 2004, 1407 ff.
BGH	08.06.2004	XI ZR 167/02	ZIP 2004, 1639 f.
BGH	20.04.2004	XI ZR 164/03	NJW 2004, 2745 ff. WM 2004, 1227 ff.

BGH	23.03.2004	XI ZR 194/02	NZM 2004, 597 ff. WM 2004, 1221 ff. NJW 2004, 2378 ff.
BGH	10.03.2004	IV ZR 143/03	NJW-RR 2004, 1275 ff WM 2004, 922 ff.
BGH	01.03.2004	II ZR 88/02	BB 2004, 1129 ff.
BGH	12.02.2004	III ZR 355/02	ZBB 2004, 316 EWiR 2004, 543 f. ZfIR 2004, 396
BGH	12.02.2004	III ZR 359/02	NJW 2004, 1732 ff.
BGH	27.01.2004	XI ZR 37/03	BB 2004, 738 ff. WM 2004, 620 ff.
BGH	20.01.2004	XI ZR 460/02	BKR 2004, 185 ff. DB 2004, 647 ff.
BGH	15.12.2003	II ZR 244/01	DStR 2004, 696 ff. ZIP 2004, 312 ff.
BGH	02.12.2003	XI ZR 421/02	InVo 2004, 337 ff.
BGH	18.11.2003	XI ZR 322/01	BKR 2004, 108 ff. ZIP 2004, 209 ff.
BGH	22.10.2003	IV ZR 33/03	DNotZ 2004, 308 ff. InVo 2004, 59 ff. ZIP 2003, 2351 ff.
BGH	22.10.2003	IV ZR 398/02	NJW 2004, 59 ff. InVo 2004, 59 ff.
BGH	14.10.2003	XI ZR 134/02	NJW 2004, 154 ff. WM 2003, 2327 ff.

BGH	23.09.2003	XI ZR 135/02	WM 2003, 2232 ff. ZGS 2003, 472 ff. NZM 2003, 992 ff.
BGH	16.09.2003	XI ZR 74/02	NJOZ 2003, 3231 ff.
BGH	21.07.2003	II ZR 387/02	BB 2003, 2089 ff. NJW 2003, 2821 ff. BGHZ 156, 46 ff. ZGR 2004, 871 ff. ZIP 2003, 1592 ff.
BGH	15.07.2003	XI ZR 162/00	ZIP 2003, 1741 ff.
BGH	14.07.2003	II ZR 202/02	NZG 2003, 920 ff. ZIP 2003, 1651 ff.
BGH	03.06.2003	XI ZR 289/02	NJW-RR 2003, 1203 ff. ZIP 2003, 1644 ff. WM 2003, 1710 ff.
BGH	29.04. 2003	XI ZR 201/02	BKR 2003, 636 ff. ZIP 2003, 1692 ff.
BGH	07.04.2003	II ZR 56/02	NJW 2003, 1803 ff.
BGH	26.03.2003	IV ZR 222/02	NJW 2003, 1594 ff. WM 2003, 914 ff. DNotZ 2003, 694 ff.
BGH	25.03.2003	XI ZR 227/02	NJW 2003, 2091 ff.
BGH	18.03.2003	XI ZR 188/02	NJW 2003, 2088 ff. WM 2003, 918 ff.
BGH	24.02.2003	II ZR 385/99	NZG 2003, 428 f. JuS 2003, 708 ff. WM 2003, 830 ff. NJW 2003, 1445 ff.
BGH	21.01.2003	XI ZR 125/02	NJW 2003, 1390 ff.

BGH	18.12.2002	VIII ZR 72/02	NJW 2003, 963 ff.
BGH	16.12.2002	II ZR 109/01	NJW 2003, 1252 ff. BGHZ 153, 214 ff.
BGH	12.11.2002	XI ZR 3/01	ZIP 2003, 22 ff.
BGH	12.11.2002	XI ZR 25/00	BKR 2003, 112 ff.
BGH	12.11.2002	XI ZR 47/01	NJW 2003, 422 ff. BGHZ 152, 331 ff. BB 2003, 224 ff. NZM 2003, 171 ff. WM 2002, 2501 ff. ZIP 2003, 64 ff.
BGH	10.09.2002	XI ZR 151/99	BB 2002, 2572 f.
BGH	14.05.2002	XI ZR 155/01	NJW 2002, 2325 ff. ZIP 2002, 1191 ff. WM 2002, 1273 ff.
BGH	09.04.2002	XI ZR 91/99	BB 2002, 1221 ff. WM 2002, 1881 ff. BGHZ 150, 249 ff. ZIP 2002, 1075 ff. NJW 2002, 1881 ff.
BGH	18.02.2002	II ZR 331/00	NJW 2002, 1207 f. BGHZ 146, 341 ff.
BGH	21.01.2002	II ZR 2/00	BGHZ 150, 1 ff.
BGH	11.10.2001	III ZR 182/00	NJW 2002, 66 f. ZIP 2001, 2091 ff.
BGH	18.09.2001	XI ZR 321/00	BB 2001, 2340 ff.
BGH	10.07.2001	XI ZR 198/00	BB 2001, 2287 ff.

BGH	02.07.2001	II ZR 304/00	BB 2001, 1652 ff. BGHZ 148, 201 ff. NJW 2001, 2718 ff. BGHZ 148, 201 ff.
BGH	29.01.2001	II ZR 331/00	BB 2001, 374 ff. BGHZ 146, 341 ff.
BGH	18.12.2000	II ZR 84/99	NZM 2001, 494 f. ZIP 2001, 369 ff.
BGH	28.09.2000	IX ZR 279/99	NJW 2001, 70 ff. BGHZ 145, 265 ff. WM 2000, 2443 ff.
BGH	27.06.2000	XI ZR 174/99	BB 2000, 1853 ff. NJW 2000, 3558 ff. ZIP 2000, 1430 ff. ZflR 2000, 700 ff.
BGH	27.06.2000	XI ZR 210/99	NJW-RR 2000, 1576 ff. ZIP 2000, 1483 ff. WM 2000, 1687 ff. DB 2000, 1908 ff. MDR 2000, 1201 ff.
BGH	29.05.2000	II ZR 280/98	NJW 2000, 3346 ff. BGHZ 123, 106 ff. ZIP 2000, 296 ff.
BGH	19.05.2000	V ZR 322/98	NJW 2000, 3065 ff. WM 2000, 1287 ff.
BGH	02.05.2000	XI ZR 243/99	ZIP 2000, 1158 f. EWiR 2000, 705
BGH	02.05.2000	XI ZR 150/99	NZM 2000, 773 ff.
BGH	02.05.2000	XI ZR 108/99	NZM 2000, 775 ff. NJW 2000, 2270 ff.

BGH	30.11.1999	XI ZR 91/99	NJW 2000, 521 ff. WM 2000, 26 ff. NZM 2000, 205 ff.
BGH	27.09.1999	II ZR 371/98	BGHZ 142, 315 ff.
BGH	14.06.1999	II ZR 193/98	NJW 1999, 2820 ff.
BGH	02.02.1999	XI ZR 74/98	NJW 1999, 1636 ff. WM 1999, 724 ff.
BGH	20.11.1997	IX ZR 286/96	NJW 1998, 982 f.
BGH	20.01.1997	II ZR 105/96	NJW 1997, 1069 ff.
BGH	22.10.1996	XI ZR 249/95	NJW 1997, 312 ff. WM 1996, 2230 ff.
BGH	17.09.1996	XI ZR 164/94	NJW 1996, 3414 ff. BGHZ 133, 254 ff.
BGH	17.09.1996	XI ZR 197/95	NJW 1996, 3416 f.
BGH	16.01.1996	XI ZR 116/95	NJW 1996, 926 ff.
BGH	17.01.1995	XI ZR 225/93	NJW 1995, 1152 ff. WM 1995, 566 ff.
BGH	10.10.1994	II ZR 95/93	NJW 1995, 130 ff. ZIP 1994, 1851 ff.
BGH	05.05.1992	XI ZR 242/91	NJW 1992, 2560 ff. WM 1992, 1355 ff.
BGH	09.04.1992	IX ZR 145/91	NJW-RR 1992, 1005 ff.
BGH	31.03.1992	XI ZR 70/91	NJW-RR 1992, 879 ff. WM 1992, 901 ff.
BGH	28.01.1992	XI ZR 301/90	WM 1992, 602 f.

BGH	14.10.1991	II ZR 212/90	NJW 1992, 1501 ff.
BGH	08.10.1991	XI ZR 259/90	BGHZ 115, 268 ff.
BGH	25.10.1989	VIII ZR 105/88	BGHZ 109, 139 ff.
BGH	09.03.1989	III ZR 269/87	BB 1989, 938 ff.
BGH	15.10.1987	III ZR 235/86	BGHZ 102, 60 ff.
BGH	20.11.1986	III ZR 115/85	NJW 1987, 1813 f.
BGH	30.10.1986	III ZR 262/85	WM 1987, 307 f.
BGH	24.05.1982	II ZR 124/81	BGHZ 84, 141 ff.
BGH	25.03.1982	VII ZR 60/81	BGHZ 83, 293 ff.
BGH	25.03.1982	III ZR 198/80	NJW 1982, 1694 ff.
BGH	22.03.1982	II ZR 114/81	BGHZ 83, 222 ff.
BGH	18.12.1981	V ZR 207/80	NJW 1982, 1145 ff.
BGH	06.10.1980	II ZR 60/80	BGHZ 79, 337 ff.
BGH	20.03.1980	III ZR 172/78	NJW 1980, 1514 ff.
BGH	24.04.1978	II ZR 172/76	BGHZ 71, 284 ff.
BGH	09.02.1976	II ZR 65/75	NJW 1976, 894 f.
BGH	19.12.1974	II ZR 27/73	BGHZ 63, 338 ff.
BGH	19.06.1973	VI ZR 95/71	NJW 1973, 1790 ff.
BGH	13.03.1975	II ZR 154/73	BB 1975, 758 f.
BGH	14.12.1972	II ZR 82/70	NJW 1973, 1604 ff.

BGH	29.06.1970	II ZR 158/69	BGHZ 55, 5 ff.
BGH	17.04.1967	II ZR 157/64	BGHZ 47, 341 ff.
BGH	11.07.1966	II ZR 215/64	NJW 1966, 2160 f.
BGH	06.02.1958	II ZR 210/56	BGHZ 26, 330 ff.
KG	28.06.2005	4 U 77/03	WM 2005, 2218 ff. ZIP 2006, 366 EWiR 2006, 93 DStZ 2006, 243 ZBB 2006, 153 f.
KG	05.04.2005	4 U 91/04	http://www.brak onlinefortbildung.de, zuletzt abgerufen am 05.12.2005
KG	21.12.2004	4 U 9/04	http://www.jurion.de /archiv/urteile/2004 /12/21.html, zuletzt abgerufen am 05.12.2005
KG	24.11.2004 (n.r.)	26 U 38/04	ZIP 2005, 1029 ff.
KG	27.09.2004	26 U 8/04	ZBB 2005, 200 WM 2005, 596 ff.
OLG Braunschweig	13.02.1997	2 U 117/96	WM 1998, 1223 ff.
OLG Bremen	02.03.2006 (n.r.)	2 U 20/02	NJW 2006, 1210 ff.
OLG Bremen	27.05.2004	2 U 20/02	ZIP 2004, 1253 ff.

OLG Celle	03.04.2006	3 W 35/06	NJW 2006, 1817 ff.
OLG Celle	13.03.2006	4 W 47/06	ZIP 2006, 620 ff.
OLG Celle	07.12.2004	16 U 127/04	ZIP 2005, 199 ff.
OLG Celle	20.01.1999	9 U 155/98	ZIP 1999, 1128 ff.
OLG Dresden	22.12.2004 (n.r.)	8 U 1432/04	ZIP 2005, 486 ff.
OLG Dresden	15.11.2002	8 U 2987/01	VuR 2003, 70 ff.
OLG Dresden	19.06.2002	8 U 630/02	ZIP 2002, 1293 ff.
OLG Düsseldorf	16.12.2004	I-6 U 44/04	WM 2005, 881 ff. ZBB 2005, 204 DStZ 2005, 427
OLG Düsseldorf	15.07.2004	I-6 U 158/03	ZIP 2004, 1745 ff. DStZ 2004, 695 ZBB 2004, 419
OLG Düsseldorf	23.04.1996	24 W 27/96	NJW-RR 1996, 1265
OLG Frankfurt/Main	15.12.2004	9 U 56/03	OLGR Frankfurt 2005, 307 ff.
OLG Frankfurt/Main	11.08.2004	23 U 204/03	NJW-RR 2004, 1640 ff. OLGR Frankfurt 2004, 386 ff. ZBB 2005, 57

OLG Hamm	30.08.2004	8 U 15/04	OLGR Hamm 2004, 383 ff. BauR 2004, 1998
OLG Hamm	26.03.2003	8 U 170/02	BKR 2003, 807 ff.
OLG Hamm	18.01.1999	31 U 146/98	WM 1999, 1057 ff.
OLG Hamm	21.11.1996	5 U 54/96	WM 1998, 1230 ff.
OLG Hamm	07.03.1977	8 U 194/76	NJW 1978, 225 ff.
OLG Jena	30.05.2006 (n.r.)	5 U 823/05	ZIP 2006, 1526 ff.
OLG Jena	28.03.2006 (n.r.)	5 U 742/05	ZIP 2006, 946 ff.
OLG Karlsruhe	29.12.2005 (n.r.)	17 U 43/05	ZIP 2006, 1128 ff.
OLG Karlsruhe	19.11.2004	17 U 293/03	ZIP 2004, 2423 ff.
OLG Karlsruhe	14.11.2004	15 U 4/01	ZIP 2005, 698 ff.
OLG Karlsruhe	06.07.2004	17 U 301/03	OLGR Karlsruhe 2004, 405 ff. ZfIR 2004, 793
OLG Karlsruhe	20.01.2004 (n.r.)	17 U 53/03	ZIP 2004, 900 ff.
OLG Karlsruhe	17.09.2002	4 U 23/02	BKR 2003, 26 ff.

OLG Karlsruhe	28.08.2002	6 U 14/02	WM 2003, 1218 ff. ZIP 2003, 202 ff.
OLG Karlsruhe	24.04.2002	6 U 192/01	OLGR Karlsruhe 2002, 295 ff.
OLG Koblenz	05.09.2002	5 U 1886/01	BB 2002, 1981 ff.
OLG Köln	04.08.2004	13 U 32/04	OLGR Köln 2004, 383 ff.
OLG Köln	16.06.2004	13 U 208/03	WM 2005, 789 ff. OLGR Köln 2004, 387 ff. VersR 2005, 564 ff. ZBB 2005, 198 f. DStZ 2005, 391
OLG Köln	20.06.2000	22 U 215/99	WM 2000, 2139 ff.
OLG München	27.04.2006 (n.r.)	19 U 3717/04	NJW 2006, 1811 ff.
OLG München	07.07.2005 (n.r.)	19 U 2039/05	ZIP 2005, 1591 ff.
OLG München	26.10.2000 (n.r.)	24 U 368/99	ZIP 2000, 2295 ff.
OLG München	22.04.1999	31 W 1110/99	NJW 1999, 2196 f.
OLG Oldenburg	19.06.2002 (n.r.)	2 U 65/02	BKR 2003, 28 ff.
OLG Schleswig	02.06.2005 (n.r.)	5 U 162/01	ZIP 2005, 1127 ff.
OLG Stuttgart	26.09.2005 (n.r.)	6 U 92/05	ZIP 2005, 2152 ff.

OLG Stuttgart	23.11.2004	6 U 76/04	WM 2005, 981 ff. OLGR Stuttgart 2005, 109 ff. ZBB 2005, 202
OLG Stuttgart	09.03.2004 (n.r.)	6 U 166/03	ZIP 2004, 891 ff.
OLG Stuttgart	08.01.2001 (n.r.)	6 U 57/00	ZIP 2001, 692 ff. WM 2001, 1667 ff.
OLG Stuttgart	29.06.1999	6 U 169/98	WM 1999, 2310 ff.
OLG Stuttgart	30.03.1999	12 W 2417/99	WM 1999, 2305 ff.
OLG Stuttgart	30.03.1999 (n.r.)	6 U 141/98	BB 1999, 1453 ff.
OLG Zweibrücken	05.02.2004	4 U 65/03	OLGR Zweibrücken 2004, 408 ff.
LG Bochum	29.07.2003	1 O 795/02	NJW 2003, 2612 ff. ZIP 2003, 1437 ZGS 2003, 355 ff.
LG Bonn	17.04.2002	1 O 370/01	BB 2002, 2300 ff.
LG Bremen	02.07.2002	8 O 2420/00	WM 2002, 1450 ff.
LG Chemnitz	30.09.1998	12 O 2670/98	NJW 1999, 1193 f.
LG Hamburg	24.09.1986	4 S 35/86	WM 1986, 1504 f.
LG Mannheim	29.07.1999 (n.r.)	3 O 37/99	BB 1999, 2049 f.

LG Potsdam	09.02.1998	32 O 472/97	WM 1998, 1235 ff.

Wolfgang Böh

Die Aufklärungspflicht einer Bank bei der Finanzierung einer Beteiligung an einem geschlossenen Immobilienfonds

Frankfurt am Main, Berlin, Bern, Bruxelles, New York, Oxford, Wien, 2007.
XXXII, 411 S.
Schriftenreihe zum Gesellschafts- und Kapitalmarktrecht.
Herausgegeben von Lutz Michalski, Axel Jäger und Klaus-Rudolf Wagner.
Bd. 19
ISBN 978-3-631-56471-4 · br. € 68.50*

Das Buch beschäftigt sich mit dem hochaktuellen Rechtsbereich der geschlossenen Immobilienfonds. Der Autor prüft die in diesem Bereich geltenden wesentlichen Grundsätze der Bankenhaftung und entwickelt unter Berücksichtigung der neuesten Rechtsprechung einen systematisch neuen Ansatz. Die Untersuchung beschränkt sich allerdings nicht auf die Überprüfung einer der Bank zuzuordnenden Aufklärungspflicht, sondern setzt sich mit allen zivil- und steuerrechtlichen Rechtsfragen auseinander, die geschlossene Immobilienfonds betreffen. So erörtert der Autor insbesondere die Haftungsrisiken der Anleger, mögliche Unwirksamkeitsgründe in Bezug auf einzelne Vertragsverhältnisse (Gesellschafts-, Darlehens- und Treuhandvertrag) und Schadenersatzansprüche gegen Beteiligte. Diesen zivilrechtlichen Sachverhalten stellt dieser Band eine steuerrechtliche Bewertung gegenüber. Der Autor weist in den einzelnen Sachverhalten ebenfalls auf konkrete Probleme in der Praxis hin, beispielsweise die Verjährungsfrage oder die Verpflichtung einer Rechtsschutzversicherung zur Abgabe einer Deckungszusage im Bereich der geschlossenen Immobilienfonds.

Aus dem Inhalt: Einleitung zur Gestaltung von geschlossenen Immobilienfonds · Gesellschaftsrechtliche Rechte und Pflichten der Anleger · Unwirksamkeitsgründe bei Gesellschafts-, Darlehens- und Treuhandvertrag · Schadenersatzansprüche gegen Beteiligte · u.v.m.

FSC
www.fsc.org
MIX
Papier | Fördert gute Waldnutzung
FSC® C083411

Kolibri 360 GmbH
Ferdinand-Jühlke-Straße 7
99095 Erfurt, Deutschland
produktsicherheit@kolibri360.de

Druck:
CPI Druckdienstleistungen GmbH
im Auftrag der
Kolibri 360 GmbH
Ferdinand-Jühlke-Str. 7
99095 Erfurt